莲都年鉴

LIANDU YEARBOOK

2024

丽水市莲都区地方志研究中心　编

方志出版社
Publishing House of Local Records

图书在版编目（CIP）数据

莲都年鉴. 2024 / 丽水市莲都区地方志研究中心.—
北京: 方志出版社，2024.12
ISBN 978-7-5144-6442-9

Ⅰ. Z525.54

中国国家版本馆CIP数据核字第20242ZK893号

责任编辑：刘方圆
责任校对：刘玉霞
责任印制：梅中英
出 版 者：方志出版社
地　　址：北京市朝阳区潘家园东里 9 号（国家方志馆4层）
邮　　编：100021
网　　址：http://www.zgfzcb.cn
发　　行：方志出版社图书营销中心（010-67110500）
印　　刷：丽水市新时代教育印刷有限公司
开　　本：889毫米×1194毫米　1/16
印　　张：21.75
字　　数：610千字
版　　次：2024年12月第1版
印　　次：2024年12月第1次印刷
定　　价：150.00元

编辑说明

一、《莲都年鉴》是由中共丽水市莲都区委、丽水市莲都区人民政府主办，丽水市莲都区地方志编纂委员会负责编纂的地方综合年鉴。2006年首卷出版（2007年未编纂），《莲都年鉴（2024）》是第18卷。

二、《莲都年鉴》以马克思列宁主义、毛泽东思想、邓小平理论、“三个代表”重要思想、科学发展观、习近平新时代中国特色社会主义思想为指导，坚持辩证唯物主义和历史唯物主义的立场、观点和方法，全面、系统地记述丽水市莲都区在政治、经济、文化、社会和生态文明建设等方面情况，为广大读者了解、研究莲都提供资料，也为地方文化留下年度资料文献。

三、《莲都年鉴（2024）》记述时限为2023年1月1日至2023年12月31日，作为背景资料，有些条目内容或表格中的数据适当上溯，以保持资料的完整性。凡在文中直书月、日的，均指2023年年内的日期。书中“全年”“年内”“年底”“年末”中的“年”均指2023年，“至年底”一律指“至2023年12月31日”。

四、《莲都年鉴（2024）》采用分类编辑法，基本结构为类目、分目、条目3个层次，部分分目下设子分目，条目是记述信息的基本形式。全书条目用【 】表示，少数包含多方面资料的条目在文内用楷体标题标明各段资料的主题。框架架构在上年基础上，结合年度热点及莲都实际情况，对“中国人民政治协商会议丽水市莲都区委员会”“军事”“工业”“社会事务”“应急管理”类目中部分分目设置进行调整；将“财政·税务”类目并入“经济管理”类目；调整“卫生健康”“人力资源·社会保障”类目中内容；增设“生态建设”类目；将“工业化信息化”类目名称修改为“工业”，将“经济合作交流”类目名称修改为“区域发展”，将“文化·广电·体育”类目名称修改为“文化·体育”；“专文”中收录浙江省三个“一号工程”年度重点内容。

五、《莲都年鉴（2024）》文中区直部门单位使用区委办公室印发的规范化简称。文中未标明党派的“区委”均为“中共丽水市莲都区委”，“党员”均指“中共党员”（各民主党派内容除外）。数字用法、标点符号用法分别采用国家标准《出版物上数字用法》（GB/T 15835—2011）、《标点符号用法》（GB/T 15834—2011），计量单位采用国家技术监督局1993年12月发布的《量和单位》系列国家标准，“亩”等部分约定俗成的单位名称保持原貌。

六、《莲都年鉴（2024）》所用稿件均由区各单位专人负责提供，经年鉴编辑部编辑审核，完成全书总纂后由主编审定。收录的区和乡镇、街道机构及负责人名录，均系担任实职的副科级以上领导干部，由区委组织部提供。主要数据以区统计局公布的数据为准，区统计局没有收集的数据以主管部门统计的为准。有的数据因统计口径不同，前后记述不尽一致，以区统计局公布的数据为准。部分数据由于四舍五入的原因，导致分项数与合计数不一致，不再一一说明。“附录”中的重要文献，照原文录入，不做编辑规范方面的处理。

9月9日，万象街道“红梅驿站”正式启用（万象街道　供图）

11月16日，“拥抱莲都　放飞青春”全媒体参与委员协商议事活动举行

（区政协　供图）

截至2023年底，建成实体和网上人大代表联络站15个，实现乡镇（街道）全覆盖。图为碧湖联络站

（区人大　供图　摄于12月29日）

山区“共富路”

莲都区坚持以“八八战略”为指引，科学研判莲都发展面临的新形势、新任务、新挑战，深入践行“绿水青山就是金山银山”理念，探索“红绿金”融合发展新模式，大力发展生态农业和生态工业，实现产业结构持续优化，开辟高质量发展共富路，积极创建全国革命老区共同富裕先行示范区。2023年，实现地区生产总值518.46亿元，增长7.6%，高于全国、全省、全市水平。城镇和农村居民人均可支配收入分别增长5%、7%，倍差为山区26县最小。

2月6日，华能莲都黄村农光互补发电项目实现全容量并网发电（国网丽水市莲都区供电公司　供图）

3月，大港头镇北埠村茶园开采（大港头镇　供图）

3月6日，“追梦时代启新程 奋发图强攀新高”莲都区纪念“三八”国际妇女节113周年——致敬巾帼创业者主题活动举行

（区妇联　供图）

3月23日,“古堰画乡 向美而生”创国旅推进系列活动之“跨界融合 创新发展”——六美产业沙龙举行

(丽水古堰画乡旅游度假区管理中心 供图)

3月24日,《中国医疗美容产业白皮书》编撰启动仪式暨丽水市莲都美丽健康产业发展交流会举行(程子齐 供图)

莲都区“万亩千兆”地面集中式农光互补光伏开发项目(区财政局　供图　摄于4月26日)

4月27日,“青创莲都 遇见未来”莲都区青年创业创新论坛举行(团区委　供图)

碧湖区块航拍图(莲都经开区管委会　供图　摄于4月15日)

6月5日，国网丽水市莲都区供电公司利用红色网格积极对接农户，对涉农线路展开全面排查，服务“三农”

（国网丽水市莲都区供电公司　供图）

7月15日，国网丽水市莲都区供电公司开展夜间经济延伸服务，对处州夜市用电设备进行线路巡视

（国网丽水市莲都区供电公司　供图）

省科技强基工程——莲都区白桥双创中心施工现场

（莲都经开区管委会供图　摄于10月5日）

幸福宜居城

2023年，莲都区以人民为中心，以生态保护为第一责任、绿色发展为第一要务、生态惠民为第一目标，着力办好民生实事，做实民生工程，提高民生福祉，全面拓宽“两山”转化通道，生态环境质量公众满意度连续两年位居全省前十，创成省级生态文明建设示范区，获评“四好农村路”省级示范县，通过“国家学前教育普及普惠区”省政府督导评估认定，承办高水平推进健康浙江行动现场会，成功举办全国“四季村晚”冬季成果展示活动。

3月11日，“我为新城植片绿　携手共‘树’未来城”2023年碧湖新城义务植树活动开展

（林雅妮　供图）

4月9日，“采桑社区杯”2023莲都碧湖新城田园半程马拉松举行

（区文广旅体局　供图）

通济古堰(区旅投公司　供图　摄于3月17日)

联城街道宣平溪(联城街道　供图　摄于4月17日)

文昌阁(区财政局　供图　摄于4月20日)

5月1日，野趣·艺术拍卖会在古堰画乡樟树市集举行

（丽水古堰画乡旅游度假管理中心　供图）

5月1日，五一"逃离城市计划"活动之伍月野生音乐派对举行

（丽水古堰画乡旅游度假区管理中心　供图）

5月10日，莲都经验在浙江省"改进学校教学管理"论坛上作推介

（区教育局　供图）

莲都“滨水中心”城市新区风貌样板区（区建设局　供图　摄于5月17日）

省级运动休闲旅游优秀项目——冒险岛伏浪勇士(滑板冲浪)(区文广旅体局　供图　摄于7月19日)

5月29日，“同心迎亚运·实干助共富”2023年莲都区职工健步走活动举行(区总工会　供图)

全市首批“红绿金”融合共富农村路——滴双线(区交通运输局　供图　摄于9月15日)

9月17日，“提升全民科学素质　助力科技自立自强”2023年丽水市莲都区全国科普日启动仪式暨人工智能科技展举行

(区科协　供图)

9月29日，“庆丰收 促和美 迎亚运”2023年丽水·莲都中国农民丰收节举行（区农业农村局 供图）

11月22日，东银苑社区志愿者开展“馒有福”爱心馒头派送活动（东银苑社区 供图）

目 录

特　载

专　文

大 事 记

区情概览

中国共产党丽水市莲都区委员会

丽水市莲都区人民代表大会

丽水市莲都区人民政府

中国人民政治协商会议丽水市莲都区委员会

中共丽水市莲都区纪律检查委员会丽水市莲都区监察委员会

民主党派

外事·侨务·港澳台事务

法　治

军　事

经济管理

农业·水利

工　业

商贸服务业

交　通

邮政·通信

金融业

旅游业

区域发展

生态建设

城市建设

科学技术

教　育

文化·体育

卫生健康

人力资源·社会保障

社会事务

应急管理

乡镇·街道

人物·荣誉

统计资料

附　　录

索　　引

特 载

深入学习贯彻习近平总书记考察浙江重要讲话精神 在勇当先行者、谱写新篇章中奋力加快 山区跨越式高质量发展

——在区委十五届五次全体(扩大)会议上

(2024年1月5日)

中共丽水市委常委、莲都区委书记 张壮雄

这次区委全会的主要任务是坚持以习近平新时代中国特色社会主义思想为指导,全面贯彻党的二十大精神,系统部署深入学习贯彻习近平总书记考察浙江重要讲话精神工作,贯彻落实省委、市委全会精神,进一步动员全区上下牢记嘱托、感恩奋进、挺进争先,以"先行示范当头雁"的奋发图强,持续推动"八八战略"走深走实,在勇当先行者、谱写新篇章中奋力加快山区跨越式高质量发展。

一、关于区委十五届三次全会以来的工作

2023年以来,区委常委会认真落实中央和省委、市委一系列重大决策部署,强力推进创新深化改革攻坚开放提升,勇当"发展头雁、创新标兵、实干先锋",以"大局之观、大事之进、大干之力"抓好改革发展稳定各项工作,取得明显成效。2023年三季度,地区生产总值同比增长8.1%,排名全省第十五,位次创近年同期新高;三个"一号工程"共获19颗星,总星数并列全省第四。重点抓了7个方面工作:

一是聚焦"主题教育",在循迹溯源、感恩奋进中优化了政治生态。区委常委会始终把党的政治建设摆在首位,深入贯彻党的二十大精神,以高质量开展主题教育为主线,作出"五个始终""五个带头"集体承诺,带动全区上下在以学铸魂、以学增智、以学正风、以学促干上见实效。

我们坚持不懈用习近平新时代中国特色社会主义思想凝心铸魂,认真落实"第一议题"制度,打造"1+2+X"学习制度等理论学习特色品牌和机制26个,第一时间传达学习习近平总书记考察浙江重要讲话精神并印发《工作提示单》,筑牢坚定捍卫"两个确立"、坚决做到"两个维护"的思想根基。

我们深入挖掘习近平总书

记在浙江工作期间4次来莲考察时留下的宝贵财富，精心打造“1+4+N”溯源践学线路，持续深化“循迹溯源学思想促践行”活动，区四套班子领导集体赴古堰画乡、缙云仙都街道前湖村沿着足迹现场学，带动全区1827名村社“两委”班子全部完成党性体检，从党的科学理论中汲取更多智慧力量。

我们更加注重开门搞教育、解难题、见实效，所有区领导带头查改短板、深入一线，均领办至少1个发展难题、1件民生实事，示范带动区、乡、村三级干部在走访中解决群众、企业急难愁盼问题9500余个，省、市、区三级民生实事项目全面完成。扎实开展“感恩奋进、实干争先”5+1行动、“持正确政绩观、建为民新业绩”专项行动、“大走访大调研大服务大解题”等系列活动，全区上下主动抓跨越式高质量发展的氛围越来越浓。

二是走实“三大路径”，在敢闯敢试、敢为人先中激发了变革活力。区委常委会深刻认识到创新改革开放是基于高质量发展底层逻辑的活力和动力之源，主动在一体推进中破解“成长的烦恼”。

我们强力推进创新深化，大力实施数字经济创新提质“一号发展工程”，深化与省智专委、华为云等专业力量合作，推动规上企业数字化覆盖率提升至81%，企业平均产值提高9%。2023年1—11月，全区数字经济核心产业制造业增加值同比增长48.9%、排名全市第二。更大力度打造“桃花源般的创新空间”，发起组建空军航空医学工程重点实验室浙江研究院，携手6家高校共建产业科技服务中心，入选省科技特派团试点县（市、区），连续3个季度获评省“315”科技创新体系建设工程五星级。舍得在创新研发上下“血本”，最新公布的科技进步统计监测报告显示，我区2022年度R&D经费投入强度达2.94%、增幅排名全省第二。2023年1—11月，全区高新技术产业投资增速达149.6%、排名全省第一。

我们强力推进改革攻坚，抓牢营商环境优化提升“一号改革工程”“牛鼻子”，5项改革举措经验在省级改革刊物《基层首创》《竞跑者》刊发，农村赶集一件事改革入选全省营商“微改革”案例库，“无感监测”营商指数连续2个季度领跑全市，全年新设企业、个体工商户数量均排名全市第一。启动实施新一轮国企改革深化提升行动，重构形成“1+1+3+X”国资体系，区属国有企业在发展建设中堪当大任。坚持引金融“活水”浇灌实体经济，创新打造涉企投资“多合一”集成改革等29项助企“莲都模式”，2023年前三季度，共计兑现助企扶企资金1.8亿元，小微企业、个体工商户贷款余额840.4亿元、201.3亿元，金融赋能民营和小微企业发展项目入选全省首批“一类事”省级指导目录先行先试地区清单。

我们强力推进开放提升，以“地瓜经济”提能升级“一号开放工程”引领打造开放型经济，优化“一站式”跨境综合服务，开展“莲”动全球“百企十团”出海行动，区域内企业参展广交会数量创历年新高，区本级外贸出口增速连续11个月排名全省前五。在深圳的天安云谷飞地启动实质性运营，在义乌的莲都大厦招引企业36家，在杭州的新大集团大厦完成收购和运营招标。东西部协作取得新进展。与义乌合作打造枢纽型飞地体系，相关做法入选“地瓜经济”提能升级“一号开放工程”第二批最佳实践案例，“两地双园”物流模式入选省自贸试验区联动创新区制度创新优秀案例。

三是注重“城乡互济”，在各美其美、美美与共中深化了区域协同。区委常委会主动融入市域跨山统筹一体化改革，以构筑“一脉三城”发展格局为牵引，走好以城带乡、城乡互济的每一步。

我们加快建设青年发展型市区，扛起“服务市区第一责”，前所未有地完成安置房分配6638套、面积63.9万平方米，规模创历年之最，解决5年以上征收历史遗留问题10个，完成市级重点政策处理项目65个、销号率创近五年新高。致力中心城市品质提升，历史性推进24个城中村撤村建（并）居工作，加快实施17个老旧小区及城中村改造项目，盘活烂尾十余年的新建村江滨商场宾馆综合楼,“文昌里1950”文创园、刘祠堂背老街等成为旧城活化经典案例,助力印象西城·七子楼重塑市区文商旅新地标,“滨水中心”城市新区成为省级城市风貌样板区。积极统筹北城五个街道、南城南明山街道、新城两个乡镇联动发展,推动楼宇经济、城市经济取得新成效。

我们一体推进碧湖新城变大变强和“三江口”片区联动开发建设,全年实施建设项目138个,完成投资84.5亿元,清场土地1047亩,高溪、郎奇、南山三大区块房屋征收基本扫尾、累计拆除面积36.2万平方米,白桥双创中心、丽水国际医学中心等标志性项目进展顺利,碧湖大桥改扩建工程、石郎线改造提升工程等基础设施项目全面推进,区委党校、区人民医院综合大楼、碧湖便民服务中心等投入使用,“未来新城”愈发清晰。加快碧湖从镇到城的“豹变”,构建“一把扫帚扫到底”“一支队伍管执法”体系,市容管理、环卫保洁、市政维护等标准全面迭代,高楼拔地、塔吊林立的发展图景令人期待。

我们坚持和深化新时代“千万工程”,发布《乡村振兴发展空间布局规划》,新增省级未来乡村2个,堰头村、大港头村成为全国学习运用“千万工程”经验现场推进会浙西线点位。在全国首创农村公路长寿命周期建养机制,并实现县乡村道全覆盖。以景区标准打造美丽莲都,艺术青旅理想艺站建成运营,古堰画乡艺术中心完工验收,古堰画乡入选省诗路旅游目的地名单、通过国家级旅游度假区培育名单评审,以全省第二的优异成绩创成省大花园示范县。截至2023年三季度,全区共接待游客391.7万人次,实现旅游收入55.7亿元,均排名全市第一。

四是坚持“产业重构”,在双招双引、转型升级中积蓄了发展后劲。区委常委会坚持以“产业基础高级化、产业链现代化”为方向,打好生态工业扩量提质攻坚战,奋力开辟制胜“新赛道”、挺进产业“新蓝海”。

我们按照“换道超车、换车超车、换人超车”的要求招大引强、招高引优,组建规模50亿元的产业母基金、5支规模40亿元的产业发展基金,会同市经开区招引制造业100亿级项目2个、50亿级项目1个、20亿级项目3个、10亿级项目15个签约落地莲都大地,新的“城市合伙人”近悦远来。在区本级招引落地的大健康、半导体、新能源等主导产业大项目中,有中国500强企业、上市公司1个,“独角兽”企业1个,国家级专精特新“小巨人”企业3个,10亿元以上项目5个,域外招引“大好高”项目绝对数及质量上走在全市前列,更多高端资源为我赋能。

我们全力破除制约产业高质量发展的“人、地、钱”要素瓶颈,2023年前11个月,新引进高校毕业生5862人,新增高技能人才2196人,完成国家级海外引才计划入选2人、并列全市第一,有效盘活整治各类低效建设用地1468亩,争取绿色转化财政专项激励政策资金等各类上级补助资金15.4亿元。支持企业向产业链“微笑曲线”两端拓展,全区新增国家级专精特新“小巨人”企业1家、省级制造业“单项冠军”培育企业1家、“浙江制造”标准4项,特种阀门关键技术研发及产业化项目实现省“领雁”研发攻关项目“零的突破”。

我们牢固树立“项目为王”理念,运用“‘鱼’你共进”项目协同管理系统赋能项目全过程提速,禾迈、环龙、威固等10亿级以上制造业项目建设不断加快,同心、凡知等大健康标志性项目实现当年招引、当年落地、当年投产、当年上规,古堰画乡文化产业园等7个省“千项万亿”项目投资完成率排名全市第一。截至2023年11月,区本级固定资产投资同比增长63.4%、连续23个月保持30%以上的高增速,我区连续2个季度获评省“415X”先进制造业集群培育工程五星级。

五是探路“共富先行”,在共创共富、共建共享中厚植了民生福祉。区委常委会自觉扛起创建革命老区共同富裕先行示范区的首位担当,勇闯新路、破难开路、务实探路,加快打造具有莲都辨识度的共富成果。

我们突出强村富民和强社惠民“双强”联动,持续增强集体经济“造血功能”,扎实做好消薄增收和联建项目落地落实,全区

12家乡级强村公司利润总额同比增长125.2%，6家强社公司经营性收入排名全市第一。更加注重产业支撑增收致富，"三化融合的山地杨梅模式"入选全省智慧农业十大模式典型案例，被评为省现代服务业创新发展区、县域商业体系建设示范县，入选全国2023农村直播电商优秀县域案例。

我们认真抓好"三山"共富协同改革，积极营造创业创富的浓厚氛围，携手蚂蚁商业联盟探索"山超"富民产业2.0版，超市门店在域外超2万家。持续完善"大搬快聚富民安居"后续帮扶体系，围绕住房、教育、医疗、就业、创业等方面出台帮扶政策或方案31个，让搬迁群众共享发展红利。迭代升级"处州共富工坊"，创成全市首条共富工坊示范带，带动7500余名农民人均年增收2.6万元，进一步鼓起"钱袋子"。

我们以人民为中心增强优质公共产品供给，新投入使用中小学2所、幼儿园3所，新增学位3240个，顺利通过"国家学前教育普及普惠区"省政府督导评估认定。新建10个"15分钟品质文化圈"，成功承办全国"四季村晚"冬季成果展示活动，莲悦读分布式阅读服务模式入选全省共同富裕创新模式重点培育名单。打好碧水、蓝天、净土保卫战，创成省级生态文明建设示范区。创新"救护车+智慧流动医院"院前急救模式，获省委书记易炼红肯定性批示。

六是致力"除险保安"，在守土有责、守土有方中维护了稳定大局。区委常委会切实增强底线思维和极限思维，加快推进安全体系和能力现代化，努力实现高质量发展和高水平安全的良性互动。

我们始终坚持以政治安全为根本，扎实做好亚运火炬传递丽水站安保各项工作，圆满完成平安护航杭州亚运会、亚残运会任务。牢牢掌握党对意识形态工作的领导权主动权，实施媒体融合指数提升行动，不断巩固壮大主流舆论，"莲都元素"3次登上《人民日报》《新华每日电讯》头版头条。

我们牢记粮食安全这个"国之大者"，全力实施种业振兴行动，引进全球领先的先正达MAP现代农业技术服务平台，推动华智生物国家级分子育种中心、节水抗旱稻等国家级科技平台落地，全年粮食总产量实现稳步提升。扎实开展耕地保护，完成耕地流出整改面积6550.9亩、土地垦造面积1030亩、永久基本农田集中连片整治约2.2万亩，实施高标准农田建设9400亩，碧湖平原田园风貌整治工作获省委书记易炼红批示肯定，相关经验在全省推广。

我们以系统性思维抓好"除险保安"，扎实推进两轮安全生产隐患大排查大整治，完成"重点关注、重大隐患"问题整改1116个。持续推进自建房排查整治，整治危房近2500幢、实现"动态清零"。统筹抓好交通、消防、食药环、地质灾害、网络电诈等领域风险防范，完成天宁工业园区消防安全专项整治，实现汛期"零伤亡"、重点时段森林火灾"零发生"，创成省级食品安全示范区。

我们坚持和发展新时代"枫桥经验"，以"1+1+X"包案化解模式完成"十大领域"信访积案"动态清零"目标，2023年前11个月，全区信访总量同比下降61.6%，被确定为全省推进信访工作法治化试点单位。完善"141"治理体系，迭代最小治理单元，助力丽水市创成全国市域社会治理现代化城市，实现省平安区创建"十七连冠"。

七是突出"党建领航"，在勤廉并重、奋发图强中汇聚了干事合力。区委常委会严肃认真对待党赋予的职责，把抓好党建作为最大政绩，为高质量发展提供坚强保障。

我们坚持党的领导、人民当家作主、依法治国有机统一，支持人大、政协、法院、检察院依法依章履行职能，聚焦营商环境优化提升"十项监督举措"和"随手拍、快捷报、码上商、督促办"民主监督3.0版分别获省人大、省政协主要领导批示肯定，全区历史性完成终本案件出清4200余件。

我们把党的领导贯穿区域治理全过程各方面，大统战工作格局持续完善，党管武装工作更加有力，国防动员新体制高效运行，新时代党校事业高质量发展，工、青、妇等群团组织作用不断凸显，高分通过省级“双拥模范区”创建考评，区侨联被评为全国侨联系统先进组织。

我们大力锻造懂战略、懂发展、懂治理的“挺进师”队伍，制定实施《关于加强年轻干部培养选拔的若干意见》，在全市率先开展党政机关与国企人员的双向交流使用，以“全面覆盖、全程穿透、全量闭环”的综合考核体系为奋斗者加油鼓劲，全年通报表扬25人，职级晋升年限缩短6个月26人，新涌现出省、市担当作为好干部6人。

我们坚持大抓基层的鲜明导向，实施“红色根脉强基工程”，开展“片区组团、联建示范”行动，建成全市首个市区一体新就业群体党群服务中心、工业社区党群服务中心，“红韵古堰、共富画乡”入选省级党建联建典型案例，大港头镇和9个村社分别获评省级“红色根脉”强基示范乡镇、示范村社，1个社区创成省级现代社区。

我们始终以严的主基调强化正风肃纪反腐，查处了一批群众身边的不正之风和腐败问题，高标准推动省委巡视反馈问题3个月集中整改率达到84%，先后建立基层公权力领域、征迁领域、乡村振兴领域等监督模型13个，创成省级清廉建设成绩突出单位1个、清廉市场监管单元建设成绩突出单位1个、清廉学校1个，形成了以廉安身、以勤立业、勤廉一体的良好格局。

总之，区委十五届三次全会以来取得的成绩来之不易。这些成绩的取得，是中央和省委、市委审时度势、坚强领导的结果，是区委团结带领全区党员干部群众凝心聚力、奋发图强的结果，也是社会各界积极参与、鼎力支持的结果。在此，我代表区委常委会，向同志们表示衷心感谢！也恳请同志们对我们的工作提出批评意见。

二、学深悟透习近平总书记考察浙江重要讲话精神，更加自觉扛起勇当先行者、谱写新篇章的莲都担当，始终沿着正确方向勇毅前行

习近平总书记亲临浙江考察并发表重要讲话，对浙江工作以一域为全局添彩提出了新期待新要求，具有极强的政治引领力、战略指引力、使命感召力、实践变革力、精神驱动力。这段时间以来，省委全会、市委全会作出系统部署，吹响了在奋进中国式现代化新征程上勇当先行者、谱写新篇章的嘹亮号角。我们要在全面学习、全面把握、全面落实上下功夫，进一步放大格局视野、找准方位坐标，满怀豪情紧跟习近平总书记走好“新的赶考之路”。

（一）全面理解和把握习近平总书记关怀牵挂中蕴含的政治引领力，进一步升华知恩感恩的忠诚之情。习近平总书记对浙江饱含深情、饱含信任、饱含期待，每到重要节点关键时刻都为浙江指路引航。从亲自擘画“八八战略”这一省域发展全面规划和顶层设计，到党的十八大以来先后6次亲临浙江并把脉定向，二十年间指引之江大地发生了全方位、系统性、深层次的精彩蝶变，充分证明了“两个确立”的历史必然性、时代必然性、实践必然性。奋进新征程，我们要发自内心地感恩习近平总书记，牢记习近平总书记对浙江、对丽水、对莲都的殷殷嘱托，在思想上行动上坚决与以习近平同志为核心的党中央保持高度一致，任何时候任何情况下都不掉队、不偏向、不变通、不走样。

（二）全面理解和把握习近平总书记深远考量中蕴含的战略指引力，进一步掌握知一守一的制胜之道。习近平总书记指出，浙江之所以有成效，就是以“八八战略”为统领，一张蓝图绘到底、一以贯之二十年。在这次考察调研和重要讲话中，习近平总书记又对持续推动“八八战略”走深走实提出明确要求，并高度凝练了“五个坚持”的规律性认识，以跨越时空的大视野、大格局、大纵深，深刻揭示了“何以是浙江、何以浙江能”的深层逻辑和基因密码。奋进新征程，我们要倍加珍惜“八八战略”习近平总书记留给我们的“理论富矿”“战略资产”，持之以恒将其深入落实到加快跨越式高质量发展的全过程，高水平绘就中国式现代化莲都新图景。

（三）全面理解和把握习近平总书记期许嘱托中蕴含的使命感召力，进一步提振知重负重的图强之志。在中国式现代化的宏大背景中考量，习近平总书记不仅深刻阐明了党中央赋予浙江“打造‘重要窗口’、高质量发展建设共同富裕示范区”的主要考虑，更指出浙江是“中国式现代化的先行者”，强调要“奋力谱写中国式现代化浙江新篇章”。“先行者”的“先”、“新篇章”的“新”，要的是站在新起点上更高层级的蜕变。奋进新征程，我们要主动对标新定位新使命，不断打破思想“桎梏”，敢于站到云端看莲都、围绕大局谋发展，全身心投入跨越周期、跨越山海、跨越阶梯的奋斗进程中，努力当好共同富裕和现代化建设的开路先锋。

（四）全面理解和把握习近平总书记精准点题中蕴含的实践变革力，进一步凝聚知难破难的攻坚之势。习近平在浙江发展爬坡过坎的关键时期，总书记对新阶段浙江新的“成长的烦恼”作了深刻分析，精准指明了破解难题的根本出路，还在4个方面对浙江提出“走在前列、先行示范、续写新篇、积极探索”的重要要求。习近平总书记既部署“过河”的任务，又指导解决“桥和船”的问题，为我们再创革命老区高质量发展新优势提供了遵循。奋进新征程，我们要不断冲破传统发展模式的路径锁定，善于运用“把优势转化为胜势”的实践法，一体推进创新破难、改革破题、开放破局，加快实现山区发展方式、发展动力、发展领域、发展质量的深刻变革。

（五）全面理解和把握习近平总书记鞭策教诲中蕴含的精神驱动力，进一步深化知责尽责的实干之为。习近平总书记在讲话中，充分肯定浙江是一片充满改革精神、创业动力、创新活力的热土，要求浙江始终干在实处、走在前列、勇立潮头，强调做到“三个坚持、两个防止”，并对持续深化主题教育、加强干部教育培训和实践锻炼等提出了明确要求。这些重要指示，激励中饱含期待，教诲中蕴含鞭策，立起了干事创业的行动标尺。奋进新征程，我们要牢固树立和践行正确政绩观，坚持一切从实际出发、一切从群众利益出发，争当“实干家”、拒当“清谈客”，以“先行示范当头雁”的奋发图强，多做为后人作铺垫、打基础、利长远的好事。

三、对标习近平总书记重要指示要求，做到创造性贯彻落实、创新性转化发展，打造山区跨越式高质量发展的“重要窗口”

习近平总书记考察浙江重要讲话思想深邃、内涵丰富、体系完整，不仅给我们明晰了前进方向和思路，还让我们明悟了方法和策略。立足新起点，在勇当先行者、谱写新篇章中奋力加快山区跨越式高质量发展，必须坚持好、运用好、发展好习近平总书记重要讲话精神所蕴含的立场、观点和方法：一是切实强化“操要于上、分详于下”的系统观念，时刻关注中央、省、市部署了什么，始终站在全局的立场上看问题作决策，在把握大势中找准方位，找到推动经济社会发展的最优路径。二是切实强化“抢抓先机、赢得主动”的机遇意识，深入思考如何在区域竞争中加力加速，用好“创改开”的方法论，以三个“一号工程”突破带动，不断锻造新引擎、创造新机会、激发新活力。三是切实强化“透过现象、直击本质”的问题导向，坚持把问题作为蹚出新路、打开局面的突破口，积极破除影响改革发展稳定的堵点、难点，为向着现代化先行和共同富裕先行不断进发打下坚实基础。四是切实强化“人民至上、一心为民”的民本情怀，把惠民生、暖民心、顺民意的工作做到群众心坎上，不断激发群众内生动力，让莲都人民在自我奋斗中更有获得感、幸福感、安全感和尊荣感。五是切实强化“居安思危、行稳致远”的底线思维，坚持发展和安全并重，以确定性工作应对不确定性变化，以最充分准备应对最复杂情况，蹄疾步稳跑好高质量发展“拉力赛”的“每一程”。

在抓好创造性贯彻落实、创新性转化发展中，具体要在五个方面干出新作为：

（一）聚焦全面提升产业链现代化水平，在以科技创新塑造发展新优势上干出新作为。坚持完整、准确、全面贯彻新发展理念，坚定不移实施“双招双引”战略性先导工程，以科技创新引领产业高质量发展。一要坚持创新引领。锚定冲刺省“科技创新鼎”的目标，系统实施“1615”工程，协同实施数字经济创新提质“一号发展工程”，保持高新技术产业投资高速增长态势，争取2023年度R&D经费投入强度突破3.11%、冲刺全省平均水平。加快碧湖田园智谷建设，启用白桥双创中心，落子纳爱斯生态园、工业园项目，谋划布局禾迈、威固、茗宝等企业的重点实验室，持续推进院士(专家)工作站、博士创新站建设，加快高端生态、高端产业、高端人才融合聚变。二要提升产业能级。以产业交叉、产业融合、产业集成为导向，纵深推进“415X”先进制造业集群培育工程，争创“浙江制造天工鼎”。积极突破“卡脖子”节点、抢占“高价值”节点、做足“强地位”节点，推进链主型项目投产见效，全力以赴招大引强、招高引优，力争引进“大好高”项目10个以上，加快大健康、半导体、新能源等新兴产业组链建链，打造搬不走的产业“护城河”。深化传统产业“腾笼换鸟、凤凰涅槃”，向数而融、向高而攀、向新而进，以工业“智改数转”加快形成新质生产力。三要夯实平台支撑。以莲都经开区为核心平台，不断深化“二次创业”，迭代升级“亩均论英雄”改革，更新优化亩均效益综合评价体系。坚持“两个毫不动摇”“三个没有变”，认真落实“民营经济32条”，喊响“企业家是英雄”口号，鼓励和支持民营企业大力弘扬“四千精神”、向着产业链价值链高端迈进。2024年，要申报专精特新“小巨人”企业7家以上，为建设“万亩千亿”大平台打下更为厚实的基础。

（二）聚焦建设青年发展型城市、促进人的全面发展，在推进共同富裕先行示范上干出新作为。坚持量力而行、尽力而为，更多在创建革命老区共同富裕先行示范区中出创举、出成果、出经验。一要增强城乡发展协同性。注重在“一脉三城”联动发展中植入“年轻态”元素，把“服务市区，成就莲都”与碧湖新城“三年大变样”有机贯通，既要抓好政策处理、有机更新、安置房分配等任务，也要抓好项目建设、基础配套、城市治理等工作，在“三江口”区块一体化协同发展中当先锋、打头阵，以中心城市能级提升引领全域新型城镇化。深化推进“千万工程”，以高质量就业创业为突破口推进共同富裕现代化基本单元建设，大力发展农业特色优势产业，落实乡村旅游“五创”行动，绘就“村美、人和、业兴、民富”的生动实景图。二要增强公共服务均衡性。统筹推进现代社区建设、撤村建(并)居“后半篇”文章和公共服务“七优享”工程，加强基础性、普惠性、兜底性民生保障建设，全面升级涵盖一老一小、大社保、城乡教育、医疗卫生等内容的公共服务体系。做好重点群体就业保障工作，2024年力争城镇新增就业8000人。针对群众对良好生态环境的需求，抓好中央、省委生态环保督察反馈问题整改，深化“无废城市”创建，加强松材线虫病防治，守护好蓝天白云、绿水青山。三要增强基层治理科学性。以平安莲都、法治莲都建设为抓手，坚持和发展新时代“枫桥经验”，夯实一体化指挥、网格化管理、精细化服务、信息化支撑的“141”基层治理体系，统筹抓好安全生产、积案化解、防汛防台、食药品安全、森林防火、地质灾害治理等工作，全力夺取“二星平安金鼎”。推进全过程人民民主的基层实践，充分发挥人民代表大会制度和政治协商制度优势、统一战线优势、群团组织创新力量，打造共建共治共享的社会治理共同体。

（三）聚焦畅通要素融通渠道、优化资源配置，在深化改革、扩大开放续写新篇上干出新作为。坚持依靠改革开放增强发展内生动力，在关键处“落子”发力，不断塑造跃级提升的强劲动能。一方面，要用好改革这个关键一招。以营商环境优化提升“一号改革工程”牵引各领域体制机制创新，构建“58532+X”政务服务增值化改革体系，谋划落地莲都企业综合服务分中心，打造美丽健康产业一类事、商贸业服务一类事等若干个具备实战实效性的“一类事”涉企服务新场景，实现政务服务理念、方式、内涵、机制的革命性跃升，打造近悦远来的“最佳在地政府”。要探索新形势下投融资体制改革，持续推进区属国企市场化改革，建立国有企业总审计师工作履职评估制度，不断提升国有资本、国有企业做大做强的核心竞争力。要稳妥有序做好新一轮机构改革，聚力实施“大综合一体化”行政执法改革、绿色低碳集成改革、普惠金融服务乡村振兴改革等一批重大改革，构建起有力引领和保障高质量发展的体制机制。另一方面，要走好开放这个必由之路。突出高水平“走出去”与高质量“引进来”高效联动，大力实施“地瓜经济”提能升级“一号开放工程”，加快丽水机场、衢丽铁路等对外开放通道建设，深化与义乌市陆港集团的战略合作，以“两地双园”物流合作项目为抓手，高效接入义甬舟开发大通道，抢抓“一带一路”发展机遇。致力提高开放型经济水平，推进华侨要素回流，嫁接在外“飞地”资源，实施“跨境电商+产业带”提速发展计划，在杭州建设电商产业招引中心，在江北建设产品展示选品交易中心，积极构建助推企业“走出去”的综合服务体系，不断创新利用外资、做大外贸的方法和渠道。更大力度打造开放标志性成果，以“五链”集优工程推动“莲都山超”提能升级，让更多山区群众走出浙江、走遍全国、走向全球。

（四）聚焦彰显人文精神底蕴、坚定文化自信自强，在积极探索建设中华民族现代文明上干出新作为。坚持守正创新、开放包容，激活优秀传统文化的生命力，打造新时代文化高地的莲都硬核成果。一要突出以文铸魂。坚持用习近平新时代中国特色社会主义思想武装头脑，深化理论铸魂溯源走心工程，打响“新时代莲响青年”学习品牌，推动党的创新理论入脑入心。大力弘扬伟大建党精神、红船精神、浙西南革命精神，传承红色基因，始终做“红色根脉”的坚定守护者。切实加强处州宋韵文化、畲族文化等研究传承，积极开展省文化标识培育项目活动，培育建设省级非物质文化遗产传承教学基地（工坊），争创文化传承发展示范区。二要突出以文化人。持续深化“浙江有礼·文明莲都”区域文明实践，探索一体推进有礼示范区、有礼示范圈、有礼示范点建设，完善身边好人、道德模范等先进典型培育联推机制，常态化开展先进典型学习宣传活动，让广大群众在潜移默化中提升文明素养、提高精神境界。要加快公共文化服务提质增效，升级“文昌里1950”文创园等青年友好型园区，协同推进丽水摄影文化中心等重点文化设施建设，加大“15分钟品质文化生活圈”覆盖面，构建公共文化服务标准化均等化的“莲都模式”。三要突出以文兴业。充分发挥处州府城、古堰画乡等文化地标作用，积极培育“处州夜巷”“画乡夜航”等特色夜经济，谋划打造历史文化街区“一里一弄一背一圈”特色品牌，在深入挖掘利用摄影文化、油画文化、水利文化中不断拉长文化产业价值链、创新链。深入实施文旅深度融合工程，探索瓯江分段、分流域开发新模式，加快展示国家级旅游度假区创建成果，全方位形成“六美”新业态，推动文旅资源串珠成链、文旅产品提档升级、文旅业态丰富多元。

（五）聚焦纵深推进全面从严治党，在坚持和加强党的全面领导、加强和改进党的建设上干出新作为。坚持在新时代党的自我革命实践中勇担当、善作为，巩固发展主题教育成果，打造勤廉并重的新时代党建高地和清廉建设高地。一要以正确政绩观引领干事创业导向。秉持对未来发展负责的态度，保持“一张蓝图绘到底、一任接着一任干”的战略定力，牢记“真干才能真出业绩、出真业绩”的工作要求，引导全区党员干部正确处理稳和进、立和破、标和本、近和远的关系，坚持实事求是、步步为营、稳扎稳打，勇当“发展头雁、创新标兵、实干先锋”。二要以党建“组合拳”建强基层战斗堡垒。认真落实“基层党建争先攀高行动”，深入打造主城“现代社区”、新城“红绿金融合”、北乡“红色振兴”、南乡“畲乡共富”等片区组团党建示范带，统筹加强各领域基层党建。深入推进乡镇换届“回头看”、村社换届届中“体检”，强化村干部“选育管用爱”全链条培育，更好发挥党员先锋模范作用。三要以实干最强音锻造过硬干部队伍。树牢

“四个坚持、八个不”选贤任能导向,将干部担当履职情况作为识别、评价干部的重要标准,通过能上能下、容错纠错、澄清正名、回访教育等措施,让实干家、务实派脱颖而出。加强优秀年轻干部常态化储备,健全“干中学、学中干”能力提升机制,培养更多堪当现代化建设重任的“五型”干部。四要以勤廉风向标营造良好政治生态。坚持严的基调、严的措施、严的氛围不动摇,切实拧紧“五张责任清单”链条,深化“2+6”集成监督体系,以钉钉子精神正风肃纪反腐,持续抓好省委巡视整改、审计整改。坚持党性党风党纪一起抓,加强廉洁文化品牌建设,积极构建亲清统一的新型政商关系,不断巩固风清气正、绿水青山的清廉莲都。

同志们,潮涌千帆竞,奋楫正当时。让我们更加紧密地团结在以习近平同志为核心的党中央周围,在勇当先行者、谱写新篇章的进程中感恩奋进、实干争先,努力为省市发展大局作出新的更大贡献!

全面学习贯彻党的二十届三中全会精神
以进一步全面深化改革引领跨越式高质量发展
奋力打造中国式现代化县域实践样板

——在区委十五届六次全体会议上

（2024年9月13日）

中共丽水市委常委、莲都区委书记　张壮雄

这次区委全会的主要任务是：以习近平新时代中国特色社会主义思想为指导，认真学习贯彻党的二十届三中全会以及省委十五届五次全会、市委五届六次全会精神，由区委常委会向全会报告工作，审议通过《中共丽水市莲都区委关于全面学习贯彻党的二十届三中全会精神，进一步全面深化改革，高水平绘就中国式现代化莲都新图景的实施意见》，动员全区上下弘扬伟大改革开放精神，把进一步全面深化改革推向前进，深入实施"八八战略"，忠实践行"习近平总书记对丽水的重要嘱托"（简称"丽水嘱托"），在奋力推进跨越式高质量发展中打造中国式现代化县域实践样板。

区委十五届五次全会以来，区委常委会牢记"勇当先行者、谱写新篇章"的新定位新使命，认真贯彻落实中央、省、市重大决策部署，推动经济社会发展取得新成效。上半年地区生产总值在高基数的基础上，同比增长6.1%、高于全省平均水平0.5个百分点，我区先后首夺"神农鼎""安全发展铜鼎""浙江制造天工鼎""科技创新鼎"，实现6个省级鼎类奖项大满贯。多年来，全区上下忠实践行"丽水嘱托"、坚毅笃行"丽水之干"，莲都区被成功调出"山区26县"，迈向更广阔舞台的竞逐。一是聚焦精神洗礼，"六项纪律"入脑入心。坚持把党纪学习教育一贯到底，统筹推进潜心学纪、笃悟知纪、立规明纪、知戒守纪、正风肃纪，尤其是在"拟开发小宗地块"处置整改上极端负责，推动42项整改措施全部完成，"浙江无小事、事事连政治"理念更加深入人心。二是聚焦首位担当，"服务市区"见行见效。以"首战用我、用我必胜"的气魄服务中心城区发展，推动市级重点项目政策处理销号率、老旧小区改造规模、城区内河污染整治体量均创历史同期新高，在"三江口"区块谋划实施项目"盘子"超百亿，市区一体化发展迈出新步伐。三是聚焦能级提升，"产业生态"重构重塑。致力打造山区培育发展新质生产力先行地，举办产业生态合伙人大会，新招引10亿级以上大项目6个，传统产业转型升级和新兴产业启航唤新、未来产业前瞻布局进一步提速。上半年，招商引资晾晒成绩排名全市九县（市、区）第一，数字经济核心产业制造业增加值增速排名全省第十，外贸出口增幅全省第六。四是聚焦共富先行，"民呼我为"落实落细。把人民群众的呼声作为一切工作的出发点和落脚点，秉持跨山统筹理念推进公共服务优质共享，健康浙江考核连续五年获优秀等次，"颐养在莲"品牌入选省级群众天天有感微改革项目，养老服务体系建设工作获省政府督查激励、全市唯一。五是聚焦人才支撑，“三支队伍”建优建强。牢固树立“大人才观”，完善人才引育留用全链条服务机制，锻造“奋斗实干、担当争先”的干部队伍，有力促进企业家队伍梯次壮大，2名省级以上青年科技人才落地。上半年，新引进高校毕业生数居全市首位，新培育高技能人才数量实现大幅增长。

下面，我代表区委常委会讲3点意见：

一、坚持思想领航，全面学习贯彻党的二十届三中全会精神，增强进一步全面深化改革的使命感和责任感

党的二十届三中全会是在以中国式现代化全面推进强国建设、民族复兴伟业的关键时期召开的一次十分重要的会议。会议宣示了以习近平同志为核心的党中央将改革进行到底的坚强决心，绘就了气势恢宏而又清晰明确的改革画卷。省委十五届五次全会强调持续推动“八八战略”走深走实，号召全省上下进一步全面深化改革，为在奋进中国式现代化新征程上勇当先行者、谱写新篇章注入强劲动力。市委五届六次全会系统部署进一步全面深化改革工作，动员全市上下忠实践行“丽水嘱托”，奋楫力行“丽水之干”，在中国式现代化新征程上奋力书写跨越式高质量发展的时代答卷。

全区上下要学深悟透习近平总书记关于全面深化改革的一系列新思想、新观点、新论断，切实把学习贯彻中央、省委、市委全会精神紧密结合起来，突出以学促知、以知促行、知行合一，更加坚定和自觉高举改革大旗、保持改革定力、彰显改革担当。

（一）抬头看路，始终沿着正确的改革方向坚定前行。方向决定道路。进一步全面深化改革，既不是走封闭僵化的老路，更不是走改旗易帜的邪路，必须从纷繁复杂的事物表象中把准改革的时代脉搏。

一要在深刻认识“两个确立”中把牢进一步全面深化改革的政治逻辑。党的二十届三中全会系统回顾新时代以来全面深化改革取得的一系列开创性成就、历史性成就，深刻揭示“核心就是旗帜、就是方向、就是未来”这一伟大变革背后的深层逻辑，深刻启示我们“两个确立”是新时代最重要政治成果、最重大政治判断、最宝贵历史经验，是夺取新的伟大胜利的信心之基、制胜之本。新征程上，我们要更加透彻理解改革的政治引领性，毫不动摇把坚定拥护“两个确立”、坚决做到“两个维护”的强大定力转化为进一步全面深化改革的强大力量，充分展现“总书记有号令、中央省市有部署，莲都见行动见实效”的主动之为。

二要在深刻认识“八八战略”中把牢进一步全面深化改革的理论逻辑。“八八战略”是习近平总书记在浙江工作期间，着眼于省域发展精心擘画的全面规划和顶层设计，蕴含着进一步全面深化改革、推进中国式现代化省域先行的重要规律性认识和科学方法论，与党的二十届三中全会提出的“六个坚持”重大原则等内在一致、高度契合，为我们在改革实践中认识问题、分析问题、解决问题提供了强大“思想武器”。新征程上，我们要坚持以“八八战略”为统领，将其蕴含的系统思维、系统方法、系统观点贯穿到进一步全面深化改革的全过程，坚定不移沿着习近平总书记擘画的改革蓝图奋勇前进。

三要在深刻认识“丽水嘱托”中把牢进一步全面深化改革的实践逻辑。习近平总书记对丽水特别关心厚爱，对丽水发展始终牵挂在心，无论是在浙江工作期间，还是到中央工作后，都寄予了一系列重要嘱托。市委五届六次全会从9个方面对此进行主题化归纳梳理、系统性重温学习，对我们走好新时代“赶考之路”、更好破解高质量发展新的“成长烦恼”具有重要现实意义。新征程上，我们要牢记嘱托、感恩奋进，主动把莲都的改革发展置于中国式现代化大场景中来考量、来谋划、来推进，紧紧围绕市委提出的打造新增长极、推进共同富裕、建设大花园三大战略任务，全方位推动质量变革、效率变革、动力变革，不断塑造发展新优势新动能。

（二）精准寻路，始终运用科学的改革方略破解难题。得其法则事半功倍。面对进一步全面深化改革这一场深刻而全面的社会变革，必须坚持正确的方法论，在不断实践探索中推进，确保经得起时间和历史检验。

一是守正才能创新。进一步全面深化改革是有方向、有立场、有原则的，既不能"推倒重来"，也不能"新瓶装旧酒"，必须坚持中国特色社会主义这一根本方向不动摇，从发展的需要、人民的福祉、现实的问题出发，在守正中推进理论创新、实践创新、制度创新、文化创新等各方面创新，用正确的方法、做正确的事情、求正确的效果。在改革创新实践中，尤其要警惕陷入"经验主义"，避免"为了创新而创新"，始终做到尊重规律、遵守法纪、守牢红线、维护大局。

二是蹄疾更要步稳。在改革进程中，不能奢望所有问题可以一劳永逸地解决好，更不能急功近利地一味蛮干，必须始终牢记习近平总书记"胆子要大、步子要稳"的要求，把握好推进改革的节奏，更好在"深水区"中流击水，在攻坚期迎难而上。具体实践中，既要增强干劲，强化"改革关头勇者胜"的果敢，干"事"不避"事"、闯"险"不惧"险"、担"责"不推"责"；又要保持韧劲，始终以锲而不舍的钉钉子精神把改革发展步伐迈得更加扎实、更加稳健。

三是纲举方能目张。改革是各领域变化和革新的集成，"零敲碎打"不行，"眉毛胡子一把抓"也不行，必须处理好整体推进与重点突破的关系。一方面，要对标中央《决定》提出的300多项重要改革举措，仔细研究省委、市委提出的《实施意见》，更加注重改革落实的系统性、整体性、协同性。另一方面，要抓准主要矛盾和矛盾的主要方面，找准牵一发而动全身的关键性改革抓手，以重点领域和关键环节改革的"一子落"，带动进一步全面深化改革棋局的"满盘活"。

四是于法都要有据。全面深化改革越是向纵深推进，面临的风险挑战越大，必须深刻领悟"凡属重大改革都要于法有据"的核心要义，把改革的"变"和法治的"定"有机统一起来，有效发挥法治引导、推动、规范、保障改革的作用。在整个改革过程中，要牢固树立政治意识、法纪意识、底线意识、风险意识，不断增强运用法治思维和法治方式探索破解发展难题的能力，严格执行重大改革事项清单管理、合法性审查、请示报告、备案制度，始终在法治轨道上推进改革。

五是民呼必有所应。抓改革、促发展，归根到底就是为了让人民过上更好的日子。改革为了人民，才有意义；依靠人民，才有动力，必须把"人民有所呼、改革有所应"作为价值旨归，认真答好改革为了人民、依靠人民、成果由人民共享的"赶考之题"。承接落实上级重大改革时，既要把群众最迫切需要解决的问题作为改革突破口，也要调动群众参与改革、支持改革的积极性，还要以群众满意度作为评判改革成效的"黄金准则"，让改革发展成果更多更公平惠及革命老区人民。

（三）踏实赶路，始终锚定奋进的改革方位推动发展。区委全面贯彻落实党的二十届三中全会、省委十五届五次全会、市委五届六次全会的部署要求，坚持系统集成和重点突破相结合，明晰了进一步全面深化改革的"时间表""任务书""路线图"，形成了提交本次会议审议的《实施意见》稿。主要突出以下三个方面：

一是在对标对表中突出坚定落实的使命主动。区委常委会认为，中央全会通过的《决定》和省委、市委全会通过的《实施意见》，与习近平总书记考察浙江重要讲话精神、习近平总书记对丽水的重要嘱托，共同构成了以进一步全面深化改革引领中国式现代化县域先行的战略指引，必须全面对标对表、抓好贯彻落实。区委《实施意见》稿一体贯通习近平总书记对浙江"4+1"的重要要求和"丽水嘱托"，厘清上级事权与地方事权、共性问题与个性问题、一般要求与先行要求，将各项改革举措深化细化具体化，确保上级各项改革部署在莲都落地生根、开花结果。

二是在谋深谋实中增强系统变革的战略主动。党的二十届三中全会明确了到2035年和2029年两个时间节点的改革目标，省委全会提出了“三个再”“五个更”的战略目标体系，市委全会又进一步细化了迈好“三个大步”、实现“三个新”的工作安排，指向非常明确。着眼创造性贯彻落实中央和省市各项改革部署，区委《实施意见》谋划提出“7个高质高效”的分领域目标，聚力打造“10个围绕、10个新成效”的重要改革成果，务求构建完善与跨越式高质量发展相适应的治理体系，到二〇三五年实现更充分、更先进、更全面、更高质量、更可持续地发展。

三是在敢闯敢干中增强攻坚破难的担当主动。习近平总书记指出，进一步全面深化改革要突出问题导向。区委《实施意见》稿围绕亟须攻坚克难的短板弱项和关键性领域系统布局改革举措。聚焦打通高质量发展的卡点堵点，牢牢抓住经济体制改革这个“重头戏”，对重构重塑产业生态、城乡融合区域协调发展等作出专门部署。聚焦补齐民生领域的短板弱项，突出以基本公共服务一体化改革、生态产品价值实现机制改革为牵引，构建宜业、宜居、宜游、宜养、宜学的良好环境。聚焦有效统筹发展和安全，既对促进安全发展的体制机制改革作出部署，又在其他各领域改革中落实安全发展的要求。

以上这些进一步全面深化改革的目标、任务、要求和举措，必将有力激发全区上下的闯劲干劲拼劲，走深走实创新深化改革攻坚开放提升“三大基本路径”，向着现代化先行和共同富裕先行不断进发。

二、坚持改革攻坚，全面扛起跨越式高质量发展的历史使命，奋力打造中国式现代化县域实践样板

中国式现代化是在改革中不断推进的，也必将在改革中开辟广阔前景。未来五年，是莲都进一步全面深化改革、实现跨越式高质量发展的发力攻坚期。全区上下要坚持发展出题目、改革做文章，认真学习贯彻党的二十届三中全会、省委十五届五次全会、市委五届六次全会精神，坚持将“丽水嘱托”转化为改革智慧，将“丽水之干”转化为改革力量，坚定不移把跨越式高质量发展作为我们这一代人必须扛起的历史使命，聚焦打造新增长极、推进共同富裕、建设大花园三大战略任务，锚定接续高质量发展建设百万人口大城市的长远目标追求，紧扣推进产业能级、城市能级“两个提升”，扛起“服务市区第一责”，以改革“关键之招”打开发展“跨越之路”，奋力在全省发展格局中实现争先进位，高水平绘就中国式现代化莲都新图景。

（一）聚力发展新质生产力，集中力量建设现代化生态经济体系。突出市场环境、创新体系、产业生态优化重塑，进一步提速“生态经济化、经济生态化”的变革实践，致力打造山区培育发展新质生产力先行地。要以“放管服”一体推进优化市场环境。认真践行“企业家夸，才是真的夸”理念，以政务服务增值化改革为牵引性抓手，常态化推进“高效办成一件事”，完善涵盖产业全链条发展的增值服务链，优化“企点我帮”“‘健康扫描’护航电商企业”等有效做法，推进新一轮国企改革，打造服务“无处不在”、监管“无事不扰”的一流营商环境。积极融入全国统一大市场建设，抢抓共建“一带一路”、长三角一体化发展等国家战略机遇，加强“飞地”建设运营，探索形成“双向飞地”产业链协同创新模式，让更多先进生产要素为我赋能。要以教科人一体贯通建强创新磁场。健全教育科技人才集成融合机制，落实人才科技赋能四大新兴主导产业高质量发展的实施办法，探索将人才引育指标纳入“亩均论英雄”、国家高新技术企业评定体系，营造“近悦远来”的人才生态。深度融入“十子连珠”科创平台布局，以应用为导向深化产教融合、校企合作，积极打造实验室、实体化研究院、新型研发机构等高能级科创平台，推进与浙大丽水生命健康联合创新中心合作，不断优化“产业定位科技、科技索引人才、人才依靠教育、教育赋能产业”的创新生态链。要以企链群一体壮大提升产业能级。按照“高大上、链群配”思路，积极探索产业链群化发展、绿色化转型、数智化升级的有效机制，认真落实“链长+链主+专家团队”协同机制，持续深化上下游、大中小企业融通发展，培育建强大健康、半导体、新能源等新兴产业链，突出数字赋能历史经典产业，加快形成串珠成链、集链成群的规模效应。支持产业链跨行业跨领域横向扩展，重点打造6条品质农业全产业链体系，积极探索现代服务业与先进制造业深度融合的多元路径，推进生产性服务业和生活性服务业高质量发展，加快创建国家县域商业体系建设领跑县和省级现代服务业创新发展区，推动产业向着价值链高端不断延伸。

（二）聚力实现城乡一体化，加快构筑市区跨越式高质量发展格局。精准把握山区海岛调出县“一县一政策”发展机遇，借力借势市域一体化改革，秉持跨山统筹理念优化空间组合、产业融合、创新联合、要素统合，实现城市能级显著提升、城乡发展“双向奔赴”。要塑造中心城市竞争新优势。牢固树立“服务市区、成就莲都”理念，充分发挥中心城市一体发展、扩能升级体制机制优势，强化与市本级、丽水经开区的高效协同，统筹抓好城市有机更新、内河治理、安全维护、风貌管控等工作，压实城区街道抓经济的主责主业，突出在“三江口”协同发展区建设中率先呈现出更多显性化成果，加快建设浙西南中心城市。致力放大市域发展火车头辐射带动力，加强与青田县、缙云县的强强联合、优势组合、发展耦合，努力在共建市域跨越式高质量发展领跑区中勇挑大梁、迈开大步。要打造城乡融合发展新形态。坚持以人为本的新型城镇化，推进碧湖新城变大变强，按照“大镇联小乡”“中心镇带周边”等方式探索乡镇组团发展管理模式，继续支持大港头、峰源推进文旅深度融合，老竹、丽新做强畲乡民俗经济，雅溪、太平、仙渡、黄村加快红绿融合发展，实现三大特色功能片区和未来新城互促共进、齐头并进。统筹推进“跨山统筹富民安居”改革、“三山”共富协同改革、农业转移人口市民化改革，深化未来社区、未来乡村等共同富裕现代化基本单元建设，构建城乡要素双向流动制度环境，实现区乡村功能衔接互补。要绘就乡村全面振兴新画卷。深化新时代“千万工程”，按照“村美、人和、业兴、民富”的标准，持续完善“多规合一”村庄规划体系，高标准抓好新时代花园乡村建设和传统村落保护发展，以农村危房改造、“四好农村路”建设、基础设施数字化升级等补齐硬件短板，以提升田园风貌、村庄风貌、精神风貌促进“和”“美”相宜，打造一批充满活力又和谐有序的美丽宜居示范村。深化强村富民乡村集成改革，探索闲置宅基地和闲置农房盘活利用方式，精准对接市场发展乡村新产业新业态，切实以产业振兴支撑乡村的“诗和远方”。

（三）聚力走好共富先行路，积极打造惠民利民富民系统工程。围绕革命老区共同富裕先行示范区创建，以基本公共服务一体化改革为关键突破，统筹处理好公共服务与富民增收的关系，让群众的钱袋子鼓起来、好日子火起来。要突出均衡可及导向。按照城区级、街道级、小区级、乡村级探索构建“四级分类”公共服务设施供给体系，引导市场和社会力量共建联合体，持续打造“15分钟公共服务圈”，努力实现不同区域群众都享有均衡可及的公共服务。坚持以常住人口发展为导向推进基本公共服务一体化改革，在人口流入的城镇集聚条块资源建强教育、医疗、养老等“固定”综合服务平台，在人口流出的偏远乡村统筹“96345”信息平台、“流动便民共富车”等打造山区“流动”便民服务平台，将优质服务送到群众“家门口”。要突出优质共享导向。秉持人的全生命周期服务理念，加快打造现代化教育示范地，完善教育跃阶攀高行动推进机制，以引智合作、院校共建、集团化办学等模式促进教学质量提升。加快打造高质量健康宜居地，深化体卫融合改革，促进优质医疗资源有序扩容下沉，完善全民健身公共服务体系，让健康生活成为新风尚。加快打造人口高质量发展样板地，探索

"一老一小"融合发展改革,加强普惠育幼服务体系建设,擦亮"颐养在莲"养老服务品牌。同时,优化妇女儿童保护、残疾人关爱、住房保障、退役军人服务保障、公益慈善等服务体系,让高品质生活更加可及可感。要突出增收致富导向。深化"扩中提低"改革,健全高质量充分就业创业促进机制,加强技能创富体系建设,让更多普通劳动者用勤劳双手圆致富梦。积极构建共富型大社保体系,拓宽以工代赈、公益岗位等开发式扶贫举措,实施共富工坊增收质效改革,托起低收入重点群体"稳稳的幸福"。进一步完善强农惠农富农支持政策,加快培育新乡人、原乡人、归乡人等一批带富主体,发展壮大强村公司、飞地抱团等新型农村集体经济,深化"莲都山超"富民"五链集优"工程,努力实现集体与群众双线共富。

(四)聚力建设美丽大花园,不断拓宽"两山"转化的实践路径。坚持以新一轮生态产品价值实现机制改革为牵引,构建美丽大花园品质提升体系,绘就绿水青山与金山银山相得益彰的美丽画卷。要推动从"天生丽质"向"治理提质"转型。围绕打造天蓝、地绿、水清莲都,优化生态环境综合治理体系,抓好大气污染防治,持续巩固提升瓯江源头区域山水林田湖草一体化保护和修复成果,全域深化幸福河湖建设,加强生物多样性保护,让生态系统更具多样性、稳定性、持续性。完善精准治污、科学治污、依法治污制度机制,加快构建土壤和地下水污染"防控治"体系,纵深推进"无废城市"建设,全面提升环境基础设施建设水平,牢牢守住生态环境"只能变好、不能变差"的刚性底线。要推动从"各美其美"向"美美与共"转变。按照清洁、整齐、自然、成景方针,在建设新时代山水花园城市上展现更大作为,统筹推进美丽城镇、美丽乡村、美丽田园、美丽河湖、美丽林相建设,打造一批"路在林中走、车在景中行、人在画中游"的美丽节点,高水平建设诗画浙江大花园最美核心区中心园。聚焦创建特色鲜明的景区城,深入实施"城市品质、城市治理、城市文明"三大提升行动,争创古堰画乡国家级旅游度假区和省级县域风貌样板区、现代化美丽城镇示范镇,加快实现生态美、生产美、生活美的有机统一。要推动从"生态颜值"向"经济价值"转化。聚焦解决"能不能充分实现"的问题,探索政府主导、企业和社会参与、市场化运作、可持续的生态产品价值实现路径,健全水权、林权、碳汇等生态资源权益交易机制,围绕砂石资源、山塘水库等探索多门类开发利用途径,全面拓宽"两山"双向转化通道。深化生态环境导向的开发模式(EOD)探索,协同推进降碳、减污、扩绿、增长,深入实施"风光倍增"工程,有序推进"万亩千兆"光伏等项目建设,切实以绿色化转型构建绿色低碳循环发展经济体系。

(五)聚力打造文化新高地,拓展全域文化繁荣全民精神富有场景。坚定不移推进文化自信自强,构建优秀传统文化创造性转化、创新性发展的有效机制,推动新时代文化莲都建设迈上新台阶。要增强精神凝聚力。完善常态化理想信念教育机制,加强社会主义核心价值观铸魂育人,不断深化"浙江有礼 文明莲都"区域文明实践,打造"都有礼·莲动全城"社区文明专列,持续推进道德模范、身边好人等先进典型群像选树,让文明成为一种自觉、成为一种风尚。倍加珍惜浙西南革命精神这一本土宝贵财富,探索构建红色资源价值实现机制,推进革命遗址保护利用,创新爱国主义教育和群众性主题活动,切实以革命精神化育城市精神气质。要增强文化影响力。贯彻"古老就是财富"理念,坚持通济堰"共抓大保护、不搞大开发"原则,深化处州宋韵文化、畲族文化等研究传承,探索"非遗+旅游""非遗+文创""非遗+直播"等模式创新打造特色文化标识。认真落实文化特派员制度,统筹抓好艺术乡建、文艺赋美和文艺精品攀峰行动,促进优质文艺资源直达基层。探索传统文化赋能共同富裕转化机制,加快发展壮大油画、摄影等优势文化产业,用心打造"一里一弄一背一圈"特色文化历史街区,实现文旅产业融合发展、高质量发展。要增强舆论引导力。牢牢掌握意识形态工作主导权，坚持壮大主流价值、主流舆论、主流文化，完善舆论引导机制和舆情应对协同机制，全面加强意识形态领域风险预判与防范。突出新闻宣传和网络舆论一体化治理，建立健全信息发布和政策解读、党政重要信息公开、党政信息公开风险联评等机制，推进基层网络安全应急指挥和网络舆情治理现代化。纵深推进媒体融合改革，按照“导向为魂、移动为先、内容为王、创新为要”原则打造全媒体传播矩阵，让莲都的“美”看得见、莲都的“好”叫得响。

（六）聚力构建大平安格局，深化高质量发展和高水平安全良性互动。始终以大平安理念全面贯彻总体国家安全观，正确处理改革发展稳定关系，建立健全重点领域安全保障体系，努力以高水平安全护航高质量发展。要把化解矛盾风险作为控制性工程来抓。坚持抓早、抓小、抓苗头，健全“十个零发生”风险隐患闭环管控机制，全面落实重大决策社会风险评估机制，持续关注房地产、征地拆迁、金融等重点领域，常态化开展矛盾纠纷“大排查大起底大化解”，以工作的确定性应对风险的不确定性。秉持对人民群众高度负责的态度，全面推进矛盾纠纷预防化解和信访工作法治化，认真执行乡镇（街道）“周五接访日”制度，最大限度把各类风险和矛盾问题消除在萌芽，实现防范化解的成本最低、代价最少、效果最好。要把保障公共安全作为底板性工程来抓。深入实施平安固基提质行动，促进群防群治与科技智治深度融合，在问题联治、风险联控、平安联创中完善“大安全、大应急、大减灾”体系。常态化开展安全生产综合治理，紧盯道路交通、消防等重点领域抓好专项整治，完善自然灾害防治体系，加强应急体系救援力量建设。持续加强社会治安防控体系建设，推进常态化扫黑除恶斗争，依法严厉打击黄赌毒、盗抢骗、食药环、电信网络诈骗等违法犯罪，深化实施“浙丽守未·070”行动，不断筑牢市区和谐稳定的“护城河”。要把完善社会治理作为基础性工程来抓。完善党建统领“四治融合”城乡基层治理体系，深入开展“党群连心·网格走亲”，积极构建“党员+社工+志愿者”模式，通过打造“最小服务单元”，真正把基层党组织组织群众、宣传群众、凝聚群众、服务群众作用发挥出来。健全社会工作体制机制，持续完善“141”基层治理体系，加强基层服务管理力量，更好以群众需求为出发点，以组织、机制、管理和服务的现代化为目标，做实做细社区服务保障工作，努力做到城市有变化、市民有感受、社会有认同。

三、坚持奋发图强，全面加强“三支队伍”建设，进一步激扬“奋斗实干、担当争先”精气神

踏上进一步全面深化改革、促进中国式现代化的伟大征程，我们更要牢牢把握人的核心主体地位，以绝对过硬的队伍建设永葆“闯”的精神、鼓足“创”的劲头、发扬“干”的作风，努力交出跨越式高质量发展的优异答卷。

（一）增强“政治三力”。讲政治是一切工作的生命线。要强化对标看齐的政治自觉。严格落实习近平总书记重要批示指示精神和党中央重大决策部署闭环落实机制，旗帜鲜明、毫不动摇做到时时处处、事事人人都坚定拥护“两个确立”、坚决做到“两个维护”。要强化“国之大者”的思想自觉。遇事多想政治要求，办事多想政治规矩，处事多想政治影响，成事多想政治效果，深化“持正确政绩观、建为民新业绩”行动，多做为后人作铺垫、打基础、利长远的好事。要强化遵章守纪的行动自觉。深刻警醒重大原则问题不走偏、政策红线不触碰、责任链条不缺失，严肃执行重大事项请示报告和“三重一大”决策制度，在纪律和规矩的严格约束下想问题、办事情。

（二）永葆改革精神。只要精神在，就能无往而不胜。要增强解放思想的魄力。清醒认识形势的“变”与“不变”，勇于从既有的思维定式和路径依赖中解放出来，以思想观念的变革引领发展方式的变革，决不能因为一时之困、一事之难、一环之堵就又回到老路上。要涵养大胆探索的豪情。主动扛起改革的责任担当,增强“主动思变谋变求变”的意识,努力在新质生产力培育发展、共同富裕先行示范、市区一体化发展等变革实践前沿作出新贡献,坚决杜绝裹足不前、躺平歇气。要激昂一往无前的斗志。越是伟大事业,越是充满挑战,越需要强化“没有门就从窗户爬进去”的韧劲,敢于在深水区里大胆探路、在无人区里闯出新路,创造更多可复制、可推广的莲都经验。

(三)弘扬实干作风。实干是最响亮的语言,行动是最有力的证明。我们要以“奋斗实干、担当争先”推动改革落实,跑出跨越式高质量发展的“加速度”。一方面,要突出求真务实。坚定当好改革发展的促进派、实干家,大兴调查研究之风,在基层第一线察实情、出实招、求实效,坚决防止和克服形式主义、官僚主义,脚踏实地在项目建设、产业重构、双招双引等重点工作上不断积小胜为大胜。另一方面,要激励担当作为。坚持为改革者鼓劲、为实干者撑腰、为担当者担当、对负责者负责,完善澄清查诬、精准问责、容错纠错、回访教育、及时奖励等工作机制,引导广大党员干部牢固树立实干实绩实效鲜明导向,进一步鼓足士气、振奋精神、奋发有为。

(四)锤炼干事本领。干事创业,既要政治过硬,又要本领高强。要在学习中提升能力。深化“循迹溯源学思想、求是挺进促践行”,深入开展“两专两化”干部能力提升行动,推动党员干部学深悟透党的路线方针政策,加快业务知识更新,不断提高干部专业化水平和防风险能力。要在实践中锤炼本领。完善“干中学、学中干”能力提升机制,建优“1+14+N”技能实训基地,推动干部到基层一线、吃劲岗位攻坚克难、锤炼摔打,努力成为忠诚可靠、可堪大用、能担重任的栋梁之材。要在晒比中增长才干。常态化开展综合考核同台竞技、奋斗实干晾晒比拼,在追赶跨越中找准“位”与“责”,形成人人拼搏进取、个个奋勇争先的良好氛围。

(五)树牢勤廉导向。“勤廉并重”才能“干事且干净、干净加干事、干事能成事”。要把政治监督挺在前面。围绕中国式现代化这个主题,强化同级监督,把重大改革落实情况纳入监督检查和巡察内容,以小切口纵深推进政治监督具体化精准化常态化,确保贯彻执行不偏向、不变通、不走样。要把风腐同治穿透到底。完善一体推进“三不腐”工作机制,持续推进“清风护航”行动,扎实开展群众身边不正之风和腐败问题集中整治,优化基层公权力大数据监督模式,涵养风清气正的政治生态。要把纪律建设贯穿始终。坚持经常性和集中性相结合的纪律教育,常态化推进学纪知纪明纪守纪,加强新时代廉洁文化建设,以监督执纪“四种形态”抓早抓小,推动党员干部严守“六项纪律”,决不踩红线、碰高压线。

(六)凝聚团结伟力。改革没有旁观者,谁也不是局外人。一方面,要坚持党的领导,画好最大“同心圆”。充分发挥党委总揽全局、协调各方的领导核心作用,扎实推进基层党建争先攀高,不断增强各级党组织政治功能和组织功能。要大力支持人大、政府、政协、纪委监委、法院、检察院依法依章履行职责,善用民主党派、工商联、无党派人士的独特优势,架好工青妇等群团组织“桥梁纽带”,积极开创群策群力谋发展、团结奋斗干事业的生动局面。另一方面,要聚焦改革大局,找到最大“公约数”。进一步完善基层、企业、群众参与重大改革机制,拓宽社情民意表达渠道,及时回应各方关切,广纳群言、广集众智、广谋良策,全面汇聚起“改革戏大家唱”的强大合力。

同志们,改革永无止境,发展只争朝夕。让我们更加紧密团结在以习近平同志为核心的党中央周围,忠实践行“丽水嘱托”,奋楫力行“丽水之干”,凝心聚力、奋发图强,以进一步全面深化改革引领跨越式高质量发展,奋力打造中国式现代化县域实践样板。

政府工作报告

——在莲都区第十七届人民代表大会第三次会议上

（2024年2月21日）

莲都区人民政府区长　张妍

2023年工作回顾

2023年是全面贯彻党的二十大精神开局之年，是“八八战略”实施20周年，也是三年新冠疫情防控转段后经济恢复发展的一年。我们在上级党委政府和区委的坚强领导下，全面贯彻党的二十大精神和习近平总书记考察浙江重要讲话精神，坚持稳中求进的工作总基调，坚定实施三个“一号工程”“十项重大工程”和“双五双十双百双千”行动，紧扣共同富裕先行先发、碧湖新城变大变强、产业生态重构重塑三大任务，以大局之观、大事之进、大干之力，高质量完成区十七届人大二次会议明确的主要目标任务。

全区实现地区生产总值518.46亿元，首次突破500亿元大关，同比增长7.6%，高于全国、全省、全市，为近十年第二高增速；区本级规上工业增加值增长3.2%；农林牧渔业增加值增长4.9%；服务业增加值增长8.6%；进出口总额增长61.5%；区本级固定资产投资增长53.3%，连续24个月保持30%以上的增速；一般公共预算收入增长7.8%；城镇和农村居民人均可支配收入分别增长5%、7%，城乡收入倍差为全省山区26县最小。省、市、区三级民生实事全面完成。

一年来，我们主要做了以下六方面工作：

一、优政策、促增长，经济运行稳进向好

惠企政策持续升级。创新开展经济政策绩效评估，迭代出台12个经济稳进提质政策，累计兑现助企扶企资金2.94亿元。落实各类减税降费25.91亿元，增长85.1%，惠及6万余家市场主体。制定分类减免保证金政策，减免1.8亿元。强化政银企对接，涉企贷款余额973.81亿元，增长21.5%。营商环境持续优化。市区建成企业综合服务中心，大力推进政务服务增值化改革，逐步构建为企服务新生态。积极推行“拿地即开工”等制度，拍地成功后2天内实现“六证齐发”。2个改革事项入选全省营商“微改革”案例库。代表全市参评全国纳税人缴费人满意度调查，获地级市层级第一。公布“首违轻微不罚”清单，柔性执法落地落实。市场活力持续迸发。全区新增各类市场主体10774户、全市第一；发放消费券4300万元，拉动消费12.9亿元，惠及商家超1.5万家次。扎实推进“地瓜经济”富民产业，携手蚂蚁商联推动“莲都山超”提能升级，域外门店超2万家；实现进出口总额117.2亿元，增速全省第三。

二、重科创、助转型，产业基础不断夯实

科技创新实现提能增效。深入实施“315”科技创新体系建设工程，新增国家高新技术企业24家、省科技型中小企业68家，均创历史新高，省“领雁”研发攻关项目、省级众创空间实现破“零”，浙江大学等6家大院名校产业科技服务中心落地莲都，区本级高新技术产业投资增长213%，R&D经费投入强度达到2.94%、增幅全省第二。生态工业实现提质扩量。新川新材料、威固特种封装等4个10亿级制造业项目实现开工,区本级规上工业亩均税收达到25.2万元。欧意阀门入选国家级专精特新“小巨人”企业,恒大电气、替科斯科技分别入选省级制造业“单项冠军”培育企业、“隐形冠军”企业,莲都经开区入选全省开发区美丽健康产业链“链长制”试点单位。深化低效工业企业整治提升行动,整治高耗低效企业26家,盘活低效闲置工业空间300亩,新增税收超2800万元。扎实推进数字经济创新提质“一号发展工程”,全区数字经济核心产业制造业增加值增长44.2%,区本级20家传统企业完成数字化试点改造,平均产值提高9%,万控科技、沃沃阀门、乾麟缝制获省数字化车间认定、系莲都首次,入围全国首批县域数字经济发展创新区。生态农业实现提档升级。深入实施农业“双强”行动,创成省级茶叶“机器换人”高质量发展先行县,成功举办全省丘陵山区农业机械化现场推进会。引进全球领先的先正达MAP现代农业技术服务平台,打造全国首个山地精作农业科创模式。与浙江工商大学共建绿谷食品健康产业研究院,推动农业产业“接二连三”。全力推进粮食稳产保供,全年粮食播种面积12.79万亩,总产量4.5万吨。扎实开展耕地保护,完成耕地流出整改6416亩、永久基本农田集中连片建设2.38万亩,全年实现违法占用耕地“零新增”。现代服务业实现恢复性发展。全力提速服务业疫后回暖,新增上规上限服务业企业117家、创历史新高,社会消费品零售总额增长11%,入选省第三批现代服务业创新发展区。“文昌里1950”文创园成为旧城活化经典案例,招引入驻企业45家。古堰画乡通过国家级旅游度假区培育名单评审,艺术中心、理想艺站等标志性工程顺利完工,国旅创建取得阶段性成果。

三、调结构、扩投资,发展动能持续增强

“双招双引”卓有成效。完成招引20亿级项目1个、10亿级项目5个、亿级项目14个,其中,全国500强企业和独角兽企业各1个,国家级专精特新“小巨人”企业3个,在域外招引“大好高”项目绝对数及质量上走在全市前列。强化“以投带引”,以基金投资2.2亿元撬动社会投资29.6亿元,实现5个产业项目落地。全省首个山海协作“互飞”共建产业园落地莲都并正式开园,“两地双园”物流项目启动运营,义乌莲都大厦项目成功招引企业36家。出台“双招双引”融合推进若干举措,6个产业项目入选“绿谷精英”计划,引进高校毕业生6778人,培育高技能人才2855人。项目建设落地见效。深入实施扩大有效投资“千项万亿”工程,区本级完成固定资产投资78.6亿元,实现两年翻一番。重点项目完成投资101.1亿元、历史性突破百亿量级,年度投资完成率达到89.2%、创近六年新高,7个省“千项万亿”项目投资完成率达161.9%,排名全市第一。要素保障精准高效。争取上级补助资金15.4亿元,新增地方政府债券额度26.15亿元、为历年最高。全面推进跨乡镇土地综合整治,完成建设用地复垦899亩、垦造耕地1026亩,实现建设用地报批1843亩,均再创历史新高。实施新一轮国企改革,区国有资本运营有限公司获“AA+”主体信用评级,国有企业资产规模达439亿元。

四、强融合、塑品质,城乡发展协同推进

秀美城市更加宜居。坚决扛起“服务市区第一责”,完成市级重点项目政策处理65个,销号率81.3%、创近5年新高,完成安置房分配面积63.4万平方米、为历史之最,实现5年以上政策处理历史遗留项目、5年以上未安置户、无偿占用安置小区地下车位“三个清零”。全面提速老旧小区和城中村改造工程,实施项目17个、惠及居民1.1万户。完成24个城中村撤村建(并)居工作,娄丰堰社区、灵山社区分别创成省级现代社区和未来社区。和美乡村更加靓丽。深化新时代“千万工程”,发布《莲都区乡村振兴发展空间布局规划》,堰头村、大港头村成为全市唯一的全国现场会考察点位,老竹镇获评省级和美乡村示范镇。扎实推进乡村基础设施建设,获评

“四好农村路”省级示范县，完成供排水管网建设26公里，改造农村供水薄弱点66处、生活污水设施83个。以全省第二的成绩创成省大花园示范县。绿美生态更加优质。市区合力攻坚城市内河治理，岩泉街道、万象街道完成“污水零直排区”创建，环城河口断面水质显著改善，生态环境质量公众满意度连续两年位居全省前十，创成省级生态文明建设示范区。竭力推进松材线虫病防治，疫情面积和病死株数连续3年实现“双下降”。

五、夯基础、提能级，未来新城跃然眼前

重大项目快步推进。一体化推进碧湖新城和“三江口”区块协同发展，全年实施建设项目138个，完成投资84.5亿元、增长25.7%，碧湖大桥改扩建工程、桃碧线改造提升工程等50个项目开工建设，区青少年宫、魏村安置小区等36个项目顺利完工。完成政策处理项目22个，累计拆除房屋面积36.2万平方米、超历年总和。开展田园风貌整治提升行动和绿色农田项目建设，完成抛荒地整治1500亩，获省委主要领导批示肯定。生活配套稳步完善。碧湖镇便民服务中心获评省级示范便民服务中心，区人民医院通过二级乙等医院复评、综合楼投入使用，采桑未来社区基本结顶，海特购生活广场、万洋广场等商业综合体开业。管理机制逐步健全。构建“一支队伍管执法”工作体系，对标市区建立环卫保洁、市容管理、设施维护等城市管理标准，投入资金超近三年总和，实现城镇管理向城市治理跃升，新城群众获得感进一步增强。

六、惠民生、保安全，群众福祉日益增进

全力拓宽增收路径。深化“三山”共富协同改革，乡镇强村公司利润增长125.2%，低收入农户人均可支配收入增长13.5%，新增“处州共富工坊”40家，带动7500余名农民人均年增收2.76万元。对外协作持续推进，帮助叙永县销售农产品1700余万元。全心优化公共服务。开展“家门口”幸福养老流动服务60万人次，东港社区创成全国示范性老年友好型社区。顺利通过“国家学前教育普及普惠区”省政府督导评估认定，新投入使用中小学2所、幼儿园3所，新增学位3240个。完成困难残疾人家庭无障碍和“净居亮居”改造108户。全市率先试行育儿补贴政策，完成家庭医生服务签约超20万人，落实“乙类乙管”防控措施，规范开展各项监测和风险评估，按照常住人口比例做好医疗救治药品采购和储备。承办高水平推进健康浙江行动现场会，健康浙江考核连续4年获优秀等次。成功举办全国“四季村晚”冬季成果展示、城市森林音乐会、八百里瓯江山水诗路桨板赛等一批有较大社会影响力的文体活动。全面守牢安全防线。扎实开展安全生产隐患大排查大整治行动，完成重大隐患整改1116个，遗留30多年的天宁工业园区、花场区块安全隐患问题整治取得阶段性成效，全年未发生较大及以上生产安全事故和亡人火灾事故。严厉打击电信网络诈骗，全年破获案件320起，追赃挽损1796万元。全区信访总量同比下降62.9%，创成“省级无信访积案县”，圆满完成亚运会火炬传递丽水站安保任务，实现省平安区创建“十七连冠”。

一年来，我们全面加强自身建设，深入开展学习贯彻习近平新时代中国特色社会主义思想主题教育，扎实推进政府系统行政效能提升行动，每季晾晒“好差评”案例，完善政府工作规则等制度，从严从实抓好省委巡视反馈问题整改。自觉主动接受人大、政协监督，高质量办结人大代表建议和政协委员提案。坚持政府过“紧日子”，在上一年度压减2.6亿元的基础上，进一步压减非刚性、非重点支出及“三公”经费等一般公共预算支出8.4亿元。

同时，国防动员、双拥共建和退役军人事务、审计统计、移民等工作取得新成效，民族宗教、老干部、侨台外事、史志档案等工作迈出新步伐，工会、妇女儿童、青少年、红十字、慈善等事业实现新进步。

各位代表，这些成绩的取得，是市委市政府和区委坚强领导的结果，是区人大、区政协有效监督和鼎力支持的结果，也是全区广大干部群众奋勇拼搏的结果。在此，我谨代表区人民政府，向全区人民，向人大代表、政协委员、各民主党派、各人民团体和各界人士，向驻莲部队、武警官兵、公安干警、消防救援队伍，向关心支持莲都发展的华侨华人、海内外朋友，表示衷心的感谢！

在肯定成绩的同时，我们也清醒地看到当前我区经济社会发展依然存在的一些困难和问题，主要表现为：经济发展面临的不稳定不确定因素仍然较多，经济稳进向好的大盘仍需精准把握；现代化生态经济体系尚在构建，新兴产业动能释放还需加快；政府、企业、居民三方收入质量仍不够高，公共财政收入可持续增长仍待夯基挖潜；公共服务精准供给仍有差距，共同富裕先行示范缺乏标志性成果；安全生产等领域风险隐患依然存在，社会治理面临不少新的挑战；少数干部推动工作、破解难题的态度决心、能力水平与跨越式高质量发展的任务要求还不够匹配。这些问题，我们将坚决面对，知难而上、迎难而进、破难而行，以更大力度加以解决。

2024年主要目标任务和重点工作

2024年是中华人民共和国成立75周年，是实施"十四五"规划承上启下的关键之年，做好各项工作意义重大。今年工作的总体要求是：坚持以习近平新时代中国特色社会主义思想为指导，全面贯彻落实党的二十大精神、习近平总书记考察浙江重要讲话和指示批示精神，把坚持高质量发展作为新时代的硬道理，坚持稳中求进、以进促稳、先立后破，紧扣"勇当先行者、谱写新篇章"新定位新使命，持续推动"八八战略"走深走实，以三个"一号工程"为总牵引，深入实施"十项重大工程"，大力弘扬践行浙西南革命精神，坚毅笃行"丽水之干"，加快服务市区大融合、共同富裕大踏步、碧湖新城大变样、产业能级大跃升，全力推进跨越式高质量发展，争当革命老区振兴发展、山区共富先行的开路先锋。

综合考虑宏观经济形势和当前经济发展基础，建议2024年全区经济社会发展主要预期目标为：地区生产总值增长6.5%左右，区本级固定资产投资增长15%，区本级规上工业增加值增长7%，农林牧渔业增加值增长3.5%，服务业增加值增长6.5%，一般公共预算收入增长8%，城镇居民人均可支配收入与经济增长基本同步，农村居民人均可支配收入高于GDP增速，完成上级下达的能源和环境指标计划目标。

言出于己，必落于行。做好今年工作，必须牢牢把握三大导向。一是抓好"稳增长"第一要务。"稳增长"是高质量发展的大局和基础。要聚焦经济建设这一工作中心和高质量发展这一首要任务，打好"稳、进、立"组合拳，以更加奋斗进取的姿态全力以赴稳经济、稳预期、稳就业、稳外贸、稳社会，不断巩固和扩大2023年以来回升向好的发展态势。二是抓好"积动能"第一重点。"积动能"就是持续积蓄高质量发展的内生动能。要始终保持历史耐心和战略定力，坚定不移实施"双招双引"战略性先导工程，加速推动特色主导产业链培育，充分发挥科创和人才支撑作用，持续深化政务服务增值化改革，实现发展能级蓄势跃升。三是抓好"强统筹"第一关键。"强统筹"就是统筹好各方面的关系，保障高质量发展。要统筹好扩大需求和深化供给侧结构性改革，还要统筹好新型城镇化和乡村全面振兴，更要统筹好高质量发展和高水平安全，把有限的资源精准投放到最迫切、最需要的领域，着力防范地方债务、房地产、中小金融机构、安全生产等领域风险，以新安全格局保障新发展格局。

围绕上述目标要求，我们将一以贯之地抓好以下八个方面工作：

一、一以贯之强化政策有效供给，全力塑强现代化生态经济体系

一是致力提高政策精准度。高标准承接新一轮"8+4"政策体系，持续开展政策绩效评估，不断迭代优化工业、农业、人才、科技、文化等领域政策，形成有力支持经济稳进提质、有效促进投资出口消费的一揽子政策体系。推动惠企资金直达快享，力争全年为市场主体减负20亿元以上，兑现惠企资金3亿元以上，更好地支持实体经济发展。加快“民营经济32条”精准落地，加大政策支持力度，强化法治保障，促进民营经济高质量发展、民营企业家健康成长。

二是致力推进新型工业化。大力发展新质生产力，扎实推进主导产业培育，提速“链主型”项目进度，力争环龙新材料、禾迈储能、威固特种封装等项目投产，纳爱斯生态综合园和产业园、高仙机器人、瀚薪半导体等项目开工，推动美丽健康、半导体、新能源等新兴产业加速发展。加快传统产业转型升级，支持阀门、电气等高端装备制造龙头企业带动上下游强链延链补链，提高产业竞争力。新增规上工业企业20家以上，力争新增产值亿元工业企业5家、10亿元工业企业1家，申报国家级专精特新“小巨人”企业7家以上、省级“专精特新”中小企业10家以上。深化“亩均论英雄”改革，力争亩均税收3万元以下低效企业基本出清、5万元以下企业整治50%以上。高水平承办浙江省化妆品产业高质量发展大会，打造美丽经济新范式。全力夺取“浙江制造天工鼎”。

三是致力打造品质化农业。聚力发展山地精作特色农业，全力打造环碧湖新城现代农业产业带，培育畜牧业10亿级全产业链条。完成国家级分子育种创新服务平台（长三角）分中心项目、仙渡乡山地精作农业产业示范园等项目建设，探索农光互补项目光伏板下种植新模式。加快构建“食品产业园+产地加工园+农事服务点”农产品加工业发展体系，争创综合性农业“机器换人”高质量发展先行县。严格落实粮食安全政治责任，探索耕地保护常态化机制，持续推进高标准农田建设和田园风貌整治提升工作，完成碧湖镇绿色农田建设项目，严守耕地保有量19.2万亩，确保粮食总产量稳定在4.1万吨以上。

四是致力发展现代服务业。积极创建国家县域商业体系建设领跑县，全面提升消费品质和能级，推动万地、银泰、七子楼、处州府城等商圈扩容提质，争创省级夜间经济、高品质步行街等试点，实现社会消费品零售总额增长6.5%以上。打造省级现代服务业创新发展区，力争培育服务业上规上限企业60家以上。紧密对接主导产业高质量发展需要，培育壮大生产性服务业。

二、一以贯之推进创新改革开放，全力激活区域发展核心驱动力

一是全面加装科技创新引擎。深入推进数字经济创新提质“一号发展工程”，加快实施通用设备制造行业“N+X”轻量级数字化智能化改造，力争全区规上企业数字化自动化智能化覆盖率达到85%，申报省数字化车间3家以上。深化“1615”科技创新体系建设工程，夺取省“科技创新鼎”，力争R&D经费投入强度突破3.1%，高新技术产业增加值达到13亿元，新增国家高新技术企业18家、省科技型中小企业60家、省级企业研究院1家、省级高新技术企业研发中心3家。全力打造高能级科创平台，系统推进碧湖田园智谷建设，白桥双创中心、浙江工商大学绿谷食品健康产业研究院投入运营，高标准推进阀门产业成果转化加速器和市级重点实验室建设。

二是持续增强政务服务能力。深入实施营商环境优化提升“一号改革工程”，积极落实《浙江省优化营商环境条例》，谋划落地莲都企业综合服务分中心，创新打造“企点我帮”“金融计算器”等增值服务，推动政务服务从“一件事”到“一类事”提升，以政务服务增值化改革打造“最佳在地政府”。加大金融惠企力度，力争全区普惠型小微企业贷款余额达到420亿元。落实常态化政企恳谈机制，打造畅所欲言、氛围轻松的亲清政商沟通平台，让广大企业家投资安心、办事顺心、发展舒心。

三是强力推进重点领域改革。深化新一轮国企改革，加快建立现代企业制度，做大资产规模，做强融资能力，做优运营水平，力争资产规模超480亿元、营收突破16亿元。持续推进“大综合一体化”行政执法改革，提高赋权事项精准度，加强基层执法力量，完善执法运行机制。扎实推进机构改革，组建经信局、商务局等部门，优化金融监管、数据管理、政务服务等领域机构职能，推动政府职能更趋完备、高效。

四是不断提升对外开放水平。以“地瓜经济”提能升级“一号开放工程”为牵引，深入开展外贸企业招强引大行动和外贸企业扬帆出海系列行动，培育壮大外贸主体，全年新增外贸出口主体20家以上，争做山区开放经济发展“头雁”。精心组织和支持企业参加境内外国际性展会，帮助企业稳固欧美传统市场、开拓新兴市场，确保进出口总额持续增长。优化“莲都山超”扶持政策，全面升级服务链、供应链、资金链、数据链、创新链，助推超市产业提能升级，实现本地产品年销售额2亿元以上，域外超市资金回流60亿元以上。

三、一以贯之服务市区融合发展，全力塑造城乡品质跃升新面貌

一是强化市区协同发展。牢固树立“服务市区，成就莲都”理念，持续打好“服务市区第一责”，以中心城市能级提升带动全域新型城镇化建设。启动实施市区重点项目政策处理历史遗留问题和信访积案“双攻坚”行动，实现政策处理实施类项目应销尽销、信访积案应化尽化，全力保障市区重大项目落地建设。在“三江口”协同发展区建设中当先锋、打头阵，启动筹建丽水（国际）美丽健康产业园，全力推进数字健康集成智造产业园、数字农业科创园等重大项目开工建设，确保瓯江十里画廊、白桥双创中心等标志性项目完工，力争白桥区块全年完成投资20亿元。坚决打赢城市内河污染整治攻坚战，完成老旧小区和城中村改造14个，实现“污水零直排区”镇街全覆盖。持续提升城市面貌，打造风貌样板区2个，推进经常化全国文明城市创建工作。

二是扎实推进新城建设。充分用好“三区三线”划定成果，进一步完善区域控规，持续推动空间布局优化、产业项目集聚、要素高效配置。碧湖新城全年计划实施建设项目110个，包括新川新材料、杭萧钢构等产业项目56个，碧湖新城主要道路提升工程、白口双创园周边路网配套工程等基础设施项目46个，白桥邻里中心、高溪九年一贯制学校、碧湖农产品交易中心等公共服务项目8个，力争完成投资100亿元以上。提质城市管理水平，完成碧湖新城智慧城市规划，升级智慧城市管理监督指挥中心，常态长效开展城市“体检”，落实“一支队伍管执法”试点工作，实现执法事项赋权实施率50%以上。

三是打造美丽乡村标杆。不断深化新时代“千万工程”，落实《莲都区乡村振兴发展空间布局规划》，因地制宜推动和美乡村建设，扎实开展2个现代化美丽城镇、3个省级未来乡村和2个省级美丽宜居示范村创建工作。加快交通强区建设，持续推进衢丽铁路莲都段项目，积极打造“四好农村路”2.0版。不断完善城乡供排水体系，完成市区供水管网延伸项目老竹丽新线、太平污水管网建设，完成农村单村供水站改造提升140个。

四、一以贯之攻坚重大项目建设，全力构建高质量发展强劲支撑

一是不遗余力招引项目。围绕美丽健康、半导体、新能源、数字经济等四大新兴主导产业和阀门等高端装备制造业，精准梳理产业链图谱，通过以商招商、基金招商、产业链招商等方式导入“链主”项目，打通上下游高关联度环节，基本实现特色主导产业项目组链成群。瞄准人工智能、仿生机器人等前瞻领域，积极在未来产业中引育新项目。全年计划招引10亿级项目6个，其中20亿级项目2个、非工项目1个，力争50亿级项目实现再突破，招引项目实际到位资金20亿元以上，力争前两年招引的10亿级以上项目全面投产，力争区本级制造业投资增长30%以上，高新技术产业投资增长16%以上。

二是开足马力建设项目。不断完善项目推进机制，全年计划实施建设项目161个，确保石郎线改造提升工程、碧湖平原水系综合治理工程（一期）等68个项目完工，莲城宾馆迁建工程、高溪数字健康科创中心等84个项目开工，力争完成投资125亿元以上。着力优化投资结构，加大产业类项目投资力度，激发各类民间主体投资活力，力争产业投资占比超65%、民间投资占比超40%。积极向上对接，千方百计推动更多项目进入省、市投资盘子，争取纳入省扩大有效投资“千项万亿”工程项目6个。

三是竭心尽力保障项目。积极用好耕地占补平衡改革政策，全年完成耕地垦造1000亩以上、耕地功能恢复3000亩以上，新增林地1000亩以上。系统谋划国有建设用地收储和供应计划，力争收储1800亩，新增工业供地1000亩。深化“腾笼换鸟、凤凰涅槃”行动，力争盘活低效工业用地300亩以上。加快实施高溪北扩区矿地综合利用项目，丽新矿业二期矿地项目完成出让。强化资金保障，千方百计争取中央预算内资金、地方政府债券和政策性金融工具等各类资金支持，深化区属国企投融资改革，提高国企发展质效和服务重大战略能力。做好产业项目用能保障，莲都经开区综合供能项目开工建设，实施白口、金周等6座变电站建设。

五、一以贯之推进文化强区建设，全力打造青年发展型活力城市

一是坚持以文聚才。厚植处州“人才汇集之地”的文化底蕴，完善青年人才“引育留”全链条工作机制，打造新时代浙西南人才洼地。优化引才政策，擦亮“莲连创”公共创业服务品牌，进一步做大人才总量，全年引进高校毕业生6000人以上。大力实施“金蓝领”职业技能提升行动和新时代工匠培育工程，培养新增技能人才2600人、高技能人才1500人。营造“渊深鱼聚、林茂鸟栖”的留才生态，实施青年人才安居工程，区本级新增青年公寓160套以上，扩大人才生活津贴、购房补贴政策惠及面，帮助解决子女教育、医疗等“关键小事”，让青年人才能够在莲都安下心、扎下根、有未来。

二是坚持以文兴产。全速推进古堰画乡创国旅项目建设，艺术中心、君澜大酒店投入运营，古堰文化产业园（一期）等3个项目完工，通济堰文化展示中心、山海猩球等9个项目开工。优化古堰画乡文化旅游产业及人才扶持政策，深度培育“六美”新业态，举办全国风景油画双年展等活动，争取列入国家级旅游度假区推荐名单。扎实推进乡村旅游，实现南明湖冰雪大世界、仙渡农旅融合研学营地开工建设，谋划开发峰源山地避暑旅游项目，支持发展高端民宿综合体。促进文旅深度融合，积极推进老街区改造、古村落活化利用，开发特色文创产品，加快打造具有莲都印记的文旅产业。

三是坚持以文塑城。深入挖掘瓯江山水文化，举办通济堰庙会、“三月三”畲族歌会、田园马拉松、瓯江水上赛事等一批特色文体活动，以历史眼光扎实做好通济堰文物保护，促进千年古堰文化焕发新活力，打响“水韵瓯江、通济莲都”地域文化标识。进一步做优公共文化服务，新建“15分钟品质文化生活圈”3个、文化驿站2个、城市书房1个。围绕青年发展型城市建设，创新开发城市时尚元素，打造“潮玩街区”“潮购商圈”等契合青年特征、满足青年需求的消费、文娱、社交场景，积极培育数字经济双创园、澜蓝汇筑梦工厂创客中心、灵山未来社区等一批青年友好型基本单元样板。

六、一以贯之拓宽“红绿”融合路径，全力培育革命老区“金色”增长极

一是擦亮生态环境底色。持续打好“蓝天、碧水、净土”保卫战，着重抓好秸秆焚烧、工地扬尘等大气污染源管控，市区空气质量稳定保持在全国前列；完成全区入河排污口排查整治工作，环城河口断面水质达到Ⅳ类水功能区要求，确保县级以上集中式饮用水水源地水质、跨行政区域交接断面水质、市控以上地表水断面水质达标率均为100%；持续推进“无废城市”建设，创建省级“无废细胞”10个以上，生活垃圾分类处理率达85%以上。全面严格松材线虫病管治措施，力争实现疫点数量、疫情面积和病死株树“三下降”，稳步提升森林覆盖率。

二是做实“两山”转化文章。深化生态产品价值实现机制改革，建立生态资产抵质押风险担保基金和风险补偿金制度。推进国家储备林项目,加快建设莲都林场碳汇先行基地。持续实施油茶产业发展三年行动,完成低产林改造1万亩以上。立足莲都红色基因和生态资源,推动红色文化旅游专线和研学基地扩容提档。促进能源绿色低碳转型,积极谋划布局太阳能、风能、水能项目,启动建设莲都区万亩千兆农光互补集中式光伏项目。协同推进农村土地制度、集体产权、经营体制、山塘水库用水权等改革,进一步挖掘盘活农业农村要素资源,带动农业增产、农民增收。

三是加快共同富裕步伐。深入实施"扩中""提低"行动,扎实做好扩岗就业,强化四大新兴产业人力资源保障,推进"零工市场"规范化建设,力争新增就业1万人以上。不断完善"大搬快聚"后续帮扶体系,新建和提升"处州共富工坊"30家,持续深化流动供销致富车系列服务,力争农村居民和低收入农民人均可支配收入增幅分别达到6.5%、10%以上,城乡居民收入倍差保持在1.58以内。加快建设环古堰画乡、北乡革命老区两条共同富裕示范带,确保村集体经济总收入、经营性收入增幅均达10%以上,村集体经济经营性收入50万元以上村占比达50%以上。深化与义乌、江北山海协作,积极谋划建设一批产业发展和基础设施援建项目,持续推进山海协作乡村振兴示范点建设。深入推进与叙永东西部协作,实现互利双赢、共同发展。

七、一以贯之优化公共服务体系,全力提升群众美好生活幸福感

一是推动公共服务均衡可及。深入实施"七优享"工程,根据常住人口开展公共服务供给侧改革,精准布局服务设施,进一步提升优质服务可及性。推行山区"十助"流动服务模式,城乡助餐配送餐服务覆盖率达75%以上,智慧流动医院巡回诊疗服务5万人次以上。创新"颐养在莲"养老服务新模式,持续推进乡镇(街道)居家养老服务一体化运营。深化城市医联体建设,完善社区卫生服务中心和乡镇卫生院"健共体"运行机制,推进疾控体系改革和职能调整,区疾控中心投入使用。持续做优做强托育体系,新增5家社区"托育角"。加快国家义务教育优质均衡发展区创建,力争通过学前教育普及普惠区国家级评估认定。持续开展引智托管、院校共建、集团化等办学模式改革,稳妥推进农村小规模学校布局优化调整,完成莲都小学示范食堂和灵山未来社区幼儿园建设,新增学前教育公办学位360个,做好师生心理健康工作,让优质教育惠及每个孩子。

二是推动兜底保障提质增效。深入实施低保救助、临时救助等社会救助专项治理,逐步提升城乡低保标准和特困供养标准,持续开展农村困难家庭危房改造工作。加强重点群体就业帮扶,为低收入农户、就业困难人员提供公益性岗位100个以上,城镇登记失业率控制在3%以内。落实残疾人家庭医生签约服务,完成困难残疾人家庭无障碍改造和"净居亮居"改造40户。全力保障社保基金稳定运行,稳步提高"浙丽保""长护险"等补充医疗保险的参保面。

三是推动民生实事落地落实。坚持尽力而为,量力而行,用心用情用力办好民生实事。通过向社会公开征集、多方对接和协商,筛选出聚焦教育助学、医疗保障、养老帮困、就业创业等十二方面32项民生实事候选项目提交审议。本次人代会票决后,我们将以群众普遍有感有得为衡量标准,一件一件抓落实,努力让更多群众看到变化、得到实惠。

八、一以贯之坚决树立底线意识,全力筑牢社会安全稳定"防护墙"

一是全面加强安全生产。聚焦消防、燃气、建设施工、道路安全、危化品和工矿领域等12个重点领域,常态化闭环抓实安全隐患大排查大整治工作,探索并落实"九小场所"的开设防盗窗逃生出口、经营和生活区硬隔离、畅通消防通道等方面破题举措,坚决遏制各类重特大事故发生,全力保障人民群众生命财产安全。做好危险房屋动态监测和巡查整治,加速工程措施解危，随清违规经营行为，力争实现能改尽改。

二是增强防险化险能力。加强基层应急队伍建设，实现乡镇（街道）应急消防管理站全覆盖，完成全区避灾安置场所规范化建设18个。筑牢基层“三保”，有效防范化解地方债务风险。严厉打击非法金融活动，妥善处置企业流动性风险、涉众型经济金融风险，严守不发生系统性风险底线。强化商品房预售资金监管，促进房地产市场平稳健康发展。

三是提高社会治理效能。完善“141”基层治理体系建设，全面推进矛盾纠纷化解和信访工作法治化。加强社会治安防控体系建设，持续加大电信诈骗、养老诈骗打击治理力度。大力提升食品安全风险防控水平，积极创建国家食品安全示范城市。深入推进村社融合，扎实做好撤村并居“后半篇文章”。适时启动社区优化调整，重点提升社工队伍能力水平，做深做实网格化服务。常态化开展平安莲都建设，力争实现省级平安区“十八连冠”，奋力夺取“二星平安金鼎”。

各位代表，新形势、新使命对政府工作提出了新要求。我们将全面提高政府自身建设水平，以实际行动打造人民满意政府。始终把政治建设摆在首位。不断巩固拓展主题教育成果，把忠诚拥护“两个确立”、坚决做到“两个维护”体现在谋划推动莲都发展的全过程、各领域。始终把为民情怀放在心上。认真践行以人民为中心的发展思想，坚持把人民群众期盼作为政府工作的目标，全力实现好、维护好、发展好全区广大人民根本利益。始终把依法行政抓在手中。深入学习贯彻习近平法治思想，自觉接受人大依法监督、政协民主监督，接受监察、司法、审计、社会和舆论监督，充分发挥行政复议化解行政争议主渠道作用，持续提升依法行政能力。始终把行政效能落在实处。深入实施政府行政效能提升行动，切实增强各级干部敢担当、强执行、重实效的主动性和能动性，确保各项工作高效落实。始终把纪律规矩挺在前面。严格落实中央八项规定及其实施细则精神，厉行节约，习惯过“紧日子”，压缩非必要支出、严控一般性支出、从紧安排重大支出，把有限的财力用在惠民生、促发展上。

各位代表，风起括苍，理应扶摇直上；水聚瓯江，自当百舸争流；势成万象，更要奋力图强！让我们更加紧密地团结在以习近平同志为核心的党中央周围，高举中国特色社会主义伟大旗帜，在上级党委政府和区委的坚强领导下，以目标为指引，以问题为抓手，以结果为导向，勇当“发展头雁、创新标兵、实干先锋”，为奋力打造山区跨越式高质量发展“重要窗口”作出新的贡献！

名 词 解 释

报告中所提及经济指标除标注“区本级”外，均为大莲都口径（包含市本级、区本级和丽水经开区）。

1. 三个“一号工程”：省委提出的数字经济创新提质“一号发展工程”、营商环境优化提升“一号改革工程”、“地瓜经济”提能升级“一号开放工程”。

2.“十项重大工程”：省政府提出的扩大有效投资“千项万亿”工程、“415X”先进制造业集群培育工程、“315”科技创新体系建设工程、服务业高质量发展“百千万”工程、世界一流强港和交通强省建设工程、县城承载能力提升和深化“千村示范、万村整治”工程、跨乡镇土地综合整治工程、文旅深度融合工程、绿色低碳发展和能源保供稳价工程、公共服务“七优享”工程。

3.“双五双十双百双千”行动：由市政府于2023年提出，“双五”指五大生态工业主导产业和五大富民强市支柱产业；“双十”指十大生态产业平台“二次创业”和十大科创开放平台提能升级；“双百”指每年滚动推进建设10亿元以上重大项目100个和招引落地亿元以上制造业项目

100个;“双千”指每年带动有效投资1000亿元以上和未来五年制造业投资1000亿元以上。

4.“六证齐发”:企业拍地成功后,用地规划许可证、工程规划许可证、图审合格证、不动产权证、施工许可证等一同发放。

5.R&D经费:全社会研究与试验发展经费。

6.山地精作:莲都区立足山地实际,创新打造以“现代精耕、复合精益、智慧精准、生态精品”为导向的现代化农业发展模式。

7.农业产业“接二连三”:一产种植、二产加工、三产销售和旅游观光融合发展。

8.“无废细胞”:在固体废物源头减量、资源化利用和无害化处置等方面表现突出的社会生产生活各类组成单元,是践行“无废城市”建设理念,促进形成资源节约、环境友好生产方式和简约适度、绿色低碳生活方式的重要载体。

9.“三山”共富协同改革:莲都区深入贯彻中央、省委、市委对共同富裕工作和城乡融合发展的工作部署,是建设百万级人口大城市,打造革命老区共同富裕先行示范区的新思路。区委提出要将“出山”“进山”“下山”三件大事具体化,以打造革命老区共同富裕先行示范区为主要目标,以解决地区差距、城乡差距、收入差距问题为主攻方向,以经济社会高质量发展为实践路径,打出“拉长板”“补短板”“创新板”组合拳,打造具有莲都辨识度的实践创新、制度创新和理论创新成果。

10.“净居亮居”:针对部分困难残疾人家庭居住条件差,家居环境不同程度存在“脏兮兮、乱糟糟、黑乎乎、臭烘烘”等状况,通过组织适度改造提升、支持基本家居配置、提供长效保洁服务等,实现家居环境“净化、亮化、美化、优化”,提升残疾人居住环境和生活品质,打造“共同富裕”特殊风景线。

11.通用设备制造行业“N+X”轻量级数字化智能化改造:通用设备制造行业采用共性需求和个性服务相结合的“N+X”数字化智能化改造模式。“N”即细分行业基础数字化应用场景,满足共性需求;“X”即企业个性化应用场景,满足差异化需求。

12.“1615”科技创新体系建设工程:莲都区实施的科技创新体系建设工程,“1”指打造浙西南科创中心核心区,“6”指壮大“4+2”特色产业(半导体、大健康、新能源、数字经济四大新兴产业和精密制造、生态农业两大传统产业),“15”培育发展人工智能、智能控制等15个区域特色创新领域。

13.“企点我帮”:莲都区创新推出“企点我帮”增值化服务,通过企业点单、企服中心派单、主管部门接单、服务团上门服务的方式,推动更多法治力量由“事后整改”向“事前预防”转变,进一步降低企业发展外部风险和生产经营内部风险。

14.“金融计算器”:打造“金融计算器”,归集银行与丽水市信用信息服务平台的数据,快速得出企业综合评价及预授信额度。

15.“金蓝领”职业技能提升行动:以建设全球先进制造业基地为目标,聚焦我省数字经济、先进制造业、民生服务业、现代农业等关键领域,聚焦全省智能制造产业工人、民生服务从业人员、乡村振兴实用人才以及创业就业等重点群体,聚焦我省在“互联网+”、生命健康、新材料三大科创高地建设发展过程中涌现出的新职业新岗位,大规模开展有针对性的职业技能培训。

16.“六美”新业态:《丽水市创建古堰画乡国家级旅游度假区三年行动计划》中提出的要积极发展美术、美颜、美体、美智、美居、美食“六美”新业态,不断拓宽“绿水青山就是金山银山”转化通道,让好生态变成新的生产力,以旅游业高质量发展赋能共同富裕先行示范。

17.山区“十助”流动服务模式:聚焦山区老人基本公共服务短板,创新“服务跟着老人走”模式,开展“流动服务进乡村、万件实事惠民生”活动,在助餐、助医、助行、助急、助浴、助洁、助销、助购、助学、助乐等十方面系统打造“流动十助”服务体系,打通服务山区群众“最后一公里”。

18.“健共体”:以人的健康为中心,充分整合疾病预防、妇幼保健、健康管理等公共卫生职能，是为群众提供“预防、保健、治疗、康复、健康管理”等一体化、全方位、全周期健康服务的联合体。

19.“长护险”：长期护理保险是指对个体由于年老、疾病或伤残导致生活不能自理，需要在家中或疗养院治病医疗由专人陪护所产生的费用进行支付的保险，可以作为对护理费用的经济补偿。

20.“九小场所”：小学校、小医院、小歌舞娱乐场所、小网吧、小旅馆、小餐饮、小商店、小美容洗浴场所、小生产加工企业。

21.“141”基层治理体系：一中心四平台一网格，指社会治理中心、基层治理四平台、全科网格。

专 文

叩响高质量发展的“数字大门”

2023年，莲都区紧扣“服务市区大融合、共同富裕大踏步、碧湖新城大变样、产业能级大跃升”四件大事，全力实施数字经济创新提质“一号发展工程”，以数字之“钥”开莲都跨越式发展之“门”，以奋斗者的姿态挺进高质量发展的“春天里”。

一、强化系统观念，在“5+2行动”中突出新成效

一是聚焦领导挂帅。成立以区委书记、区长任“双组长”的数字经济工作领导小组，充分发挥区数字经济发展领导小组统筹协调职能，领导全区数字经济发展，研究确定产业发展重大事项。二是聚焦规划引领。莲都区坚持“加速超车、变道超车、换车超车”，制订出台《莲都区四大新兴主导产业链培育工程行动方案（2023—2027年）》，印发《丽水莲都区数字经济产业发展规划（2023—2027年）》《数字经济创新提质“一号发展工程”实施方案（2023—2027年）》，全面构建“5+2”（“5”：数字智能、数字制造、数字文旅、数字农业、数字健康五个浙西南高地打造；“2”：要素保障、数字消费两大普惠共享行动）实施体系，为抢占数字新赛道指路领航。三是聚焦协同推进。设立以区分管领导为组长的工作专班，建立工作例会制度，健全数字经济考核责任制，实现工作跨部门、跨层级联动。

二、聚焦数实融合，在招大培强中创造新态势

一是坚持拓增量。锚定数字经济头部企业生态圈，发挥企业龙头带动作用，引进云计算、区块链、大数据等链条产业，加速链条产业集聚。深化与蚂蚁、华为、百度等一批数字经济头部企业合作，累计链接引进数字经济骨干企业54家。2023年，莲都区数字经济服务业新培育上规企业3家，入选“小升规”培育企业2家。二是坚持提质效。邀请省级智能制造专家委员会开展智能化数字化诊断，重点推进通用设备制造行业“N＋X”轻量级数字化智能化试点改造，成功助力阀毕威、沃沃等20余家企业实现数字化转型，打造标杆案例5家，规上企业数字化智能化覆盖率提升至81%，企业平均产值提高9%。三是坚持深融合。举办莲都区通用设备行业数字化智能化改造推进会暨义乌—莲都数字赋能·企业领航培训会、县域数字经济产业交流会等活动，推动企业加快数字化转型，促进数实深度融合。

三、坚持统筹兼顾，在要素聚集上展现新亮点

一是实现平台提级。围绕浙西南科创中心和“十子连珠”浙西南科创大走廊布局，高标准打造省科技强基工程——莲都区白桥双创中心。构建起“四园一基地”的多层次数字经济集聚平台、生态工业集聚平台、数字经济发展平台等产业平台，实现上海威固、环龙新材料等一批数

字经济区域龙头企业落地集聚，进一步汇聚空间、人才、技术、资金等核心要素。二是突出政策惠企。迭代企业“政策智配”，在全市率先推行“丽即兑——政策找企业”系统，发布政策事项188条，惠及企业795家次。加速惠企资金兑现，部门联审时间由原来的1个月缩短至6个工作日，全区涉企部门线上兑现助企扶企资金1.76亿元，并在全省“小微你好”工作推进会上作经验介绍。三是开展赋能行动。携手龙头企业强化技术支撑，叩开华为等数字经济塔尖企业合作大门，依托华为云，为区属企业搭建数字化转型的重要平台，支持企业开通云服务资源。中软信息技术（丽水）有限公司入选2023年省级产业数字化服务商名单，系丽水市唯一。

四、树立争先志向，在优化环境中取得新硕果

在强服务上，积极做好企业培育服务工作，加强优质企业培育，提升产业链发展水平。2023年，莲都区新增规上工业企业30家，亿元以上企业数达31家。建立企业梯度培育体系，引导全区企业做专做精，欧意阀门入选国家级专精特新“小巨人”企业，恒大电气、替科斯分别入选省级制造业“单项冠军”培育企业、“隐形冠军”，新增省级“专精特新”中小企业14家、省级创新型中小企业39家。在勇争先上，莲都区入围全国首批“县域数字经济发展创新区”。入选第三批省现代服务业创新发展区，为山区26县中唯一以软件信息服务类入选的地区，也是市区首个“省字号”现代服务业创新发展区。实施数字经济“一号工程”升级版工作获省政府督查激励，为山区26县唯一、丽水首例。数字经济创新提质“一号发展工程”三季度获省级五星评定，为全市唯一。区委书记张壮雄在全省深入实施“八八战略”强力推进创新深化改革攻坚开放提升工作例会暨三季度经济社会形势分析会上作交流发言。全年共有3篇专报分别获省、市领导批示。

百舸争流，奋楫者先。莲都区将持续深耕数字经济新赛道，全力跑出数字赋能发展“加速度”，在蝶变跃升、跨越发展中交出跨越式高质量的“莲都答卷”。

（区经信局　杨晖）

科技创新 以更大力度培育“增长极”

2023年,莲都区树牢“服务市区、成就莲都”理念,坚持市区一体,上下协同,强化规划统筹、政策统筹、资金统筹,在全省创新深化和“315”科技创新体系建设工程重点工作考核中,均获“A档”并居全省前列,首次捧回省“科技创新鼎”,系全市唯一。科技创新指数连续两年居山区26县前三,创新指数进步排名连续两年位于全省前十;全社会研发投入强度排名全市第一,两年年均增幅排名全省第三;高新技术产业投资增速全省第三,高新技术产业投资占固定资产比重增幅排名全省第三。

一、多措并举育主体、增活力

推行梯度培育制度,建立并动态管理高新技术企业培育库,2023年,区本级新认定国家高新技术企业24家、省级科技型中小企业68家,均创历史新高。加快科技政策“立即兑”,2023年,区本级兑现科技政策奖补资金3782.33万元,比2022年提升16.12%,惠及企业169家。组织开展“科创十强企业”评比,对浙江乾麟缝制设备有限公司等10家科创企业进行表彰,进一步强化企业创新主体地位。

二、集聚资源建平台、添后劲

扎实推进丽水国家高新技术产业开发区莲都分园建设,推进浙江工商大学绿谷食品健康产业研究院和浙江省绿谷医疗健康科技研究院签约落地,与浙江工商大学、丽水学院签订全面战略合作协议。省科技强基工程——白桥双创中心项目总投资23.74亿元,总用地面积约11.4公顷,总建筑面积约33.63万平方米,2023年完成投资8亿元,完成年度投资进度的200%,居全省第13位。落地建设国家级分子育种创新服务平台长三角分中心,推进国家科技进步奖一等奖成果“节水抗旱稻”的研究及产业化。

三、蓄势赋能抓招引、重融合

融合推进“双招双引”战略性先导工程,扩大高新技术产业投资,区属高新技术产业投资同比增长212.6%,排名全市第一。结合重大产业项目招引,遴选推荐高层次人才申报“绿谷精英”项目,2023年,新入选“绿谷精英创新引领行动”计划项目20个,新落地项目9个,入选丽水市第六届高层次人才创业大赛项目2个。组织评选“最美科技特派员”,入选省第二批科技特派团试点县(市、区)。

四、近悦远来“浙丽转”、全覆盖

深入实施“147”工作法,出台《莲都区大院名校产业科技服务中心入驻单位考核办法》,与浙江大学、浙江工业大学等6家院校签订产业科技服务中心合作协议,开展产学研合作。将127家规上企业分成6大组进行模块化管理,“浙丽转”成果转化试点完成规上企业全覆盖。完成丽水市阀门产业《产业链创新思维导图》《产业技术发展分析报告》,梳理阀门产业技术需求83项,匹配科技成果107项,产学研合作项目20项,技术合同交易额800余万元,落实阀门行业专家9人,派驻企业硕士研究生14人,着力打通科技成果转化“最后一公里”。

莲都区科技创新工作得到省委、省政府,市委、市政府的肯定,工作经验被《浙江日报》、《丽水日报》、浙江经视、创新浙江等媒体重点宣传报道,形成良好的创新生态。

(区科技局 王小萍)

政务服务增值化打造“最佳在地政府”

2023年，莲都区以政务服务增值化改革为牵引深入实施“一号改革工程”，出台《莲都区营商环境优化提升“一号改革工程”实施方案》《莲都区营商环境优化提升“一号改革工程”2023年重点任务攻坚清单》，梳理提出营商环境优化提升“一号改革工程”六大环境207项攻坚举措，其中，莲都特色做法29条。构建“58532+X”政务服务增值化改革体系，建立健全企业综合服务中心运行机制、政企沟通交流机制等五大机制。推出“企点我帮”订制化企业体检服务、民营和小微企业商业贷款“一类事”、“企信联修”信用修复平台等一批具有“莲都辨识度”的改革金名片。1项改革举措获省委书记易炼红肯定，1项改革入选全省营商“微改革”案例，1项改革举措入选全省首批“一类事”省级指导目录先行先试地区清单，4项改革举措在省级改革刊物推广。

一、大力实施“一号改革工程”，着力打造“最佳在地政府”营商环境品牌

一是打造高效便捷的政务环境。聚焦企业、群众生产经营活动中的高频事项，打造从企业开办到退出市场的全生命周期服务链条。2023年，实现证明事项“无证明化”办理63621件次。深化商事登记制度改革，实现个体工商户变更登记与食品经营许可等6类许可事项的“证照联变”，办理个体户经营者变更“一件事”976件。通过“丽即兑”应用拆解上架涉企政策事项188条，通过系统成功精准推送事项37条，涉及企业795家次，涉及兑现资金17651.68万元。通过“免申即享”模式，部门联审时间由原来的一个多月缩短至6个工作日。

二是打造规范有序的市场环境。依托莲都区推出的全省首个《金融产品数字工具书》，打造涵盖19家商业银行、2家地方金融组织311项金融产品的24小时政银企集成服务平台。全面优化信用贷款评价体系，精准对接金融机构，全年推动普惠型小微企业贷款380.80亿元，增速23.75%；个体工商户信用贷款31.80亿元，增速15.65%。通过“人才飞地”、“私企定制”、校地平台等引才新模式，加速构建人才科技“飞轮效应”，新增技能人才4352人。加大创业要素扶持力度，发放创业担保贷款2341

3月12日，莲都区电商创业培训班举办（区全面深化改革服务中心　提供）

万元，完成率117.05%，扶持创业365人，完成率104.29%。

三是打造公平公正的法治环境。聚焦莲都区支柱企业，出台《莲都公安“‘筑’企护困 法治护行”优化建筑行业营商环境工作方案》，完善企业对治安环境优化、安全隐患防范等方面的多维需求闭环。设立全国首家人才科技保障法庭，推进解纷“一件事”改革。组织重点执法部门编制《莲都区企业行政合规指导清单》，涉及行政合规指导事项105项，为企业生产经营提供“菜单式”的合规指导建议。依据省、市出台的轻微违法不予处罚事项清单，督促、指导各相关部门落实首违轻微不予处罚制度，在执法过程中推广运用案例指导、释法说理、警示劝诫等非强制行政手段。2023年，全区各执法单位共办理首违轻微不予处罚案件919件。

四是打造宜业兴业的经济生态环境。2023年，莲都区引进亿元以上制造业项目18个，其中，10亿元以上制造业项目4个，招引制造业大项目占比72.22%。区本级交通固定资产投资增速66.6%，建成共富驿站70个，完成绿色能源项目投资额4.1亿元，光伏并网4.12万千瓦。

五是打造质效突出的人文环境。起草制订《关于开展营商环境优化提升“一号改革工程”中不正之风和腐败问题专项整治的实施方案》，深入实施“同心同廉”清廉民企实施培育计划，创建清廉民企31家。开展“莲商青蓝接力工程”，进一步加大对新生代企业家的培育力度。充分运用“12345”平台、政务服务“好差评”评价等渠道完善问题闭环处理机制，创新建立初次信访事项办理流程跟踪评价体系，建设莲都区社会治理中心，实现涉企纠纷“一窗式受理、一揽子调处、一条龙化解”。

11月28日，丽水市企业综合服务中心、莲都区企业综合服务中心启用

（区全面深化改革服务中心 提供）

六是全民普惠的共富创业环境。出台《关于支持“大搬快聚”人员就业创业的政策实施意见》，围绕引导就业、扶持创业、提高能力三个方面激发“大搬快聚”人员就业创业活力。设立12个“想创就创”创业驿站，为创业青年提供创业指导、政策咨询、技能培训、金融要素对接等服务。开办农村电商、直播电商和“丽水味道”等特色创业培训班12期，累计培训906人，拨付创业培训补贴107.38万元。探索“私企定制”人才服务，“订单班”开设30班次，定向输送学生420余名，毕业生在企直接签约率高达90%。

二、全面落实政务服务增值化改革，构建形成“全生命周期”为企服务新生态

一是高站位推进政务服务增值化改革。莲都区对标省“两办”《关于推进政务服务增值化改革的实施意见》，于10月31日出台《莲都区政务服务增值化改革实施方案》。建立工作专班，由区委副书记、改革办主任担任组长，与“一号改革工程”专班一体融合、高效运行。全年全区累计组织召开区委常委会会议、区政府常务会议、领导小组会议及专班工作例会38次，专题研究破解营商环境难点堵点、企服中心建设、增值服务事项梳理等问题40余项。

二是落实“五个一”重点任务。“一中心”［市、区协同共建一站集成的企业综合服务中心(专区)]于11月28日正式启用，聚焦大健康、新能源等主导产业链提升需求，集中进驻高频涉企服务事项。在“一平台”(“丽企宝”平台)的莲都专区设置项目、政策、金融、人才等11个板块共33项服务，其中，莲都特色服务应用2个。引导市场主体使用“一个码”(电子营业执照)扫码登录功能办理税务登记、卫生许可、政府采购、银行开户等政务领域和商务领域的应用，截至2023年底，电子营业执照下载率84.52%。“一清单”是在《涉企服务事项清单省级指导目录》和市级涉企服务事项清单的基础上，结合莲都实际编制的莲都区涉企服务事项“一张清单”，共有13个大类162条涉企服务事项。莲都区涉企服务“一类事”事项清单，包括146个基本服务事项和158个增值服务事项。

（区全面深化改革服务中心 吴政凌）

“地瓜经济”全力释放开放活力

2023年，莲都区贯彻落实省委决策部署，全力实施“地瓜经济”（浙江创新形成的市场和资源“两头在外”的高增长模式）提能升级“一号开放工程”（以下简称“一号开放工程”）。3月10日，印发“一号开放工程”实施方案，提出“3+3+2”任务体系，即外贸、外资、外经“三外”并举，“超市经济+侨商经济+旅游经济”三个特色开放经济和“开放平台+开放环境”两大支撑。印发《莲都区“地瓜经济”提能升级“一号开放工程”专班方案》和《莲都区深入实施“八八战略”强力推进创新深化改革攻坚开放提升领导小组开放提升专题组方案》，组建“1+7”柔性工作专班（1个综合组，7个专项小组专班），形成全区合力，凝聚各方智慧，谋划推进举措。2023年，莲都区进出口和出口增速连续11个月省、市领先，社会消费品零售总额规模、增速、新纳统主体数均位居全市第一，实际利用外资规模位居全市第一。获得全省三季度五星评价；“枢纽型飞地”做法被纳入全省第二批最佳实践案例；“地瓜经济”做法被编入浙江省商务厅“地瓜经济”蓝皮书地方实践板块；“莲都山超”做法在全省深入实施“八八战略”强力推进创新深化改革攻坚开放提升工作例会暨三季度经济社会形势分析会上，获省委书记易炼红表扬肯定；“两地双园”做法获评2023年浙江自贸试验区联动创新区制度创新优秀案例，莲都区“一号开放工程”实现荣誉满载。

一、强化拓宽开放布局，释放开放活力

一是积极融入全球开放格局，畅通“外循环”。鼓励企业拓展东盟、非洲和共建“一带一路”国家等新兴市场，巩固欧美传统市场。2023年，实现进出口总额28.05亿元，增速25.54%，排名全市第二，其中，出口27.66亿元，增速24.69%，排名全市第一。有效引导本地企业对外投资，优化国际市场布局，丽水慧滔等8家合伙企业完成境外投资2398万美元。二是释放消费市场活力，激活“内循环”。开展“浙里来消费·2023消费提振年”行动，组织大型促消费活动20余场，累计发放政府电子消费券4300万元，拉动消费12.85亿元。创建“莲e播”品牌，推进建设电商直播式共富工坊10家，打造共富直播间12个，培育主播50人，带动人均月增收1000元。截至12月，全区实现网络零售额153.76亿元，占全省规模比重0.5%，排名全市第三；同比增长38.7%，增速排名全市第一。

二、加快开放发展，服务开放主体

一是加大政策宣传落实。强化莲都区承接“8+4”政策在开放领域的宣传解读，开展外贸企业出境参展计划摸底，做好政策储备；通过“丽即兑”平台政策拆解推送、企业宣讲等方式扩大政策知晓度。2023年，兑现外经贸资金2507.66万元。二是助企开拓国际市场。举办莲都区外贸企业拓市场防风险业务培训会及外贸外资企业座谈会，组织企业参与全市“地瓜经济”全球贸易共享基地启动仪式暨重点产业跨国采购对接会等活动。全年组织46家辖区企业参与4场重点国际性展会，推动23家企业参加2023年2届广交会，企业数和展位数均创新高。主动对接浙江远大国际会展有限公司，为莲都企业参加货贸类展会拓市争取最优条件，累计服务自行出海参展企业68家次。三是带动产业转型升级。指导瓯宝安防科技股份有限公司上榜2022年度“浙江出口名牌”；开展外贸综合服务企业培育发展工作，丽水外综服供应链管理有限公司获评2023年度外贸综合服务成长型企业。四是优化开放营商环境。深化“放管服”改革，取消对外贸易经营者备案登记；强化与海关等部门横向合作，为外贸企业开展免费出口检测业务；走访摸底区本级5个主要出口行业，分析“两升两稳一降”态势，加大纾困解难力度。

三、做强开放特色，延展开放网络

一是以侨为“桥”，畅通侨经济资源脉络。深挖华侨资源，实施“华侨要素回流”工程。2023年，邀请意大利东北四省华侨华人联合总会、中德友好协会等多批次侨团到莲都区考察；通过中国侨联对接引荐北京朝阳国家文化产业创新实验区管委会到莲都洽谈。截至2023年底，莲都区侨商在莲都投资招商引资项目14个，总投资金额6.8亿元。二是以“莲都山超”为藤，织联“莲人莲商”发展网络。整合2万家莲超门店、6万名从业“莲都人”资源和上海、江苏等7大集聚片区资源，打造“莲都山超”区域公共品牌，重塑超市富民惠民千亿级产业。截至年底，累计创建“莲都山超”示范店389家，覆盖全国23个省市，年营业额1000亿元，利润超百亿元，实现资金回流103亿元。三是以电商为媒，架连与开放之城义乌、江北合作。宁波江北·丽水莲都高新产业协同创新中心于3月顺利通过验收；创建全省首个跨地市山海协作直播驿站“莲北情·高山菜”，实现直播销售额500万元。以“党建引领、要素共享、人才共育、基地共建、产业共兴”的合作方式，开启山海协作“地瓜经济”模式的共富新探索，莲都—义乌直播共富工坊于5月正式启动；义乌电商共富大楼已入驻企业16家，成为义乌莲都籍电商企业的创业共富新平台。四是以物流为介，畅联对外开放通道。与义乌路港集团合作，落地莲都—义乌“两地双园”项目，万洋快运集货中心和“共富专线”正式投用，实现“莲都制造”当日揽货、当日抵义、当日分拨。

四、厚植“成长沃土”，优化开放环境

一是防范化解开放风险。强化重点国别、重点产业、重点项目安全风险监测评估，引导企业“危地不往、乱地不去”。扩大出口信用保险覆盖面，截至年底，小微联保平台共投保企业73家，同比增长21.7%。联合中信保开展“政策性出口信用保险支持外贸稳中提质服务季”行动，利用“海外提单报告”“提单数据在线查询”等产品，提升企业出口信心。二是探索“政银保”合作机制。鼓励金融机构创新产品“组合拳”，为外贸企业提供更为精准便捷的金融服务，“进口开证＋锁定购汇＋欧元汇出汇款”、跨境电商“一站式”服务平台“e卖通”等金融产品为外贸企业赋能。推动银行开展保单融资，新增两家企业利用保单进行融资，全年帮助企业融资增信2161万元。

（区商务局　黄梦逸）

大事记

1月

3日　区委常委会会议召开，传达学习习近平总书记在中共中央政治局民主生活会上的重要讲话精神，听取区委十五届三次全体（扩大）会议有关事项汇报等。

6日　区政府党组会暨第13次常务会议召开，审议《莲都区政府投资项目工程变更管理办法》《莲都区关于做好2023年“开门稳、开门好”工作的若干意见》《撤销岩泉街道关下村等十个行政村相关事宜》等。

10日　区委十五届三次全体（扩大）会议召开，全面学习、把握、落实党的二十大精神，审议通过《中共丽水市莲都区委关于全面学习贯彻党的二十大精神，以“先行示范当头雁”的奋斗实干高水平绘就中国式现代化莲都新图景的决定》。

16日　莲湖水库工程建设征地移民实物调查工作基本完成。

17日　10千伏西溪148线—泄川147线环网线路成功投运，是莲都区实现“量子＋电力”场景建设试点重大突破，也是莲都配电网智能化转型升级的重要技术革新。

29日　全区干部大会暨区委经济工作会议召开，动员全区上下向着现代化先行和共同富裕先行不断进发。

同日　区四套班子领导集体调研“三江口”片区联动开发工作，强调要坚决贯彻落实市委、市政府战略决策部署，在“三江口”片区联动开发建设中当先锋、打头阵，加快构建“一脉三城”发展新格局。

31日　紫金街道成立全市首家强社公司——丽水市聚惠集体经济发展有限公司。

2月

7日　莲都区“四好农村路”项目（沙溪至新屋公路大中修工程）通过交工质量评定。

8日　区纪委十五届三次全会召开，强调要深入贯彻党的二十大精神，全面落实中央、省委、市委的重大决策部署，奋力推动全面从严治党走向新纵深，加快打造勤廉并重的新时代清廉建设高地县域样板，为莲都区向着现代化先行和共同富裕先行不断进发提供坚实保障。

10日　东西岩风景区成功创建浙江省“生态文明教育基地”。

12—14日　第二届全国革命老区振兴发展现场经验交流会在莲都召开。

17日　莲都区高质量发展建设共同富裕示范区工作专题推进会召开，强调要坚决贯彻中央、省委、市委的决策部署，按照“每年有新突破、5年有大进展、15年基本建成”的安排，以三个“一号工程”赋能高质量发展，一步一个脚印地朝着既定目标前进，奋力推动莲都共同富裕成效从“1”到“X”的裂变。

18日　2023年莲都区“春风行动”暨就业援助月春季招聘会举办，提供岗位2300余个，吸引求职者3500余名。

19—21日　中国人民政治协商会议第十六届丽水市莲都区委员会第二次会议召开，听取区政协常委会工作报告及十六届一次会议以来提案工作情况的报告；审议通过区政协十六届二次会议决议；表彰2022年度政协工作先进集体和先进个人。

20—22日　莲都区第十七届人民代表大会第二次会议召开，通过区人民政府工作报告、区2022年国民经济和社会发展计划执行情况及2023年国民经济和社会发展计划、区2022年财政预算执行情况及2023年财政预算的决议，关于区人大常委会工作报告、区人民法院工作报告、区人民检察院工作报告的决议，关于发展建设碧湖新城，打造革命老区共同富裕先行示范区强大引擎的决议。

21—24日　区水务公司水质检测中心集中对黄村卫生院、太平卫生院以及巨溪小学、太平小学、双黄小学、严鸟小学、黄村小学等5所学校进行水质检测，保障重点场所复工复学后的生活饮用水水质安全。

3月

2日　省委第九巡视组巡视丽水市莲都区工作动员会召开，对做好巡视工作提出要求，强调要提高政治站位，强化政治责任，深刻认识巡视工作的重要意义，积极配合，自觉接受监督，坚决完成好省委交给的巡视任务。

3日　全区党建工作会议召开，强调要深入构建“党建强，发展强；发展强，党建强”的“双强”格局，更好发挥好党建赋能跨越式高质量发展的“加持倍增效应”，向着建设百万级人口现代化城市的长远目标、现代化先行和共同富裕先行不断进发。

6日　莲都区率先上线“浙里基财智控应用”系统，覆盖全区14个乡镇（街道）。

9日　浙江莲都·深圳城市会客厅、莲都·深圳天安云谷人才科创中心开园，5家拟入驻人才科创中心项目顺利签约。

同日　“莲云古村居码”项目通过验收并正式投入运行。该项目通过建设传统村落“古村居场景码”，构建传统村落及历史建筑“一张图”，在线上线下实现传统村落串点成线、连线成片，形成传统村落历史建筑乡愁（历史文化）特色带，建设规模覆盖全区13个中国传统村落、1条老街以及192处古居。

10日　区2023年精神文明建设委员会全体会议暨争创全国文明典范城市工作推进会召开，书面审议《莲都区精神文明建设委员会2023年工作要点（审议稿）》，通报2022年争创全国文明典范城市情况，并就争创全国文明典范城市工作作重要部署。

同日　2023年北乡非遗联合展演大会在雅溪镇上黄村举行。

14日　“阳光掌柜”首创试点商业管理项目在莲都落地。

15日　省智能制造专家委员会一行到莲都区调研，为莲都区智能制造产业发展献计献策。

16日　区委文化工作会议召开，强调要把握文化建设的目标要求，全面激发文化创新创造力。以文铸魂，以文传世，以文赋能，以文兴业，以文惠民，以文塑城，坚持党对文化工作的全面领导，凝心聚力推进文化自信自强，建设新时代文化莲都。

同日　丽水市2023年春季新兵欢送暨“从戎之剑”赠剑仪式主会场活动在莲都区举行。

同日　莲都区社区矫正对象“学历技能提升工程”启动暨成人初高中“双证制”学历教育开班仪式举行。

18日　2023莲都桃花节在仙渡乡开幕。

23日　以“古堰画乡　向美而生”为主题的丽水市创建古堰画乡国家级旅游度假区推进会在古堰画乡举行。市、区共创，凝心聚力，整合多方资源，用“三年蝶变”重塑千年古镇，将古堰画乡打造成为集文化和旅游产业集聚区、高质量绿色发展示范区、旅游业改革创新先行区于一体的国家级旅游度假区。

24日　《中国医疗美容产业白皮书》编撰启动仪式暨丽水市莲都美丽健康产业发展交流会举行，《丽水市莲都美丽健康产业发展规划（2023—2035年）》发布。

25—27日　碧湖新城首届“房产+”“一站式”交易博览会举行。

28日　莲都大厦主体结构封顶仪式在义乌市举行。

同日　区委党校举行2023年春季学期开学典礼，市委常委、区委书记张壮雄作“开学第一课”专题辅导，强调要以重组思维开展招商引资，激活莲都经济“一池春水”，让想象发生。

同日 浙江省安全标准化、绿色精益建造、党建引领智慧工地暨工程质量技术研讨观摩会在莲都大厦项目举行。

30日 莲都—叙永东西部协作联席会议召开，会上举行社会帮扶捐赠仪式，莲都区向叙永县捐赠社会帮扶资金150万元。

同日 莲都区石郎线与黄碧线路口东南侧1号地块项目(金瓯佳苑)开工建设，总投资48997.8万元，总用地面积29904平方米，总建筑面积79683.56平方米。

4月

7日 区四套班子领导集体开展“大走访大调研大服务大解题”活动，深入重点项目建设一线，现场督导解难。

7—11日 2023义乌—莲都农优特产共富市集在义乌市梅湖体育馆外广场举办，莲都的15家企业、百余种农优产品参展，通过线下和线上销售同步发力。

9日 2023莲都碧湖新城田园半程马拉松在九龙国家湿地公园开跑。

12日 区第十七届畲族文化节活动在碧湖镇郎奇村开幕。

同日 区巡察工作会议暨十五届区委第三轮巡察动员部署会召开，强调要全面贯彻党的二十大精神和习近平总书记关于巡视工作重要论述和重要指示精神，认真落实中央、省委、市委关于巡视巡察工作的新部署新要求，以两个“永远在路上”的执着纵深推进全面从严治党。

14日 省财政厅公布2023年制造业高质量发展结对促共富示范创建财政专项激励资金。义乌与莲都结对共富经竞争性遴选，获得2023—2025年3亿元省制造业高质量发展结对促共富示范创建财政专项激励。

20日 文化和旅游部公共服务司公布2023年“四季村晚”主会场和示范展示点名单，莲都区堰头村获评全国秋季“村晚”示范展示点。

21日 “竹柳新桥”第29届“三月三”畲族歌会暨文旅深度融合推进活动在老竹畲族镇举行。

27日 中华全国总工会召开大会表彰2023年全国五一劳动奖和全国工人先锋号获得者，丽水市莲都区“96345”市民服务中心热线服务平台获“全国工人先锋号”称号；丽水市莲都区创建办副主任、小荷公益协会会长汤伟红获浙江省五一劳动奖章；浙江乾麟缝制设备有限公司研发部、丽水合盛网络科技有限公司市场部城北站获“浙江省工人先锋号”称号。

28日 2023年第二季度莲都区扩大有效投资重点项目集中推进仪式举行，参加项目27个，总投资162.2亿元，年度计划投资30.95亿元。

5月

7日 浙江省商务厅公布2023年度电商直播式共富工坊专项激励项目，吾饭电商直播共富工坊、莲都电商直播共富工坊上榜，并获得120万元的省级专项激励资金。

9日 莲都区雅溪镇覆盆子产业发展研讨会暨雅溪镇科协“三长讲科普”系列活动举行。雅溪镇覆盆子种植面积26.67公顷，年产量约18万千克，建设有西溪村本润覆盆子基地、潘百村覆盆子基地，带动周边大量农户就业、致富。

12日 省政策性粮油库存检查组到莲都区开展交叉检查工作。截至查库日，莲都区粮食统计库存13671.573吨，其中晚籼谷11271.573吨，晚籼米1680吨(折算成原粮2400吨)；储备油统计库存150吨，为小包装食用调和油，库存粮油数量真实。

15日 《莲都区监管执法工作指引(第一版)》出台，明确6个基层高频场景21个行政处罚事项中行业主管部门、执法部门、乡镇(街道)工作职责和配合机制，是丽水市首份执法监管方面的工作指引。

16日 区综合执法办组织综合执法莲都分局、区应急局、区市场监管局、区生态环境分局四部门以“委托查+云协助”模式开展联合执法检查，在全市率先实现一个部门“综合查一次”。

17日 2023莲都区“寻根阙园 共富梅好”第三届紫金杨梅节启动。

18日 太平乡第七届枇杷节暨“红色北乡，组团共富”行动启动仪式在太平乡下土夭村举行。

19日　莲都区首个远程异地开评标建设工程项目——“莲都区画乡大酒店项目设计”在区公共资源交易中心完成异地评标工作。

19—21日　“五鱼聚城 共创未来”2023莲都区青年消费节在碧湖新城举办。

22日　桃碧线改造工程(下圳至保定段)一期项目涉水审批“一件事”改革审查会召开，为全市首例取水许可、水土保持、防洪影响评价“三合一”审批项目。

23日　省委书记易炼红赴丽水市莲都区古堰画乡，了解村庄深化“千万工程”，带动文旅产业发展，推动富民增收新时代美丽乡村建设情况。

29日　浙江省文化和旅游厅公布2022浙江文化和旅游总评榜，丽水莲都古堰画乡大樟树市集入选2022浙江文化和旅游十大烟火市集，莲都鱼跃乡村博物馆入选2022浙江最值得去的十佳乡村博物馆，丽水莲都区老竹村“15分钟品质文化生活圈”入选2022浙江“15分钟品质文化生活圈”打造十佳案例。

同日　2023年莲都区“同心迎亚运·实干助共富”职工健步走活动举行。

30日　“山海创莲 共富同行”2023创业创新大赛落幕。

30—31日　省人大常委会党组书记、副主任陈金彪到莲都调研并开展下访接访活动。

6月

6日　莲都“滨水中心”城市新区风貌样板区入选省2023年度第一批城乡风貌样板区名单。

同日　“非遗焕光彩 活力迎亚运——莲仔带你赏非遗游仙渡”活动举行，响应“文化和自然遗产日”。

7日　浙江省发改委公布第三批省现代服务业创新发展区名单，丽水市莲都区现代服务业创新发展区入选，成为市区首个“省字号”现代服务业创新发展区。

15日　丽水“两山”实践成果上海推介周活动在上海农业展览馆开幕。莲都区农光互补中药全产业链项目、古民居活化利用“康养”项目、峰源高山有机蔬菜基地项目参加推介。

16日　莲都区在江苏无锡市首次实现电子档案异地异质备份。

25日　莲都区务岭根垃圾处理厂浓缩液处理项目投入试运行。

28日　莲都区美丽田园建设推进会暨碧湖新城田园风貌提升动员会召开，强调要认真学习贯彻习近平总书记关于国家粮食安全重要论述和省委书记易炼红到莲都调研讲话指示精神，加快绘就“粮”田美景，打造绿色生态、高产稳产的美丽田园。

29日　浙江省人民政府办公厅公布对2022年落实有关重大政策措施真抓实干成效明显地方予以督查激励的通报，莲都区成为2022年浙江省实施数字经济“一号工程”升级版、大力发展数字经济成效明显的5个省政府督查激励县(市、区)之一，为全省26个加快发展县唯一一个，也是丽水市近年来首个获该项荣誉的县(市、区)。

7月

5日　中共浙江省委党校(浙江行政学院)副校(院)长刘进强一行到莲都区调研古堰画乡特色小镇教学基地情况。

7日　莲都区以“三联”工作法深入实施党建示范街区创建，“处州夜巷”入驻摊位及商铺121个，日均客流量约5000人次，共计拉动消费2000余万元，带动群众每月增收36万元以上。

10日　黄村乡党委政府与市交警支队莲都大队共同设立的乡村交通治理站挂牌投入使用，是莲都区首个乡镇级交治站。

11日　2023年清廉莲都建设推进会暨全区领导干部警示教育大会召开，强调要深入学习贯彻习近平新时代中国特色社会主义思想和党的二十大关于“坚定不移全面从严治党”的战略部署，全面落实省、市清廉建设相关会议的部署要求，以案为鉴、以案明纪、以案说责、以案示警、以案正风，以更大力度推动清廉莲都建设向纵深发展。

18日　丽水市莲都区雅溪镇与金华市武义县新宅镇联合

举办的2023新宅岭上文旅节暨“莲房接姑”庙会开幕。

25日　省委第九巡视组向莲都区反馈巡视情况并提出整改意见，指出莲都区政治立场坚定，奋力实干争先，敢于担当作为，各项工作取得比较明显成效。下一步要进一步提高政治站位，坚定不移以“莲都之干”担纲“丽水之赞”；要持续用好三把“金钥匙”，发展壮大生态经济；要切实扛起主体责任，全面抓实“五张责任清单”，动真碰硬监督执纪问责；要坚持不懈用浙西南革命精神教育干部，加快推进干部队伍系统重塑，激励干部担当作为；要坚持标本兼治，动真碰硬抓好整改。

26日　根据地区生产总值(GDP)统一核算结果，2023年上半年莲都区地区生产总值241.06亿元，按可比价计算，同比增长8.3%，高于全国、全省、全市水平，增幅列全市第二位(不含丽水经济开发区)。

31日　莲都区开展农村饮用水防台防汛应急抢险演练。

8月

2日　莲都区推出首条共富风貌游线——莲都“古堰画乡·诗画田园”共富风貌游线，标志着莲都区共富现代化基本单元建设成果转化和联动提升工作正式启动。

3日　莲都区岩泉街道“共富云联”建设启动仪式在莲都直播共富工坊举行，“共富云联”平台是岩泉街道在党建引领下，以数字手段推动经营主体资源共享和互利共赢的创新模式，通过村村联、部门联、山播联、平台联、金融联等方式，利用辖区内创新产业平台、直播基地、省级共富工坊等平台资源，以强村公司为经营主体开展合作，借力有关部门力量，融合产业链、供应链、服务链，形成政府主导、部门联动、专家指导、群众参与的发展格局。

4日　雅溪镇季岭根村“村村通”客运班车首趟发车仪式举行。莲都区在全省率先实现较大自然村客运班车全覆盖。

5日　丽水莲都电子商务创业创新综合体联合工会第一届一次会员代表大会召开，成立莲都区首个电子商务领域联合工会。

15日　《浙江丽水莲都区推动实施“千万工程”转型发展绘就和美乡村》登上《人民日报》、“学习强国”学习平台，获全国推介。

16日　莲都区创成省级食品安全示范县(市、区)。

22日　莲都区万象街道首届“社BA”携手“共富集市”开幕。

29日　莲都区2023电商直播式共富工坊评比大赛举行。

31日　“青春迎亚运　奔跑向未来”2023年莲都青年荧光潮跑之夜活动在华东药用植物园举行。

同日　开展学校及托幼机构食品安全专项检查，截至9月4日，共检查学校及托幼机构食堂25家，发现风险隐患并完成问题整改5个，培训从业人员367人次。

9月

4日　莲都区召开教育高质量发展大会，全面落实教育优先发展战略，大力实施教育跃阶攀高行动，擦亮“学在莲都”新名片，奋力书写教育高质量发展的高分答卷。

5日　2023年秋季退役士兵返乡欢迎仪式举行。

7日　总投资12亿元的丽水威固电子科技有限责任公司特种封装及其产业化项目(一期)奠基仪式举行。

同日　全区副处级以上领导集中参加2023年“慈善一日捐”活动。

8—10日　“喜迎亚运、心灵港口”音乐节在联城街道港口村举办。

9日　“强技能、优服务、促发展”莲都区首届婴幼儿照护服务技能竞赛举行。

13日　莲都区学习贯彻习近平新时代中国特色社会主义思想主题教育动员部署会召开。市委常委、区委书记、区委学习贯彻习近平新时代中国特色社会主义思想主题教育领导小组组长张壮雄主持会议并讲话。

14日　学习贯彻习近平新时代中国特色社会主义思想主题教育省委第十一巡回督导组到莲都调研，督导主题教育开展情况。

15日　莲都区2023年秋季新兵欢送暨“从戎之剑”赠剑仪式举行。

19日　莲都区低效工业企业整治提升工作动员会召开，落实省委、省政府新一轮“腾笼换鸟、凤凰涅槃”攻坚行动要求，研究部署低效工业企业整治提升工作，进一步提高工业用地集约利用水平。

19—22日　区委学习贯彻习近平新时代中国特色社会主义思想主题教育第一期读书班举办。

20日　省发展改革委公布省级小城市培育试点单位2022年度评估结果，莲都区碧湖镇入选省级小城市培育试点2022年度优秀单位。

同日　古堰画乡大樟树市集入选全省首批重点培育文旅市集。

同日　全市首个健康促进幼儿园建设试点暨全国爱牙日宣传活动启动。

24日　莲都区首届亲子马拉松第三季暨“学习强国”丽水学习平台“一起来‘悦’读”活动启动。

25—27日　2023浙江省直播电商大赛莲都赛区暨“共享浙里货　共富山区路”浙江省电商公益活动（莲都站）举办。

29日　“庆丰收　促和美　迎亚运”2023年丽水·莲都“中国农民丰收节”庆祝活动在古堰画乡景区白塔广场举行。

10月

7日　仙渡乡集中式光伏项目（第一批）土地20年租赁权在丽水市生态产品交易平台完成交易，成为莲都区首个完成交易的生态产品项目。

同日　莲都区“全国首创‘莲悦读’爱心书屋——丽水莲都区构建‘10分钟阅读服务圈’”入选浙江省“服务业高质量发展典型案例”名单。

8日　莲都区2023年外贸外资企业营商环境政企交流座谈会举办，区属部门现场回应企业关切，深入研究探讨营商环境优化、“地瓜经济”提能升级等重要事项。

同日　省建设厅、省美丽宜居办公布2023年度全省美丽宜居示范村创建、传统村落风貌保护提升、村庄设计与农房设计落地试点验收结果（第一批），莲都区联城街道下林村九坑自然村、丽新乡马村获评省级美丽宜居示范村创建优秀村庄；丽新乡马村获评村庄设计与农房落地优秀试点，大港头镇利山村获评村庄设计与农房落地合格试点。

9日　莲都区公共资源交易中心完成丽水市首个封闭式框架协议项目——“2023—2024年度丽水市级（含市本级、莲都区、开发区）行政机关、事业单位和社会团体组织预算绩效管理服务框架协议”项目。

同日　中央政法委发布2023年第三季度见义勇为勇士榜，莲都区碧湖镇蒲塘村56岁村民李开成因在大火中勇救祖孙3人上榜。

11日　丽水市耕地保护和粮食安全工作暨全域土地综合整治、“大搬快聚富民安居”工程决胜收官部署会召开，全市发改、建设、自然资源、农业、“大搬快聚”办等部门相关负责人以及丽水九县（市、区）政府主要负责人组团到莲都现场考察。

12日　市、区安全生产联动风险管控联席会议在莲都召开，进一步强化落实市、区安全生产和消防工作风险防控联动机制，打造市区一体、协同推进的“安全样板”。

13日　2022年度碧湖新城征收工作总结大会召开，碧湖新城白桥、高溪、南山三大片区共计征收40.25万平方米。

20日　全省深入实施“八八战略”强力推进创新深化改革攻坚开放提升工作例会暨三季度经济社会形势分析会召开，通报三季度全省90个县（市、区）星级评定，莲都区共获6个五星，走在山区县前列，领跑全市。丽水市委常委、莲都区委书记张壮雄代表莲都区以《打造一流营商环境再创革命老区高质量发展新优势》为题作交流发言。

同日　浙丽来消费·金秋欢乐购——2023丽水市金秋购物节莲都站启动仪式暨商贸业金秋欢乐季举行，“2023丽水莲都千万消费券”活动同步启动。

同日　“跨境筑梦，‘莲’创未来”2023莲都区跨境电商创新创业大赛总决赛暨莲都区跨境电商人才双选会举办。

27日　莲都区高质量发展建设共同富裕示范区现场会暨三季度工作推进会召开。强调要持续推动“八八战略”走深走实，坚决扛起创建革命老区共同富裕先行示范区的首位担当，勇闯新路、破难开路、务实探路，努力打造更多具有莲都辨识度的共富成果。

30日　莲都区编制出台《莲都区企业行政合规指导清单》，助力企业避坑避险。

11月

1日　文化和旅游部公示第七次全国县级以上公共图书馆评估定级上等级馆名单，莲都区图书馆获评国家“一级图书馆”。

同日　省治水办到碧湖镇实地调研平原水系统连通工程，进一步了解工程项目的建设任务及进展，并重点针对水资源调配、河道治理为主、结合水环境改善与生态修复建设等方面进行深度指导。

3日　浙江省农村文化礼堂建设示范县(市、区)示范乡镇(街道)名单公布，碧湖镇入选。

4—5日　“之江同心”·浙商助力山区海岛县高质量发展和乡村振兴活动在莲都举行，全省各地的企业家们齐聚莲都，为莲都高质量发展出谋划策、贡献力量。

5日　省统计局公布《2022年度浙江省县(市、区)科技进步统计监测报告》，莲都区2022年R&D人员总量3794人，比上年增加486人；每万名就业人员R&D人员数116.17人，比上年提高14.28人，R&D人员数和每万名就业人员R&D人员数均居全市首位，在山区26县中分别居第三位和第五位。

6日　莲都区委举行主题教育专题党课暨莲都区担当作为好干部表彰通报会，深入学习贯彻习近平新时代中国特色社会主义思想，进一步学习好、宣传好、贯彻好习近平总书记考察浙江重要讲话精神，激励全区上下以“先行示范当头雁”的奋发图强感恩奋进，再创革命老区高质量发展新优势，向着现代化先行和共同富裕先行不断进发。

同日　省建设厅公布浙江省2024年度城乡风貌样板区试点建设名单，莲都“活力东城·共享未来”城市新区风貌区和莲都—松阳“东西风情·康养畲乡”县域风貌区入选。

7日　“幸福莲都情 同谱共富曲”2023年莲都区“三团三社”文化人才队伍成果展暨第四届莲都区乡镇（街道）文体团队交流活动在碧湖镇西乡影苑广场举行。

8日　瓯宝安防科技股份有限公司主持起草的《闭门器》浙江制造团体标准获评“浙江标准”。

9日　莲都区实现气象预报预警靶向服务全覆盖。

13日　由丽水市莲都区民政局为主起草的《村级重大事项票决工作规范》（DB3311T 265—2023）市级地方标准正式发布，为全国首个关于村级重大事项票决工作的地方性标准。

17日　莲都区副处级以上干部赴义乌市某部队，集体参加“军事日”活动。

同日　丽水市莲都区新就业群体党群服务中心获评2023年度省级示范区域性“两新”组织党群服务中心。

19日　“共沐书香 悦读经典”莲都区首届“开放式”未成年人经典诵读展演在莲都区图书馆举办，进一步推动未成年人思想道德建设。

20日　丽嘉花园小区入选2023年度省级“美好家园”小区名单；莲都区九龙国家湿地公园入选为“乡村氧吧”。碧湖镇便民服务中心获省级“示范便民服务中心”称号。

23日　莲都区成功创建浙江省大花园示范县。

27日　省建设厅发布浙派民居建设典型案例(第二批)，莲都区大港头镇利山村入选。

28日　市、区企业综合服务中心（专区）启用仪式暨专场推介会在商会大厦举行，涉企服务从“多头分散”变为“一站集成”，实现企业需求“一口子”受理、流转、督办、反馈，推动形成全链条、全天候、全过程为企服务新生态，助推企业健康发展。

29日　莲都区委开展“大走访大调研大服务大解题”活动，深入莲都企业一线，调研营商环境优化提升“一号改革工程”。

12月

4日　2024年“地瓜经济”工作思路大比拼活动举行，为全面推进莲都区“地瓜经济”提能升级出谋划策。

7日　丽水市莲都区北埠至堰后农村道路改造提升工程竣工验收。工程路线沿途经过北埠村、汀洲寮、牛弄村、堰后村和堰后圩，是莲都区主要茶产业区，能有效促进北埠至堰后一带茶产业资源开发。

8日　浙江省美丽浙江建设领导小组办公室公布2023年度生态环境质量公众满意度调查结果，莲都区生态环境质量公众满意度得分91.78分，在90个县(市、区)中排名第九，连续3年排名前十。

13日　浙江省文化和旅游厅发文公布第四批浙江省戏曲之乡名单，丽水市莲都区雅溪镇(婺剧)入选，是莲都区首个入选浙江省戏曲之乡的乡镇。

15日　莲都区民宿(农家乐)行业合规建设现场会召开，首家民宿(农家乐)行业合规中心在大港头镇正式揭牌运行。

同日　莲都区“奋发图强”谋发展、谈思路、打擂台活动暨高质量发展谋划会召开，创新通过现场打擂、集中展示的方式，系统研究、谋划2024年度的重点任务及思路举措，促进各单位间的互学互比，为打造山区跨越式高质量发展的“重要窗口”汇聚更多智慧和力量。

18日　浙江省减灾委员会公布2023年浙江省综合减灾示范社区名单，丽水市莲都区白云街道接官亭社区入选。

21日　根据2022年度《浙江省县(市、区)科技进步统计监测报告》，莲都区科技创新指数为170.7，较2021年提升24.1个百分点，在山区26县中排名第二。

22日　莲都区完成第三次全国土壤普查表层土壤调查与采样工作。

27日　“与数同行·智创未来”县域数字经济产业交流会暨县域数字经济发展创新区(莲都)揭牌仪式举行。

28日　丽水市莲都区阀门协会成立，完善企业协同发展平台，促进政企交流，助力莲都阀门产业集群成势，推动莲都阀门行业加速驶入“快车道”。

（区地方志研究中心　李倩倩　潘若汀）

区情概览

自然环境

【地理位置】 莲都区地处浙江省西南部，瓯江中游，区境位于北纬28°06′～28°44′和东经119°32′～120°08′。东与青田县毗邻，南与云和县、景宁畲族自治县接壤，西与松阳县相连，西北与武义县交界，东北与缙云县连接。是丽水市人民政府驻地。

【地形地貌】 莲都区境处在括苍山脉、洞宫山脉、仙霞山脉3条山脉之间。地形属浙南中山区，以丘陵山地为主，间有小块河谷平原。地势具有盆地格局，四周高山环抱，峰峦连绵高峻，海拔1000米以上山峰有30余座。境内最高处为南部八面湖山峰，海拔1389米，最低处是下风化村河漫滩，海拔40米。地形大势自西南向东北倾斜。

境内地形可分为河谷平原、丘陵、山地3种。其中，河谷平原海拔在100米以下，面积192.2平方千米，占总面积的12.8%，主要有碧湖平原和城郊平原。碧湖平原面积80.3平方千米，地势平坦，海拔60~70米，相对高差小于20米。城郊平原面积44.8平方千米，海拔50~80米，相对高差小于30米。丘陵可分为低丘和高丘，低丘海拔100~250米，面积364平方千米，25度以上陡坡面积占78.3%。 高丘海拔250~500米，面积493.1平方千米，相对高差100~200米，25度以上陡坡面积占89.16%。低丘和高丘合计面积857.1平方千米，占全区总面积的57%。山地可分为低山、中山。低山海拔500~800米，面积319.3平方千米，相对高差200~300米，25 度以上陡坡面积占67.9%。低山、中山合计面积452.8平方千米，占全区总面积的30.2%。

境内山脉位于大溪以南的属洞宫山北支，位于大溪以北的属仙霞岭支脉，位于好溪以东的属括苍山西端。洞宫山北支主脉，自龙泉市黄茅尖（海拔1929米）向东北延伸，经云和县的鸡头尖（海拔1127.9米），至莲都云和界上有水苋湾（海拔1069米）、李山坟（海拔1062米）、朝头湾（海拔814米），入境经新砀山（海拔1062米）、坳帅（海拔1135米）至莲都、青田界上大路后（海拔1071米）分为两支：一支续向东北，经石步尖、双尖岩、大山尖、大梁山至境内大溪边下端尖；另一支向东南，经莲都、青田界上有葑垟湖（海拔1059米），延伸境内水牛相筑（海拔1325米），折往东北莲都、青田界上有草坳（海拔1276米）、八面湖（海拔1389米）。仙霞岭山脉呈西南—东北走向，西南接武义山脉，东北接大盘山脉、天台山脉。境内仙霞岭支脉有4支，千米以上山峰有千岗顶（海拔1071米）、竹翠横栏尖（海拔1082米）等。境内括苍山脉主要有2支，名山有天堂山（海拔1010米）、连尖山（海拔994米）等。

【水系径流】 莲都境内河流皆属瓯江水系。瓯江发源于庆元、龙泉两县市交界的锅帽尖北麓，上游段称龙泉溪，流经云和县进入莲都区大港头镇，与松阴溪汇合后称大溪，再经碧湖、水阁、联城、富岭、万象、紫金等乡镇（街道）后入青田县境，与小溪汇合后称瓯江，大溪干流在莲都境内长46千米，河道落差43米，流域面积1373.65平方千米。境内主要支流有好溪、小安溪、宣平溪、松阴溪4条。南部峰源一带溪流（流域面积128.45平方千米）汇入瓯江支流——小溪。

江溪多年平均年径流深850毫米，最大年径流深1585.5毫米，最小年径流深411.5毫米。多年平均年径流量12.76亿立方米，其中从大溪出境水量11.30亿立方米，从峰源乡汇入瓯江支流——小溪的水量1.46亿立方米。外县（市）流入莲都境多年平均年径流量69.37亿立方米，其中龙泉溪入境水量34.5亿立方米，松阴溪入境水量18.41亿立方米。全区年均出境总水量82.13亿立方米。径流在年内分配不均，5—9月汛期径流量约占全年的 2/3。大溪河底坡度较小。4条主要支流河床切割深度较大，均属山区性河流，源短流急，水位暴涨暴落，汛期保持一段时间中高水位，每年10月至次年2月，长期保持在低水位状态。

【气候特征】 莲都区气候属中亚热带季风气候类型，温暖湿润，雨量充沛，四季分明，具有明显的山地立体气候特征。其中，冬季温和少雨，时有冰冻，偶有降雪；春季回暖早，天气复杂多变，多强对流天气；初夏为降水集中期（俗称梅雨期），多暴雨天气，容易发生洪涝灾害，盛夏为高温少雨天气，多雷阵雨，容易发生干旱，且时有台风影响，有时会发生洪水；秋季少雨干燥，秋高气爽，气候宜人，常出现连晴天气。受海拔和地形、地貌、地势的不同影响，形成独特的山地垂直立体气候和小气候，主要表现为随海拔的升高，气温下降、降水增多、日照减少、无霜期趋短。总的来看，莲都区气候大致呈现北部温暖、夏秋半干燥，中部温热、夏秋干燥和南部温凉、夏秋湿润的气候特征。春季暖湿气流活跃，气温明显回升，冷暖空气交汇频繁，气温起伏较大，降水明显增多，容易出现雷暴、大风、冰雹等强对流天气，同时，春季也会出现霜冻、春寒、倒春寒、连阴雨等灾害性天气，给农业生产带来不利影响。夏季来自海洋温暖湿润的东南季风占优势，初夏北方冷空气尚有一定势力，与南来的暖湿气流相遇，形成“梅雨锋系”，造成降水集中的梅汛期，暴雨次数多，常引起山洪暴发及洪涝灾害。梅雨后即进入盛夏，常受副热带高压控制，造成高温酷热天气。某些年份梅雨量少或出梅较早，易造成严重的伏旱。秋季副热带高压减弱南撤，大陆高压逐渐增强，北方时有冷空气南下，气温逐渐下降。初秋，各地先后出现秋季低温，且冷暖空气再度交汇本地，常出现较明显的秋雨，终雷暴也常出现在这一时期。10—11月，由于南下冷空气常在长江中下游地区形成分裂的小高压稳定下来，大气层结下冷上暖，垂直结构稳定，从而形成晴朗少雨、秋高气爽天气，气温日较差大，温湿宜人，阳光和煦。冬季是冷空气最强、活动最频繁的季节。通常气温低、降水少、气候干燥。当冷空气影响时，常出现降温、大风和雨雪天气过程。干冷空气控制时，多晴冷干燥天气，即所谓“旱冬”；有些年份暖空气活跃，会出现多雨雪的“烂冬”天气。

【自然资源】 莲都区自然资源较丰富，生态环境保持较好，为国家级生态示范区。

土地资源 全区总面积15.02万公顷。其中，山区占28.52%，丘陵占45.18%，平原占26.3%。人均土地面积0.40公顷，全区耕地11150.8公顷，人均耕地面积0.03公顷。垦造耕地100.73公顷。

森林资源 1990年前油茶林分布较广，莲都区为全省3个油茶重点基地县（区）之一。1994年消灭宜林荒山，1999年实现绿化达标。2002年开始，实施生态公益林、绿色长廊、退耕还林建设。2023年，全区林业用地面积10.26万公顷，林木总蓄积量628.06万立方米。森林覆盖率68.95%，以马尾松、杉木等针叶树为主。樟树、枫香、柏林、苦槠等散生各处，无成片林。

矿产资源 莲都区境内发现矿产20多种，分布在170个点位，其中，金属矿有钛磁铁矿、铅锌矿、银矿等，非金属矿有萤

石、花岗岩、泥煤、高岭土等。

水力资源　全区水力资源比较丰富，理论储藏量为28.5万千瓦，可开发26.5万千瓦（其中瓯江干流为19.5万千瓦，属市管辖），莲都区实际可开发量为7.4万千瓦。

生物资源　境内动植物资源较为丰富。木本植物有93科278属655种，主要分布在山间、山脚坡地、溪坎路旁。境内自然散生的古、珍、稀树种有南方红豆杉、樟、枫、苦槠、榧树、柳杉、马尾松等66个树种。国家重点保护野生植物有11科12种，国家一级保护野生植物有南方红豆杉；国家二级重点保护野生植物有伯乐树（钟萼木）、香果树、银杏、鹅掌楸、华东黄杉、长叶榧、九龙山榧树、福建柏、花榈木、中华猕猴桃、天竺桂11种。动物种类较多，其中，脊椎动物有5纲37目76科400多种。哺乳纲有8目19科36属44种，国家一级保护野生动物有黑麂、云豹、黄腹角雉等；国家二级保护动物有猕猴、毛冠鹿、中华鬣羚、白鹇、大鲵等；浙江省重点保护陆生野生动物有马来豪猪、四声杜鹃、舟山眼镜蛇、尖吻蝮等。爬行纲有2目16科41属56种，属国家一级保护野生动物的有鼋。两栖纲有2目9科23属38种，属国家二级保护野生动物的有大鲵、橙脊瘰螈、中国瘰螈。鸟纲有19目72科226属387种，属国家二级保护的有鸳鸯、勺鸡、白鹇。鱼纲有6目18科88种。节肢动物有多足、甲壳、蛛形，昆虫13目87科381种。

旅游资源　以“生态·休闲·养生”为主题，以瓯江流域和自然山水为主线，着力打造“绿色莲都”旅游品牌。国家AAAA级旅游景区东西岩距市区28千米，景区属典型的丹霞地貌，东、西两岩对峙，险峰绝壁、穹隆崛起，宏奇壮观，并以民族风情为特色。省级风景名胜区南明山多象形怪石、石梁、飞瀑，寺阁古迹掩映于远眺如螃蟹形的山崖之中，景区有摩崖石刻58处，自然、人文景观独特。古堰画乡包括碧湖镇和大港头镇，核心区块包括大港头镇区、坪地、堰头、保定，有建于南朝梁天监年间的全国重点文物保护单位通济堰、保定青瓷古窑址；有省内外著名的摄影、巴比松画派和专业美术写生创作基地，历史文化底蕴深厚，发展生态休闲度假中心具有独特优势。全区有省级森林公园白云山森林公园、大山峰森林公园2个；省级文物保护单位有南明山摩崖石刻、灵鹫寺石塔、谭宅古民居、沈家邸、花门楼、河桥、西溪村乡土建筑7处；国家级湿地公园有丽水九龙湿地公园1个；省级农家乐特色村有碧湖镇堰头村、老竹镇沙溪村2个。生态自然景观保持完好，正在组织开发或被列入开发计划的旅游区有峰源猕猴峡、葑垟湖、西溪古民居、雅一电站库区、天堂山、石牛城市温泉度假中心、瓯江风情旅游度假中心等。全区有重要革命遗址、纪念地40多处，红色旅游点主要有中共浙江省委机关旧址、巨溪三岩寺红军洞、峰源小岭根村红军挺进师驻地、仙渡葛畈村北乡革命纪念馆、雅溪岱后村中共丽水县委旧址等。

（区档案馆和党史研究中心　李倩倩）

建置区划

【建置沿革】　置县（市、区）1400余年，莲都区名的由来是因丽水城依山傍溪，在环山之中，形如莲瓣，宋代以后别名莲城，丽水又特产“处州白莲”，定“莲都”为市辖区区名，意欲将美丽的莲都建成繁华的都市。此一区名系从全丽水地区2000多名参与区名征集者中精选所得。

隋开皇九年（589），分松阳东乡置括苍县，置处州，治设括苍。开皇十二年（592），改处州为括州。大业三年（607），括州改称永嘉郡（隋代括苍县境包括今莲都区、云和县、景宁县、青田县大部，文成县、缙云县及武义县南部）。

唐武德四年（621），复为括州，括苍、丽水二县属括州。武德八年（625）省丽水入括苍。武周万岁登封元年（696）分括苍、永康两县地置缙云县。唐景云二年（711），析括苍置青田县。天宝元年（742），改括州为缙云郡。乾元元年（758）复改郡为州，括苍属括州。大历十四年（779），避德宗讳，改括州为处州，改括苍县为丽水县。《元和郡县志》："丽水本名恶溪，以其湍流阻险，九十里间五十六濑，名为大恶，隋开皇中，改为丽水，故皇朝因之，以为县名。"明曹学佺《舆地名胜志》："以县北七里有丽阳山，故以丽水为名。"《括苍汇纪》："县北七里有丽阳山，下环清溪，县名丽水以此。"

五代十国，丽水县为吴越国地，属处州。北宋太平兴国三年(978)，吴越归宋，州县沿前代。

元至元十三年(1276)，改州为路，丽水县属处州路。

明代改路为府，丽水县属处州府。景泰三年(1452)，分丽水浮云乡、元和乡之半置云和县，析宣慈乡、应和乡及懿德乡之半置宣平县。

清代丽水县属处州府，直至宣统三年(1911)七月，除丽水县，划归府兼理。自隋建州设县以来，丽水县历为州、郡、路、府治所。

清宣统三年(1911)，浙江革命军攻克丽水，立处州军政分府，兼理丽水县政事，上隶浙江军政府。

民国3年(1914)行省、道、县三级制，丽水县属瓯海道。民国16年(1927)废道，行省、县二级制，丽水县直属省。民国19年(1930)省分设县政督察区，属第十一区，后改第二特区。民国24年(1935)，改设行政督察区，丽水县属第九行政督察区。民国37年(1948)4月，改第六区，7月改第七区。丽水县均为督察专员公署驻地。

1949年5月10日，丽水解放，属浙江省第七专区。

1949年10月1日，中华人民共和国成立，丽水县属丽水专区。1950年4月，县府迁驻碧湖镇。1952年1月，撤丽水专区，丽水县属温州专区。5月13日，县府迁返城关镇。1958年7月、1960年2月，云和、景宁两县先后并入。1961年6月1日，县府迁驻云和镇。1962年4月(国务院6月1日发文)，县府迁返城关镇。1963年5月，复设丽水专区，丽水县属丽水专区，仍为专署驻地。1968年11月，专区改称地区，丽水县属丽水地区。1986年3月1日，国务院批准撤丽水县置丽水市，仍属丽水地区。2000年5月，撤丽水地区设地级丽水市，撤县级丽水市设市辖莲都区。7月18日，莲都挂牌授印。

（区档案馆和党史研究中心　李倩倩）

【行政区划】 2000年6月6日，省政府下发《关于撤销丽水地区设立地级丽水市的通知》，决定丽水撤市(县级)设区，莲都区的区划范围与县级丽水市相同。根据《浙江省人民政府关于丽水市莲都区部分乡镇行政区划调整的批复》和《丽水市人民政府关于莲都区部分行政区划调整的复函》精神，莲都区对部分行政区划做出调整：撤销郑地乡建制，与峰源乡合并；撤销严鸟乡建制，与黄村乡合并；撤销巨溪乡建制，与太平乡合并；撤销西溪乡、泄川乡、双溪镇建制，合并设立雅溪镇；撤销富岭乡建制，设立富岭街道办事处。2011年12月22日，撤销联城镇建制，改设联城街道。

2012年12月11日，根据《浙江省人民政府关于丽水市莲都区部分行政区划调整的批复》和《丽水市人民政府关于莲都区部分行政区划调整的批复》精神，撤销高溪乡建制，其行政区域并入碧湖镇。撤销双黄乡建制，其行政区域改由莲都区政府直辖，并入岩泉街道。

2014年6月20日，根据《丽水市人民政府关于莲都区部分行政区划调整的批复》精神，撤销水阁街道、富岭街道，合并设立南明山街道。

2019年，莲都区辖峰源、太平、仙渡、丽新、黄村5个乡；碧湖、大港头、雅溪、老竹4个镇及岩泉、紫金、白云、万象、联城、南明山6个街道(其中南明山街道委托市经济开发区管委会管理)。是年，莲都区有208个行政村(不包括南明山街道)，34个社区。

2023年，莲都区辖峰源、太平、仙渡、丽新、黄村5个乡；碧湖、大港头、雅溪、老竹4个镇及岩泉、紫金、白云、万象、联城、南明山(委托市经济开发区管委会管理)6个街道。2023年，根据《丽水市莲都区人民政府关于同意岩泉街道、紫金街道、白云街道、万象街道撤村建(并)居方案的批复》(莲政函〔2023〕5 号)、《丽水市莲都区人民政府关于同意岩泉街道、紫金街道、白云街道撤村建(并)居方案的批复》(莲政函〔2023〕32 号)文件,莲都区共撤并24个行政村,2023年底共有184行政村(不包括南明山街道),41个社区。

(区民政局　范伊卉)

表1　**2023年莲都区乡镇(街道)所辖村(社区)一览表**

乡镇街道	村	社区
岩泉街道	9个:雨伞岗村、里佳源、余岭村、秋塘村、冷水村、枫树湾村、黄畈村、瑄头村、下后弄村	10个:丽阳社区、朝阳社区、东港社区、北苑路社区、天宁社区、佳和社区、正阳社区、灵山社区、和平社区、望城岭社区
紫金街道	11个:风化村、开潭村、瀑泉村、塔下村、祝庄村、水东村、湾岙村、水岭根村、金东村、芦埠村、杨坑村	10个:永晖社区、金苑社区、万丰社区、东升社区、东银苑社区、西银苑社区、星湖社区、大洋河社区、滨苑社区、东康社区
白云街道	1个:灯塔村	9个:白云社区、后庆社区、三岩寺社区、陈道门社区、北郭桥社区、灯塔社区、接官亭社区、五里亭社区、五宅底社区
万象街道	——	7个:厦河门社区、凤凰社区、府前社区、梅山社区、丽阳门社区、大水门社区、左渠门社区
联城街道	21个:苏埠村、花街村、金周村、常宅村、张村街、莲景村、坑口村、敏河村、凤鸣村、苏港村、白前村、官桥村、林宅口村、港口村、武村村、瑶畈村、坛峡村、路湾村、下林村、青岗村、竹道村	2个:娄丰堰社区、清和社区
碧湖镇	43个:河口村、大吴山村、南山村、红圩村、下街村、岩头村、碧一村、大陈村、竹溪村、联济村、白口村、同心村、泉庄村、河东村、里河村、蒲塘村、红南村、中岙村、三峰村、上街村、概头村、郎奇村、沙岸村、堰头村、行口村、松坑口村、保定村、上阁村、中溪村、下叶村、古井村、九龙村、上赵村、下赵村、缸窑村、龙岩村、魏村村、章塘村、石牛村、南坑村、高溪村、周巷村、白桥村	3个:通济社区、广福社区、玉桥社区
大港头镇	10个:大港头村、西坑口村、河边村、西黄村、小井村、利山村、小山村、石侯村、均溪村、北埠村	——
峰源乡	8个:夏庄村、赛源村、正岙门村、郑地村、毛山村、庞地村、库坑垟村、新砀村	——
太平乡	19个:太平村、戴彰村、横岗村、城头村、大河村、竹舟村、长乐村、吴弄村、富山头村、朱弄村、富源村、玉田村、留龙村、巨溪村、吾古村、下夭村、大畈村、长濑村、小安村	——

续表1

乡镇街道	村	社区
雅溪镇	19个：潘百村、西溪村、季岭根村、里东村、岩蒙村、上黄村、双溪村、库川村、上陈村、周村村、上金竹村、金竹村、泄下村、双源村、岱后村、洪渡村、雅里村、雅义村、莲房村	——
仙渡乡	11个：滴水岩村、葛畈村、皂树村、南源村、仙里村、何金富村、根竹园村、董弄村、梅田村、芦村村、张山后村	——
老竹畲族镇	12个：沙溪村、周坦村、郑丰村、曳岭脚村、新陶村、老竹村、赤坑村、梁村村、丁公村、后坑村、徐庄村、榴溪村	——
丽新畲族乡	9个：上塘畈村、畎岸村、山村村、白岸口村、吾赤口村、黄弄村、咸宜村、黄岭上村、马村村	——
黄村乡	11个：郑村村、戈剳村、和垟村、金鸟村、池岭村、黄村村、天堂村、黄泥墩村、严鸟村、汇村村、皂坑村	——

（区民政局）

人口民族

【人　口】 2023年，莲都区户籍人口198066户428308人，其中，城镇人口203643人（农业转移人口落户城镇1925人），乡村人口224665人；男性212569人，女性215739人，性别比（女为100）98.53。总人口比上年增加1551人，增长3.62‰。办理出生登记3155人，出生率7.37‰，出生人口性别比104.74；办理死亡注销户口3553人，死亡率8.30‰；人口自然增长-398人，自然增长率-0.93‰。省外迁入3808人，迁往省外1859人，人口机械增长1949人，占总人口的4.55‰。全年受理、办理居民身份证45552张，临时身份证10570张。

截至2023年底，全区登记在册的流动人口18.3万人，登记在册的居住出租房屋3.94万处（间）。流动人口居住登记率、登记信息准确率、居住出租房屋登记率均达90%以上。

（区公安分局　杨蕴）

【民　族】 丽水市莲都区是浙江省民族工作重点县（市、区）之一，有汉族、畲族、回族、苗族、土家族、壮族、布依族、满族、彝族、侗族等35个民族。全区有少数民族户籍人口2.42万人，其中，畲族人口2.21万人。有2个民族工作重点乡镇、27个民族村。少数民族人口在1人以上的乡镇（街道）13个，分别是碧湖镇、岩泉街道、紫金街道、万象街道、白云街道、联城街道、雅溪镇、丽新畲族乡、太平乡、黄村乡、大港头镇、仙渡乡、老竹畲族镇。

（区委统战部　郑丽）

中国共产党丽水市莲都区委员会

综　述

【"千万工程"再深化】 落实《莲都区乡村振兴发展空间布局规划》，迭代升级新时代花园乡村建设，抓好美丽田园建设、碧湖新城未来乡村示范带等工作，开展碧湖田园风貌整治提升等行动，点线面推进和美乡村全域建设，创建省级未来乡村9个。以"三山"共富协同改革为牵引，86家"处州共富工坊"带动6400余名农民人均年增收2.6万余元。截至12月，莲都区所有村均已达总收入30万元、经营性收入15万元。经营性收入50万元以上村87个，村集体经济总收入1.94亿元，比2022年增长16.5%，经营性收入1.1亿元，增长29.5%；截至11月，乡镇（街道）强村公司利润达4030.41万元，增长150.58%；89篇共富相关经验做法获央视、人民网、新华网、"学习强国"App等媒体平台报道。10月12日，全国学习运用"千万工程"经验现场推进会在浙江召开，莲都区堰头村、大港头村两个点位入选大会实地考察浙西路线，系全市唯一。

【三个"一号工程"再突破】 2023年，莲都区区本级（莲都经济开发区除外）GDP比2022年增长8.6%，连续三季度增速排名全市前二。建成莲都—义乌山海协作"专精特新"产业园，提速传统产业自动化、数字化、智能化改造，按下纳爱斯生态链、禾迈储能Pack、威固存储等链主型项目建设"快进键"，实施数字经济"一号工程"升级版，发展数字经济成效明显，获省政府督查激励；开展"信用商圈"建设，印发《莲都区2023年信用工作考核办法（征求意见稿）》，将政府严重失信事件、"信用+商圈"信用体系建设等工作纳入考核细则，推动营商环境优化提升"一号改革工程"；深耕"莲都山超"品牌建设，出台《莲都区实施超市产业提能升级方案》，莲都山超加盟门店389家，累计培训山超店长878名，推动鱼跃酿造等30多家本地优质农企入驻，销售额突破2亿元；与蚂蚁商业联盟合作打造"山超"富民产业2.0版，域外超市门店超2万家，实现年营收千亿元、利润百亿元目标，相关做法获省委书记易炼红点赞肯定。10月20日，在全省三个"一号工程""十项重大工程"三季度综合评定中获6个五星。

【重点项目再攻坚】 加速推进省市区重点项目，制定40个重点项目前期开工清单、开工攻坚清单和进度攻坚清单。2023年，有省重点项目1个，总投资13.92亿元，完成投资3.2亿元，年度投资完成率100%；市重点建设项目42个，总投资530.9亿元，完成投资70.87亿元，年度投资计划执行率132.78%；区级重大项目87个，年度计划投资113.33亿元，1—12月累计完成投资101.1亿元，年度投资完成率89.2%。区本级（莲都经济开发区除外）基本建设项目完成投资104.9亿元。区本级固定资产投资增速连续21个月实现30%，2023年月平均增速超过70%。

【中心城市能级再提升】 莲都区重塑生产力布局和新型城乡关系，加快白桥双创中心等牵引性项目建设，启动碧湖新城高水平开发建设、推进古堰画乡国家级旅游度假区创建，"'鱼'你共进”项目协同管理系统赋能项目全过程提速。7个省“千项万亿”项目完成投资30.63亿元，完成年度投资计划的204%，省核定投资完成率142.6%，连续5个月排名全市第一。

【群众福祉再增进】 2023年，莲都区实施“扩中提低”行动，全区农村常住居民人均可支配收入39164元，同比增长7.0%；全区低收入农户人均可支配收入14602元，增速13.6%，增速位居全市第四名。“莲悦读”分布式阅读服务模式被纳入全省共同富裕机制性制度性创新模式培育库；“全过程‘阳光村务’治理改革实践”“新就业形态劳动者全链条保障模式”入选全省共同富裕创新模式路演；探索山区基层治理新路径，持续推进“全过程”人民民主的经验做法在全省共同富裕研讨会上作交流发言。

【奋发图强抓落实行动】 2023年，莲都区设置一批“党员先锋岗”，以“党建引领＋党员示范＋群众受益”方式，激励党员干部亮身份、作贡献、争先锋。依托各领域党员特点，分层分类设置党员示范岗1112个，党员责任区1098个，党员突击队470支，累计开展党员志愿服务1905批次，办理民生实事1246项。加强优秀干部储备，组织开展年轻干部竞优比选和推荐工作，建立涵盖300余人的优秀干部储备库，针对6个专业领域建立全量专业型干部库，其中，党群综合类105人、经济发展类44人、项目建设类37人、财政审计类25人、综合治理类90人、农业农村类22人、其他类50人。

（区委办　周旭霞）

重要会议

【区委十五届三次全体（扩大）会议】 1月10日，区委十五届三次全体（扩大）会议召开。会议指出，要坚持以习近平新时代中国特色社会主义思想为指导，全面学习、全面把握、全面落实党的二十大精神，贯彻落实省第十五次党代会、省委十五届二次全会、市第五次党代会、市委五届三次全会精神，总结区委十五届一次全会以来的工作，推动全区上下弘扬践行浙西南革命精神，永做新时代“挺进师”，接续高质量发展建设百万人口大城市，为建设社会主义现代化新丽水、创建革命老区共同富裕先行示范区作出莲都贡献。会议审议通过《中共丽水市莲都区委关于全面学习贯彻党的二十大精神，以“先行示范当头雁”的奋斗实干高水平绘就中国式现代化莲都新图景的决定》。

【区委十五届四次全体（扩大）会议】 8月29日，区委十五届四次全体（扩大）会议召开。会议指出，要以习近平新时代中国特色社会主义思想为指导，学习贯彻习近平总书记重要指示精神，按照省委十五届三次全会、市委五届四次全会部署要求，动员全区上下坚定不移深入实施“八八战略”，推进创新深化改革攻坚开放提升，勇当“发展头雁、创新标兵、实干先锋”，奋力打造山区跨越式高质量发展的“重要窗口”。

【全区领导干部会议】 1月18日，全区领导干部会议召开，学习贯彻省两会精神。会议强调，要蹄疾步稳启新程，加快推动上级决策部署在莲都落地生根见效；要奋斗实干向未来，全力以赴抓好岁末年初各项重点工作。

3月1日，全区领导干部会议召开，传达学习市两会精神和时任市委书记胡海峰参加莲都代表团审议时的讲话精神，研究部署莲都区贯彻落实工作。会议强调，要迅速把思想统一到市两会精神的丰富内涵上来，全区上下要认真学习贯彻市两会精神和市委书记胡海峰的重要讲话精神，继续坚持没有领先排位的指标都是无效指标的要求，以“先行示范当头雁”的奋发图强，拼尽全力“跳起来摘桃子”，努力创造更多“变不可能为可能”的实绩实效，为建设社会主义现代化新丽水作出更大贡献。

3月15日，全区领导干部会议召开，传达学习全国两会精神和全市领导干部会议精神，研究部署全区学习宣传贯彻工作。会议强调，要以强烈的自觉学深悟透全国两会精神的精髓要义和丰富内涵；要以务实的举措推动全国两会决策部署在莲都落地生根、见到实效；要以昂扬的姿态从全国两会精神中汲取奋进新征程的强大力量。

7月11日，全区领导干部会议召开，传达学习省委十五届三次全体（扩大）会议精神，研究部署莲都区学习宣传贯彻工作。会议强调，要学精神实质，迅速把思想和行动统一到省委的决策部署上来；要担时代使命，在坚定不移深入实施“八八战略”中积极作为、贡献力量；要聚强大合力，全面锻造一支忠诚干净担当的新时代“挺进师”。

11月6日，全区领导干部会议召开，传达学习省委十五届四次全会精神及全市领导干部会议精神。会议强调，全区上下要全面把握、深刻领会，切实增强学习贯彻省委全会精神的思想自觉和行动自觉；要突出重点、精准发力，切实推动省委全会决策部署在莲都具体转化、持续深化、不断细化；要狠抓当前、全力以赴，以奋力冲刺“全年红”走好贯彻省委全会精神第一步；要精心组织、周密部署，全面兴起学习宣传贯彻省委全会精神热潮。

（区委办　周旭霞）

学习贯彻习近平新时代中国特色社会主义思想主题教育

【理论学习】 2023年，中共丽水市莲都区委开展学习贯彻习近平新时代中国特色社会主义思想主题教育，牢记“开展好主题教育，首责在党委、关键在领导、重点在落实”，准确把握以县处级以上领导班子和领导干部为重点、统筹兼顾各基层党组织的分类学习要求，把理论学习、调查研究、推动发展、检视整改、建章立制贯通起来、一体推进。县处级以上领导以上率下作出“五个始终”“五个带头”集体承诺，区四套班子领导集体赴古堰画乡、缙云仙都街道前湖村开展“循迹溯源学思想促践行”，带动全区1827名村（社区）“两委”班子全部完成党性体检，从党的科学理论中汲取更多智慧力量。坚持集中学习、个人自学、循迹溯源相结合，打造形成“1＋2＋X”学习制度（“1”指每月开展1次特色读书班，“2”指支部共学和个人自学，“X”指开展特色学习活动）等理论学习特色品牌和机制26个，全区共计发放中央确定的学习资料2万余套，全区党员干部依托古堰画乡、北乡革命纪念馆、中共丽水县委旧址等教育基地开展循迹溯源活动90余批次，参与1.3万余人次，“1＋4＋N”溯源践学线路（“1”指古堰画乡“足迹”现场教学基地，“4”指主城、新城、畲乡、北乡4条实践教学线路）逐渐成熟，“学思想见行动”主题党日活动实现全覆盖。紧扣县处级以上领导班子和领导干部这一重点，统筹做好学习计划，举办专题读书班3期、专家授课2次、专题研讨4次，区委主要领导讲授主题教育专题党课1次。对基层党组织，结合主题党日、“三会一课”等，建立“学习研判”“联动整改”“督导考评”三项机制，组建6个联络组，对全区82家参学单位开展联络指导工作。

【调查研究】 把群众满意度作为检验主题教育成效的重要标尺，县处级以上领导干部带动基层党组织查摆问题284个，制定整改措施614项。

开展“大走访大调研大服务大解题”活动，区领导紧扣区委提出的14个方面主题深入一线开展调研活动352次（录入系统），发现问题119个，现场研究解决70个，引领带动全区党员干部走访农户、企业（项目）19700余人次，解决问题7900余个。推广“周五接访日”制度，全区乡镇（街道）共接访325批803人次，化解信访事项和矛盾纠纷49起。省、市、区三级民生实事全面完成，公共服务满意度达99%，“党群连心·网格走亲”温馨敲门行动合格率100%，排名全市第一，隐患排查化解排名全市第二。

【检视整改】 2023年，督促指导各单位党委（党组）认真梳理调查研究发现的、推动发展遇到的、群众反映强烈的、巡视巡察发现的、审计监督发现的问题，聚焦查摆梳理党中央、区党委高度重视、群众反映强烈、本部门表现突出、长期没有解决的问题，形成问题清单。充分运用“浦江经验”“枫桥经验”推动解决真问题、真解决问题，每月两次报送问题整改进展情况。截至年底，县处级及以上领导干部牵头负责的问题总数53个，专项整治项目总数1个、销号总数52个；区领导班子成员牵头负责问题数48个，专项整治项目数1个、销号数47个；县（市、区）常委牵头负责的问题数17个，专项整治项目数1个、销号数17个。坚持把“改”字融入日常工作，深入基层部门、社区一线，通过调研、走访、座谈等，听真话、察实情，将省、市反馈的秸秆焚烧、安全生产风险联动机制、中医药人才总量不足等10个上下联动问题纳入问题整改，明确整改措施，实行项目化推进。构建“1+5”监督网络（“1”指区主题教育办整改整治组，“5”指区委直属机关工委、区委政法委、区卫生健康局、区教育局、区国资办正风肃纪工作小组），开展常态化正风肃纪工作。深入联系单位，通过检查台账、访谈座谈、听取群众意见等方式，检验整改整治成效，共查找问题1244个，完成整改销号问题751个，制定专项整改举措1511条。

【建章立制】 督促指导各单位对已经取得初步成效需长期坚持整改的问题，明确责任处室、责任人，强化监督问效。把整治突出问题和构建长效机制有机结合，把整改整治工作中的好做法好经验，及时以制度形式固定下来，自主题教育开展以来，共出台《关于加强莲都区年轻干部培养选拔的若干意见（试行）》《优化调整莲都区招商引资项目联审机制的意见》等区级层面规章制度42项，推动“解决一件事”升格为“解决一类事”。

【流动党员教育】 2023年，在14个乡镇（街道）成立流动党员报到点，排摸各县（市）流入市区流动党员1290人。建立党员活动室10个，累计接待流动党员集体活动20余批次，服务流动党员1000余人次。依托“红色书屋”“绿谷先锋驿站”等阵地创办异乡学堂，上门为流动党员“送学送教”，赠送学习礼包，累计组织流动党员集中学习9次，参加学习900余人次，发送线上学习内容30余篇，循迹溯源学习200余人次。打造“流动党员之家”，为1200余名流动党员提供就业咨询、技能培训、法律援助、子女托管等服务，带动就业76人；组建流动党员志愿服务队，入户提供家电维修、义诊等服务，受益群众超3000人次，完成“微心愿”3000余个。

【“持正确政绩观、建为民新业绩”行动】 2023年，深入开展正确政绩观学习教育，结合读书班活动，围绕学习贯彻习近平新时代中国特色社会主义思想，开展“持正确政绩观、建为民新业绩”研讨交流。各级党员干部通过线上线下参观“大道之行——‘八八战略’实施20周年大型主题展览”，用好“1+4+N”溯源践学线路加强现场学习。实施“用心用情办实事解难题‘1+1’”，开展“我为发展谋实招、我为群众办实事”活动，县处级以上领导干部每人领办1个发展难题和1件民生实事。推进民生“七优享”工程和十方面民生实事办理，莲都区公共服务“七优享”工程重大项目年度完成率160%。持续开展政绩观问题专项整治，推动各乡镇（街道）、各相关部门学习贯彻习近平总书记关于统计工作重要讲话指示批示精神以及相关的统计法律法规制度。加大对乡镇（街道）统计从业人员的业务培训力度，结合“一体化统计监督系统”，通过专业数据核查、执法检查、调研走访的方式向企业核实是否有相关部门参与甚至主导干预企业独立报送统计数据，未发现相关情况。

【青年干部“明德守法、完善自我”专项行动】 2023年主题教育以来，开展扶老助困、城市美化、科普宣传等专项志愿活动15场，服务群众2300余人次。开展“青春点亮微心愿”系列活动，帮扶偏远乡村困境儿童100余人。10月，启动“青创学院”，为青年搭建能力提升、资源对接、公共服务全链条成长孵化平台。举办青年企业家财税主题沙龙、青创资源对接会，赋能青年创业者成长。印发《关于加强莲都区年轻干部培养选拔的若干意见（试行）》；梳理《丽水市莲都区优秀年轻干部负面清单》；10月7日至12月7日，举办2023年年轻干部培训班。全年全区各单位累计举办青年干部“明德守法、完善自我”专题学习会80余场，现场开展青年干部承诺践诺活动50余次，开展

"80、90、00"青年党员说、"与你同行青春飞Young"新进社工能力提升等分享沙龙20余场。

【"夯实基层、服务基层、关爱基层"专项行动】 2023年,推动创建省级"红色根脉"强基示范乡镇1个、示范村(社区)9个。制定"莲都区后进村社党组织整转"管理文件,对被列为后进的14个村(社区)党组织落实"七个一"整转要求。开展村(社区)换届"回头看",梳理村(社区)"两头"干部名单,对存在违规违纪、人岗不适配等情况的18名村(社区)党组织书记由乡镇(街道)班子领导结对帮带。加大重点群体和薄弱领域发展党员工作力度,3个连续5年以上未发展党员的村、国企空白班组完成突破。落实流动党员管理责任,对1290名流动党员做好教育培训。实现9000余名农村党员档案区级集中管理。"96345"市民服务中心以"我为群众办实事"为主线,开展以"学思践悟新思想'益'起奉献迎亚运"为主题的系列党员志愿服务"大篷车"进村(社区)活动5场,服务群众6500余人,以"学思想促践行'益'起争当圆梦人"为主题发动全区党员开展认领圆梦"微心愿"4100多个。实现村(社区)党组织书记培训全覆盖,组织30余名村(社区)干部参加学历提升培训,完成2个省级教育实训基地和基层实践教学点申报。深化"导师帮带制",按照"1+3"的方式推动省、市、区兴村治社名师结对帮促,结合村(社区)换届"回头看",将370余人纳入村(社区)干部后备库跟踪培养。推进村(社区)阳光治理,在全区184个行政村实行"村级重大事务阳光票决制",完成阳光票决事项3500余项。开展村(社区)干部违规承揽或插手工程项目等违纪违法问题清查,立案查处6人,给予党纪处分3人。推进"上统下分、强街优社"现代社区省级试点建设,抓好"莲都区关于进一步激励关爱城市专职社区工作者的十条举措"落实,制定新的村"两委"干部和社区工作者管理考核办法,择优比选6名社区副职提任社区书记。下发"两新"组织党建工作保障经费111.23万元,进一步助企纾困解难、助推经济稳进提质。开展"指尖上的App"专项整治行动,清理整治关停应用6个,整合兼并应用1个,优化提升应用1个,清理整合优化率66.7%。出台《关于全面开展莲都区党群服务中心建设提升行动的实施方案》,分步分类推动全区240个党群服务中心建设、整改、提升,以多样化、差异化、特色化理念推动基层阵地提质升级。新就业群体党群服务中心获评2023年度省级示范区域性"两新"组织党群服务中心。

(中共丽水市莲都区委学习贯彻习近平新时代中国特色社会主义思想主题教育领导小组办公室　朱红莹)

组织工作

【党内统计】 截至2023年底,莲都区有基层党组织1142个,其中,党委78个、总支部95个、支部969个。行政村党委4个、总支部84个、支部298个;城镇社区党委34个、支部195个;机关党委22个、总支部5个、支部200个;事业单位党委4个、总支部6个、支部130个;国有企业党委3个、支部14个;"两新"组织党委2个、支部119个;其他党组织22个。党员22673人,其中,预备党员264人,少数民族党员1205人,女性党员7494人,农村党员9884人。

(区委组织部　梁哲昊)

【发展党员和党员管理】 2023年,莲都区新发展党员260名,其中,女党员130名,占发展党员总数的50%;少数民族党员10名。

新发展党员中,25岁及以下31名,占11.92%;26~30岁111名,占42.69%;31~35岁69名,占26.54%;36~40岁29名,占11.15%;41~45岁12名,占4.61%;46~60岁8名,占3.08%。大专及以上学历233名,占89.62%;中专、高中中技学历27名,占10.38%。在岗职工137名,比重为52.69%,其中,公有制单位职工100名,非公有制企业26名,社会组织11名;农牧渔民110名,比重42.31%;其他(包括社区工作者、个体劳动者、自由职业人员等)13名。

(区委组织部　季扬杰)

【党员干部现代远程教育】 2023年，莲都区抓好阵地建设，分步分类推动全区232个党群服务中心整改优化，项目化推进3个新建、11个改建党群服务中心提档升级，获评省级示范党群服务中心10个。

整改党群服务中心“形式化、行政化、办公化明显”问题，清理各部门、行业挂在村、社区门口的杂乱牌匾1000余块，将各级党群服务中心打造成凝聚党心民心、服务辖区百姓、推动区域发展的重要阵地。制作精品短视频3条，被省委组织部“之江先锋”视频号录用推广1条；拍摄制作“追寻足迹”点位提升教学课件《捧起山水“金饭碗”》和精品党课课件《共绘富“丽”山居图》；制播全市首个“强基课堂”专题在线培训课件，仙渡乡党委书记为全省党员干部举办《抓实普惠金融 助力乡村振兴》专题讲座，课件质量及效果得到省委组织部的肯定。

（区委组织部　陈旸内）

【乡村振兴驻村工作】 2023年，莲都区有省派农村工作指导员3名、市派农村工作指导员13名、区派农村工作指导员30名，乡镇派农村工作指导员138名。落实基础项目70个，其中，牵动带动产业落地项目21个，牵头落实资金2317.5万元，牵头推动村集体经济增收390.46万元；组织捐赠物资49.71万元；帮助派驻村和农户销售农产品103.96万元；走访农户7707户次，化解矛盾69起，讲授党课161次，指导党组织生活433次，政策宣传12899人次。

【村集体经济发展】 截至2023年底，莲都区实现村级集体经济年收入达30万元以上且经营性收入15万元以上村全覆盖，村级集体经济总收入和经营性收入分别达到1.94亿元和1.1亿元，分别同比增长16.5%和29.5%。村均集体经济总收入和经营性收入分别为93.36万元和52.99万元。经营性收入25万元以上村153个，占行政村总数的73.56%；经营性收入50万元以上村87个，占41.83%。

（区委组织部　周泽楠）

【党代表联络】 2023年，莲都区有省党代表2人、市党代表32人、区党代表279人、乡镇党代表546人，通过实行“履职平台再延伸、工作机制再融合、工作形式再创新”的方法，因地制宜建立多个特色党代表工作室。莲都区各级党代表通过“党代表接待日”“周末有约”“代表巡河”等载体，在基层一线倾听群众意见、了解困难、解决问题。全年组织232名市、区、乡镇三级党代表开展集中调研视察24次，内容涉及“新城建设”“共同富裕”“大搬快治”“一户多宅”等群众关心的热点难点问题，向党委政府提交意见建议60余条；举办党内民主恳谈会12次，参与党员群众196人次；接待党员群众760人次，听取意见建议262条，交办131件；走访群众162人次，听取意见建议132条，交办117件；开展组团惠民50余次，为党员群众解决实际困难163件。

（区委组织部　季扬杰）

【村干部队伍建设】 2023年，莲都区有村党组织书记181名（碧湖镇堰头村、中溪村，仙渡乡张山后村暂未选配），平均年龄50.71岁。其中，35周岁以下9人，占比4.97%；50周岁以上111人，占比61.33%。大专及以上学历112人（含在读），其中，大学本科27人；男性165人，女性16人。

以村规模大小（按1000人以下，1000人及以上1500人以下，1500人及以上）确定1、1.1、1.2三档报酬系数，根据2022年农村常住居民人均可支配收入计算，2023年，全区村“两委”主职干部中“一肩挑”人员基本报酬发放基数分别为95165.2元、104681.72元、114198.24元；主职干部中非“一肩挑”人员（包含分设的村党组织书记、村民委员会主任，主持村党组织工作的副书记、委员，主持村民委员会工作的副书记、委员）基本报酬发放基数分别为73204元、80524.4元、87844.8元；村“两委”干部中副职人员的基本报酬发放基数分别为65883.6元、72471.96元、79060.32元；其他村“两委”委员基本报酬的发放基数为2000元。

2023年，享受补助的离任村主要干部共有783人，根据补助标准，支出补助经费313.69万元。

（区委组织部　陈旸内　熊陈耀）

【现代社区建设】 2023年,莲都区聚焦社区生活便利化、纠纷解决就地化、共富帮扶身边化"三件要事",推进强社公司发展壮大模式探索等5个组团赛马项目,分类打造形成一批现代社区建设标志性成果,构筑"大门常开、场所常用、活动常办、群众常来"的"幸福生活圈"。创成省级现代社区1个,市级现代社区6个,入选省首批工业社区十佳案例1个,全省首创"院前救护车+智慧流动医院"院前急救模式的莲都做法获省领导批示肯定,相关经验做法在全市现代社区工作推进会上作典型发言。

探索社工全链条培育体系,形成《专职社工队伍考核管理办法(试行)》,建立全市首个社工技能实训基地,开展专职社工培训班、新进社工业务大比武,通过举办社区党组织书记擂台赛等形式,提升社区队伍整体服务水平。

推出红色议事联建机制,开展"业账街管""业账社管"试点,建立"红色物业"工作标准和服务项目"红黑榜"晾晒制度,选派188名优秀社工担任业委会"第一主任",截至2023年底,推动小区成立业委会169个,专业物业覆盖率达87.77%,调处矛盾成功率99.6%。

探索强社公司运行模式,成立6家强社公司,通过盘活闲置资源、组建专业经营队伍、主动链接项目业务,构建以村和社区集体、专业合作社、农户和居民、第三方专业投资机构评估响应的"1+4创富激活体系",推进"旧衣回收""屋顶光伏"等30余个共富项目,实现经营性收入441万元,反哺社区停车场等10多个公益项目,实现强社与惠民的良性循环。

打造"5+X"爱心矩阵,推行"公益性服务+市场化运作"模式,成立丽水市区首家社区食堂,丰富"流动十助"新场景,开展各类便民志愿服务活动2600场次,服务群众68.5万人次。坚持把党群服务阵地建设成为服务党员群众的主要阵地,统筹闲置场所、物业用房等资源,新增社区服务阵地8000余平方米,线下打造47个网格驿站,构建起"党群服务中心+网格驿站+'96345'居养平台"共享服务圈,建成"24小时不打烊"网格驿站4个,服务3000余人次。出台《关于全面开展莲都区党群服务中心建设提升行动的实施方案》,建立分级把关模式分步分类推动全区党群服务中心整改优化,获评省级示范党群服务中心10个、市级五星级阵地18个。

(区委组织部　刘文丽)

【"两新"组织党建】 2023年,莲都区加大"两新"党建工作保障力度,全年安排"两新"组织党建工作经费192万元,打造"流动课堂""车间课堂",为"两新"党员群众学习"充电蓄能",全区50人以上有党员的企业和9家"专精特新"企业党组织全覆盖,动态清理撤销"僵尸"、空壳支部6个,对未建立党组织的121家校外培训机构选派党建工作指导员54名,有3名以上党员的社会组织党组织单独组建率达100%。

构建党建人才"双培"机制,在企业业务骨干中发展党员28名,20余名党员骨干进入中层以上管理岗位;完成"绿谷红领"资质认证26人,建成红色物业、沈姐、鱼跃等6家"绿谷红领工作室";实现企业72.27%的党组织书记进入管理层,选派122名党建指导员下沉到124家企业。深化实施新就业群体党员倍增计划,吸纳2人入党,11人被推荐为入党积极分子,免费为6名快递业党员提供大专学历提升待遇,2名快递员被认定为丽水市"工匠型"和"专家型"山递精英。

建成处州共富工坊102家,与叙永县联建全市首批跨省共富工坊"莲都—叙永东西部协作竹笋工坊",创新"两地三园"运营模式,打造升级莲都—义乌山海协作直播式共富工坊,建成全市首条画乡巾帼共富工坊示范带,莲都电商直播共富工坊获评全国农村电商优秀县域案例;菲可童装共富工坊获评首批省级示范共富工坊。

建成全市首家新就业群体党群服务中心,并获评省级示范区域性"两新"党群服务中心。深化"莲心速递·益呼百应"党建品牌的实践运用,打响爱心集市、爱心厨房、爱心冰柜等共享服务品牌。会同丽水市数发集团、街道和社区开展四方联动党建联建，以党建引领打造企业发展、园区治理、党群幸福共同体。

（区委组织部　周泽楠）

【领导班子和干部队伍建设】 2023年，莲都区委常委会讨论研究干部任免7批230人次，其中，提拔61人次，进一步使用26人次，交流轮岗88人次，其他55人次。

通过常态化开展政治素质考察，建立领导干部政治素质档案，通过干部立体画像系统等多种途径完善全区领导干部素质档案。深化新提任和进一步使用干部任前政治素质考试，2023年新提任和进一步使用的87名干部均通过考试。

把好公职人员入口关，2023年招录的公职人员中，全日制本科及以上学历占比90.9%，毕业于优秀高校的人员占比11.7%。做好干部培养教育赋能，2023年，新选派年轻干部参加省市区重点工作或专班137人次，其中，区级99人次、市级15人次、省级以上23人次，进一步提升干部干事创业和破解难题的能力。开展年轻干部竞优比选工作，建立优秀干部储备库，根据干部专业、岗位等经历进行分类培养。制定《关于加强年轻干部培养选拔的若干意见》，推出“轮值课堂”“实战训练营”等载体，采用“学”+“走”+“论”+“转”的方式推动年轻干部融入中心工作。围绕“现代社区”“碧湖新城”“双招双引”等主题开展“我与莲都同奋进”年轻干部参与中心工作系列主题活动10期，参加活动的年轻干部70余人，形成调研报告10篇、专题案例3篇。突出实干实绩导向，将干部担当作为情况作为识别评价干部的重要内容，全面考准考实领导干部在关键时刻的表现情况，2023年提任或进一步使用30名在“双招双引”、“共同富裕”、碧湖新城建设等区委区政府中心工作中表现优秀的干部。

常态化推进干部“下”，落实提醒、函询、诫勉制度，全年提醒204人次，函询27人次。完善领导干部“末位数据库”，对存在考核末位情况的53名领导干部进行提醒。打通干部选育管用“全链条”，坚持先定原则再定人、以事择人。规范工作专班管理和人员抽调工作，择优选派300余名干部参加“双招双引”、“大搬快聚”、碧湖新城建设等工作专班，保障区委区政府重点工作的同时锻炼干部能力，开展违规抽借调人员清理规范工作。推动干部队伍管理监督，严格执行干部调整预审机制，上报关键岗位备案3次，全年“三超两乱”实现“零增长”。

贯彻落实“两个担当”良性互动机制，在精准问责、容错纠错、澄清正名上持续发力，保护干部干事创业热情。加大正面先进典型选树力度，推选“丽水之干”担当作为好干部，开展2023年度“莲都区担当作为好干部”评选，确定莲都区担当作为好干部人选26人。

优化干部队伍结构，2023年，区管领导干部中全日制大学以上学历占比从年初的26.2%提高到30.7%，区直单位35周岁及以下的区管领导干部占比从年初的6.4%提高到10.7%，乡镇领导班子中35周岁以下人员占比从年初的25.0%提高到30.2%。

（区委组织部　欧阳耀）

【干部教育】 制定《2023年度干部教育培训主体班次办班计划》和《2023年度区直单位举办干部专业化素质提升培训班计划》，确定主体班次和部门班次81个，其中，主体班次39个，培训规模达1万余人次。分级分类举办科级领导干部、中青年干部、年轻干部、基层党组织书记等主体班，举办“金融服务创新”“工业及数字经济”“招商引资工作”等改革赋能类专题研讨班，聚焦干部、人才、企业家、经营管理业务骨干等重点群体，举办三个“一号工程”“双招双引”领域培训班24个。采取“月提醒”“季通报”等办法，做好区管领导干部网上学习督学促学和管理服务工作，科级干部完成网络学院学习任务达100%。邀请全国党校系统精品课获得者、浙江省经信厅巡视员、浙大管理学博士等全国、省级知名专家到莲都授课。突出学员主体地位，做好课前微分享、专题讨论和结构化研讨，通过头脑风暴，消除工作中的“堵点”“痛点”。完善辩论讲堂、现场访谈、情景模拟等教学项目，与授课教师提前沟通，预留提问交流环节，变"我讲你听"为"双向互讲"，互动教学占比达20%以上，推出"云法庭""重走初心路"等沉浸式教学。提档升级现场教学品牌，通过专班化运作、项目化推进方式，提升教学内容，古堰画乡、百年鱼跃两个现场教学课程均获全市党校系统现场教学精品奖，其中，古堰画乡"山水之美赋能生态变现"案例入选省委党校《忠实践行"八八战略"——浙江20年探索与实践(现场教学案例选编)》，莲都区古堰画乡特色小镇获评省级学习贯彻习近平新时代中国特色社会主义思想现场教学示范点。"绿水青山描绘古堰画乡新图景"网络课程入选中国干部网络学院"千万工程"学习专题网络视频课程拟推荐名单，系全市唯一。完成中国浦东干部学院、中央党校、省委党校中青班等重要班次教学任务，截至2023年底，承接现场教学38场2578人次。

（区委组织部　陈莺少）

【综合考核】 2023年，根据省委、市委要求，莲都区成立考核委，由区委、区政府主任领导担任主任和副主任，负责研究综合考核政策制度、指标体系等问题。考核办设在区委组织部，具体负责综合考核的组织实施。区委组织部增设综合考核科，核定股级职数1名。明确区委办、区府办、区国资办3家单位为考核牵头单位，分头负责各领域考核的具体实施。制定出台1个综合考核办法和4个领域实施办法，紧盯党的建设、高质量发展、满意度评价"三张考卷"，坚持考人与考事相结合，推动考核工作重塑变革。

（区委组织部　叶伟芳）

【干部监督管理】 2023年，落实省委巡视检查工作要求，配合做好巡视巡察工作，根据巡视和专项检查意见，针对两大方面12个问题，研究提出50条整改措施，已落实49条，推动11个问题完成整改。以巡视整改为抓手，开展"同题共答"专项整治，排查莲都区选人用人方面的突出问题和薄弱环节，发现问题12个，均已完成整改。

紧盯股级干部结构优化目标，严把股级干部预审关口，加强对股级干部年龄的审核把关，要求各单位党委(党组)加大30周岁以下年轻干部的选拔使用力度，并加大对年龄偏大且不适宜担任现职的股级干部"下"的力度，2023年，预审59批次，新提任30岁以下股级干部46人，占比34.85%，全区50岁以上股级干部占比从2022年的12.96%下降至9.09%。首次开展股级干部集中交流，组织79名优秀年轻干部参加集中比选，通过笔试、面谈、考察等程序，确定12名干部进行股级交流，拓宽年轻干部培养锻炼成长路径。

制定出台《关于加强单位党委(党组)落实干部管理监督的若干意见》，进一步深化对"一把手"和领导班子的政治监督、选人用人监督和日常管理监督。首次开展领导干部个人有关事项报告分析运用，对2023年区管领导干部个人有关事项报告情况进行全面梳理，从领导干部有关亲属经商办企业情况，持有房产情况，持有股票、基金及投资型保险情况和本人身患重大疾病情况四个方面开展专题研判，分别提出需重点防范的风险，服务干部选拔"选育管用"全链条。

（区委组织部　王伟秋）

【干部人事档案】 2023年，开展干部人事档案健康码赋码工作，547名区管领导档案在再次复审的基础上，针对"三龄两历"开展重点复查，对赋码问题整改不到位的34家单位发布书面提醒函，查找补充档案材料1200余份。按照单位初审、档案中心复审、疑难问题联审"三方审核"要求，对各单位档案联络员进行审核要点指导，完成全区在职公务员、企事业人员干部人事档案健康码赋码初审和2000余名干部的健康码复审工作，区管领导、中层正职和优秀年轻干部整改后绿码率达70%以上。将干部人事档案纳入区委巡察内容，对15家单位的干部人事档案进行全覆盖式检查，反馈问题457个，按照巡察整改时限，实时跟踪整改进度，并对其中45名"三龄两历"不一致的干部进行重新认定。在全市率先开展规范干部人事档案处理处分类材料归集的试点工作，制定印发《莲都区关于进一步规范干部人事档案处理处分类材料归集的通知》，收集2023年形成的处理处分类材料80余份。做好干部人事档案的日常管理工作，整理归档年度考核、工资、学历、奖惩、挂职等材料12300余份，完成档案数字化维护4100余卷，审核整理调入和新录用公务员档案60卷，转出干部人事档案40卷，整理退休干部档案57卷，死亡干部档案66卷。

（区委组织部　蔡君妙）

【公务员管理】 2023年，莲都区面向社会公开考录公务员47名，其中，“省市县乡”四级联考考录39名，山区26县专项招录8名。区直部门考录43名、乡镇机关4名（含专职人民武装干部1名、优秀村干部1名）。面向全国“双一流”和浙江省内12所重点建设本科院校择优选调应届毕业生14名（含市选县用1名）。开展公务员选调1次，选调5人。2023年安置军转非领导公务员3名。完成2022年度录用试用期满公务员（含选调生）考核、任职定级工作62名。完成新录用公务员登记62名，调任人员登记8名。完成2023年度非领导公务员年度考核1091人。开展非领导公务员一至四级主任科员职级晋升2次，晋升128人次。表彰2022年度考核优秀公务员370名，其中三等功25名，嘉奖345名；组织2023年新录用公务员61名开展初任培训，制订发布《新录用公务员“助飞雏鹰”三年赋能行动实施方案》。通过党校视联网系统，分3期对全区“1+8”执法队伍人员举办“提能力、转作风、促发展”专题培训班。做好公务员日常调动调配工作，区外调入1人，区内调配54人（包含转隶），调出区外17人。

（区委组织部　余庆辉）

【人才工作】 2023年，制定出台《关于深化“双招双引”融合推进的若干举措》，为每个招商小组配备1名“招才引智专员”，挖掘项目背后的人才科技元素，6个招商项目入选“绿谷精英”人才科技项目。常态开展“线上+线下”招聘活动，组织企事业外出参办各类人才专场招聘会20余场，累计推出岗位5000余个，加强与丽水学院和丽水职业技术学院等本地高校的合作交流，盘活本地就学青年人才资源。创新打造“私企订制”育才模式，开设“订单班”30余个班次，定向输送学生420余名，对口就业率达100%。全年累计引进高校毕业生6778人，全职招引青年人才创历史新高。开展技能人才共富能力大提升行动，依托莲都工匠学院，全年组织各类职业技能培训超1.5万余人次，新增技能人才4352名，其中高技能人才2855名，同比增长85%。壮大本土特色人才队伍，新评选出省级“乡村工匠”4名，丽水金牌“农三师”1名，丽水高级“农三师”3名，丽水中级“农三师”13名。新增国家级专精特新“小巨人”企业、省级企业研究院、省级博士后工作站各1家。实施人才安居工程，在碧湖规划5000多套人才公寓，第一批163套于2024年一季度投入使用。建设数字经济双创园、碧湖新城、文昌里等5个“人才之家”，形成差异化、立体式服务网络，累计服务人才超2000人次，灵山社区人才之家成为全市最大人才公寓的标杆服务站点。

（区委组织部　潘俊宇）

宣传工作

【概　况】 2023年，莲都区围绕宣传贯彻落实党的二十大精神、习近平新时代中国特色社会主义思想、“八八战略”等主题，开展主题宣讲1000余场，受众8万余人次。举办“‘八八战略’在身边”青年宣讲大赛暨“红动丽水挺进共富”红色故事宣讲活动。拍摄“莲响”青年学习宣传习近平总书记考察浙江重要讲话精神宣讲视频5个。承办2023年丽水市社科普及周活动；鱼跃1919文化产业园省级科普基地被评为第一批省发明创新对外宣传采访基地。选拔“莲响”战队核心队员参加“锋刃—2023”全省网军大比武并取得优异成绩。举办全国秋季“村晚”示范展示活动暨（癸卯年）通济堰庙会，完成《丽水通济堰保护总体规划》修编初稿。“北乡”非遗联合展演、“喜迎亚运　心灵港口”音乐节、“墨名旗妙”书法旗袍跨界嘉年华等活动擦亮特色文化品牌，大港头村等4个村被列入市级艺术特色示范村名单，联城街道港口音乐艺术村入选市级艺术助推乡村振兴扶持项目。完成2022年度全国文明城市测评工作、2023年浙江省城市文明程度指数测评工作。举办“我们的节日”、未成年人思想道德建设活动400余场。“定制”不同种类的迎亚运群众性特色活动1200余场，开展“迎亚运清庭院”、垃圾分类等活动300余场。开展道德模范、身边好人、新时代好少年等评选工作。

【习近平新时代中国特色社会主义思想学习宣传】 制定《区委理论学习中心组2023年学习计划》，围绕中共中央办公厅《关于在全党大兴调查研究的工作方案》、习近平总书记关于“千万工程”和“浦江经验”两个重要批示精神、习近平总书记考察浙江重要讲话精神等内容开展专题交流研讨12次。组织“莲都论坛”——反邪教形势分析专题辅导报告会、习近平法治思想专题报告会。以社科探索山区（海岛）28县高质量发展新路径，“莲都区打造浙西南区域电子商务中心的对策研究”“文艺作品赋能山区转化绿水青山‘金饭碗’的经验与启示”等5个课题获得省社科联立项。

【对外宣介工作】 2023年，在区级媒体平台开设“八八战略在身边”“‘千万工程’莲都故事”等专题专栏。联合《人民日报》等共同策划“千万工程”深度报道，解析莲都“两山”转化模式下“千万工程”的实践密码。古堰画乡亮相浙江卫视《放歌瓯江》直播栏目，再上《浙江新闻联播》电视荧幕，获得全网总点击量9000万人次，相关话题阅读量累计1.1亿人次。全年在中央、省级主流媒体平台推发报道402篇，3次登上《人民日报》《新华每日电讯》头版头条。

【公共文化服务】 2023年，召开区委文化工作会议，出台《关于贯彻落实“文兴丽水 挺进共富”工程 加快推进新时代文化莲都建设的意见》。打造20个社区文化家园精品试点，提升4个五星级文化礼堂，碧湖镇入选省级农村文化礼堂建设示范乡镇，上赵村文化礼堂管理员获评浙江省“最美文化礼堂人”，“莲悦读”分布式阅读服务模式被列入全省共同富裕创新模式重点培育名单。

【文化产业发展】 组织本地文化企业参加各类文化创意展，推介展示苔藓、动漫、Cosplay等一批莲都特色文创元素。举办“喜迎亚运 漫谈莲都”动漫文化节，“文昌里1950”文化创意产业园改造“出圈”，古堰画乡文化产业园获评市级文化产业园区。

【网络综合治理】 2023年，深化“分业分层监管、联合联动执法”工作机制，推进网络涉诈类整治等专项行动。发表评论文章7篇，其中4篇被省级以上网站平台录用。选送《赓续星光是缅怀致敬的最好方式》在中央网信办主办的2022“好评中国”网络评论大赛中获奖。制订出台《莲都区关于做好第19届亚运会和第4届亚残运会网络安全保障工作方案》《护航第19届亚运会和第4届亚残运会全区电子政务系统网络安全保障决战指挥体系工作方案》等相关文件，维护杭州亚运会清朗网络空间。对全区信息系统开展弱口令“动态清零”行动。配合丽水市“护网2023”网络安全攻防演练，组织线下、线上网络安全培训。

【城市文明水平】 2023年，完成省、市级文明校园创建推荐工作。新评定莲都区文明村28个，区级以上文明村建成率达93.5%。推进“花开丽水”项目建设，完成67个“花园小区”、5条“花园小巷”项目验收。“学习强国”学习平台刊登《投资200余万元改造10个小区打造家门口的“网红微景点”》，阅读量超12万人次。“礼迎亚运 文明莲都”主题活动被浙江卫视《正午播报》报道，入围全省文明赋能亚运最佳实践案例。拍摄的《亲“荷”力 “莲”亚运——莲都区“益”起亚运我代言》宣传短片被《人民日报》、中国蓝新闻客户端录用。开展道德模范、身边好人、新时代好少年等的评选工作，评选出2023年莲都区“身边好人”15名、“丽水好人”6名，丽水市第八届道德模范2名。“诚信”奶奶陈金英事迹被写入最高法工作报告。

（区委宣传部 蔡道靓）

统战工作

【概　况】 2023年，莲都区统战工作坚持以习近平新时代中国特色社会主义思想为指导，贯彻落实习近平总书记关于做好新时代党的统一战线工作的重要思想和习近平总书记考察浙江重要讲话精神，学习贯彻党的二十大精神，省、市、区党委全会和统战系统重要会议精神，贯彻落实《中国共产党统一战线工作条例》和浙江省实施细则精神，忠实践行“八八战略”，坚持目标导向、问题导向、结果导向，发挥统战工作优势，凝聚共识、守正创新、服务大局、夯实基础、防范风险，谱写统战事业新篇章，为奋力打造山区跨越式高质量发展的“重要窗口”广泛凝聚人心、汇聚力量。区侨联获评全国侨联系统先进组织，区工商联被全国工商联认定为2022—2023年度全国“五好”县级工商联，区民宗局获评2023年度全省民族宗教工作成绩突出单位。

【多党合作制度效能提升】 莲都区有民革、民盟、民建、民进、农工党和九三学社6个党派，是全省两个6个民主党派齐全的县级组织之一。截至2023年底，有24个支部，党派成员498名，其中，民革党员88名，民盟盟员83名，民建会员98名，民进会员97名，农工党党员82名，九三学社社员50名。开展“五一口号”发布75周年系列主题活动和“凝心铸魂强根基·团结奋进新征程”主题教育活动，组织由区委区政府主要领导主持召开的政党协商会议7次、专项民主监督1次。各民主党派人士向市、区两会提交建议提案178件，有效聚力推进市区经济社会发展。“发挥民主党派优势，汇聚共同富裕的磅礴力量”经验做法在市委统战工作会议上作典型发言。

【铸牢中华民族共同体意识】 3月26日，省民族团结进步促进会、省少数民族知识分子联谊会组团到莲都区开展“送健康、送关爱、促团结”活动，为丽新民族小学送去160多套爱心校服，并组织浙医二院、省人民医院等杭城知名医院8名专家为老竹畲族镇群众义诊。9月1日，莲都区委统战部（区民宗局）与叙永县委统战部（县民宗局）签订《铸牢中华民族共同体意识叙永—莲都民族团结进步示范联创共建协议书》，建立共建平台。12月21日，召开区民族团结进步促进会成立大会暨第一届第一次会员大会，选举产生区民族团结促进会第一届领导班子。创建“之江同心·浙丽石榴红”省级各民族共同富裕团结进步精品带，强化万象派出所、老竹畲族镇中华民族共同体体验馆、老竹民族学校、丽新畲族乡马村等点位氛围营造，打造一批示范带动强、辐射影响广的“石榴红”阵地。莲都区老竹民族学校、小童星艺术培训中心创成第六批省级民族团结进步创建重点培育单位。

【推动民营经济发展】 莲都区有碧湖、联城、太平、白云、万象、紫金、大港头、雅溪、老竹、岩泉10个基层商会，北京、上海、广东、江苏、陕西、湖北、云南、宁波、嘉兴、义乌、贵州、台州、河南、安徽、四川、黑龙江16个莲都区总商会异地分会以及莲都区新生代企业家联合会，有会员3000余名。区工商联获评2023年度“浙丽同心·丽联助富”专项工作先进单位。2023年，组织区新生代企业家赴义乌开展“追寻真理光芒，传承红色基因”红色教育主题游学活动，追寻红色足迹，接受红色精神洗礼。会同宁波市江北区工商联，组织区工商联执委、新生代企业家赴杭州参加民营企业高质量发展暨新生代企业家专题培训班。组织区工商联执委企业家及所属商协会党支部的党员代表开展“忠实践行‘八八战略’奋力推进‘两个先行’”主题宣讲暨理想信念教育活动。开展“大走访大调研大服务大解题”活动，全年共走访企业、商会109家。开展系列涉企专项调查，为进一步推动民营企业做大做强和营商环境的持续改善打下扎实基础。举办之江同心·浙商助力山区海岛县高质量发展和乡村振兴——浙商走进莲都活动。开展“双招双引”工作，举办莲都区2023年新春乡贤恳谈会暨异地商会沙龙座谈会和在沪莲商家乡行暨政银企话共富沙龙活动。实施“同心同廉”工程，新启动创建区级清廉民营企业30家，丽水市鱼跃酿造食品有限公司获评“全省清廉建设成绩突出单位”“2023年浙江省清廉民营企业建设示范单位”，浙江多乐缝纫机有限公司等7家企业获“浙丽·清廉民营企业”称号。推进定向招工式共富工坊建设，新创建定向招工式共富工坊3家。

【民族乡村振兴建设】 2023年，民族团结进步发展事业资金筛选优质项目17个，累计下达各级民族发展资金508万元，撬动资金约1500万元。丽新畲族乡创成省级民族乡村振兴试点，老竹畲族镇赤坑村创成省级民族乡村共同富裕点。开展“同心共富百村结对”工作，11个民族村争取到帮扶资金220万元。老竹畲族镇获评省级和美乡村示范镇。

【民族优秀传统文化弘扬】 2023年，民歌类微纪录片《打起锣鼓唱起歌》、静舞堂“石榴红”民族舞蹈工作室群舞“畲艺”和“扬福”节目在央视播出。“之江同心·浙丽石榴红”莲都区第十七届畲族文化活动在碧湖镇郎奇村举办。启动莲都区畲族志编纂工作；出版《莲都畲族彩带传承发展研究》《畲族山歌英译研究与实践》等书籍。

【宗教工作】 2023年，以宗教中国化和宗教事务治理现代化为遵循，发挥白云寺首批省级宗教中国化场所示范引领作用，深化创建成果，推进宗教中国化走深走实。莲都区城关基督教堂和丽水清真寺创成省级宗教中国化示范场所；丽水天主教堂获评省宗教活动场所消防安全标准化管理“百优争创”活动优秀单位；太平乡太平殿获评第一批浙江省民间信仰规范化场所。丽水市公安局莲都区分局政治安全保卫大队被评为2023年浙江省宗教工作先进集体。

【新时代乡贤工作】 2023年，完成全区14个乡镇（街道）乡贤联谊会换届。招引回归新乡贤242人，投资额1000万元以上的新乡贤助力共同富裕示范区建设项目6个，资金达11.92亿元。利用“2023年文化和自然遗产日”“我们的节日”等活动广聚乡贤“好声音”，利用“互联网+”优势，推动“莲都仙桃”“莲都仙曙”“峰源一千”等区域农产品品牌“红遍各地”。发挥乡贤之力助力“地瓜经济”，利用乡贤的人脉、资金、人才优势，聚焦乡村新产业、新业态、新模式，扮演好推动乡企深度合作的重要角色，加快打通乡村文化经济价值转化通道。乡贤企业丽水市大福园生态家庭农场入选省级共富家庭农场典型名单，是莲都区首家获此荣誉的农业主体。莲都鱼跃乡村博物馆获评2022浙江十佳乡村博物馆；岩泉街道乡贤会秘书长被评为莲都区2022年十大杰出青年。

【海外统战】 2023年，莲都区侨联被中国侨联授予“全国侨联系统先进组织”称号。7家“侨胞之家”获评2023年度全省侨联系统“星级侨胞之家”选树单位。古堰画乡小镇获评省侨联侨界创新创业基地。“莲响好物处州吾饭共富工坊”获评第二批全省三星级“侨助工坊”。深化为侨服务职能，推进涉侨纠纷多元化化解机制，成立“省侨联法顾委莲都工作站”，化解涉侨纠纷350余起，办结涉侨执行案件109件，执行到位资金6637万元。做好涉侨业务政策宣传和审批工作，累计办理“三侨生”中高考优待审核、华侨身份认定等事项675件。

（区委统战部　朱兴欣）

机构编制工作

【基层治理能力建设】 2023年，莲都区深化“县乡一体、条抓块统”改革，加大乡镇（街道）人员编制统筹和保障力度，强化机构编制与干部人事政策集成、协同联动，构建党委领导、党政统筹、平台运行、岗位管理的组织体系和运行模式，提升乡镇（街道）治理能力。

【大综合一体化行政执法改革】 2023年，莲都区调整综合执法部门机构编制，推动赋权乡镇“1+X+1”（第一个“1”是综合执法部门下沉人员，“X”是各专业执法队下沉人员，第二个“1”是属地乡镇〔街道〕执法力量）一支队伍建设，稳步推进“一支队伍管执法”，实现赋权执法事项与执法力量同步下沉。

【调查研究】 2023年，区委编办申报《莲都区“一支队伍管执法”的实践与思考》调研课题，被列入2023年度全省机构编制系统重点调研课题。召开相关座谈会6次、个别访谈59人，“线上+线下”发放问卷调查540份。形成的调研文章获区委书记、区委组织部部长批示。

【编外用工管理】 2023年，莲都区率先完成以数据为本、定量为主、定性为辅的编外用工使用质效KPI专项评估，通过“三维数字化”建模，设计编外用工岗位工作饱和度量化指标及数据模型，结合实地访谈评估对编外用工控制数核定情况进行深入研判和修正，制订出编外用工控制数调整以及人员分流方案。

【机构编制使用质效评估】 2023年，莲都区首轮机构编制使用质效的三类评估报告通过区委编委会审议。组织开展第二轮机构编制使用质效评估，对区教育局（含所属10家事业单位）及47所学校（幼儿园13家、小学25家、初中6家、九年一贯制学校3家）开展教育系统的综合评估和中小学、幼儿园的专项评估。

【中小学、幼儿园机构调整】 2023年，完成花园中学“民转公”，设立莲都区花园学校，为区教育局所属的公益一类九年一贯制公办学校；设立城西、青林、白桥溪谷3所学校；以分园形式，设立元湖、天悦湾、白云山、香樟湾4所幼儿园分园。

【事业单位编制银行管理】 2023年，受理部门银行编制使用申请42家，办理批复19家、36名；收回区农业农村局等8家单位使用银行编制15名；调整银行编制使用方式13家。首批核定的80名银行编制，累计使用74名（含13名优秀毕业生暨党政储备人才预留编制）。

【区属事业机构设置】 2023年，完成经开区企服中心更名并升格；设立区社会治安综合治理中心、区人大代表联络站建设指导中心；在区纪检监察信息中心增挂区委巡察工作信息中心牌子，在区文物保护管理所增挂区通济堰保护管理中心牌子，在区退役军人服务中心增挂区双拥服务中心牌子；按规定撤销原林业、水政、民政3家执法队。

【用编管理】 2023年，出台《莲都区机关事业单位编制使用管理办法》，以党内法规的形式对压实单位党委（党组）用编进人主体责任、建立用编管理部门协同联动机制、开展用编审批前置审查、强化用编纪律等各方面进行明确。

（区委编办　叶春丽）

区直机关党建

【机关基层党组织设置】 2023年，对机关党的基层组织设置进行调整，成立丽水市莲都区红十字会机关党支部、丽水市莲都区社会治理中心机关党支部、丽水市莲都区气象局机关党支部、丽水市莲都区工商业联合会机关党支部、丽水市莲都区文学艺术界联合会机关党支部、丽水市莲都区人武部机关职工党支部，丽水市莲都区人大常委会机关党总支升格为丽水市莲都区人大常委会机关党委。

【机关党建研究】 开展2023年莲都区机关党建调研课题活动，各机关党组织报送相关研究课题文章75篇。《加强“莲财青年”教育引领的三维模式研究》《聚焦党建品牌建设推进税收现代化的实践与思考——莲都区税务局“税小+”党建品牌探索思考》2篇文章获一等奖，《加强人大基层党建的莲都实践与思考》《新时代基层检察机关“党建红”引领“青葱绿”青年党员干警教育管理路径初探——以莲都区人民检察院为例》《齐抓共管打造机关党建“供销样板”的莲都实践》《关于加强机关青年教育引领研究》4篇文章获二等奖，《全面提高卫生健康系统机关党建质量研究》《深入推进书香机关建设的莲都实践与思考》《数字改革背景下新业态领域党工共建的实践与探索——以莲都区打造升级“累了么”应用为例》《强化党建引领 汇聚青春动能——推动党建带团建的莲都实践》《政银党建联建助推政务服务便利化的莲都实践——以莲都区政务服务便利化建设为例》《党组织领导的校长负责制“党政一肩挑”模式策略思考——以莲都区刘英小学为例》6篇文章获三等奖。

（区委组织部　季扬杰）

信访工作

【概　况】2023年，莲都区受理信访件（含信、访、网）7688件（人）次，比2022年下降62.9%。其中，来访501人次，上升36.1%；来信500件次，下降36.2%；网信6687件次，下降65.8%。接到市“12345”平台转交办来电事项23263件次，上升19.71%。

2023年，区信访局以推进信访法治化为主线，以保障亚运会、亚残运会安保为重点，化解信访积案、整改重大信访问题、优化营商环境，构建更高水平的信访生态。全区满意率达99.47%，积案“动态清零”286件，营商环境一次性化解率为100%。莲都区重大信访问题清单管控力指数考核排名全省第22、全市第三，1个整改典型案例入选省级示范榜，2个省级问题清单整改获省人大常委会副主任批示肯定，2个月度分析素材被省信访局录用。在全市信访考核中被评为优秀单位，信访工作实现质的跃升。2023年，区信访局获评2023年度浙江省“人民满意窗口工作成绩突出集体”，信访局局长获全省“平安建设先进个人”称号，1人获2023年全市“创建省二星‘平安金鼎’工作突出贡献个人”称号，1人获全省“治理重复信访化解信访积案专项工作及依法维护信访秩序工作成绩突出个人”称号。

【省级信访工作法治化试点推进】　2023年，承担省级信访法治化试点工作，以受理办理法治化为切入口，强化试点先行、全面推广的工作理念，通过专班推进、专题部署、专项突破，制定工作规则，梳理分类清单，规范办理流程和文书格式。创新建立初次信访事项办理流程跟踪评价体系，执行乡镇（街道）“周五接访日”工作制度，探索建立案件汇集、首办责任、流转交办等机制，接待群众325批803人次，化解基层事项49起。区信访局局长代表莲都区在全省信访工作法治化会议上作经验交流，《丽水莲都“三责联动”依法办理信访事项》被《法治日报》刊录，《莲都区将合法性审查贯穿疑难信访事项办理全过程》被《浙江信访简报》刊录，并在全省学习推广。莲都区初次信访一次性化解率从原来的91%提升至98.41%。

【信访积案化解清零行动】2023年，聚焦“十大领域”突出信访问题，会同建设、自然资源、农业农村、市场监管等相关职能部门，建立健全联合会商研判机制，强化责任落实、问题化解的闭环管理。按照“1+1+X”（1名副处包案领导、1名副处分管领导、X名责任单位主要领导）要求，落实包案领导、分管领导、责任单位、稳控责任人和化解时限开展化解工作，通过定期晾晒通报，在全区营造你追我赶的良好工作氛围。全年召集协调会98次、专项督查100余次，完成286件积案“动态清零”目标，创成“省级无信访积案县”。

【问题清单销号】　莲都区完善问题发现机制，提高主动发现问题的能力、数量和质量，常态化梳理、查找、化解各类矛盾纠纷。建立工作例会、交办督办、专班联络等机制，实行重大信访问题清单工作“一周一例会、半月一督办、

9月8日，莲都区信访工作联席会议暨信访工作法治化试点建设部署会召开

（区信访局　提供）

一月一总结”，盘点工作进展、统筹问题整改。2023年，主动发现并上报蓄水池问题103个，其中，被省级清单录用5个、市级清单录用6个、区级清单发布13个。

（区信访局　麻莹莹）

党校工作

【概　况】 2023年3月，莲都区委党校搬迁至新校园，位于莲都区碧湖镇联合街795号。莲都区委党校实施“名师工程”，2名教师被评为“市级党校名师”，4名教师被评为“区级名师”。抓好“青蓝工程”，引进经济学、新闻传播学等专业全日制研究生3名；根据学科背景、研究方向等结成师徒4对，量化考核任务、定期晾晒评比，敦促年轻教师成长。邀请省、市党校专家“一对一”点评，提任正股级干部2名，副股级干部1名，35岁以下股级干部占比达66%。在2023年度全市党校系统县级党校综合考核中，莲都区委党校获评综合考核先进单位。

【干部培训】 2023年，莲都区委党校举办主体班次24期，培训学员1824人次；举办社会培训班次19期，培训1393人次。梳理省、市委党校，知名高校“名师名课”菜单，邀请多名全国、省级知名专家到校上课，聚焦干部履职能力提升，设置三个“一号工程”、招商引资等专题课程，组织学员前往苏州、宁波等地学习先进经验。

【教学改革】 突出学员主体地位，做好课前微分享、专题讨论和结构化研讨，通过头脑风暴，消除工作中“堵点”“痛点”。完善辩论讲堂、现场访谈、情景模拟等教学项目，与授课教师提前沟通，预留提问交流环节，变“我讲你听”为“双向互讲”，互动教学占比20%以上。2023年，推出“云法庭”“重走初心路”等沉浸式教学。古堰画乡、百年鱼跃两个现场教学课程均获全市党校系统现场教学精品奖，古堰画乡《山水之美赋能生态变现》案例入选省委党校《忠实践行“八八战略”——浙江20年探索与实践（现场教学案例选编）》。古堰画乡被评为浙江省学习贯彻习近平新时代中国特色社会主义思想现场教学示范点。完成中国浦东干部学院、中央党校、省委党校中青班等重要班次教学任务，承接现场教学40场2653人次。组建教研团队，结合莲都发展实际进行2个校本课程开发。教学改革论文在全省党校评比中获一等奖。

【科研咨政】 2023年，完成省、市各类课题14个；在省、市、区级刊物发表文章35篇，在省、市党校理论研讨会、征文决策咨询成果等评比中获奖17篇，刊发校刊《知与行》16期。新获批省、市级课题立项18个，其中，青年专项课题立项7个，市社科联常规课题立项7个，立项数为全市党校系统第一。“数字化转型赋能制造业高质量发展”等3个案例入选全市党校系统三个“一号工程”典型教学案例，入选数排名全市第一。

莲都区委党校针对对外培训实践，开展市域范围内面上调研，形成《做大做强我市对外干部教育培训的建议》。2023年，《莲都区以更大力度实施数字经济创新提质“一号发展工程”面临的挑战及对策建议》《关于山区县域“地瓜经济”提能升级机制研究——以“莲都山超”为例》

3月28日，中共丽水市莲都区委党校2023年春季学期开学典礼举行（区委党校　提供）

9月12日,区委党校举行"青蓝工程"师徒结对启动仪式(区委党校 提供)

等11篇咨政成果获处级及以上领导批示肯定。3篇决策咨询成果在全省党校评选中获三等奖,获奖数排名全市第一。

构建科研协作体系,鼓励教师跨科室自主或联合组建学术团队,跨科室申报的课题"'美丽经济'开拓共富新赛道——培育发展香氛产业链的调研与思考"获批省级立项。加强与市、区政协对接,完成《协商式民主监督创新实践研究》等4个研究课题。

【理论宣讲】 2023年,莲都区委党校助力全区主题教育,用好"点单式"宣讲清单,在区政协、紫金街道、白云街道、碧湖镇等地开展宣讲22场,受众3150人次。丰富宣教形式,古堰画乡"循迹溯源"教育课程片《牢记习近平总书记的重要嘱托以山水之美赋能生态变现》被多家区直部门单位选作主题教育学习内容。

【后勤保障】 2023年,完成各主体班、外训班、重要会议的后勤保障工作,后勤满意度评价率96.86%。牵头开展两期"莲都美食进省委党校"活动,10月,承接全省党校系统党务干部培训会,在新校园内打造集党史学习教育、纪法条例学习、典型案例警示教育于一体的"红绿融合"现场教学基地。启用中共丽水市莲都区委党校区县一体化系统,教学教务、科研成果管理、大屏展示等走向线上管理,与"浙政钉"和省委党校数据实现对接联通。

(区委党校　修文飞)

老干部工作

【概　况】 截至2023年底,莲都区归口于区委老干部局服务和管理的离休干部35人。其中,行政机关22人,事业单位7人,企业单位6人;80岁至90岁4人,90岁以上31人。抗日战争后期参加革命的1人,解放战争时期参加革命的34人;享受副地(厅、司、局)级待遇的1人,享受副县(处)级待遇的14人,享受正、副乡(科)级待遇的20人。生活不能自理4人,离世15人。易地安置在莲都的离休干部6人。

【老干部思想政治工作】 2023年,举办《习近平新时代中国特色社会主义思想专题摘编》学习辅导会、老干部座谈会、讲初心故事会、诵读红色经典、观看红色电影等政治学习活动11场,覆盖300余人次;转发收看全国离退休干部网上专题报告会2场,累计推送学习文章50余篇。7月20日,联合区委组织部召开全区公务员光荣退休仪式暨干部荣退工作推进会,为2023年上半年退休的公务员颁发荣退证书。组织全区离退休干部党支部观看央视反腐大片《持续发力　纵深推进》,依托老年大学、老干部活动中心等阵地,通过"课前十分钟"、集中学习、主题宣讲等形式,举办党的二十大精神、法律知识、健康知识等各类讲座12场,参与500余人次。

开展"主题宣讲进基层"活动,组织老干部红色宣讲进机关、进学校、进企业、进社区、进"老党员驿站"等11场,受益听众1200余人。贯彻落实中央《关于加强新时代离退休干部党的建设工作的意见》和市委老干部局印发的《关于加强我市离退休干部党的建设工作的若干举措》精神,推进离退休干部"规范党支

7月20日，莲都区干部退休工作推进会暨2023年公务员荣誉退休仪式举行

（叶建伟 提供）

部”创建，2023年，完成规范化离退休干部党支部创建17个，其中，获评浙江省离退休干部“三强六好”示范党支部2个。组织开展全区离退休干部党支部书记培训2次，向离退休干部党支部书记转发主题党日建议12次。

【老干部服务】 落实参观考察、走访慰问、报刊订阅、通报情况等制度。组织副处实职以上退休干部赴舟山考察乡村振兴、文旅融合建设等工作。组织老干部考察调研丽水机场建设、碧湖新城建设，切身感受莲都新发展。召开全区老干部情况通报会，向老干部通报全区经济社会发展情况。开展重要节日、祝寿会等时间节点慰问，累计发放慰问品价值16万余元，上门走访慰问158人次，离退休干部住院慰问45人次。为全区78名离休干部和副处实职以上退休干部购买“96345”电子服务券。组织全区离休干部和无固定工作离休干部配偶35人参加年度健康体检，申报符合提高医疗待遇的离休干部，为65名离退休干部提供“关爱通”服务。开展“四就近”服务工作，与“霞光”社会服务中心建立协作关系，组织社会工作师、志愿者队伍等上门为老干部提供生活帮扶、精神慰藉等服务300余人次。

【老干部活动阵地建设】 2023年，启动老年大学新场地改造装修项目，并于9月投入使用，有3个教学教室和1个舞蹈房，开设7个系、22个专业、50个学年班级，学员2200余人次。采购智慧校园报名、授课服务系统，实现学员报名和缴费“零次跑”即可入学；新增云上老年大学相关课程，推进“老年大学数字化云课堂”和“浙江云上老年大学”视频课程建设，录制中医养生云上老年课程两集。在各班级推行“课前微党课”学习制度，举办30场苍松讲堂。开展“银龄悦读”活动，共建书香大学；区老年大学朗读团2个节目分别获2023年丽水市朗读节暨第二届朗读大赛老年组金奖、银奖。成立莲都区老年教育联盟指导委员会，建成乡镇（街道）老年学校14所，覆盖率达100%，建成老年学堂54所。推进老年教育资源下沉整合，构建“区—乡—村”三级办学网络和“半个小时教育学习圈”，实现老年人在家门口就近入学。组织学校文艺志愿服务队、老年大学艺术团开展反诈宣传、文明城市劝导、喜迎杭州亚运会文艺会演和太极比赛等文体娱乐活动10余场。

【引领老干部发挥作用】 深化“银耀莲都”品牌，构建“1+7+X”志愿服务模式，利用“银发人才库”资源，挖掘政治立场坚定、奉献意愿较强、有专业技术特长的老干部、老同志，围绕政策宣讲、党建指导、乡村振兴、关心下一代、文艺宣传、医疗服务、矛盾调解、文明劝导、生态文明等内容，持续扩容“银耀莲都”志愿服务队人才库，截至2023年底，有志愿服务团队4支、离退休干部志愿服务者200余名，激活“银发”正能量，鼓励“桑榆”新作为。将志愿服务活动作为党支部活动的重要内容，全年各协会支部累计开展志愿服务活动60余场次。组织60余名书画会员赴碧湖新城开展“翰墨颂新城 丹青赞碧湖”文化下乡活动，赠送反映碧湖新城建设风貌的作品260余幅。2023年，开展“我来宣讲二十大”活动4场次、教育干部群众500余

9月18日，莲都区老年大学新场所揭牌（叶建伟 提供）

人次；“文明典范城市创建”志愿服务活动51场次，参与2400余人次；开展心理疏导、法律宣讲3场次，受益群众700余人次；组织文艺骨干开设书法、绘画、太极课程50余次，开展文艺演出17场次，受益群众3000余人次。

（区委老干部局　叶建伟）

党史研究

【构建“大党史＋大党建”工作格局】 2023年，出台《关于进一步加强新时代莲都党史和文献工作的实施方案》，建立区委党史工作联络员会议制度，党史、方志工作被纳入区委综合考核。党史部门主动参与处属特委在大港头、太平经济实验区、通济堰博物馆等地方党史、地情研究，为莲都各项事业发展提供决策支撑，发挥好协调指导作用，推动形成党委统一领导、党史部门协调指导、有关部门密切配合、社会各方共同参与的“大党建＋大党史”工作格局。

【推进中国共产党莲都历史馆建设】 2023年，启动中国共产党莲都历史馆布展工作，委托莲都区越风文化传媒工作室编制完成莲都党史馆展陈大纲并通过专家评审。10月，完成详细展陈文本初稿，经过多次审改和完善，12月，通过专家评审，全文共计4.1万字，收录图片425张。

【开展党史资料征编】 2023年，三岩寺红军洞旧址等4个点位入选全省“七条红色资源保护传承带”，完成点位历史等介绍文稿1.2万字；发挥档案史志“三合一”单位优势，挖掘莲都党史档案，建成“中国共产党丽水市莲都区历史重要档案数据库”；编印《中国共产党丽水市莲都区第十四次代表大会暨区委十四届历次全会重要文献选编（2016年12月至2021年12月）》（25万字），完成区第十五次党代会暨区委十五届一至四次全会重要文献（10.5万字）收集，为莲都党史存史立言。

【聚力资政辅政研究】 撰写八八战略专题文章——《深入践行“绿水青山就是金山银山”理念，推进“画乡莲都”绿色高质量发展》，以全市最高分入选省《一张蓝图绘到底——忠实践行“八八战略”全纪录》。2023年，以“‘八八战略’莲都实践”“莲都党史上的‘三个第一’”等为主题，编印《资政参考》5期，受到丽水市委党史研究室、其他县（市）史志部门领导点赞，获市委常委、区委书记张壮雄等区四套班子7名处级领导批示肯定。

【“红心向党·史志不渝”工程建设】 2023年，开展莲都区“红心向党·史志不渝”工程建设行动，印发《关于开展“红心向党·史志不渝”工程建设的实施方案》，实施“忠诚铸魂、研究赋能、资政升级、宣教育人、清廉强基”五大行动，引导史志干部以学铸魂、以学增智、以学正风、以学促干。

【党史宣教】 2023年，开展党史宣教“七进”（进机关、进企业、进学校、进社区、进农村、进军营、进网络）工作，捐赠《丽水县志》（道光版、民国版）、《莲都党史》（一卷）等书籍近2.5万册，让党史文化“飞入寻常百姓家”；《红色印记丨一朝着戎装，一生家国情》等多篇信息被“学习强国”学习平台录用。6月，区档案馆和党史研究中心获“浙西南革命精神弘扬践行工作成绩突出集体”称号。

（区档案馆和党史研究中心 李倩倩）

档案管理

【完善机制】 2023年，加强档案工作组织领导，压实各部门、乡镇（街道）档案工作责任制，调整档案工作网络，明确“一把手”档案负责制，推动基层档案管理工作整体上的提质增效。区档案局、馆协同配合，研究新时期档案工作发展思路，针对碧湖新城发展建设、撤村建（并）居、“大搬快聚”、主题教育、“千万工程”全国现场会等专项工作组建档案工作小组，全程参与相关档案工作。

【依法治档】 开展全区档案、保密、网络和数据安全检查工作。汛期落实防汛档案安全工作。出台《关于规范全区档案服务外包工作的通知》，建立有效措施确保档案服务外包的质量和安全。局、馆联合实施“‘三保险一评价’探索档案服务外包智慧化治理新模式”省科技项目，探索形成智慧化法治安全治理新模式。开展“双随机、一公开”执法检查，联合区教育局、区财政局、区保密局等单位分别检查学校、机关单位、档案服务企业等，随机抽查33家，实现进一次门查多项事，档案事项全覆盖。

【档案宣教】 2023年，举办档案培训班，各部门、乡镇（街道）档案分管领导、档案员，档案服务企业负责人、员工等200余人参加。结合“6·9”国际档案日、抗美援朝出国作战73周年纪念日等时间节点，组织少先队员开展“红领巾走进档案馆”主题实践活动，弘扬践行浙西南革命精神。

【档案资源】 2023年，对接“大搬快聚富民安居”“衢宁铁路”“碧湖新城”等重大项目档案归集，完成党代会、人代会等4次重大会议以及疫情防控、“三月三”活动、马拉松等8个全宗数据库建设。擦亮口述档案品牌，完成20个“即将消失的村落”口述建档工作。征集到契约108件。开展馆藏民国档案抢救性保护工作；完成全省数据归集工作，共归集数据32.6万件；推进国家重点档案专题保护开发项目《抗日战争档案汇编·莲都区档案馆卷》编写。高标准开展机关事业单位文书档案接收工作，全年共接收档案3.8万件、827卷。完成区档案馆电子档案在江苏省无锡市异地备份，加强档案安全保障。

【档案人才】 首次组建莲都区档案室业务建设评价专家组。局、馆联合举办全区档案业务素质提升培训班。2023年，莲都区获评省档案专家1名、省档案工匠型人才1名、省档案青年业务骨干1名。

【档案信息化】 完成全省档案工作数字化转型先行区创建试点任务，率先全面推行区域内机关、国有企事业单位电子公文“单套制”归档工作，全区机关、国有企事业单位省级规范化数字档案室覆盖率95%。实施省级档案科技项目，依托“档案协同管理系统”打造电子档案“保险箱”，探索“三保险一评价”档案服务外包智慧化治理新模式；开展档案馆馆藏系统国产化适配改造升级，推进档案信息关键技术自主可控进程。

【基层档案规范化】 2023年，莲都区档案工作指数评价排名全市第一、全省第二档（共4档）。完成65家档案室（其中村社37家）档案室业务建设评价工作，其中，被评为浙江省优秀档案室3家、浙江省良好档案室5家。创建浙江省示范数字档案室5家、浙江省规范数字档案室6家。

【查档服务】 服务市、区中心工作，为“大搬快聚富民安居”工程等提供查档服务。为职工退休、增资、工作查考以及编史修志等方面提供档案查阅利用，截至年底，累计接待群众档案查阅利用7059人次，其中异地查档176人次，查阅档案10588卷，复印档案12000页。配合省档案馆做好民生档案数据归集，莲都群众个人档案实现“浙里办”“浙里档案”一键查档。《莲都区志》和历卷《莲都年鉴》在“浙里办”“浙里有志”上线，方志成果实现数字化运用，党史档案方志服务质量不断提升。

（区委办　周旭霞）

关心下一代工作

【概　况】 2023年，莲都区关心下一代工作委员会(以下简称关工委)有22个成员单位。全区有基层关工委271个，其中，乡镇14个，机关2个，村208个，社区19个，学校26个，民营企业关工委2个。参加关工委组织的"五老"人员1300余人，其中，区本级80人。

【优秀传统文化教育】 2023年，区关工委以万象国学书院为阵地，坚持线上、线下相结合，开展公民道德教育。通过开设未成年人国学班、家长班和成人国学班，进行公益教学，全年举办现场讲座35场、国学课62堂、书法课31堂、武术课31堂；举办"家庭亲子诵读大赛""厨艺大赛""我为万象山公园景点命名""家庭智勇闯关大赛"等大型亲子活动8场。

【"双百"活动】 2023年，围绕乡村振兴计划，区关工委科技组对碧湖蒲塘休闲农业观光园无花果基地、仙渡太山村猕猴桃基地、小井村蔬菜基地、莲丰享农庄等联系点开展技术指导。为解决黄村乡郑村茶叶基地茶树修剪管理不当、大宗茶浪费等问题，科技组老专家坚持做村干部、村民工作，争取乡政府支持，建立高产试验园，并带领茶农到毛田村茶叶基地参观学习，促使茶农树立科学管理理念。

【帮困助学】 2023年，资助贫困大学新生41名，发放助学金17.1万元；资助困难小学生68名，发放助学金7.08万元。为50名山区小学生赠送价值2000元的暖冬物资。

【青少年公益帮扶】 区关工委法制组"五老"志愿者以合适成年人身份参与未成年人涉嫌刑事犯罪讯问提审497人次，参与检察院远程提审10人次。社区组依托霞光社工公益组织，开展涉罪青少年、矫正青少年、留守儿童、问题困难学生帮扶项目，开展心理疏导55人次，累计帮扶青少年600余人次。

【"五好"基层关工委创建】 4月26日，全区关心下一代工作会议暨创建"五好"基层关工委工作动员会召开，就创建工作提出明确要求。6月16日，区委常委会通过《莲都区创建"五好"基层关工委活动方案》，统筹推进基层关工委组织建设、队伍建设、制度建设和功能建设。2023年，全区完成"五好"基层关工委创建的社区18个、行政村27个、学校26所。

（区委老干部局　周华敏）

深化改革

【概　况】 2023年，莲都区以政务服务增值化改革为牵引深入实施"一号改革工程"，打造"最佳在地政府"营商环境品牌。出台《莲都区营商环境优化提升"一号改革工程"实施方案》《莲都区营商环境优化提升"一号改革工程"2023年重点任务攻坚清单》，梳理提出营商环境优化提升"一号改革工程"六大环境(政务环境、市场环境、法治环境、经济生态环境、人文环境、共富创业环境)207项攻坚举措，其中莲都特色做法29条。莲都区全面深化改革服务中心根据省"13+9"、市"9+9"改革任务体系，结合莲都实际出台《中共丽水市莲都区委全面深化改革委员会2023年工作要点》，梳理形成"9+11"改革体系并建立区领导领衔制度。1项改革举措获省委书记易炼红肯定，1项改革入选全省营商"微改革"案例，1项改革举措入选全省首批"一类事"省级指导目录先行先试地区清单，4项改革举措在省级改革刊物推广。

【综合查一次】 2023年，印发《莲都区监管执法工作指引(第一版)》，明确疫木、盗伐滥伐、农村违法建设、占用水域等6个场景21个行政处罚事项中行业主管部门、执法部门、乡镇(街道)工作职责和配合机制，细化法律宣传、信访受理、案件移送、日常巡查、立案处罚和处罚执行。梳理执法领域内的简单检查事项并明确委托部门及被委托部门，编制《"综合查一次"实施清单》，实行单部门跨系统、跨层级、跨部门的全新"综合查一次"工作模式，精简企业上门次数、上门

6月30日，“水电气网”联办专窗正式开通（区全面深化改革服务中心 提供）

单位和上门人员。开展“云端”交互，各委托部门的专业执法人员入驻区行政执法指挥中心指挥室为现场检查人员提供专业支持，确保联合检查“人员精简但质量不降”。

【农村小规模学校教学改革】2023年，莲都区结合山区乡村教育实际，通过“一校一品”“问海借力”“多元关怀”做优做特乡村学校，推动新时代农村小规模学校蓬勃发展。将红色文化、畲族文化、农耕文化植入校园，打造“一校一品”，因地制宜地实现特色发展，以乡土文化滋养乡村教育。老竹镇民族学校立足畲族特色，自主编制“彩带编制”“畲歌畲语”“走进畲族文化”等10门校本课程，开设以“畲乡文艺”为主题的畲族体育课程、歌舞畲乡课程和诗画畲乡课程，实现国家课程校本化在地化，畲族文化和拓展性课程有效整合。出台《莲都区关于深入推进中小学教育共同体建设的实施细则》，与义乌、嘉兴、宁波等地签订山海协作教育合作协议，组建“山海协作”教共体，构建教师交流培养机制、跨校集体备课机制、教育教学常规管理机制、师生文化联谊机制四大机制。以“名师引领”“线上互联”“双向研学”推动实现同上一节课、同享一资源；以“师徒结对”“名师工作室”“异地跟岗”“支教活动”不断更新教育管理理念、提高教师教学水平。开展“代理家长”计划，每名党员、乡贤、热心村民结对1~2名学生，开展定期家访、送教上门等服务，及时疏导孩子心理问题，全区有1000余名党员、乡贤、热心村民成为代理家长。开展“土豆换苹果”公益活动，让孩子种植土豆、萝卜等各类应季蔬菜，和爱心人士“交换”水果，培养孩子的劳动意识、感恩意识。

（区全面深化改革服务中心 吴政凌）

丽水市莲都区人民代表大会

综　述

【党对人大工作的领导】 推进“四个机关”建设，提升新时代人大工作水平和质量。坚持党建引领，守牢意识形态主阵地，规范开展主题党日、“三会一课”、警示教育，提高机关干部的党性修养、理论素养、业务能力和廉洁意识；推进常委会及机关制度系统集成和流程优化，新出台制度、规定、细则等19项，修订2项；打造“红耀人大·众行先锋”特色党建品牌，推进政治领航、进站联心、献智献策、督事惠民、志愿奉献“五大行动”，工作做法在省人大纪念“八八战略”实施20周年专题研讨会上作交流发言，调研报告获评省人大理论研讨优秀论文。

【监督手段改革提升】 制定《关于深化乡镇街道人大“代表钉钉”监督平台建设的意见》，实施“钉事清、钉事组、钉事会、钉事评、钉事智”的“五钉法”监督机制，全年完成“钉事”100余件，工作经验在全省基层人大工作座谈会上作交流。聚力三个“一号工程”，出台《关于营商环境优化提升“一号改革工程”监督工作的若干意见》，落实专题询问等10项监督举措，选聘“体验官”20人，转交的42个问题得到党委政府重视并予以落实，相关做法获省人大常委会党组书记批示肯定、入选省级典型案例，“体验官”经验做法被省委改革办《竞跑者》刊发推广。

【理论学习和宣传】 莲都区人大坚持把习近平法治思想、习近平总书记关于坚持和完善人民代表大会制度的重要思想、习近平总书记重要讲话和重要指示批示精神、宪法及相关法律知识作为机关理论学习中心组重要学习内容，组织开展常委会党组理论学习中心组学习24次；常态化开设“人大讲堂”，举办“云课堂”、集体研学、现场教学等24场次。做好对法律法规、人大制度以及人大工作亮点的宣传，2023年，在国家级媒体刊发新闻报道2篇、省级媒体刊发38篇，信息宣传工作连续3年位列全市第一。

【主题教育】 坚持以习近平新时代中国特色社会主义思想统揽人大工作，把主题教育作为重大政治任务，突出抓好“八个一”，将理论学习、调查研究、推动发展、检视整改、建章立制有机融合，一体推进，形成调研成果7个，完成问题整改14个，制定规范制度文件7个，以实干担当推动主题教育取得扎实成效。落实第一议题制度，把学习贯彻党的创新理论作为必修课，开展习近平总书记考察浙江重要讲话精神交流研讨，把“两个维护”落实到实际行动上。

【区十七届人大代表辞职、资格终止】 2023年，区人大常委会同意因工作岗位调整等原因辞去区人大代表职务16名。选举产生区十七届人大代表11名。

重要会议

【区第十七届人民代表大会第二次会议】 2月20—22日，区第十七届人大二次会议在丽水市大剧院举行，出席会议代表227名，列席人员139名。会议听取和审议区长张妍所作的政府工作报告、区人大常委会主任所作的区人大常委会工作报告、区人民法院院长所作的区人民法院工作报告、区人民检察院检察长所作的区人民检察院工作报告；表决通过议案审查委员会的议案审查报告；通过关于区人民政府工作报告的决议、关于区2022年国民经济和社会发展计划执行情况与2023年国民经济和社会发展计划的决议、关于区2022年财政预算执行情况及2023年财政预算的决议、关于区人大常委会工作报告的决议、关于区人民法院工作报告的决议、关于区人民检察院工作报告的决议。依法选举徐瑛为丽水市莲都区第十七届人民代表大会常务委员会副主任，选举田伟明、吴丽云、郑旭军、徐根发、管青林为丽水市莲都区第十七届人民代表大会常务委员会委员。表决通过莲都区第十七届人民代表大会财政经济委员会部分组成人员名单。采用无记名投票方式产生“提升基层医疗服务能力”等10件民生实事项目。会议收到代表建议、批评、意见160件，会后交由有关机关、组织研究办理，并负责答复。

【区十七届人大常委会会议】 2023年，莲都区十七届人大常委会召开常委会会议8次。

1月18日，区十七届人大常委会第八次会议召开。传达学习省十四届人大一次会议精神。审议通过《莲都区人大常委会关于召开区第十七届人民代表大会第二次会议的决定（草案）》；听取和审议《区人大常委会代表资格审查委员会关于莲都区十七届人大二次会议代表资格的审查报告》、区人大常委会各街道工作委员会工作报告。开展区政府组成部门局长（主任）、法院副院长和检察院副检察长年度书面述职。决定莲都区2022年度代表建议承办先进单位和区人大代表优秀建议；审议通过区人大、区法院相关人事任免议案。

2月13日，区十六届人大常委会第九次会议召开。传达学习中共中央政治局第二次集体学习精神。通报《关于调整区十七届人大二次会议召开时间的决定》；审议通过区十七届人大二次会议有关事项；听取和审议区人大常委会、区人大法制（监察和司法）委员会、财政经济委员会、社会建设委员会工作报告以及《关于建设碧湖新城 打造革命老区共同富裕先行示范区强大引擎的决议（草案）》；听取区十七届人大二次会议筹备情况的汇报；听取和审议区政府关于2023年民生实事候选项目的议案；听取区政府关于2022年莲都区环境状况和环境保护目标完成情况、关于莲都区2022年国民经济和社会发展计划完成情况及2023年国民经济和社会发展计划草案、关于莲都区2023年基本建设项目投资计划草案、关于2022年预算执行情况和2023年预算草案编制情况的报告；听取区经济商务局、区交通局、联城街道办事处等单位2023年度部门预算报告。

4月27日，区十七届人大常委会第十次会议召开。传达学习二十届中央全面深化改革委员会第一次会议精神。听取区政府关于2022年度法治政府建设的情况报告；审议《莲都区国土空间总体规划（2021—2035年）》；听取区人大常委会城建环资工委关于《莲都区国土空间总体规划（2021—2035年）》的初审意见；审议通过《丽水市莲都区人民代表大会常务委员会关于政府重大投资项目监督暂行办法》《丽水市莲都区人民代表大会常务委员会规范性文件备案审查办法》《丽水市莲都区人民代表大会常务委员会任命的政府工作部门负责人履职工作评议办法》《丽水市莲都区人民代表大会代表议案处理办法》；通过关于修订《关于许可对区人大代表采取逮捕、刑事审判或法律规定的其他限制人身自由措施的工作规程》的决定；审议通过区法院的相关人事任免议案。

5月16日，区十七届人大常委会第十一次会议召开。集体学习《浙江省民营企业发展促进条例》、《浙江省促进中小微企业发展条例》、习近平总书记重要文章《当前经济工作的几个重大问题》、4月28日中共中央政治局会议精神。听取区政府关于优化提升营商环境“一号改革工程”专项工作报告，并开展专题询问。

7月7日，区十七届人大常委会第十二次会议召开。学习习近平总书记重要文章《中国式现代化是中国共产党领导的社会主义现代化》，传达全省基层人大工作座谈会精神。听取区政府关于2023年度十方面民生实事项目进展情况的汇报。审议通过区人大、区政府、区法院相关人事任免事项。会议决定任命田万获为区政府副区长；审议蔡建彧提请辞去区人民检察院检察长等职务的事项；同意蔡建彧辞去丽水市莲都区第十七届人民代表大会代表职务。

8月24日，区十七届人大常委会第十三次会议召开。传达学习全省各级人大常委会主任暑期读书会精神、市委五届四次全体(扩大)会议精神。审议通过《关于修改〈任免国家机关工作人员办法〉的决定》；听取和审议区政府关于2023年上半年莲都区国民经济和社会发展计划执行情况的报告；听取区政府关于推进2022年民生实事项目情况汇报；听取和审查区政府关于2022年区财政决算草案及2023年上半年预算执行情况的报告；书面听取区水利局、区应急管理局、万象街道办事处等单位2022年度部门决算草案情况的报告；听取和审议区政府关于2022年度区财政预算执行和其他财政收支的审计工作报告；听取和审议区政府关于全区行政事业单位国有资产管理情况报告；书面审议上一年度国有资产管理综合报告；听取和审议区政府关于全区基层医疗机构服务能力建设情况专项工作报告；听取和审议《丽水市莲都区雅溪镇西溪村历史文化名村保护规划》，并作出决定。决定批准莲都区2022年度财政决算。对5名区检察院员额检察官履职情况开展工作评议。审议通过区人大、区政府、区监委相关人事任免事项，决定免去龚淑娟区政府副区长职务。同意雷成、徐屈霞、王育波、陈岳平辞去丽水市莲都区第十七届人民代表大会代表职务。

10月26日，区十七届人大常委会第十四次会议召开。传达学习习近平总书记对宣传思想文化工作作出的重要指示精神和全国宣传思想文化工作会议精神。审查通过区政府关于2023年度预算调整方案；听取区政府关于营商环境专题询问问题办理落实情况工作汇报，并对办理落实情况进行满意度测评；听取和审议区政府关于莲都区实施超市产业提能升级的专项工作报告、关于“大搬快聚富民安居”工作推进情况的专项工作报告、关于《浙江省民营企业发展促进条例》《浙江省促进中小微企业发展条例》实施情况的工作汇报；开展区水利局局长、区审计局局长、区医疗保障局局长履职情况工作评议。审议通过区人大、区政府、区法院、区检察院相关人事任免事项，同意叶仙美、吴昊、汤鑫、郑旭军、杨耀武、傅华辞去丽水市莲都区第十七届人民代表大会代表职务，汤鑫、郑旭军的丽水市莲都区第十七届人民代表大会常务委员会委员职务、叶仙美的丽水市莲都区第十七届人民代表大会财政经济委员会委员职务相应终止。

12月28日，区十七届人大常委会第十五次会议召开。传达学习中央经济工作会议、市委五届五次全会精神。听取和审议区政府关于全区国民经济和社会发展第十四个五年规划和二〇三五年远景目标纲要中期实施情况的报告；听取区政府关于2022年度全区财政预算执行和其他财政支出审计查出问题整改情况的报告；听取和审议区政府关于全区撤村并居工作情况、关于区十七届人大二次会议及闭会期间代表建议办理情况、关于2023年全区民生实事项目落实情况的报告；通报《丽水市莲都区区十七届人大代表补选(另行选举)工作方案》；书面通报2023年规范性文件备案审查工作情况；开展6名市人大代表述职。审议通过区法院相关人事任免事项。

专题调研

【经济领域专题调研】 2023年，区人大常委会聚焦经济稳进提质、助力三个“一号工程”、资金使用绩效、重点项目建设等方面，依法履职，助力经济高质量发展。成立调研组调研莲都区2023年上半年国民经济和社会发展计划及2023年上半年预算执行的情况、莲都区2022年财政决算草案审查结果的情况、莲都区2022年财政预算执行和其他财政收支审计情况以及行政事业单位国有资产管理情况等。审议区“十四五”规划纲要中期评估报告，听取生态环境保护、应急管理、综合交通发展专项规划报告，专题调研民族团结进步事业发展、水安全保障情况，助力高质量完成目标任务。专题调研数字经济发展、人才科技创新情况，助力构建以高新技术产业为核心的现代化产业体系。

【农业农村工作专题调研】 2023年，区人大常委会围绕区委中心工作，开展莲都超市产业专题调研，结合蚂蚁商联赋能，紧扣供应链、政务服务等关键点提出建议，助力打造“莲都山超”区域公用品牌。聚焦“大搬快聚”后续富民帮扶工作，连续三年审议政府专项工作报告，助推“融得进、稳得住、富得起”，助力建设“大搬快聚富民安居”莲都创新区。开展茶叶产业链建设工作情况调研，发挥莲都茶叶特色产业优势，打开农民增收的“金钥匙”，助力共同富裕。开展农业“双强”行动调研，推进科技强农、机械强农“双强”行动，提升莲都区农业生产效率，促进农业高质量发展。开展全区“‘一肩挑’代表情况＋农情民意联系点建设”专题调研。深化纵横贯通联动机制，完善民主民意表达平台和机制，推进全过程人民民主建设。

【城乡区域发展调研】 2023年，区人大常委会听取和审议撤村建（并）居专项工作报告，提出村社融合、公共服务等方面审议意见，助力提高城市建设管理水平，推动城中村居民更好地融入城市生活。听取和审议《莲都区国土空间总体规划（2021—2035年）》和西溪村历史文化保护村规划，作出相关决议，保障土地资源高效利用和文化名村开发保护。制订跨乡镇土地综合整治工作专项监督工作方案，突破空间制约、助力资源集聚。着眼碧湖新城决议的贯彻执行，组织市、区代表专题视察，以高质量履职助推新城发展建设再上新台阶。

【提升公共服务调研】 2023年，区人大常委会针对农村群众看病难问题，实地调研全区15家乡镇卫生院（室）和街道社区卫生服务中心，助力提升基层医疗机构服务能力建设水平。连续两年开展居家养老服务工作监督，主动回应社会关切，督促政府履行法定责任、优化服务保障。运用专题调研、代表视察等监督方式，推动文化旅游、科技创新、民族宗教等事业健康发展，支持政府办好人民满意教育。开发“有事代表钉”程序，打造代表与群众“双联系”服务平台，让群众反映问题更便捷、代表履职监督更高效。

【其他调研】 2023年，区人大常委会围绕“社区小微权力事项”和“非高频小微权力事项”，调研大数据监督平台使用情况，促进村级公权力规范运行。

人大监督

【概　况】 2023年，区人大常委会坚持服务中心、服务大局，组织实施年度监督计划，综合运用法定监督方式，切实提高监督工作实效，推动重大决策部署贯彻落实和法律法规有效实施。听取和审议“一府一委两院”专项工作报告32项，依法作出决议、决定21项，提出审议、评议意见14条，组织开展视察调研37次、执法检查7次，开展专题询问1次，满意度测评1次。

【保障宪法法律实施】 区人大常委会把学习宣传贯彻落实宪法作为工作重点，增强国家根本政治制度自信，做宪法精神的弘扬者、宪法权威的捍卫者。把“宪法法律学习贯彻情况”纳入政府组成部门局长、法院副院长、检察院副检察长述职内容，年度书面审查全覆盖、不定期开展履职情况专项检查。完善国家工作人员学习宪法法律的制度，注重宪法法律的宣传，增强学习宪法的意识，组织宪法集体宣誓187人次。

【监督“一委两院”履职】 树牢“寓支持于监督”理念，通过对员额法官开展履职评议，针对共性问题，提出加强审判管理工作规范、关心关爱法院干警等建议，推动司法队伍现代化建设。锁定终本案件出清专项攻坚目标任务，加强对执行工作的监督，督促法院抓实“公正与效率”，清理搁置的“坏账”，推动债权实现和主体纾困。开展“人大+检察”协同监督，促进林业行政执法规范化建设。践行新时代“枫桥经验”，听取矛盾纠纷多元化解工作报告，专题调研基层站所建设情况，推动基层治理能力提升。

【推动政府依法行政】 注重发挥“法律巡视”监督利剑作用，组织执法检查7次，针对民营企业、中小微企业发展难题，开展两部条例（《浙江省民营企业发展促进条例》《浙江省促进中小微企业发展条例》）执法检查，推动政企数据畅通、监管方式创新、融资渠道拓宽，支持企业高质量健康发展；检查《浙江省全民健身条例》《浙江省学校消防安全管理办法》《丽水市烟花爆竹经营燃放管理规定》和《丽水市城市养犬管理规定》贯彻实施情况，维护法治统一，配合市人大跟踪监督《丽水市文明行为促进条例》执法检查审议意见的整改落实。专题听取年度法治政府建设情况报告，推进浙江省法治政府建设监督应用场景的覆盖推广，实现人大对政府部门的数字化监督。督促区政府落实重大决策出台前向人大报告制度，护航企业高质量健康发展。书面审议政府关于2022年度全区法治政府建设情况的报告。组织区水利局、区审计局、区医疗保障局局长履职评议，开展政府组成部门局长和法检副职书面述职，促进任命干部作风改进和效能提升。

【规范性文件备案审查】 依法履行备案审查职责，坚持有件必备、有备必审、有错必纠，推进规范性文件合法性审查。全年共审查区政府规范性文件16个，及时率和规范率均为100%。听取法制（监察和司法）工委关于备案审查工作年度情况的汇报。

【强化计划、预算执行】 听取和审议2023年上半年社会经济发展计划、财政预算执行情况以及2022年区财政预算执行和其他财政收支的审计工作报告。联合推动审计查出问题整改，防范化解财政资金使用风险隐患。专题听取政府整改情况专项工作报告，督促整改部门落实主体责任、健全完善审计整改长效机制。

【国有资产管理监督】 听取区财政局专项工作汇报和区发改局整改审计查出国有资产管理问题的情况汇报，组织区水利局、紫金街道办事处、区机关事务保障中心、区林业发展中心等单位进行座谈，查看相关工作资料，听取相关工作人员对行政事业单位国有资产管理情况的意见建议。

【开展专题询问】 推动专题询问监督常态化，聚焦莲都最优营商环境打造，开展2023年优化营商环境专题询问。区人大常委会成立优化营商环境监督工作领导小组，区人大常委会各专（工）委会同部分常委会委员、营商环境体验官组成调研组，深入全面了解全区优化营商环境情况和人民群众关注的难点、热点，梳理汇总各调研组

5月16日，莲都区人大常委会2023年优化营商环境专题询问活动举行

（区人大　提供）

提出的专题询问备选题目和各方面反馈的问题建议，现场专题询问根据“听取工作报告——现场组织问答”环节进行。10月，区人大常委会召开会议听取区政府办理情况汇报以推进专题询问的问题落实，会议期间进行满意度测评，常委会组成人员和营商环境体验官参与测评。区人大常委会跟踪监督审议意见落实情况。

决定和任免

【年度预算决议和部分调整决议】 8月24日，区十七届人大常委会第十三次会议批准2022年度财政决算。10月26日，区十七届人大常委会第十四次会议决定批准2023年度财政预算调整方案。

【区、乡两级民生实事项目代表票决工作】 2月15日，莲都区第十七届人民代表大会第一次会议票决产生2023年度十方面民生实事：加快共同富裕示范区建设、推进青年发展型城市建设、优化教育资源供给、提升基层医疗服务能力、提升养老服务水平、提升扶残帮困水平、提升就业创业服务能力、改善城乡人居环境、营造放心食药消费环境、优化城乡交通服务。会后常委会专门设立项目监督小组，紧盯项目办理进度和落实情况，注重民生项目经验宣传。常委会年中和年末听取政府民生实事项目办理进度情况汇报，推进十方面36个民生实事建设项目按时保质完成，其中，22小项超额完成。区、乡人大联动，多频次开展民生实事项目、代表建议办理专题调研和代表视察、督促检查，123件乡镇（街道）级民生实事如期完成，全力保障民生需求。

【西溪村历史文化名村保护规划的决议】 10月26日，区十七届人大常委会第十四次会议听取和审议区政府提交的《丽水市莲都区人民政府关于提请审议丽水市莲都区雅溪镇西溪村历史文化名村保护规划的议案》，作出《关于同意莲都区雅溪镇西溪村历史文化名村保护规划的决议》。

【人事任免】 坚持党管干部和人大依法行使任免权的有机统一，落实干部任前法律知识考试、任前表态、颁发任命书、宪法宣誓等制度，按照法定程序落实区委人事安排。任免区政府部分组成部门主要负责人，为全区国家机关有效运转提供组织保障。全年任免国家机关干部77人次。

【对任命干部的监督】 坚持主任会议听取部门工作汇报，把对政府部门监督与干部任命后监督有机结合起来，听取区市场监管局、区交通局、区人力社保局工作汇报。对区审计局、区水利局、区医疗保障局3个部门主要负责人和5名员额检察官开展履职评议，对区政府其他组成部门局长（主任）和法院副院长、检察院副检察长开展书面述职。

人大代表工作

【代表建议、批评和意见督办】 区十七届人大二次会议收到代表议案建议160件、闭会期间建议39件，代表对办理工作和办理结果满意率均达100%。2023年，将南明山街道纳入代表建议交办系统，打通代表建议向丽水经济开发区交办渠道。常委会坚持人大领导督办、区政府领导领办重点建议机制，通过集中交办、部门会办、面商和网上督办、强化承办责任等有效措施，推动新建黄村乡和垟至陈坑段农村公路等一批群众关心关切的问题得到解决。

【基层单元建设】 建成区人大代表联络总站，以智能化手段，全场景、沉浸式展示莲都区人大及其常委会发展历程、履职成果，打造人大代表密切联系群众、践行全过程人民民主“主阵地”。履职平台向基层一线延伸，建立碧湖镇人大代表联络站经济开发区分站，设立“一肩挑”代表联络点62个、农情民意联系点2个，聚焦为民办实事、解难题，为城乡共同富裕汇聚代表力量。探索基层人大监督“阳光票决制”，贯通乡镇基层单元与村民自治两个民主平台。“局长·代表面对面”活动见行见效，“一府一委两院”负责人进站听取代表意见，帮助群众解决实际问题，典型案例在《人民代表报》刊发。

【代表活动】 聚焦省委决策部署，以“五进五提升”活动为抓手，代表齐心助力三个“一号工程”，“四张清单”合计779项，人大服务中心声势壮大，得到省政府领导点赞。基层单元建设扎实，出台工作制度7个，下沉核心业务10项，代表和群众参与事项监督1.18万人次，收集民情民意8400余条。拓宽知情知政渠道，组织代表开展会前视察、跨县视察、集体调研和听取政府经济社会运行情况通报，旁听法院庭审、检察院公开听证10余场，实现乡镇人大代表、街道民主议政会成员培训全覆盖，厚植代表服务发展、助力发展的能力。举办莲都区人大代表首届趣味运动会。

3月9日，2023年度第一次乡镇（街道）人大工作例会召开（区人大　提供）

【人民来信来访】 执行接访、转办和督办等制度，受理群众来信来访40件次。其中，来信13件，来访27件次；省、市人大交办1件。常委会领导牵头成功化解信访积案7件。

（区人大办　吴楚杰）

丽水市莲都区人民政府

综　　述

【营商环境】 2023年，莲都区推进营商环境优化升级"一号改革工程"，创新开展经济政策绩效评估，迭代出台12个经济稳进提质政策，累计兑现助企扶企资金2.94亿元。落实各类减税降费25.91亿元，比2022年增长85.1%，惠及6万余家市场主体。制定分类减免保证金政策，减免1.8亿元。强化政银企对接，涉企贷款余额973.81亿元，增长21.5%。市区建成企业综合服务中心，推进政务服务增值化改革，构建为企服务新生态。推行"拿地即开工"等制度，拍地成功后2天内实现"六证齐发"。公布"首违轻微不罚"清单，柔性执法落地落实。发放消费券4300万元，拉动消费12.9亿元，惠及商家超1.5万家次。全区新增各类市场主体10774户，排名全市第一；2个改革事项入选全省营商"微改革"案例库；代表全市参评全国纳税人缴费人满意度调查，获地级市层级第一。

【科技创新】 实施"315"科技创新体系（"3"指"互联网+"、生命健康、新材料三大科创高地，"15"指云计算、未来网络等15大战略领域）建设工程，新增国家高新技术企业24家、省科技型中小企业68家，省"领雁"研发攻关项目1个，省级众创空间1个。浙江大学等6家大院名校产业科技服务中心落地莲都，区本级高新技术产业投资增长213%，R&D经费投入强度达到2.94%，增幅位居全省第二名。

【生态工业】 2023年，新川新材料、威固特种封装等4个10亿元级制造业项目开工，区本级规上工业亩均税收达到25.2万元。欧意阀门入选国家级专精特新"小巨人"企业，恒大电气、替科斯科技分别入选省级制造业"单项冠军"培育企业、"隐形冠军"企业，莲都经开区入选全省开发区美丽健康产业链"链长制"试点单位。深化低效工业企业整治提升行动，整治高耗低效企业26家，盘活低效闲置工业空间20公顷，新增税收2800余万元。推进数字经济创新提质"一号发展工程"，全区数字经济核心产业制造业增加值增长44.2%，区本级20家传统企业完成数字化试点改造，平均产值提高9%，万控科技、沃沃阀门、乾麟缝制获省数字化车间认定。莲都区入围全国首批县域数字经济发展创新区。

【生态农业】 实施农业"双强"行动，创成省级茶叶"机器换人"高质量发展先行县，举办全省丘陵山区农业机械化现场推进会。引进全球领先的先正达MAP现代农业技术服务平台，打造全国首个山地精作农业科创模式。与浙江工商大学共建绿谷食品健康产业研究院，推动农业产业"接二连三"。推进粮食稳产保供，全年粮食播种面积8526.67公顷，总产量4.5万吨。开展耕地保护，完成耕地流出整改427.73公顷、永久基本农田集中连片建设1586.67公顷，实现全年违法占用耕地"零新增"。

【现代服务业】 2023年，莲都区全力提速服务业疫后回暖，新增上规上限服务业企业117家、创历史新高，社会消费品零售总额增长11%，入选省第三批现代服务业创新发展区。“文昌里1950”文创园成为旧城活化经典案例，招引入驻企业45家。古堰画乡通过国家级旅游度假区培育名单评审，艺术中心、理想艺站等标志性工程顺利完工，国旅创建取得阶段性成果。

【“双招双引”】 2023年，完成招引20亿元级项目1个、10亿元级项目5个、亿元级项目14个，其中，全国500强企业和“独角兽”企业各1个，国家级专精特新“小巨人”企业3个。强化“以投带引”，以基金投资2.2亿元撬动社会投资29.6亿元，实现5个产业项目落地。全省首个山海协作“互飞”共建产业园落地莲都并正式开园，“两地双园”(“两地”指莲都、义乌两地；“双园”指莲都物流集货中心、莲都来义物流分拨中心)物流项目启动运营，义乌莲都大厦项目成功招引企业36家。出台“双招双引”融合推进若干举措，6个产业项目入选“绿谷精英”计划，引进高校毕业生6778人，培育高技能人才2855人。

【项目建设】 实施扩大有效投资“千项万亿”工程，区本级完成固定资产投资78.6亿元，实现两年翻一番。重点项目完成投资101.1亿元，年度投资完成率达89.2%，7个省“千项万亿”项目投资完成率达161.9%，排名全市第一。强化要素保障，争取上级补助资金15.4亿元，新增地方政府债券额度26.15亿元。推进跨乡镇土地综合整治，完成建设用地复垦59.93公顷、垦造耕地68.4公顷，实现建设用地报批122.87公顷。实施新一轮国企改革，区国有资本运营有限公司获“AA+”主体信用评级，国有企业资产规模达439亿元。

【城乡建设】 2023年，完成市级重点项目政策处理65个，销号率81.3%，完成安置房分配面积63.4万平方米，实现5年以上政策处理历史遗留项目、5年以上未安置户、无偿占用安置小区地下车位“三个清零”。提速老旧小区和城中村改造工程，实施项目17个、惠及居民1.1万户。完成24个城中村撤村建(并)居工作，娄丰堰社区、灵山社区分别创成省级现代社区和未来社区。深化新时代“千万工程”，发布《莲都区乡村振兴发展空间布局规划》，堰头村、大港头村成为全国现场会考察点位，老竹镇获评省级和美乡村示范镇。推进乡村基础设施建设，获评“四好农村路”省级示范县，完成供排水管网建设26千米，改造农村供水薄弱点66处、生活污水设施83个。以全省第二的成绩创成省大花园示范县。

【生态环境保护】 打好“碧水、蓝天、净土”保卫战，市区合力攻坚城市内河治理，岩泉街道、万象街道完成“污水零直排区”创建，环城河口断面水质显著改善，市控以上地表水监测断面水质达标率100%；疏堵结合推进秸秆焚烧管控，市区环境空气质量综合指数保持全国前列；雅溪镇双溪村、白云街道社区卫生服务中心获评全省首批百优“无废城市细胞”，生态环境质量公众满意度连续两年排名全省前十，创成省级生态文明建设示范区。推进松材线虫病防治，疫情面积和病死株数连续3年实现“双下降”。

【新城建设】 一体化推进碧湖新城和“三江口”区块协同发展，全年实施建设项目138个，完成投资84.5亿元，比2022年增长25.7%，碧湖大桥改扩建工程、桃碧线改造提升工程等50个项目开工建设，区青少年宫、魏村安置小区等36个项目完工。完成政策处理项目22个，累计拆除房屋面积36.2万平方米。开展田园风貌整治提升行动和绿色农田项目建设，完成抛荒地整治100公顷，获省委主要领导批示肯定。碧湖镇便民服务中心获评省级示范便民服务中心，区人民医院通过二级乙等医院复评、综合楼投入使用，采桑未来社区基本结顶，海特购生活广场、万洋广场等商业综合体开业。构建“一支队伍管执法”工作体系，对标市区建立环卫保洁、市容管理、设施维护等城市管理标准，实现城镇管理向城市治理跃升，新城群众获得感进一步增强。

【民生福祉】 拓宽增收路径，深化“三山”（“出山”“下山”“进山”三大创业创富体系）共富协同改革，乡镇强村公司利润增长125.2%，低收入农户人均可支配收入增长13.5%，新增“处州共富工坊”40家，带动7500余名农民人均年增收2.76万元。优化公共服务，开展“家门口”幸福养老流动服务60万人次，东港社区创成全国示范性老年友好型社区。通过“国家学前教育普及普惠区”省政府督导评估认定，新投入使用中小学2所、幼儿园3所，新增学位3240个。完成困难残疾人家庭无障碍和“净居亮居”改造108户。全市率先试行育儿补贴政策，完成家庭医生服务签约超20万人，落实“乙类乙管”防控措施，规范开展各项监测和风险评估，按照常住人口比例做好医疗救治药品采购和储备。承办高水平推进健康浙江行动现场会，健康浙江考核连续4年获优秀等次。举办全国“四季村晚”冬季成果展示、城市森林音乐会、八百里瓯江山水诗路桨板赛等有较大社会影响力的文体活动。

【除险保安】 开展安全生产隐患大排查大整治行动，完成重大隐患整改1116个，遗留30多年的天宁工业园区、花场区块安全隐患问题整治取得阶段性成效，全年未发生较大及以上生产安全事故和亡人火灾事故。打击电信网络诈骗，全年破获案件320起，追赃挽损1796万元。2023年，全区信访总量同比下降62.9%，创成“省级无信访积案县”，完成亚运会火炬传递丽水站安保任务，实现省平安区创建“十七连冠”。

重要会议

【区政府常务会议】 2023年，第十七届区政府召开常务会议20次。

1月6日，第十七届区政府第十三次常务会议召开。传达学习习近平总书记在中央农村工作会议上的重要讲话精神、中共中央政治局民主生活会会议精神、市委五届三次全体（扩大）会议精神，审议《莲都区政府投资项目工程变更管理办法》《莲都区关于做好2023年“开门稳、开门好”工作的若干意见》《撤销岩泉街道关下村等十个行政村相关事宜》，听取莲都区2023年基本建设项目投资计划汇报、省市区三级2021年度审计工作报告及区党政领导领办查出问题整改工作情况的汇报、关于2022年度莲都区法治政府建设工作情况的汇报，书面学习《知识产权强国建设纲要（2021—2035年）》《关于深入贯彻〈知识产权强国建设纲要（2021—2035年）〉打造知识产权强国建设先行省的实施意见》《中华人民共和国妇女权益保障法》亮点及条文。

1月19日，第十七届区政府第十四次常务会议召开。传达学习习近平总书记在二十届中央纪委二次全会上的重要讲话精神、省高质量发展建设共同富裕示范区重点工作推进例会精神、省两会精神，审议《莲都区承接“8+4”政策体系　推动经济高质量发展的实施意见》《莲都区2022年环境状况和环境保护目标完成情况报告》，听取碧湖新城规划编制有关情况的汇报、关于解除碧湖新城白桥区块1号地块土地使用权出让合同情况的汇报、关于给予丽水市公安局莲都区分局行政奖励的情况汇报、关于2023年度莲都区拟开展评比达标表彰通报表扬和行政奖励项目计划申报的情况汇报。

2月9日，第十七届区政府第十五次常务会议召开。传达学习习近平总书记在中共中央政治局第二次集体学习时的重要讲话精神、习近平总书记在二〇二三年春节团拜会上的重要讲话精神、习近平总书记同党外人士座谈并共迎新春时的重要讲话精神、习近平总书记视频连线看望慰问基层干部群众与有关部队时的重要讲话精神、省委书记易炼红在丽水调研时的讲话精神，审议《莲都区2022年预算执行情况和2023年预算草案的报告》《莲都区2022年十方面民生实事完成情况和2023年十方面民生实事征集初选工作情况》《关于莲都区建设青年发展型市区的实施意见》《关于莲都区2022年国民经济和社会发展执行情况与2023年国民经济和社会发展计划草案的报告》《莲都区区属国有企业股权投资基金监督管理办法》《关于建设“大搬快聚富民安居”莲都创新区的实施意见》《莲都区鼓励支持个体工商户转型升级为企业的实施方案》，听取关于政府工作报告起草情况的汇报、关于2023年土地出让和土地收储计划的汇报、关于2023年度“数字莲都”项目情况汇报、关于长期护理责任试点工作情况和确定参保资助口径相关事宜的汇报，书面学习《浙江省行政合法性审查工作规定》解读及条文。

2月20日，第十七届区政府第十六次常务会议召开。传达学习习近平总书记在党的二十大精神研讨班开班式上的重要讲话精神，听取关于莲都区5000万元以上建设项目和亿元以上重大前期项目计划编制情况的汇报、关于2023年土地整治工作开展计划的汇报。

2月28日，第十七届区政府第十七次常务会议召开。传达学习习近平总书记在《求是》杂志上发表的重要文章精神，审议《莲都区区属国有企业2023年度重大事项报告》《关于加强和改进莲都区住宅物业管理的若干意见》《2023年度第一批区本级建设项目政策处理任务》《2023年度莲都区人民政府重大行政决策事项目录》。

3月23日，第十七届区政府第十八次常务会议召开。传达学习习近平总书记在中共中央政治局常务委员会上的重要讲话精神，习近平总书记在中国共产党第二十届中央委员会第二次全体会议上的重要讲话精神，习近平总书记在中共中央民主协商会上的重要讲话精神，习近平总书记对统计工作重要批示精神及省委、省政府领导批示和省、市部署要求，习近平总书记对内蒙古阿拉善左旗一露天煤矿坍塌事故的重要指示精神，浙江省深入实施“八八战略”强力推进创新深化改革攻坚开放提升领导小组第一次会议精神，市委经济工作会议精神，市委书记胡海峰在市五届人大三次会议莲都代表团活动时的讲话精神；审议《丽水莲都区美丽健康产业发展和布局规划（2023—2035年）》《丽水市创建古堰画乡国家级旅游度假区三年行动计划》《莲都区普通商品住宅购房补贴和交易税费补贴实施细则》《莲都区公平竞争审查会审制度》；听取关于丽水建银国际医疗健康“双招双引”基金组建方案的汇报、关于2022年度金融支持地方经济发展业绩考评结果情况的汇报；书面学习《中华人民共和国立法法》条文。

4月10日，第十七届区政府第十九次常务会议召开。传达学习习近平在中共中央政治局第三次集体学习时的重要讲话精神、全省数字经济创新提质“一号发展工程”大会精神、易炼红书记在省推进长三角一体化发展工作和省推动长江经济带发展领导小组会议上的讲话精神、市委农村工作会议精神、市本级支持莲都区发展工作协调会会议精神，审议《区政府工作报告重点工作、区十方面民生实事责任分解方案》《关于做好2023年全面推进乡村振兴重点工作的实施意见》《莲都区“科创十强企业”评选办法》《莲都区区直有关单位生态环境保护工作职责清单》《莲都区中心城区环城河口水质提升建设项目（住宅区）实施方案》，听取关于莲都区“最美退役军人”“最美军属”评选活动开展情况的汇报，书面学习《中华人民共和国乡村振兴促进法》条文。

4月21日，第十七届区政府第二十次常务会议召开。传达学习习近平总书记在中共中央政治局第四次集体学习时的重要讲话精神、全省营商环境优化提升“一号改革工程”大会精神，审议《莲都区贯彻落实省“十项重大工程”工作总体方案》和“十项重大工程”的具体实施方案、《丽水市莲都区人民政府重大决策出台前向区人大报告制度》《丽水市莲都区国有资产运营有限公司组建方案》《丽水市莲都区国有资产能源开发有限公司组建方案》《关于2023年丽水市劳动模范和模范集体推荐情况的工作汇报》，听取《莲都区国土空间总体规划（2021—2035年）》编制情况汇报、区国投公司拟申报发行私募公司债的工作汇报、区城投公司发行债券相关情况的汇报、区城投公司为丽水市振兴乡村建设发展有限公司提供融资担保相关情况的汇报、丽水市莲都兴村集体经济发展有限公司股权转让的情况汇报、关于拟组建区金控公司母基金的相关情况汇报。

5月10日，第十七届区政府第二十一次常务会议召开。传达学习习近平总书记在中共中央政治局会议上的重要讲话精神、全省深入实施“八八战略”强力推进创新深化改革攻坚开放提升工作例会暨全省综合考核推进会精神，审议《莲都区关于支持“大搬快聚”人员就业创业的政策意见》《莲都区人民政府关于推进品牌创建与质量建设的若干意见》《丽水市莲都区生产安全事故“双说明”工作制度》《莲都区2023年政府系统行政效能提升行动实施方案》，听取关于拟收购浙江畜产大厦物业发展有限公司的汇报、莲都区安全生产隐患大排查大整治行动专题汇报、打击治理电信网络新型违法犯罪工作汇报、关于莲都区一季度经济运行分析及二季度研判情况的汇报、关于《莲都区国土空间总体规划（2021—2035年）》编制情况汇报。

6月6日，第十七届区政府第二十二次常务会议召开。传达学习习近平总书记在二十届中央财经委员会第一次会议上的重要讲话精神、习近平总书记在首届中国—中亚峰会上发表的主旨讲话精神、习近平总书记致第32届阿拉伯国家联盟首脑理事会会议重要贺信精神和习近平总书记给中国石油大学（北京）的中亚留学生重要复信精神、习近平总书记在听取陕西省委和省政府工作汇报时的重要讲话精神、习近平总书记对一艘中国籍远洋渔船在印度洋中部海域倾覆作出的重要指示精神、习近平总书记致康复国际百年庆典重要贺信精神、二十届中央审计委员会第一次会议精神、湖南长沙“4·29”特别重大居民自建房倒塌事故调查处理报告、省委书记易炼红在丽水调研时的讲话精神、全省加快建设全球先进制造业基地大会精神、全市普惠金融服务乡村振兴改革试验区推进大会会议精神，审议《莲都区国有企业总审计师制度》《关于扶持废旧金属资源综合利用企业发展的意见》《莲都区人民政府关于做好第五次全国经济普查的通知》《丽水市莲都区乡镇（街道）统计工作规范》，听取关于莲都区教育跃阶攀高行动情况汇报、关于提高区城投公司注册资本金及拨付的情况汇报、关于通过河道疏浚砂石经营权盘活融资相关事宜汇报、关于撤销岩泉街道青林村等14个行政村的情况汇报、关于莲都区安全生产隐患大排查大整治行动专题汇报。

6月20日，第十七届区政府第二十三次常务会议召开。会议传达学习习近平总书记对省委关于浙江深入实施“八八战略”20周年情况报告的重要批示精神、习近平总书记在中共中央政治局第五次集体学习的重要讲话精神、习近平总书记在欧亚经济联盟第二届欧亚经济论坛全会开幕式上的致辞精神、习近平总书记向“2023·中国西藏发展论坛”致贺信精神、习近平总书记向2023中关村论坛致贺信精神、习近平总书记给上海市虹口区嘉兴路街道垃圾分类志愿者的回信精神、习近平总书记给中国美术馆老专家老艺术家的回信精神、习近平总书记给参与“澳门科学一号”卫星研制的澳门科技大学师生代表回信精神、习近平总书记在广东考察时的重要讲话精神、习近平总书记考察河北省雄安新区时的重要讲话精神、习近平总书记在河北考察并主持召开深入推进京津冀协同发展座谈会时的重要讲话精神、习近平总书记在内蒙古考察时的重要讲话精神、习近平总书记在主持召开加强荒漠化综合防治和推进“三北”重点生态工程建设座谈会上的重要讲话精神、习近平总书记致首届文化强国建设高峰论坛的贺信精神、全省“大综合一体化”行政执法改革攻坚暨行政执法类公务员分类管理推进会会议精神；审议《丽水市莲都区建设工程招标投标“评定分离”指导规则（试行）》《丽水市莲都区人民政府与浙江工商大学合作共建浙江工商大学绿谷食品健康产业研究院协议》《〈莲都区承接“8+4”政策体系推动经济高质量发展的实施意见〉商务领域实施细则》；听取关于组建莲都区促进房地产健康发展市场培育专班的情况汇报，关于开展对1999年进藏退役士兵帮扶就业工作的情况汇报，关于2022年度莲都区行政奖励、评比表彰、通报表扬项目实施情况的汇报，关于莲都区安全生产隐患大排查大整治行动专题汇报；书面学习《信访工作条例》解读及条文。

7月19日，第十七届区政府第二十四次常务会议召开。传达学习习近平总书记对宁夏银川市兴庆区富洋烧烤店燃气爆炸事故的重要指示精神、习近平总书记对防汛救灾工作作出的重要指示精神、习近平总书记在文化传承发展座谈会上的重要讲话精神、习近平总书记在中央全面深化改革委员会第二次会议上的重要讲话精神、习近平总书记在中共中央政治局第六次集体学习时的重要讲话精神、省委十五届三次全体（扩大）会议精神、《中国共产党浙江省第十五届委员会巡视工作规划》，审议《莲都区美丽田园建设和碧湖新城田园风貌整治提升工作方案》《莲都区“三山”共富协同改革方案》《关于支持丽水市莲都区美丽健康产业集群发展的若干政策意见（试行）》《2023年莲都区工业企业综合绩效评价细则》《关于推动莲都建筑业改革创新高质量发展的若干意见》《丽水市莲都区人民政府关于加快推进气象高质量发展的实施意见》，听取关于古堰画乡国际名品艺术街区项目的情况汇报、关于拟投资莲都区“万亩千兆”农光互补集中式光伏电站项目的情况汇报、关于区城投公司发行债券相关情况的汇报、2023年上半年莲都区法治政府建设工作情况汇报，书面学习《浙江省促进中小微企业发展条例》《浙江省平安建设条例》解读及条文。

7月30日，第十七届区政府第二十五次常务会议召开。传达学习省委书记专题会议精神、省委常委会会议精神及省委第九巡视组巡视丽水市莲都区情况反馈会精神，审议《关于压减2023年部门预算的工作方案》，听取关于省委巡视反馈问题整改工作情况的汇报。

8月7日，第十七届区政府第二十六次常务会议召开。传达学习习近平总书记在中央财经委员会第二次会议上的重要讲话精神、习近平总书记在中共中央政治局第七次集体学习时的重要讲话精神、习近平总书记关于网络安全和信息化工作的重要指示和全国网络安全和信息化工作会议精神、习近平总书记在全国生态环境保护大会上的讲话精神、习近平总书记在中共中央政治局会议上的讲话精神、习近平总书记对防汛救灾工作作出的重要指示精神、习近平总书记在成都第三十一届世界大学生夏季运动会开幕式欢迎宴会上的重要致辞精神、习近平总书记在四川考察时的重要讲话精神、《浙江省深化落实“三个区分开来”要求健全容错纠错机制激励干部担当作为实施办法》，审议《莲都区油茶产业发展三年行动方案（2023—2025年）》《丽水市莲都区2023—2024年度松材线虫病防治方案》《丽水市莲都区人民政府工作规则》，听取关于举办“山水滋美”2023古堰画乡全国风景油画双年展的情况汇报，书面学习《办理法律援助案件程序规定》《浙江省审计条例》。

8月27日，第十七届区政府第二十七次常务会议召开。传达学习习近平总书记在首个全国生态日之际作出的重要指示精神、习近平总书记在党外人士座谈会上的重要讲话精神、全省生态环境保护大会暨美丽浙江建设推进会精神、市委五届四次全体（扩大）会议精神，审议《碧湖新城城市管理提升工作方案》《优化调整莲都区招商引资项目联审机制的意见》《丽水市莲都区产业基金管理办法》《莲都区2022年度工业企业亩均效益综合评价结果》《关于加强莲都区新时代消防治理体系建设的意见》《莲都区全域“无废城市”建设实施方案（2023—2025年）》《丽水市莲都区教育局与浙江师范大学合作办学协议》《莲都区新一轮国企改革深化提升行动方案》，听取关于完善《碧湖新城发展委员会体制机制实施意见》

的汇报、关于组建基金法人主体的情况汇报、关于蔚蓝水岸幼儿园转公并实施委托管理的情况汇报。

9月22日，第十七届区政府第二十八次常务会议召开。传达学习习近平总书记在中共中央政治局常务委员会会议上的讲话精神，习近平总书记在听取新疆维吾尔自治区党委和政府、新疆生产建设兵团工作汇报时的重要讲话精神，习近平总书记在金砖国家领导人第十五次会晤特别记者会、金砖国家同非洲国家及其他新兴市场和发展中国家领导人对话会、中非领导人对话会上的重要讲话精神及2023年金砖国家工商论坛闭幕式上的重要致辞精神，《浙江省促进民营经济高质量发展若干措施》；审议《莲都区坚持和深化新时代“千万工程”全面打造乡村振兴浙江样板的实施意见》《莲都区单村水站改造提升实施方案》《莲都区生态环境领域大排查大整治实施方案》《“大搬快聚”兜底安置工作实施方案》《莲都区花园中学举办者补偿奖励方案》《丽水市莲都区〈浙江省居住证〉互通互认制度改革工作实施方案》；听取关于程翔矿业环境污染整治工作不彻底问题原因剖析及整改情况的汇报、关于丽水市城市有机更新第一批（三期）万象零星区块项目征收事宜的汇报；书面学习《知识产权强国建设纲要（2021—2035年）》《关于深入贯彻〈知识产权强国建设纲要(2021—2035)〉打造知识产权强国建设先行省的实施意见》《浙江省第19届亚运会知识产权保护规定》。

10月13日，第十七届区政府第二十九次常务会议召开。传达学习习近平总书记在中共中央政治局会议上的讲话精神、习近平总书记关于落实全面从严治党主体责任和自我革命的重要论述、习近平总书记关于一体推进“三不腐”的重要论述精神、习近平总书记关于党风廉政建设重要论述、习近平总书记关于廉政风险防控工作的指示批示精神、习近平总书记关于加强和改进人民信访工作的重要论述、习近平总书记关于易地扶贫搬迁后续扶持工作的重要指示及相关政策指导文件、习近平总书记关于基层治理的重要指示精神、习近平总书记关于文物工作的重要指示精神、高质量发展建设共同富裕示范区暨山区海岛县高质量发展推进会会议精神、习近平总书记对新时代办公厅工作作出的重要指示和全国党委和政府秘书长会议精神、习近平总书记向全球可持续交通高峰论坛致贺信精神、《中共浙江省委办公厅印发〈关于进一步推动各级领导班子政治建设走深走实的若干意见〉的通知》文件精神，审议《莲都区积极生育支持若干措施》《莲都区乡村振兴发展空间布局规划》《2024年莲都区碧湖镇高标准农田改造提升示范项目（绿色农田建设项目）土地流转实施方案》《丽水蚂蚁链产业创新中心新一轮共建方案》《丽水市莲都区“千吨万人”及其他乡镇级水源地保护区划分方案》，听取关于浙西南粮食物资仓储物流园区项目砂石资源竞拍及合作方案情况的汇报、关于莲都区数字健康集成智造招商引资项目的情况汇报、关于华为（丽水）数字经济创新中心项目协议和项目情况的汇报、关于区国投公司拟参与组建浙江省新一代信息技术基金的情况汇报、莲都区第五次全国经济普查工作汇报、关于2023年莲都区耕地保护和粮食安全考核工作情况的汇报，书面学习《浙江省公共信用信息管理条例》要点及条文、《中华人民共和国野生动物保护法》条文。

10月24日，第十七届区政府第三十次常务会议召开。传达学习习近平总书记在江西考察时的重要讲话精神、习近平总书记在庆祝中华人民共和国成立74周年招待会上的重要讲话精神、习近平总书记在中共中央政治局第八次集体学习时的重要讲话精神、习近平总书记对宣传思想文化工作作出的重要指示精神和全国宣传思想文化工作会议精神、习近平总书记在中共中央政治局会议上的重要讲话精神、二十届中央第二轮巡视工作动员部署会精神、市委书记专题会议精神、习近平总书记就推进新型工业化作出的重要指示精神、习近平总书记给浙江省科技特派员代表的重要回信精神、省委常委会会议精神、省科技特派员工作20周年总结表彰大会精神、习近平总书记对中国农民丰收节的重要指示精神、进一步推动长江经济带高质量发展座谈会和省委常委会第74次会议精神、全省深入实施“八八战略”强力推进创新深化改革攻坚开放提升工作例会暨上半年经济社会形势分析会精神、《地方领导班子和领导干部政绩观偏差主要问题清单》精神、《中共中央关于加强对“一把手”和领导班子监督的意见》、《中共浙江省委印发贯彻落实〈中共中央关于加强对“一把手”和领导班子监督的意见〉的十三项实施意见的通知》文件精神，审议《莲都区中骏颐养院(筹)公建民营方案》《2023年度莲都区金融支持地方经济发展业绩考评办法》《丽水市莲都区人民政府 国家金融监督管理总局丽水监管分局战略合作协议》《2023年莲都区预算调整方案》《莲都区入河排污口监督管理工作实施方案》《莲都区农业农村高质量发展实施意见》《莲都区供排水工程项目特许经营实施方案》《莲都区健康影响评价制度建设方案(试行)》《莲都区基层医疗卫生机构第二轮补偿机制改革实施意见》，听取关于百度智能云(丽水)数据标注产业服务基地项目协议和项目情况的汇报。

12月1日，第十七届区政府第三十一次常务会议召开。传达学习习近平总书记在中央金融工作会议上的重要讲话精神、习近平总书记向第六届中国国际进口博览会的重要致信精神、习近平总书记在中共中央政治局第九次集体学习时的重要讲话精神、习近平总书记在中华全国总工会新一届领导班子成员集体谈话时的重要讲话精神、习近平总书记在同全国妇联新一届领导班子成员集体谈话时的重要讲话精神、习近平总书记致中华全国工商业联合会成立70周年的重要贺信精神、习近平总书记对山西吕梁永聚煤矿火灾事故的重要批示指示精神、全国安全生产电视电话会议精神、省委办省府办《关于切实加强岁末年初安全防范工作的通知》及省安委会全体成员(扩大)会议精神、省委书记易炼红在丽水调研时的讲话精神，审议《莲都区农村村民建房审批暂行管理办法》《莲都区耕地保护和粮食安全责任制考核工作评分办法》《耕地保护工作情况汇报》《关于省委巡视组反馈意见政府系统集中整改落实情况的汇报》《关于公布区政府及区政府办公室废止部分行政规范性文件的通知》《关于莲都区2023年食品安全工作落实情况的报告》，听取关于莲都区“科创十强企业”评比结果的情况汇报、关于表彰莲都区最美科技特派员的情况汇报、关于建议给予李开成行政奖励的情况汇报、关于莲都区第八届道德模范选树结果的情况汇报、关于2023年度莲都区文明村评选结果的情况汇报、关于2023年度莲都区文明单位评选和复评结果的情况汇报，书面学习2022年制止滥用行政权力排除、限制竞争执法专项行动案件(第五批)。

12月22日，第十七届区政府第三十二次常务会议召开。传达学习中央经济工作会议精神、习近平总书记在中共中央政治局上的重要讲话精神、习近平总书记在中共中央政治局第十次集体学习时的重要讲话精神、习近平总书记在深入推进长三角一体化发展座谈会上的重要讲话精神、习近平总书记在2023年世界互联网大会乌镇峰会开幕式上的视频致辞精神、习近平总书记致首届“一带一路”科技交流大会的重要贺信精神、习近平总书记致第二届全球数字贸易博览会重要贺信精神、习近平总书记在中央全面深化改革委员会第三次会议上的重要讲话精神、习近平总书记对低温雨雪冰冻灾害防范应对工作作出的重要指示精神、全省创新深化大会精神及《莲都区党委(党组)意识形态工作责任制实施细则》《莲都区党委(党组)意识形态工作责任制问责实施方案》文件精神，审议《莲都区国民经济和社会发展第十四个五年规划和二〇三五年远景目标纲要实施情况中期评估报告》《莲都区标准创新贡献奖管理办法》，听取丽水九龙国家湿地公园问题线索点位核查情况汇报、关于命名2023年度莲都区建筑业企业荣誉称号的汇报、关于2023年莲都区人民政府质量奖评审情况的汇报、关于上海高仙机器人科技有限公司"高仙智谷项目"的情况汇报、关于上海快仓智能科技有限公司"快仓(莲都)智能机器人制造基地项目"的情况汇报,书面学习《促进个体工商户发展条例》《中华人民共和国行政复议法》亮点解读及条文。

【全区安全生产、应急管理和消防安全工作会议】 4月20日,全区安全生产、应急管理和消防安全工作会议召开。会议强调,要强化底线意识,坚决绷紧安全生产之弦;要突出工作重点,坚决消除安全生产隐患;要严明工作纪律,坚决压实安全生产责任。

【莲都区政府全体会议暨"十项重大工程"、政府系统行政效能提升行动推进会】 4月27日,莲都区政府全体会议暨"十项重大工程"、政府系统行政效能提升行动推进会召开。会议学习贯彻全国、省、市、区两会精神,围绕"十项重大工程"和政府系统行政效能提升行动,研究部署莲都区年度重点任务,号召政府系统进一步增强拼经济抓发展的责任感和紧迫感,全力推动经济加快企稳回升,奋力交出全年发展高分报表。

【重大事故隐患专项排查整治2023行动暨安全隐患自查自纠工作部署会】 5月15日,莲都区重大事故隐患专项排查整治2023行动暨安全隐患自查自纠工作部署会召开。会议强调,要牢固树立"红线意识"和"底线思维",营造"人人都是安全员、个个争当吹哨人"的浓厚氛围,切实筑牢安全生产坚固防线。

【碧湖新城征收"双攻坚"推进会】 6月19日,碧湖新城征收"双攻坚"推进会召开。会议指出,碧湖新城征收"双攻坚"事关全区经济社会发展大局,事关群众切身利益,事关莲都对外形象和面貌,要拿出"要干就要干成,要干就要干好"的豪气和魄力,为荣誉而干、为未来而干、为人民福祉而干,确保夺取"双攻坚"全面胜利。

【防汛防台工作会议】 7月25日,莲都区防汛防台工作会议召开。会议指出,防汛防台工作事关人民群众生命和财产安全,要深入学习贯彻习近平总书记关于防灾减灾救灾的重要指示精神,牢固树立"人民至上、生命至上"的理念,严格落实省、市的部署要求,全面精准把握近期防汛防台形势,进一步增强忧患意识、风险意识、责任意识,坚决打好防汛防台主动仗。

【莲都区安委会工作会议暨新一轮常态化安全生产大排查大整治工作部署会】 9月1日,莲都区安委会工作会议暨新一轮常态化安全生产大排查大整治工作部署会召开,区委副书记、区长张妍出席会议并讲话。会议指出,安全生产没有"万无一失",只有"一失万无"。要做到安全生产应知应会,构建"知责明责、履责尽责、考责问责"全链条监督体系,杜绝作风漂浮、敷衍塞责,确保属地管理责任和企业主体责任有机统一、相互衔接、贯通协同,形成工作闭环,多措并举扭转安全生产被动局面,全力推进"两最两全两铁"(最高标准、最严要求、全覆盖、全闭环、铁措施、铁手腕)落细落实落到位。

【莲都区低效工业企业整治提升工作动员会】 9月19日,莲都区低效工业企业整治提升工作动员会召开,区委副书记、区长张妍出席会议并讲话。会议指出,工业是实体经济的主体,也是稳住经济大盘的"压舱石",面对新形势和新要求,必须要打赢低效工业企业整治提升这一关键战,以勇于实干做先锋、重整行装再出发的气魄,全力推动低效工业企业整治提升工作落地落实,为奋力打造山区跨越式高质量发展"重要窗口"贡献全部力量。

【市、区安全生产联动风险管控联席会议】 10月12日,市、区安全生产联动风险管控联席会议在莲都召开。会议指出,要切实提高思想站位,牢固树立"隐患不排查、问题不整改就是事故”的理念，以更加负责的态度、更加细致的作风、更加严谨的举措做好新形势下的安全生产工作。会议强调，要提升思想认识，绷紧安全生产之弦，抓实抓细抓好安全生产各项工作，提高行政执法效能，实现安全生产与营商环境有机统一。

十方面民生实事完成

【加快共同富裕示范区建设】 2023年，魏村安置小区（一期）完成项目竣工验收，秋塘安置小区开工建设；新增或升级碧湖镇、太平乡—雅溪镇、岩泉街道—仙渡乡3条流动供销致富车线路，惠及滴水岩村、皂树村、董弄村、芦村村等15个行政村；新建直播电商式“丽水山播”共富工坊10个，其中，岩泉街道2个，白云街道2个，紫金街道2个，老竹镇2个，碧湖镇1个、大港头镇1个。

【推进青年发展型城市建设】 2023年，完成筹集保障性租赁住房693套，其中，新建类项目古井青年公寓163套，转化类项目百翔保租房39套、万邦鞋业保租房417套、恒大电气保租房74套；新增浙江三正箱包科技有限公司、杭萧钢构（丽水）有限公司、世迈嘉医疗科技（丽水）有限公司等实习基地16家；开展婚恋交友、社团交友等活动18场，建成亲青恋基地3个；强化“青创莲都”建设，成立青年创业导师团，聘任青年创业导师10名，开展座谈培训、赛事交流、资源对接等助力青年创业创新活动8场；新增托育机构1个[艾伊宝托育（丽水）有限公司]，新增普惠托位80个。

【优化教育资源供给】 2023年，青林小学建成并投入使用，新增公办学位1620个；大洋路小学扩建工程完成竣工验收，莲都小学扩建工程于11月开工建设；2023年符合条件的义务教育段随迁子女2403人，保障入学率100%；建成碧湖镇老年学校。

【提升基层医疗服务能力】 2023年，新建白云街道社区卫生服务中心陈道门社区卫生服务站，改建碧湖镇岩头村卫生室，扩建岩泉街道社区卫生服务中心北苑路社区卫生服务站、大港头镇石桥村卫生室、老竹镇梁村卫生室；完成免费结直肠癌筛查21729人；完成老年人免费接种流感疫苗14798人；在11个乡镇（街道）安装体外除颤仪器(AED)22台，其中，大港头镇2台、碧湖镇6台、黄村乡2台、老竹镇3台、仙渡乡1台、丽新乡1台、峰源乡1台、岩泉街道2台、白云街道1台、雅溪镇2台、联城街道1台，在各点位配有5名以上持证救护员。

【提升养老服务水平】 2023年，完成碧湖镇通济社区、白云街道白云社区、岩泉街道东港社区3个居家养老服务照料中心无感服务智能终端配置；新增持证护理员99人；建成佰仁颐养院食堂、佳福养老服务中心、红景天家园养老院食堂、唯康怡福家园食堂、仁济养护院食堂、管家养老院食堂6家养老机构“阳光厨房”。

【提升扶残帮困水平】 2023年，康复救助孤独症儿童70人；新增残疾人稳定就业48人；完成重要公共服务场所无障碍改造18个；新建规范化残疾人之家7家。

【提升就业创业服务能力】 2023年，建成碧湖镇零工市场、万洋（高溪）零工市场、新就业群体零工市场3个零工市场；完成职业技能培训4584人、新增技能人才1400人；开展农村实用人才培训460人。

【改善城乡人居环境】 2023年，完成南明新村、文昌弄周边、公安经济适用房、怡景花苑共4个老旧小区改造，鸿达花苑、大洋路66号周边、汽运宿舍等11个老旧小区改造工程开工；创成莲都“滨水中心”城市新区风貌样板区，被列入浙江省2023年度首批风貌样板区名单；完成汽运宿舍38幢北侧、金田小区16幢北侧、金苑新村39幢北侧、天宁二村4个城市公园改造。

【营造放心食药消费环境】 2023年，完成食品安全抽检1602批次，覆盖食品生产加工、流通、餐饮服务各环节；创成灯塔菜市场和九里菜市场2家省级放心农贸市场；新增阳光食品小作坊35家，接入两路监控，各种设施设备完成更新；新增维康大药房城东路店、一康医药连锁有限公司山水嘉苑店2家民生药事服务站。

【优化城乡交通服务】 2023年，新建黄村乡和垟至陈坑段农村公路，改建老竹镇外靖线、老竹镇榴溪至赤坑段2条农村公路，共计27.3千米；完成7条农村公路养护，共计48.4千米；8月，完成全区较大自然村通班车。

（区府办　刘哲欣）

电子政务

【概　况】 2023年，莲都区一体化智能化公共数据平台累计归集数据335个、归集数据量879万，治理数据324个、治理数据总量659万，清洗问题数据6.8万条。建设办件预警、莲智社区、医疗救助3个专题库，发布接口10个，累计调用1262万次。数据运维模式由统一运维调整为自运维，切换数据链路126条，重新配置交换任务191个，重新配置治理规则数1459个。受理数据申请177个，其中，接口申请53个，批量数据申请124个。开放数据12万条，推进电子证照数据共享，深化简证便民服务。开发多业务协同系统，为9个部门16项公共服务事项提供精准数据服务，追回移民扶直补资金2.64万元，全年助力办事事项及时准确处理12万件，减少群众办事提交申报材料5000余份。8月31日，莲都区作为丽水市唯一的区县代表在省大数据局举办的数据资源深度开发利用工程数据产品交流会上作经验分享汇报。

【基础设施建设】 2023年，进行电子政务视联网租用服务项目采购，投资约360万元，服务期3年，莲都区视联网4K升级改造全面完成。核实及更正完善亚运火炬传递路线监控信息。完成信创替代任务。完成浙政钉低频应用和低可用性应用整改。开展莲都区"雪亮工程"公共视频汇聚（采录感知汇聚）平台及二、三类公共视频运维服务项目采购，投资723.06万元进行采录感知汇聚平台建设和未来三年的二、三类公共视频运维服务。

【数据网络安全】 2023年，完成1848个数据目录的初评和定级。完成20家单位公共数据安全"一本账"梳理。制订《丽水市莲都区电子政务外网网络安全应急预案》，开展莲都区政务外网网络与信息安全应急演练。进行政务外网VPN账号整理，删除无需使用账号30个。开展区政府大楼政务外网IP专项梳理工作。做好亚运护航工作，亚运期间全区未发生重大网络安全事件。

【信息化应用项目】 2023年，投资346.8万元完成莲都区空间地理数据仓项目系统建设，为部门提供地图服务及空间地理数据共享服务。承接一表通应用建设，完成应用功能开发并进行

12月29日，莲都区"雪亮工程"公共视频图像汇聚（采录感知汇聚）平台及二、三类公共视频运维服务项目启动会召开（区大数据发展中心 提供）

9月21日，莲都区空间地理数据仓建设服务项目系统培训举行

（区大数据发展中心　提供）

实战测试。完成危房监控系统项目、人行道处罚系统项目、“浙丽守未”系统项目专家论证，完成人行道处罚系统项目造价评估。完成全区2021年至2023年电子政务项目数据归集工作。开展2024年政府投资信息化项目联审，莲都区山洪智防建设项目、莲都区档案协同管理系统迁移信创云、莲都区人口均衡发展服务系统、莲都气象综合应用服务平台（一期）4个项目通过联审。开展“指尖上的App”整治，清理关停“云森防”“疫指通”“桃园仙渡”“支农资金”“双招双引”“工伤云”6个应用，整合兼并“村社共富”与“农产品产销一体化”应用，优化提升“九云征收”应用，清理整合优化率达66.7%。

【政务公开】 完善基层政务公开标准规范目录清单30个；清理行政处罚结果公示908条，其他公示公告信息800余条；规范网上在线征集意见发布57个。完成规范性文件图文形式解读11件，视频解读2件，音频解读1件，动漫解读1件。政府门户网站增设信息发布审核环节，日常监测整改严重错别字1803条、敏感词656条、外链错链1053条，个人信息隐患234条，处理问题信息12条、政府网站找错网民留言问题14件。发布工作提示函5次，政务公开问题清单7期，网站建设、政务新媒体运营情况通报10期。开展全区政务新媒体脱管漏管三轮监管，整改处理10家单位11个账号。建立健全政务舆情应急处置与信息发布预案。在2023年度全市政务公开工作考核评比中，区大数据发展中心获“优秀单位”称号，1人被评为“先进个人”。

（区大数据发展中心　姜济洲）

机关后勤服务

【概　况】 2023年，公务接待244批4014人次，其中团体128批；莲都会议中心承办各类会议1840场次，参会54623人次；完成全区111家党政机关办公用房测绘工作，调剂办公用房11处，接收办公用房6处；完成基建修缮计划项目3处，完成区政府大院、区办事中心食堂、区治理中心食堂等零星修缮项目；按照规定采购项目297项，采购金额86万元；调拨固定资产80项；提供公车服务保障8000余次，完成公务用车更新3辆。

2023年，完善集中办公区会议中心设施设备，根据不同会议要求做好会议服务。强化机关餐饮服务保障，筹备机关第四食堂，扩大餐饮服务保障范围。利用“浙丽淘”开展“帮扶结对＋消费扶贫”地推活动。做好干部关心关爱工作，加强挂职干部周转房保障。常态化开展爱国卫生大扫除，加大环境卫生问题突出区域的整治力度；配合区垃圾分类办，完成60%区直单位垃圾分类示范单位创建工作。组织会务服务人员参加礼仪培训，邀请专业礼仪教师，对仪容、仪表、仪态等多方面进行培训，树立良好形象，提升服务水平；通过日常体能训练及业务培训、定期开展“树先锋形象”评比活动等，提高辅警队伍的业务水平和综合素质。

11月9日，区机关事务保障中心组织开展“消防安全月”活动

（区机关事务保障中心 提供）

【活动保障】2023年，以“五星服务”标准，做好机关运行保障，推动党政机关高效运转。抽调2名驾驶员、3名厨师长参与杭州亚运会后勤服务工作，联合多单位完成亚运火炬传递保障任务。完成古堰画乡创建国家级旅游度假区推进会、全国学习运用“千万工程”经验现场推进会等重大活动的接待任务。

【食堂运作模式优化】2023年，制定和完善《食品原料验收制度》《食堂垃圾分类管理制度》《食堂工作管理制度》等，加强机关食堂管理，减少餐饮浪费，打造“绿色食堂”。采用“1+1+1”新型验菜模式，后勤服务中心、食堂、供应商三方人员联合验菜，把关食材质量，保障“舌尖上的安全”。推进“公务餐”改革，在全区范围内开展单位食堂摸底工作，统一开通“聚合支付”业务，确定用餐收费标准和地点，打通出差用餐保障“最后一公里”。

【制度体系完善】2023年，优化业务机制，针对未达到公开招投标标准的零星基建项目，制定《零星项目验收制度》，按照项目涉及金额大小，采取不同形式进行验收，规范验收管理，抓好项目质量管理。完善政府采购管理制度，在单位内部建立电脑打印耗材采购试点，进行公开询价，结合供应商的价格、服务能力、管理水平等因素，由采购小组综合评定最终结果，环境绿化、广告服务、办公用品等第三方服务购买方面均按此方法进行推广。2023年，采购价格平均下降20%。

（区机关事务保障中心　李容）

行政审批

【概　况】2023年，莲都区政务服务事项办件数538073件，2.0办件数535109件，“一网通办”办件率99.45%。

2023年，受理公共资源交易项目405批次，完成项目388个，预算总价448060.69万元，交易总额389293.50万元。其中，建设工程项目交易190个，交易额340866.43万元，节约资金54889.77万元，节约率13.87%；政府采购项目164个，交易额29730.50万元，节约资金1913.10万元，节约率6.02%；非政府采购项目32个，交易额18456.78万元，节约资金1310.63万元，节约率6.43%；产权交易项目2个，交易额239.767万元，增值资金86.3万元，增值率56.23%。

经验类信息《丽水市莲都区三举措推进“无证明”改革打造“减证便民”新高地》《丽水市莲都区打造“莲捷办”助推招投标“廉洁办”》被省委改革办《竞跑者》录用。

【营商环境优化提升“一号改革工程”】2023年，构建“1+4+5+N”（1个专班、4项制度、5大行动、N条重点任务）政务环境工作体系，制定专班运行工作机制，出台全面优化提升政务环境行动方案，明确五大方面81条重点任务攻坚清单，为年度改革工程锚定方向，其中，承接市级任务66条，均按要求完成推进。“莲都区实施个体工商户经营者变更‘一件事’集成化办理”入选市级营商环境第一批最佳实践案例，“莲都区深化电力服务增值化改革推动电力服务体系持续向好”“莲都公安‘三维度’打造助企安心直通车”“‘私企定制’提升人才招引成效”入选市级营商环境第二批最佳实践案例。

5月12日，莲都区优化提升政务环境工作推进会召开(区政务办 提供)

【政务服务增值化改革】 2023年，政务服务大厅设立“办不成事”反映窗口，对企业和群众反映的堵点、难点、痛点等“办不成事”问题，实行统一登记、一口子受理、交办分办、效能督办、闭环管理。2023年办理房产过户、户籍变更、企业设立等咨询服务事项230余件。实施个体工商户经营者变更“一件事”集成化办理，实现个体工商户经营者变更与6类许可“证照联变”，平均为个体工商户经营者节省办理时间50%以上。与市行政服务中心共同推进“水电气网一件事”联办改革，实现“一窗受理”。全市首创小餐饮入网经营“一件事”改革，将办理营业执照和申请报装“阳光厨房”整合为“一件事”，方便50平方米以下的小餐饮店在“饿了么”等网络食品交易第三方平台上入网经营。牵头制定《乡镇(街道)便民服务中心建设与服务规范》市级地方标准，莲都基层政务服务标准在全市推广。

【市、区企业综合服务中心(专区)建设】 11月28日，丽水市、莲都区企业综合服务中心(专区)正式挂牌运行。按照“1+8+N”板块架构，设置项目、政策、金融、人才、法治、科创、开放、数据等服务板块，通过“前台综合受理、后台分类联办、限时办结反馈”运行模式，为企业提供“一站式”集成服务。整合服务资源，把原本分散在市、区各部门、各主体的为企服务事项、服务资源向企业综合服务中心集成整合，实现涉企服务系统集成、一站惠享。截至2023年底，市、区两级26个部门的16名首席服务专员、35名服务专员和金融机构、律师事务所等社会侧、市场侧服务力量进驻企业综合服务中心，梳理完成《丽水市、莲都区企业综合服务中心服务事项清单》，包含11个板块共137项增值服务事项。

【“拿地即开工”审批模式探索】 2023年，制定《莲都区一般企业投资项目“拿地即开工”审批模式指导意见》，通过提前介入、全程代办、容缺受理、告知承诺、限时办结等措施，进一步减审批、并环节、优流程、缩时限、转方式。政府提前给定标准条件，意向企业提前进行文本编制，签订土地出让合同与完成各类审批许可同步落实，提高项目审批速度，实现“拿地即开工”。浙江丽水飞宇矿业有限公司成为莲都区首个“拿地即开工”试点项目，5月30日拍地成功，6月1日拿到施工许可证。

【招投标“评定分离”改革】 联合莲都区发改局等5个部门印发《丽水市莲都区建设工程招标投标“评定分离”指导规则(试行)》，制定符合莲都区实际的

政务服务大厅"办不成事"反映窗口（区政务办　提供　摄于10月20日）

"评定分离"管理制度。明确莲都区范围内政府投资项目、国有资金控股项目总投资3000万元以上的，以及依法必须招标的全过程咨询等项目，可以采用"评定分离"，并对定标原则、定标办法、定标程序和定标委员会组建机制作了相应要求。2023年，莲都区被列入全省建设工程项目招标投标"评定分离"综合性试点区域。

【招投标保证金制度改革】 2023年，出台招投标保证金分类减免政策，除全区依法必须招标的政府投资且单项工程施工招标控制价在1000万元以上的项目收取投标保证金外，其他各类型所有项目阶段性暂停收取投标保证金，7—12月，为各类企业减免保证金1.8亿元。对线上线下建设工程项目进行保证金流程重塑改革，上线保证金一键清退系统，压缩保证金退付时间95%，缓解投标企业资金压力。

【公共资源交易服务与监管】 2023年，制定出台《莲都区工程建设项目招标投标现场监督人员规范履职制度（试行）》，明确有关行政监督部门工作人员全过程监督的行为规范。结合全市代理机构"市县一体化"管理机制，提升《丽水市公共资源交易代理机构进场交易行为履约评价管理办法》莲都区特色做法，进一步规范代理公司的进场交易行为。开展2020—2022年期间房建市政、交通、水利等国有资金投资依法必须招标工程建设项目投标异常专项检查行动，抽查项目137个，抽查比例51.5%，发现问题75个，均完成整改。开展莲都区招投标领域"惊雷"打击行动，立案侦查2起涉嫌串通投标犯罪案件。

【公共资源交易数字化应用】 2023年，对各项公共资源交易数据实行无感监测，利用浙江省公共资源交易服务平台实时收集、整理交易项目数据，判断是否存在非及时性信息以及标段信息是否完整，系统维护团队及时解决问题，大幅提升交易数据无感监测数据指标。实施工程建设项目档案数字化管理，依托丽水市公共资源交易电子化平台，搭建电子档案模块，实现限额以上全流程不见面开评标项目的招投标材料电子化，并逐步扩大到限额以下全流程工程建设项目的材料归档利用，实现莲都区所有全流程建设工程项目档案数字化管理。

（区政务办　叶丽春）

中国人民政治协商会议丽水市莲都区委员会

综　述

【区政协界别构成】 2023年，莲都区政协由26个界别组成，包括中国共产党、中国国民党革命委员会、中国民主同盟、中国民主建国会、中国民主促进会、中国农工民主党、九三学社、无党派人士、中国共产主义青年团、总工会、妇女联合会、工商业联合会、台胞台属联谊会、归国华侨联合会、文化艺术界、科学技术界、社会科学界、经济界、农业界、教育界、新闻出版和体育界、医药卫生界、社会福利和社会保障界、少数民族界、宗教界和特别邀请人士。

【履职为民】 2023年，莲都区政协以习近平新时代中国特色社会主义思想为指导，贯彻落实中共二十大精神，发扬民主和增进团结相互贯通、建言资政和凝聚共识双向发力，发挥专门协商机构作用，聚焦聚力三个“一号工程”“三件大事”协商建言，首次开展法治莲都（法治政府）建设专项民主监督，创新探索全媒体参与委员协商议事，完善“督察长”机制，为全区跨越式高质量发展贡献智慧和力量。全年组织开展协商活动60多场次，提出意见建议467条，形成《政协建议》6份、《协商纪要》6份及其他履职成果若干。相关工作信息被省、市、区领导批示34件次，其中，获省政协领导批示8件次，获市委、市政府、市政协主要领导批示7件次，获区委、区政府主要领导批示11件次，大批意见建议被转化为经济社会发展成效。采用专委会主任督办重要提案的做法，启用“提案在线”赋能提案工作，召开业务培训会和协商座谈会30多场次，165件提案全部办复。全年收集和撰写反映社情民意信息400余篇，编辑上报信息220多篇。

【议政平台建设】 坚持以党的政治建设为统领，推进主题教育，深化“红耀绿谷·同心向党”党建工程，落实《五张责任清单》，召开区政协党建工作会议，分解落实10项重点任务，创新推进市、区政协和丽新乡、马村村党组织四级党建联建，推动党建工作与政协工作有机统筹、深度融合。强化民生议事堂、委员工作室、社情民意信息联系点“三位一体”平台建设，2023年，获评丽水市三星级以上民生议事堂7家，其中，黄村乡民生议事堂、仙渡乡民生议事堂被评为五星级，“打造‘阳光协商’新范式，推动全过程人民民主落地落实”入选全市政协工作创新案例，“同伴同行、温暖前行”等5个案例入选全市政协委员工作室活动优秀案例。迭代升级“随手拍、快捷报、码上商、督促办”民主监督3.0版，被省政协推广应用至“迎亚运盛会助力三大提升行动”专项集体民主监督活动，相关做法在全省政协主席暑期读书会暨市、县（市、区）政协工作经验交流会上作典型发言，获省政协主席批示肯定。适应新时代人民政协的新方位、新使命，主动作为，挺进争先，常态化推进“五型三化”建设，建立“带教提能、协作添能、编组赋能”工作机制，整合工作力量，培养锻炼干部。

重要会议

【政协第十六届丽水市莲都区委员会第二次全体会议】 2023年2月18—21日，政协第十六届丽水市莲都区委员会第二次全体会议在莲都举行。应参加会议政协委员229人，实到224人。会议审议通过李邦生代表政协第十六届丽水市莲都区委员会常务委员会所作的工作报告和叶春晓代表政协第十六届丽水市莲都区委员会常务委员会所作的提案工作情况报告。委员围绕区长张妍所作的政府工作报告开展协商讨论，提出意见建议，并对区人民法院工作报告、区人民检察院工作报告进行协商建言。会议表彰先进集体、先进个人和优秀大会发言。审议通过政协第十六届丽水市莲都区委员会第二次会议决议；以无记名投票的方式，选举孙聪龙为政协第十六届丽水市莲都区委员会秘书长，刘益民、吴铭、陈华君、章健为常务委员。

【政协丽水市莲都区委员会常务委员会会议】 2023年，区政协第十六届委员会召开常委会会议5次。

2月10日，区政协十六届第五次常委会会议召开。听取并讨论“一府两院”工作报告（讨论稿）及起草情况；审议通过《关于召开区政协十六届二次会议的决定》、《区政协常委会工作报告（草案）》、《区政协常委会关于十六届一次会议以来提案工作情况的报告（草案）》、报告人名单、区政协界别设置和委员调整方案以及有关人事事项；授权主席会议审议区政协十六届第五次常委会会议未尽事宜。

5月18日，区政协十六届第六次常委会会议召开。开展党的二十大精神宣讲，学习新修订的《中国人民政治协商会议章程》，传达近期召开的一系列重要会议精神；听取莲都区三个“一号工程”建设推进情况、项目建设情况和招商引资情况的通报，听取区政协常委履职报告；审议通过有关人事事项。

8月25日，区政协十六届第七次常委会会议暨“区委十五届四次全会决策”专题议政性常委会会议召开。听取《区委十五届四次全体（扩大）会议报告（征求意见稿）》起草情况，并就有关决策内容开展协商讨论，提出修改意见和建议。

8月30日，区政协十六届第八次常委会会议召开。学习习近平总书记对首个全国生态日作出的重要指示精神和习近平总书记在中共中央政治局常务委员会会议上的重要讲话精神，2023年全省政协主席暑期读书会暨市、县（市、区）政协工作经验交流会精神，市委五届四次全体（扩大）会议精神及区委十五届四次全体（扩大）会议精神；听取莲都区上半年经济社会发展情况通报；审议通过有关人事事项。

12月26日，区政协十六届第九次常委会会议召开。学习习近平总书记近期重要讲话精神，传达学习市政协党组（扩大）会议暨市政协工作务虚会精神和区委常委（扩大）会议精神；听取区委、区政府关于提案、大会发言等办理情况通报，区政府关于2023年重点项目工作情况通报，区纪委监委、区人民法院和区人民检察院2023年工作情况通报，区经合中心和区旅投公司分别关于2023年招商引资工作情况和古堰画乡国家级旅游度假区创建工作情况的通报；审议通过有关人事事项。

（区政协办　庄静）

协商议政

【概　况】 2023年，区政协发挥专门协商机构作用，聚焦党政中心工作，履职尽责建诤言、谋良策、出实招，组织“请你来协商”及全媒体协商活动9场，以高质量履职服务高质量发展。

【“请你来协商”活动】 6月27日，加强乡土文化的保护和利用“请你来协商”活动在大港头镇大港头村文化礼堂举行。区政协委员、文史专员、有关职能部门围绕主题，面对面协商议政，为莲都区乡土文化的保护和利用建言献策。会上，课题组作前期调研情况汇报，区委宣传部、区文广旅体局和区农业农村局等部门负责人作回应发言。

7月18日，营商环境优化提升“一号改革工程”“请你来协商”活动举行。调研组作综述发言，区委统战部、区全面深化改革服务中心等相关部门负责人就委员所提的意见建议和下一步工作逐一进行回应。市行政服务中心原副主任结合“放管服”改革和营商环境“无感监测”体系S3版，就更高标准推进现有运行标准化等内容进行工作指导。

7月27日，高质量推进“一号开放工程” 全力促进莲都“地瓜经济”提能升级“请你来协商”活动举行。调研组作综述发言，区委统战部、区经商局等相关部门负责人就委员所提的意见建议逐一进行回应。

8月29日，区政协围绕“发展畲族文化产业，促进革命老区共同富裕”议题开展“请你来协商”活动。区政协主席主持活动。会上，区政协副主席代表课题组作综述发言。区委宣传部、区委统战部、区文广旅体局、老竹畲族镇、丽新畲族乡等部门单位就委员所提的意见建议进行回应。

9月22日，区政协围绕“聚焦现代农业发展 助力碧湖新城做大做强”议题，在碧湖镇莲丰享庄园开展沉浸式“请你来协商”活动，将好点子带到田间地头，为合力推动莲都农业现代化献计出力。区政协主席主持活动。会上，区政协副主席代表课题组作综述发言。丽水市农林科学院办公室主任和丽水市农业农村局乡村产业和市场信息处处长作点评发言。区科技局、区农业农村局、区自然资源分局和碧湖镇等单位的负责人应邀参会，并现场回应发言。

9月25日，区政协围绕“发展莲都美丽经济　打造健康医美”议题，开展“请你来协商”活动。市委常委、区委书记张壮雄与区政协委员面对面座谈，听取意见建议。区政协主席主持会议。会上，区政协副主席代表区政协课题组作综述发言。丽水市人民医院医疗美容科副主任医生作点评发言，浙江大学生物医学工程与仪器科学学院教授通过视频连线参与远程协商。区经济商务局、区经济合作交流中心、区农业农村局、区卫生健康局、区市场监管局、区旅投公司等单位负责人立足自身职能进行现场回应。

7月27日，高质量推进“一号开放工程” 全力促进莲都“地瓜经济”提能升级“请你来协商”活动举行（区政协　提供）

【全媒体协商】 11月16日，莲都区政协联合市新闻传媒中心共同开展“拥抱莲都　放飞青春”全媒体参与委员协商议事活动，邀请6位青年委员与相关政府部门对话协商，厚植培育社会主义协商民主文化。莲都区政协主席、党组书记，市政协相关专委会负责人，部分区政协委员以及区直部门、乡镇（街道）负责人等参加活动。活动现场，区人力社保局、区建设青年发展型市区工作专班相关负责人对6位委员提出的问题表示认同，就委员意见建议一一进行回应，并一致表示，将通过部门协同、市区联动、政企合力，优化满足青年发展需求的政策环境和社会环境，推动青年发展型市区建设迈出实质性步伐、取得实质性进展。

（区政协办　彭晨婕）

委员履职

【概　况】 2023年，区政协围绕中心大局履职尽责，深入践行以人民为中心的发展思想，组织委

9月22日，“聚焦现代农业发展 助力碧湖新城做大做强”沉浸式“请你来协商”活动举行(区政协 提供)

员开展调查研究、协商建言、服务群众等活动，以政协工作出新出彩为全区工作增光添彩。政协第十六届丽水市莲都区委员会第二次全体会议期间收到提案232件，立案165件，其中，集体提案52件，委员个人和联名提案159件，并案46件，不立案21件。切实强化提案交办工作，实现提案办结率100%，委员满意度100%。

【专题调研和视察监督】 2023年，区政协聚焦党委政府中心工作，组织开展专项监督和委员视察活动25次，提出意见建议467条，以高质量履职服务高质量发展。聚焦数字经济创新提质“一号发展工程”，参与省、市、区三级政协联动监督，引导企业委员参与招商引资、推进数实融合，获市长批示肯定。7月，聚焦营商环境优化提升“一号改革工程”召开专题协商会，区长与政协委员面对面，推动构建为企服务新生态。聚焦地瓜经济提能升级“一号开放工程”开展重点课题调研，就超市经济发展、侨商资源回归等献计献策，履职成果获区委书记批示肯定。会同区人大常委会，围绕碧湖新城建设管理开展联合监督，就碧湖新城总规、控规及城市设计规划召开征求意见会，助力碧湖新城市容管理、环卫保洁、市政维护等标准迭代。围绕深化“千万工程”、建设美丽乡村开展专项监督；围绕“三江口”区块联动开发和协同发展开展党外委员专题视察；围绕学前教育普及普惠区创建等工作开展视察调研，助推党委政府决策部署落地。聚焦健康医美产业开展重点课题调研，召开专题协商会，区委书记与政协委员共话美丽经济被省政协《联谊报》宣传报道，调研报告《发展莲都美丽经济，打造健康医美产业》获省政协领导和市长批示肯定。聚焦现代农业发展召开专题协商会，围绕国家水稻分子育种中心丽水示范基地建设组织委员视察，助力实施农业“双强”行动，助推农业产业优质高产；围绕全区项目投资计划编制召开征求意见会，为相关决策提供参考。参与创建革命老区共同富裕先行示范区工作，以“乡土文化的保护和利用”为主题召开专题协商会；围绕古堰画乡国家级旅游度假区创建、“三山”共富协同改革、“大搬快聚”后续富民帮扶等工作安排委员视察，《关于乡土文化助力乡村振兴的调研报告》获省政协领导批示肯定。围绕法治莲都(法治政府)建设，就公检法工作涉及专项考核的薄弱环节搭台建言，形成民主监督报告3份，增进委员与司法机关的互信和理解，实现建言资政和凝聚共识双向发力的目的，助推莲都区法治建设社会综合满意度获全省第一。

【服务为民】 开展联乡助企、联村助农“双联双助”界别月活动，走访企业80余家，慰问低收入农户120余人，助力解决急难愁盼问题360多个；协同市政协联合举办“丽水山风颂丰年·挺进共富”文化走亲暨“六送下乡”活动，惠及群众3000多人次。2023年，全区乡镇(街道)举办协商议事活动32场次，紧扣村集体经济发展、群众就业增收等议题献计出力。老竹畲族镇推动建设“莲鸭共生”博士工作站，黄村乡助力推进华能农光互补项目，仙渡乡协助签订100多个就业岗位，紫金街道持续发力杨梅产业提能升级。围绕基础设施建设、公共交通出行等议题出谋划策，碧湖镇推动新城路名优化，雅溪镇助力城乡公交服务水平提升，南明山街道助解小区“停车难”问题。多个案例入选省、市政协典型案例，多次活动被省级以上新闻媒体宣传报道。强化特色委员工作室建设，“法助民生”委员工作室举办普法宣讲活动36场次、服务群众法律咨询761人次；“阳光关爱”委员工作室帮扶困境儿童358人次，参与化解矛盾纠纷95件。建成乡镇(街道)、区直部门全覆盖信息网络，收集社情民意信息458篇，编报227篇，较2022年增长59%，被全国政协和省政协录用30余篇次，《高尿酸血症年轻化亟待关注》等信息被全国政协采用，《丽水莲都区“小信息”彰显为民“大情怀”》被《人民政协报》录用。

【履职创新】 坚持守正创新，在全过程人民民主实践中打造特色品牌，形成多个具有莲都辨识度的平台载体。创新运用网络信息技术，推动“随手拍、快捷报”从微信沟通到政务互联的升级，从拍摄报送到协商督办的深化，制定实施办法，实现问题交办到结果评价的“掌上履职”全流程闭环，拓展民主监督的广度、深度和效度，被省政协推广应用。发动委员以“快捷报”形式，参加全省政协系统“迎亚运盛会助力三大提升行动”专项集体民主监督活动，及时反映群众关切，部门办复率100%，助推解决问题数占全省的1/4。发挥“协商之治”与“数字之治”融合叠加优势，在全市率先探索面对面、屏对屏的全媒体参与协商新方式，构建报网端微屏联动协商新格局。接续市政协“青年人才招引”和区政协“打造青年发展型市区”议题，举办“拥抱莲都，放飞青春”全媒体参与委员协商议事活动，助力打造青年人才筑梦圆梦理想之地，协商视频的点击和留言量突破10万人次，有效扩大宣传协商民主，广泛凝聚社会共识，相关做法被“学习强国”学习平台和《人民政协报》宣传报道，获市政协主席批示肯定。联动市政协开展调研监督等履职活动30多批次，完成“丽水山风别样红·初心如磐”学习教育和“‘千万工程’助力乡村振兴”等调研视察活动。联合义乌市政协共建跨区域“山海协作”委员工作室，打造“山海协作”新平台，助推两地产业高质量发展，获省政协领导批示肯定。与缙云县政协共同举办“饮用水水源保护”专题协商，打破区域、部门壁垒，推动“黄村水库上游村庄水源保护绩效考核应用”的生成和落地。参加宁波江北区政协等九地政协协商促发展活动，共同倡议“区域协调发展”，被《人民政协报》宣传报道。

(区政协办　马腾飞)

文史工作

【《莲都红色文化根脉》出版】 2023年，区政协结合主题教育工作部署，制定《莲都红色文化根脉》文史专辑征编方案和编撰大纲，同区老促会、区古栝文化传媒工作室合作，推进撰写、征集、编辑、审核、设计、排版等工作。全书共8章30万字，内容包括革命事件、革命人物、革命影像、革命旧址遗址、革命文物遗物、红色艺术作品、革命文献刊物、革命纪念馆等，讲述革命故事，传承红色基因，为建设革命老区共同富裕先行示范区、打造山区跨越式高质量发展“重要窗口”提供精神动能。

【《莲都文史》编印】 2023年，收集编辑《回忆解放初期的干部职工业余学校》《回忆莲都农村电视事业发展历程》等文章30篇，分为往事追忆、岁月留痕、时光追溯、地方史事4个板块，印发《莲都文史》第9期，发挥政协文史存史、资政、团结、育人的功能。

【文史资料征集】 2023年，发动政协委员、文史专员参加全国政协、省政协和市政协的文史资料征集工作。“县中记忆”征集到处州、梅山、花园、天宁和城关镇等中学校史资料7篇，“非遗传承与发展”征集到《情系鼓词七十年》等文史资料10篇。为全国政协《“三亲”文库》“中国抗日战争”卷提供史料专辑2本、文史资料8篇。向丽水市文史研究馆报送区情简介1篇、区政协简介1篇、“随手拍、快捷报”等工作亮点16个，其中，“督察长”制度实践被评为2022年度全省政协工作创新案例。

(区政协办　赵军浩)

中共丽水市莲都区纪律检查委员会
丽水市莲都区监察委员会

综　　述

【主题教育】　2023年，区纪检监察系统学习贯彻习近平总书记关于加强纪检监察干部队伍建设的重要讲话和重要指示批示精神，对标上级纪委监委和区委部署要求，把主题教育、巡视巡察问题整改与干部队伍建设有机结合，取得明显成效。区纪委常委会落实“第一议题”制度，认真领会党的二十大精神，学深悟透习近平总书记考察浙江重要讲话精神，跟进学习习近平总书记关于“八八战略”实施20周年等重要指示批示精神，开展“循迹溯源学思想促践行”活动，汲取思想伟力、凝聚实干力量。以“清莲学院”为依托，运用“清莲云课堂”“清言青语”“业务大练兵”等创新载体，推动干部政治素养和业务能力“双提升”。召开全系统警示教育大会及年轻纪检监察干部专题培训，常态化开展纪检监察干部违纪违法典型案例学习，以身边人、身边事敲警钟、促警醒。

【作风建设】　2023年，区纪检监察系统以钉钉子精神落实中央八项规定精神，常抓不懈、久久为功，推动党风政风持续向好、新风正气不断充盈。常态化开展正风肃纪“月亮行动”，查处违反中央八项规定精神问题35起，党纪政务处分31人。持续纠治形式主义、官僚主义顽瘴痼疾，整治“指尖上的形式主义”，为基层减负增效，查处形式主义、官僚主义问题22起，党纪政务处分19人。整治享乐主义、奢靡之风突出问题，联合市交警支队建立酒驾醉驾信息快速流转机制，明确“四查清”“两监督”工作要求，对党员干部、公职人员酒驾醉驾及其背后“四风”问题开展整治，对违规吃喝、违规收送礼品礼金、违规发放津补贴等问题从快从严处理，查处奢靡之风、享乐主义问题13起，党纪政务处分12人。清廉建设扩面提质、迭代升级，获省级清廉建设称号3个、市级清廉单元称号9个。

【深化改革】　2023年，莲都区纪委监委把握纪检监察体制改革新阶段新特点，注重体系化建设、整体性推进、地区性拓展，推进纪检监察工作规范化、法治化、正规化。抓深抓实协作片实体化运行，增强乡镇纪检监察机构履职能力，提高村级违纪违法案件办理质效，基层监督能力有效提升。推进“组账村管”，让农村“三资”管理更加阳光规范，从源头上遏制组级资金管理乱象。聚焦碧湖新城大开发、大建设实际，建立“新城廉盟”协作监督机制，重构碧湖新城监督模式，以风清气正的政治生态涵养发展生态。深化基层小微权力大数据监督，承担全省基层（村社）领域非高频小微权力试点，迭代升级社区基层小微权力平台，积极构建大数据监督模型，提升基层监督质效。

重要会议

【全区纪检监察系统工作务虚会】　1月19日，2023年度全区纪检监察系统工作务虚会召开。传达省纪委十五届二次全会精神，围绕全市纪检监察系统高质量发展要求和全年工作目标，回顾总结2022年全区纪检监察工作，研究谋划2023年工作思路和举措。会议要求对标对表省纪委全会精神，谋划好2023年工作路线图，进一步提振精气神，确保各项工作在新的一年开好局、起好步。

【纪检监察干部队伍教育整顿推进会】 3月15日，全区纪检监察干部队伍教育整顿推进会召开。会议强调要深入学习贯彻习近平总书记关于加强纪检监察干部队伍建设的重要讲话和重要指示批示精神，认真落实中央纪委、省纪委、市纪委教育整顿动员部署推进会议精神，以高度的政治自觉落实好各项要求。要结合莲都实际，不折不扣抓好教育整顿的各项工作。要秉持真学真懂的态度抓好学习教育、紧扣真查真改的目标严肃检视整治，完善真破真立的举措推动巩固提升。

【全区巡察工作会议暨十五届区委第三轮巡察动员部署会】 4月12日，全区巡察工作会议暨十五届区委第三轮巡察动员部署会召开，市委常委、区委书记张壮雄出席会议并讲话。会议强调，要全面贯彻党的二十大精神和习近平总书记关于巡视工作重要论述和重要指示，认真落实中央、省委、市委关于巡视巡察工作的新部署新要求，以两个“永远在路上”的执着纵深推进全面从严治党。针对第三轮巡察工作，会议指出，要突出政治要求、使命在肩，确保巡察工作始终沿着正确方向前进；要突出问题导向、靶向发力，充分发挥巡察监督利剑作用；要突出责任担当、一抓到底，扎实做好巡察整改“后半篇”文章；要突出力量集成、自身建设，着力锻造忠诚干净担当的巡察铁军。

【清廉莲都建设推进会暨全区领导干部警示教育大会】 7月11日，2023年清廉莲都建设推进会暨全区领导干部警示教育大会召开，市委常委、区委书记张壮雄出席会议并讲话。会议强调，深入学习贯彻习近平新时代中国特色社会主义思想和党的二十大关于“坚定不移全面从严治党”的战略部署，全面落实省、市清廉建设相关会议的部署要求，以案为鉴、以案明纪、以案说责、以案示警、以案正风，以更大力度推动清廉莲都建设向纵深发展。

【全区纪检监察系统半年度工作例会暨市委提级巡察反馈意见整改工作动员部署会】 7月20日，全区纪检监察系统半年度工作例会暨市委提级巡察反馈意见整改工作动员部署会召开。会议对上半年工作进行总结回顾，对市委提级巡察反馈意见整改及下阶段工作作出部署。

【区纪委区监委学习贯彻习近平新时代中国特色社会主义思想主题教育动员部署会】 9月19日，莲都区纪委监委学习贯彻习近平新时代中国特色社会主义思想主题教育动员部署会召开。传达学习中央、省委、市委和区委有关主题教育会议精神，对区纪委监委开展主题教育作动员部署。

监督执纪

【政治监督】 2023年，莲都区纪检监察系统肩负强化政治监督的重大政治责任，以捍卫者的绝对忠诚坚定拥护“两个确立”、坚决做到“两个维护”，确保重大决策部署不折不扣落到实处。把保障习近平总书记重要指示批示精神贯彻落实摆在首位，严明政治纪律和政治规矩。以环境污染防治为导向，深入整治矿产资源领域腐败问题。紧盯粮食安全，运用协作片、“室组地”联动监督机制，推动粮食购销领域腐败问题专项整治走深走实，夯实粮食安全防线。整治乡村振兴领域不正之风和腐败问题，围绕“大搬快聚富民安居”工程、农村回迁房安置、招投标领域等方面问题开展项目化治理，查处一批损害群众利益的违纪违法人员，解决一批困扰群众的烦心事、揪心事。把山区26县乡村振兴富农惠农政策落实情况作为监督的切入口，紧盯产业扶持补助资金发放、乡村振兴产业发展项目资金绩效等

“小切口”开展专项督查，督促问题整改11个，推动完善制度10余项，以强有力的监督推进村居集体经济多元发展，破解山区共同富裕难题。

【营商环境监督】 2023年，莲都区纪委监委聚焦护航营商环境优化提升“一号改革工程”，开展清风护航营商环境优化提升专项攻坚行动，严肃查处破坏政商关系、损害营商环境的违规违纪违法行为，查处问题90个，处理152人，帮助企业解决难题26个，打通破坏营商环境的“中梗阻”。以小切口监督精准把脉推进“数字经济”“地瓜经济”的堵点、难点，开展专项监督、明察暗访，将监督探头延伸至数字经济招商现场，纠正谋划力不足、主动性不强、执行政策打折扣搞变通等问题，为加快推动莲都数字产业能级跃升、开放平台能级提升提供坚强纪律保障。

【“一把手”监督】 2023年，莲都区纪委监委贯彻落实党中央和省委关于加强对“一把手”和领导班子监督的规定要求，协助区委落实“五张责任清单”，建立党风廉政建设函告制度，定期盘点情况，跟进督促落实，加强对各级“一把手”和领导班子的监督，全年发送季度提醒函76份，廉政抄告单46份。坚持把政治监督贯穿于监督检查、审查调查、政治巡察、派驻监督全过程，深化运用政治生态分析研判、政治画像、谈心谈话、党风廉政意见回复等方式，全面掌握领导干部“健康状况”，督促“一把手”和领导班子自觉接受监督。

惩治腐败

【概　况】 2023年，莲都区纪委监委坚持有案必查、有腐必惩，持续强化不敢腐的震慑，立案235件，党纪政务处分176人，移送司法机关7人，主动投案或交代问题35人，取得良好的政治效果、纪法效果和社会效果。

【重点领域腐败整治】 2023年，全区纪检监察系统深挖彻查重点领域腐败问题。落实市委“保生态、护正气”专项整治行动，处理矿产资源领域问题线索10条，立案8件，党纪政务处分7人；开展招投标领域突出问题综合治理，立案18件，党纪政务处分16人；推进漠视侵害群众利益问题专项治理，查处腐败和作风问题121个，党纪政务处分48人。

【以案促改】 2023年，莲都区纪委监委深化案件查办全周期管理，制定《莲都区纪委监委关于做好案件查办“后半篇文章”的操作办法》，构建案件剖析、问题整改、警示教育、深化治理、综合运用、监督保障流程闭环，指导相关单位打通制度障碍和机制梗阻，推动建立健全标本兼治的长效机制，实现以案促改、以案促治。全年下发纪检监察建议书51份，督促相关单位建立健全制度100余项。坚持以数字监督赋能基层监督，承担全省基层（村社）领域非高频小微权力试点，迭代升级社区基层小微权力平台，构建民生领域、乡村振兴领域等监督模型18个，对比产生红色预警信息651条，处理139人。

8月20日，莲都区纪委监委紧盯优化营商环境提升“一号改革工程”开展实地走访调研（区纪委区监委 提供）

【廉洁文化建设】 2023年，莲都区纪委监委在全区开展以警示教育大会、排摸廉政风险点、开展“青廉”行动等为主要内容的“5 + N”警示教育活动，结合全市纪法教育月、“两片一课助青廉”等系列活动，联合市纪委监委拍摄警示教育片《失陷》，组织案件庭审旁听，党员干部接受警示教育1.3万余名，夯实拒腐防变的思想。梳理近年来查处的村社党员干部和监察对象违纪违法案件，精选典型案件汇编形成《莲都区村社党员干部“画说违纪(法)”警示教育漫画读本》，结合“百名纪检监察干部联百村”活动，推动纪检监察干部下村开展警示教育宣讲200余场次。深挖“莲廉”文化，打造“莲廉清风润处州”廉洁文化品牌，协助举办“廉潮‘甬’动·清风‘丽’影”廉洁摄影大展，深化家庭助廉、清廉宣讲等形式多样的活动，推动群众在潜移默化中接受廉洁文化熏陶，崇廉尚洁的社会氛围日益浓厚。

巡察工作

【政治巡察】 2023年，莲都区委坚持把巡察工作作为落实全面从严治党主体责任的直接抓手，坚守政治巡察定位，心怀“国之大者”，围绕上级重大决策部署及全区经济社会发展大局开展政治监督，督促各级党组织和党员干部在维护党的领导、落实党的方针政策、忠诚履职尽责方面担当作为，发挥巡察利剑作用。区委出台《莲都区委巡察“开巡报告”工作实施办法(试行)》，将开巡答辩会模式用制度的形式固定下来；紧密结合村(社区)基层实际，组建3个调研组分赴11家单位，围绕对村巡察与其他基层监督贯通协调等主题开展调研，实现巡而有备。全年开展十五届区委第三轮、第四轮巡察，涉及14家单位和42个村(社区)党组织，第三轮巡察发现问题289个，移送问题线索12条，给予党纪政务处分1人，挽回经济损失73万余元。

【专项巡察】 2023年，莲都区委巡察办坚持向专发力，发挥专项巡察“小切口、大纵深、效果好”的优势。在稳步推进常规巡察的基础上，探索“常规巡察、专项打法”新模式，结合区委第三轮和第四轮巡察，分别对优化营商环境领域和安全生产领域同步部署开展专项联动监督，发现并指出相关职能部门贯彻执行中的“温差”“落差”“偏差”；根据全省乡村振兴领域巡审联动的统一部署，对区农业农村局、区财政局等8家单位，大港头镇及11个村党组织开展乡村振兴领域专项巡察，发现问题188个，移送问题线索21条，给予党纪政务处分5人，挽回经济损失61万余元。创新上下联动、贯通融合的“巡派”联动机制，实行巡前廉情互通、巡中联动核实、巡后督促整改“三步联动法”，将巡察重点监督与派驻常态监督有效融合，推动“巡审”“巡纪”联动，通过资源共享、信息互通、优势互补、协作联动，进一步叠加监督效力，取得“1 + 1 > 2”的监督效果。

【整改监督】 2023年，莲都区委巡察办向分管区领导交办疑难问题22个，由领办领导发挥牵头抓总、协调各方的作用，推动拖欠村集体应收款、饮用水提升工程滞后等16个遗留问题整改销号，挽回经济损失21万余元。落实巡察发现问题“三向反馈”制度，向被巡察单位党组织及其主要负责人反馈的同时，“一对一”向分管(联系)区领导反馈，构建上下齐抓共管抓整改的工作体系，7家单位“一把手”因巡察发现问题突出被分管区领导重点约谈，压实被巡察单位整改责任。实行“一函一单一报”机制，将治“已病”和治“未病”相结合，推动民生领域、行政机关合同管理领域等普遍性系统性问题全面整改，巡察标本兼治效应更加凸显。“打造强村富民矩阵，迸发‘消薄’强大动能”案例被评选为省委重大巡视问题清单典型案例。

(区纪委区监委　宁周威)

民主党派

中国国民党革命委员会丽水市莲都区委员会

【概　况】 2023年，中国国民党革命委员会丽水市莲都区委员会（简称“民革区委会”）下辖民革莲都区第一、第二、第三支部3个支部，设参政议政专委会1个。截至年底，有党员88名，其中，新发展党员5名。

【思想政治建设】 2023年，把学习习近平新时代中国特色社会主义思想作为首要政治任务，以“凝心铸魂强根基 携手奋进新征程”主题教育为统领，引领莲都民革党员政治建设达到新高度。民革区委会新增学习“第一议题”制度，领导班子成员带头到各支部和党员中宣讲，以“关键少数”带动“绝大多数”。鼓励党员参加各类征文活动和信息报送工作，2023年，撰写各类征文5篇，其中，1篇获市委统战部2023年度统战理论政策研究优秀成果二等奖；撰写宣传文章40余篇，其中，被民革中央采用2篇，被省民革采用3篇，被市民革网站采用30篇，被区政协采用19篇，1名党员获评民革中央全国宣传思想工作先进个人。

【参政议政】 2023年市、区两会期间，莲都区民革党员代表、委员聚焦青年型城市发展、大综合执法改革、环境保护等党委、政府中心工作深入基层调研，撰写建议、提案，精准建言献策，提交集体提案5件，个人提案、议案15件，大会发言3篇，其中，《打造青年发展型市区 助力丽水百万级人口现代化城市建设》被评为市政协五届二次会议优秀大会发言、《莫让绿水青山变为固废消纳场》被区政协十六届二次会议评为优秀大会发言。2023年，组织40余名党员参与调研工作，上报社情民意信息52篇，被民革中央录用5篇，被全国、省政协采用4篇，被省委统战部采用3篇，被民革省委会采用6篇，被市政协采用40余篇，获评区政协优秀履职单位及反映社情民意信息工作先进集体。1人获区政协优秀履职委员表彰，多人获评区政协反映社情民意信息工作先进个人。

【社会服务】 2023年，各支部结合自身特色，开展主题丰富的活动。第一支部连续3年开展倡导低碳、健康、绿色生活方式的“共建清洁美丽世界”“浙里”美丽跑活动；第二支部连续4年与中共灯塔社区党支部联合开展“社区建设”“一老一小”等多主题共建调研；第三支部开展“讲主题、勤学习、促帮困”贫困学生结对帮扶活动等。广大党员立足岗位实际，作出不平凡的成绩，1人当选全国妇联执委、浙江省政协常委民宗委副主任，其经营的畲凤非遗工坊入选省级非遗工坊，畲凤民族服饰体验馆被评为浙江省省级乡村博物馆、丽水市首批石榴红非物质文化遗产传承基地；1人获“全国司法所模范个人”称号；1人获“浙江省优秀来料加工经纪人”称号；10余人次获“丽水之干”担当作为好干部、全市企业上市工作、国家级生态文明建设个人三等功等市、区级荣誉；1人利用暑假赴黔东南州黎平县天堂小学支教，这是其2014年开始参与西部支教活动的第四站；1人向莲都区慈善总会捐款1万元，用于老年人健康事业发展。

【祖统联谊】 2023年，推荐台联会中的民革党员当选为区政协十六届委员，让更多台胞台属了解大陆国情，对台政策。利用党员的台属关系优势，把祖统工作与市、区台胞、台属联谊会工作有机结合，有5名党员分别担任市、区台联会负责人、理事或顾问，举办中秋台胞、台属茶话会，帮助台胞、台属排忧解难；春节期间慰问台胞、台属50余人次。1人获评民革浙江省委会全省祖统工作先进个人。

【组织建设】 民革区委会坚持质量与数量并重原则，强化组织发展和干部队伍建设。按照组织发展相关要求，严把“入口关”，彰显主体界别特色，2023年，新发展党员5名，均为大学以上学历。全体党员凝心聚力、奋发有为，组织建设、参政议政、社会服务都取得长足进步，2023年，民革区委会获评民革全省社会服务工作先进集体；第二、第三支部被市委会评为先进集体，一支部被市委会评为反映社情民意先进支部，3名党员被评为优秀党员。

（民革区委会　章健）

中国民主同盟丽水市莲都区委会

【概　况】 2023年，中国民主同盟丽水市莲都区委会（简称“民盟区委会”）有盟员83人，其中，新发展盟员4人。民盟区委会践行“四新”“三好”，继承和发扬民盟“立盟为公、参政为民”“奔走国是、关注民生”的传统，围绕区委、区政府“三件大事”、三个“一号工程”开展调查研究，提升“五种能力”，在思想建设、组织发展、参政议政、社会服务等方面再上台阶，被民盟市委会评为先进集体，获莲都区政协社情民意信息工作三等奖。

4月28日，“矢志不渝跟党走　携手奋进新时代”——纪念“五一口号”发布75周年主题活动在南明湖畔举办（民革区委会　提供）

【思想政治建设】 2023年，民盟区委会坚持理论学习中心组制度，以集中学、个人学、线上线下双线学等不同形式组织开展思想政治学习30多次，深入学习贯彻中共二十大精神、习近平总书记系列重要讲话精神等，做到学思践悟相结合，撰写理论文章，提交学习体会，开展思想交流，以习近平新时代中国特色社会主义思想武装头脑、指导实践，提升盟员的政治判断力、政治领悟力、政治执行力。开展“凝心铸魂强根基、团结奋进新征程”主题教育，组织骨干盟员赴重庆市参观学习，加深盟员对中共党史、统一战线史、民盟盟史的了解，提高对党派的认识。推进“观故居，走多党合作之路”活动，举办主题教育培训班，组织10余名年轻盟员赴浙江绍兴参观周恩来故居、秋瑾故居等红色教育基地，提升政治素养。组织开展红色革命文化教育，80余人次分别赴碧湖中学、浙西南革命纪念馆、仙渡乡等地现场参观学习。参加同心向党——纪念中共中央发布“五一口号”75周年书画展活动，2名盟员的油画、摄影作品参展。举办“探源碧湖 循民盟印记”建盟日活动。开展我盟 我们1948——“五一口号”发布75周年纪念活动。推进“同心同廉”工程，与各支部签订廉政建设承诺书，举办多场廉政文化教育，组织观看反腐倡廉警示片。参加区委统战部举办的浙丽同心“莲都大厦杯”运动会，增强团结合作意识。

【参政议政】 2023年市、区两会期间，盟员代表、委员聚焦“双招双引”、数字化改革、共同富裕、教育提质等党委、政府中心工作深入基层调研，提交集体提案5件，个人提案、议案16件，大会发言4篇，其中，《教育托管必须解决“水土不服”，才能“开花结果”》被评为市政协五届二次会议优秀大会发言，《以“双招双引”撬动共同富裕，绘就中国式现代化莲都新图景》《卡证融合智能共享美好》《安置用房地下车库的处置迫在眉睫》被区政协十六届二次会议评为优秀大会发言。民盟区委会履行党派民主监督职能，组织盟员开展南明湖水域、政务服务“移动办事”便利度、碧湖新城基础教育等专项监督，撰写《长效治理南明湖水葫芦根于在于上游亟须补齐跨区协同机制短板》监督报告获时任市委书记胡海峰等多位市领导批示办理。参加政党协商、政协协商、通报会等协商会议，就“三江口”协同发展区、“地瓜经济”等协商课题组建调研组，提交《“三江口”协同发展区边界共建共治，变“地域壁垒”为“双向互融”》《因链接而改变，壮硕“茎节”方能强藤结瓜》等协商材料，多项意见、建议被采纳并转化推动工作的具体举措。举办社情民意信息工作专题培训会，深化导师制，入盟3年内的盟员与骨干盟员结对，组建“莲盟”参政队伍，进一步提高盟员履职水平。围绕政务服务、营商环境优化提升、“地瓜经济”提能升级“一号开放工程”、革命老区共同富裕先行示范区创建等重点工作开展议政沙龙。利用盟员岗位、特长优势，带领盟员到教育、民政、卫生健康、文化旅游、农业农村等部门及乡镇、街道开展调查研究，完成“基层政协委员参与地方治理”“费孝通‘美美与共’在莲都的实践”等课题。盟员参与或撰写的《关于乡土文化助力乡村振兴的调研报告》《发展莲都美丽经济 打造健康医美产业》获省政协副主席批示。参与民盟中央经济委的文旅消费重点课题调研。

【社会服务】 2023年，民盟区委会按照民盟党派界别特色、盟员特长等，组建“莲盟”志愿服务队，分设综合、教育小组，到社区、农村、学校开展社会服务。在同心社区服务站、东苑小区开展迎新春送祝福、困难群众慰问、助力文明城市等活动；在乡村振兴实践点黄泥墩村开展产业升级、村民增收、基础设施建设等帮扶工作。志愿者到黄村乡严鸟小学开展“六一”慰问活动，赠送羽毛球、篮球等体育器材价值5000元；组织发动医卫、教育、书画、法律等专业的盟员参与市、区政协举行的“六送下乡”活动。与丽水学院合作开展乡村振兴帮扶活动，实地走访黄泥墩村的碧水湾景区，提出可行性意见。

（民盟区委会　叶泳梅）

中国民主建国会丽水市莲都区委员会

【概　况】 2023年，中国民主建国会丽水市莲都区委员会（简称“民建区委会”）下设4个基层支部，会员98人，成员以公有制经济人士为主，政府机关、非公有制经济企业界、普通教育、法律界等均有分布。

【思想政治建设】 2023年，民建区委会以习近平新时代中国特色社会主义思想为统领，加强理论武装、提升理论素养，用党的创新理论分析面临的形势、指引前进的方向、解决存在的问题，提升民建工作质效。突出政治导向、主题引领、共识教育，始终把思想政治建设摆在首位，贯彻落实“凝心铸魂强根基、团结奋进新征程”主题教育，结合莲都实际深化“坚持进步性、实践进步性”主题教育。以“微型思政课”为载体，结合重大活动创新教育，开展党的二十大精神专题学习宣讲活动15次。联合衢州龙游民建在浙西南革命纪念馆开展主题教育。承担市、区级课题，撰写中共二十大精神学习体会等。

【组织建设】 2023年，民建区委会实施“人才强会”战略，把握“坚持特色、注重质量、优化结构”发展原则，制订年度会员发展计划，提高会员发展工作的规范性和主动性。推进领导班子、代表人士队伍建设，会员档案及会费管理等制度落实。夯实人才基础，根据市委会主题教育文件和加强代表性人士队伍建设的要求，整合资源，分层推进，推动政治培训与履职锻炼有机结合，提升培训实效。联合莲都区6个民主党派，举办骨干会员主题教育培训班，参加赴重庆培训班、政协委员履职能力提升班、莲都统战讲堂等80余人次。5月，组织骨干会员赴深圳市南山区与民建南山总支骨干成员举办座谈交流会；6月17日，与衢州市龙游基层委联合开展“凝心铸魂强根基、团结奋进新征程”主题教育活动，到浙西南革命纪念馆及民建之家开展座谈交流；7月13日，福建省宁德蕉城区民建到莲都交流调研；10月19日，与民建省直十支部会员就丽水莲都和杭州萧山两地“‘地瓜经济’提能升级，促进‘藤茂根壮’”议题开展座谈；10月30—31日，组织会员到省委会机关、金华施复亮故居、浙江民建会员之家等地开展“走研思之路，悟入会初心”主题教育现场研学。

【参政议政】 2023年市、区两会期间，民建区委会提交大会发言2件、团体提案7件，个人建议提案18件，内容涉及碧湖新城建设、中小企业数字化转型、深化国企改革等方面。1篇大会发言获评优秀大会发言并获区主要领导批示。2名会员接受区融媒体中心的专题采访，建议被莲都发布、莲视频等多家媒体关注报道。

民建区委会搭建平台，健全课题调研制度，不定期举行形式多样的调研座谈会和现场视察活动，利用“民建会客厅”议政平台，举办“氧吧茶叙”沙龙6次、“萤火虫”沙龙8次。2023年，各支部、专委会申报区级课题10个，市级调研课题3个；编报社情民意信息25篇，被省委统战部录用1篇、省委会录用8篇、市政协录用3篇、区政协录用14篇。民建区委会就“企业数字化转型，助力实施数字经济创新提质‘一号发展工程’”课题开展多次区内调研，5月18—20日赴深圳市南山区、龙岗区多个科技企业开展调研。课题调研报告《高质量推进“三江口”协同发展区建设 打造莲都新经济活力新图景》获市政协2023年度优秀调研报告三等奖、区政协2023年度优秀调研视察课题成果三等奖；集体提案《重视城市规划管理 助力碧湖新城发展》获评区政协2023年度优秀提案；《亟待加强加油站防渗设施监管工作》《赓续路名文脉，留住乡愁记忆——碧湖新城建设需重视和挖掘路名文化》获评区政协2023年度优秀社情民意信息。民建区委会获2022年度区政协优秀履职单位称号和反映社情民意信息工作先进集体一等奖。

【社会服务】 2023年，打造“绿谷·思源”莲都民建志愿者服务队社会服务品牌。5月30日，开展“关爱困境儿童，助力碧湖新城发展”留守儿童和工业园区困难员工子女慰问帮扶活动；8月，到万象街道厦河门社区儿童之家开展暑期青少年社会服务活动；10月23日，开展重阳节慰问暨主题教育实践活动，到老竹镇浅田村为留守老人、困难老人、70岁以上老人等送上节日慰问品，在碧湖镇魏村农村文化礼堂为429名60岁以上老人制作43桌慰问宴，并赠送节日礼物。民建企业委开展“守望相助，助农共富”“我在碧湖有亩田”公益活动，推动助农共富。联合鑫汇物业有限公司开展重阳节主题志愿服务活动，关爱帮扶社区老年残疾人、困难老党员等弱势群体。实施企业“两个健康”工程，定期走访会员企业了解诉求，开展“碧湖新城中小微企业数字化转型”调研活动；开展“氧吧茶叙”沙龙，提供法律咨询、政策解读等服务。

（民建区委会　翁阁谞）

中国民主促进会丽水市莲都区委员会

【概　况】 2023年，中国民主促进会丽水市莲都区委员会（简称“民进区委会”）下设5个支部，会员94人，其中，新发展会员4人，均为本科以上学历。

【思想政治建设】 2023年，民进区委会坚持以思想政治建设为引领，把学习、宣传、贯彻各级重要会议精神作为民进会员的一项重大政治任务。深入贯彻中共二十大、民进十三大等重要会议精神，班子成员带头开展会议精神宣讲；组织学习传达全国、省、市、区两会，中共丽水市委五届三次、四次全会，中共莲都区委十五届三次、四次、五次全会等会议精神，推进广大会员旗帜鲜明讲政治，增强“四个意识”、坚定“四个自信”、做到“两个维护”，巩固多党合作的思想政治基础。将“凝心铸魂强根基、团结奋进新征程”主题教育与中共党史学习和民进会史学习紧密结合，统一会员的思想和行动。组织会员赴松阳安岱后开展“重温红色之路　巩固合作初心”活动，听取粟裕、刘英等先辈故事，重走红军路，瞻仰革命遗址，回顾浙西南革命根据地的斗争历史。结合纪念中共中央发布“五一口号”75周年活动，组织青年会员重温会史故事，学习传承先辈们爱国、民主、团结、求实的精神，感悟民进与中国共产党风雨同舟、携手共进的历史和友谊。

【参政议政】 2023年，民进区委会围绕三个“一号工程”、产业发展、人才招引、教育提质、文旅复兴等党政中心工作和热门话题开展“议政沙龙”等活动，开展参政议政实践，发挥教育、文化、新闻出版的界别优势，集智聚力，为党委政府决策及社会治理提供科学有效的参考，连续两年获评区政协优秀履职单位。区两会期间提交提案11件，涉及教育体制优化、工业经济转型、畲族文化传承等多方面内容，大会发言《小超市激发大能量 让“莲都山超”“亿”熠生辉》关注“超市”这一特色“莲都人经济”发展，获区委书记、区长等5名领导的批示肯定。

2023年，有27篇社情民意信息被上级政协、民进组织采用，其中，《加强MCN机构规范管理，为“网红经济”到“长红经济”架好桥梁》《建议精细化实施“其他草地”管理，推动全国近两成草地高质量发展》被全国政协采用，《建议加快破解“小农水”监管“不力”难题，保障乡村种粮产粮安全》获区政府主要领导批示。民进区委会获评2023年度区政协反映社情民意信息工作先进集体，多名会员获评反映社情民意信息工作先进个人。

完善“点题—破题—解题”的机制，民进区委会组织骨干会员开展三个“一号工程”、“三江口”协同发展等课题的调研活动，走访联城街道、碧湖镇等乡镇及区经商局、区商金中心、莲都经开区管委会等主管部门了解情况，提出意见建议。完成《擅借他山之石，精琢自身之玉，全面推进莲都“地瓜经济”提能升级》《立足产业特色、发挥协同优势打造“三江口”科创新高地》协商报告，获区委区政府主要领导肯定。组成民主监督小组，针对法治化营商环境建设、助力民营经济发展壮大等议题开展民主监督，形成专题监督报告上报党委政府。

【社会服务】 2023年，民进区委会组织政协委员及会员参加区政协“随手拍、快捷报”活动，助推基层民生问题有效解决。发挥“山海协作”平台作用，深化丽水莲都、宁波江北两地民进交流与合作。组织会员赴江北区考察学习，参观江北区基层委“开明嘉苑”、冯骥才祖居博物馆等，并开展交流座谈，就主题教育、机关建设、组织发展、参政议政、社会服务等工作进行深入交流，特别针对近年来自身发展所面临的问题瓶颈，学习江北的工作思路和经验做法。12月，江北基层委代表团到莲都开展“追随总书记足迹”活动，巩固双方的情谊。

（民进区委会　胡迪）

中国农工党丽水市莲都区委员会

【概　况】 2023年，中国农工党丽水市莲都区委员会（简称“农工党区委会”）下设5个支部，党员83人，其中新发展党员2人。党员平均年龄52.56岁，高级技术职称12人、占14.46%，中级技术职称51人、占61.45%；教育界占37.35%，医药卫生界占16.87%，其他界别占45.78%。6月，区委会届中调整，选举兼职副主委1名。

【思想政治建设】 坚持理论学习中心组制度，农工党区委会及各支部以集中学、个人学、线上线下双线学等不同形式开展思想政治学习30多次。开展“凝心铸魂强根基、团结奋进新征程”主题教育，组织党员赴重庆、绍兴、温州等地，参观红色教育基地，提升政治素养。发动党员参加“五一口号”发布75周年纪念活动并撰写学习感言。组织党员参加区委统战部举办的浙丽同心“莲都大厦杯”运动会。推进“同心同廉”工程建设，观看反腐倡廉警示教育片，组织党员赴之江监狱开展现场警示教育。组织骨干党员祭扫邓演达墓，参观邓演达生平展示，接受传统教育。开展交流学习，选派党员参加农工党省、市、区委会，统战部市、区委会及区政协组织的各类主题学习培训班30余人次；与温州乐清市委会、苍南县委会开展工作交流。

【参政议政】 2023年，围绕“美丽健康”主线，聚焦“双招双引”、数字化改革、碧湖新城变大变强等深入基层调研，撰写提案和建议。在区两会期间，区委会提交大会发言1篇，团体提案5件，个人提案15件，其中，1件集体提案和2件个人提案被列为重点提案，并被评为优秀提案，大会发言《打造健康医美产业 催生莲都“美丽经济”》被评为优秀大会发言。聚焦“三江口”区块整体协同发展、助力“地瓜经济”藤茂根壮等协商课题组建调研组，提交《在“三江口”区块发展二次元经济引爆年轻潮人集聚》《做强“莲都山超”，好货出山让“地瓜”变“香瓜”》等协商材料，所提意见、建议获区委、区政府采纳并转化推动工作的具体举措。农工党区委会针对社会热点、难点问题，发挥“爱莲说”“新莲说”的平台作用，举办社情民意信息工作专题培训会。2023年，报送社情民意信息50余篇，被采用36篇，其中，农工党中央采用7篇，全国政协采用1篇，省政协采用5篇，省委统战部采用3篇，区委会获区政协反映社情民意信息工作二等奖。理论调研取得新突破，完成《关于在基层防汛防台工作中发现的问题及思考》《关于如何发展健康医美产业的建议》2篇市委会课题调研报告，理论文章《关于如何加强民主党派地方组织政党意识的思考》被农工党中央评为2023年理论研究优秀论文二等奖。

【社会服务】 2023年，农工党区委会同市委会通力协作，共建太平乡“同心共富”社会服务基地，创建农工党浙江省委会社会服务基地，打响“前进·暖阳”服务品牌。农工党省委会与富山头村结对，落实产业帮扶资金20万元，春节期间，省委会赴结对村开展慰问，向困难户发放慰问红包和慰问品价值5余万元；牵线海宁市许村镇李家村党委及爱心人士与富山头村5名学生结对，赠送慰问红包和物品价值3万多元。组织党员赴富山头村义务采摘油茶果1000多千克；帮助富山头农户售卖覆盆子550多千克。牵线省妇女儿童基金会到太平乡对接社会服务项目，向太平乡捐赠童鞋、暖暖包、书籍等价值3万元，并结对困难学生5名。农工党区委会被省委会授予“2023年度社会服务工作先进基层组织”称号。

（农工党区委会　周文飞）

6月9日，太平乡“同心共富”社会服务基地揭牌仪式举行（农工党区委会　提供）

九三学社
丽水市莲都区委员会

【概　况】 2023年，九三学社丽水市莲都区委员会（简称“九三学社区委会”）下设综合、农业、文教卫3个支社，社员50人，其中，新发展社员5人。社员中具有高级技术职称20人、占40%，中级技术职称14人、占28%；大专以上学历占100%。

【思想政治建设】 2023年，九三学社区委会及各支社以集中学、个人学、线上线下双线学等形式开展思想政治学习30余次，深入学习宣传贯彻中共二十大精神、习近平总书记重要讲话精神、习近平总书记在浙江考察时的重要讲话精神等，做到学思践悟相结合，以习近平新时代中国特色社会主义思想武装头脑、指导实践，不断提升社员的政治判断力、政治领悟力、政治执行力。发动青年社员开展“九三青年说”活动，纪念“五一口号”发布75周年暨五四青年节。开展“凝心铸魂强根基、团结奋进新征程”主题教育，组织骨干社员参加党外代表人士培训，赴重庆市参观特园、白公馆、渣滓洞、周公馆等，加深社员对中共党史、统一战线史、九三学社史的了解，提高对党派的认识；赴庆元开展教育活动，参观中国工农红军挺进师斋郎战斗遗址，加深对浙西南革命精神的理解；举办主题教育培训班，参观周恩来故居、秋瑾故居等红色教育基地，提升政治素养。

【参政议政】 2023年，九三学社区委会聚焦共同富裕、区域协调发展、生态工业、碧湖新城建设等党委、政府中心工作，组织社员深入基层调研，撰写提案，建言献策。两会期间提交集体提案4件，个人提案15件。区政协大会发言《做好“大搬快聚”后续文章，描绘安居乐业共富画卷》获评优秀大会发言；《关于发展社区“智慧养老”，积极应对人口老龄化的建议》获评区政协2022年度优秀提案；集体提案《以“水经济”引领“三江口”高质量绿色发展》被区委书记张壮雄重点领办，《聚力生物医药未来产业，助力生态工业高质量发展》被区长张妍重点领办。围绕“三江口”区域协同发展、“地瓜经济”提能升级“一号开放工程”、革命老区共同富裕先行示范区创建等重点工作开展调研，提交《做好“水文章”，激发“水动力”，赋能“三江口”区块高质量协同发展》《以莲义山海联动助力“地瓜经济”提能升级推动经济高质量发展》等政党协商材料。组织社员参加社情民意信息工作专题培训会，提高社员履职水平，社情民意信息《分区分类实施皆伐提升我国南方松材线虫病防治成效》被全国政协采用，《建议加强基层医疗应急能力建设》被省政协采用，《基层反映警惕“惩恶扬善”式打假扰乱市场监管秩序》被市政协采用。

【组织建设】 2023年，组织社员参加省、市、区各级主体培训学习，提升社员队伍的思想政治素养和履职能力。1名社员被评为丽水市劳动模范，被中国食品工业协会聘为第五届调味品国家评委；1名社员获评浙江省综合性评标专家、丽水市国有资产项目评审专家；“碳纤维砧板及其制备技术”获国家知识产权局专利；“浙西南红色文化资源在美术教学中的应用研究”获市级课题一等奖。

【社会服务】 联合社省委、社市委在老竹民族学校开展2023年“百名专家进乡村入学堂”活动，以“同心助共富，教育向未来”为主题召开座谈会，发挥自身优势，邀请两位省特级教师为老竹民族学校的教师举行两场专业讲座，并捐赠教学物资价值8000元。开展“给大地画像”——丽水九三科普进校园活动。8月，开展“向阳花”暑期教育帮扶研学活动。医卫支社在碧湖镇残疾人康复站和上街村文化礼堂开展送医卫下乡活动，惠及1500余人次。开展科普宣传活动，提升群众科学素养和防范电信诈骗意识，助力碧湖“幸福新城”建设，受益群众2000余人次。赴松阳县开展科技服务月活动助力乡村振兴。联合丽水民建、丽水移动调研数字乡村建设，在古村落保护与开发方面建言献策，助力乡村振兴。

（九三学社区委会　孔振）

群众团体

莲都区总工会

【概　况】 2023年，莲都区有系统工委7家，乡镇（街道）工会15家，其中，总工会6家，乡镇（街道）工委9家。截至2023年底，全区有基层工会487家，会员28689人，其中，新建基层工会63家，新发展会员2223人。完成141份基层工会组建相关文件批复，指导71家基层工会开展换届选举，完成32家工会委员成员替补。区总工会在市总工会对各县（市、区）工会的考核中连续12年获优秀等次。

【劳模工匠精神弘扬】 2023年，区总工会参加丽水市劳模和模范集体、工人先锋号的评先评优工作。莲都区获评2023年全国工人先锋号1个、省工人先锋号2个，获省五一劳动奖章1人，获评丽水市模范集体3个、丽水市劳动模范10人。开展“守好红色根脉·班前十分钟活动”系列活动110场次，参加企业65家，覆盖3000人次；开展“工小宣”“四进”（进企业、进工地、进社区、进校园）宣讲，覆盖2500人次，《人间烟火》《“小热线”里的“大民生”》获评市级“十佳宣讲文案”，《红绿融合 助推共富》获评市级“优秀宣讲文案”。省劳模、全国基层理论宣讲先进个人陈旭东在2023年“中国梦·劳动美——凝心铸魂跟党走 团结奋进新征程”全国职工宣讲比赛中获优秀奖。

【职工文体生活】 2023年，区总工会深化“莲工·益”普惠＋定制服务品牌，突出“工”字特色，提升服务职工能力。开设彩带编织、形体、瑜伽、摄影、花艺、声乐等普惠公益课程67班次，参与1700余人次。创新“你点我送”订单式服务模式，按需定制送课70班次，累计180余学时，惠及会员2000余人次，实现所有乡镇（街道）工会（工委）、系统工委全覆盖，专场送课到企业一线、新就业形态劳动者身边，相关做法在全市推广。发挥民族传统节日思想熏陶和文化教育功能，推动中国传统节日传承振兴，丰富职工文化生活，开展“我们的节日”系列职工文体活动，送春联、

6月15日，“我们的节日·浓情端午”制作艾草鞋垫专场活动举行（区总工会　提供）

猜灯谜、汤圆花灯青团粽子DIY、花艺、“宋韵·莲迹”游园活动等，惠及职工5000余人次。构建全民健身公共服务体系，举办“同心迎亚运·实干助共富”职工健步走、“青春迎亚运 奔跑向未来”青年荧光潮跑、男子职工篮球赛等活动。

7月10日，2023年莲都区总工会“爱心托班”暑期公益活动开班仪式举行

（区总工会 提供）

【职工素质提升】 2023年，区总工会以“莲工·学堂”为主线，通过“普惠大课堂”和“送课下基层”等培训形式，开设新媒体短视频拍摄及制作、家政收纳、裁剪缝纫设计、美妆造型设计、小儿推拿等技能培训课程与“健康教育”系列讲座，惠及职工1000余人。开展农民工“求学圆梦行动”学历补贴申报工作，14名农民工通过审核；发放2022年农民工“学历与能力提升行动”补助资金25800元，惠及57人。联合区教育局成人教育培训中心，开展成人高中“双证制”报名工作，助力职工学历提升。

【职工技能竞赛】 2023年，区总工会承办“我心向党”全省青年职工诵读比赛，选送作品《点点事迹赞匠人，盏盏明灯颂精神》获大赛银奖；承办浙江省职工互联网营销师职业技能竞赛，积蓄“地瓜经济”发展后劲，加快推进电商行业高质量人才培育及行业创新发展，助力全省电商创新发展；选派莲都青领带联合工会代表队12名职工参加全省职工街舞大赛，作品《处州莲韵》获第五名。联合多部门举办区级配电网运维检修技能竞赛、四季摄影大赛、护理岗位技能竞赛、乡厨大赛、直播共富坊评比大赛、医师岗位慢性病健康管理双处方技能竞赛、婴幼儿照护服务技能竞赛等20余场，为广大职工搭建大赛舞台。通过多层级、多领域竞赛体系，引导带动职工群众在日常岗位上精益求精、追求卓越。

【职工慰问帮扶】 2023年，区总工会走访慰问省、市、区级劳模21名，困难职工3名，外市籍留在莲都过年职工450名，医务人员817名，春节期间坚守岗位的新业态职工500名，护理护工行业职工子女31名，发放慰问品价值32.58万元。完成2022年度医疗互助保障金、慰问金报销发放，职工住院补助4987人次，补助报销金额121.7万元；慰问金补助109人次，慰问金补助金额15万元。2023年度职工医疗互助参保工作同步进行，全区305家机关、企事业单位参保职工12416名，缴费173.8万元。回访2022年困难职工，动态调整建档档案，对20户困难职工家庭进行疫情补助和生活救助，发放2022年第二批中央财政资金1.2万元。组织开展2023年职工防暑降温慰问活动，慰问企事业单位60余家、1500余人。

【职工生活品质提升】 2023年，区总工会举办寒暑期“爱心托班”15场，累计托管184天，招募劳模、教师、大学生志愿者参与257人次，投入资金13.8万元，惠及职工子女581名。举办“浙工缘”青年交友活动3场，145名单身青年职工参加活动。强化暖“新”工会建设，组织54名新业态一线职工参加疗休养活动；为30名新业态职工提供免费健康体检；投入专项资金8万元，为616名新业态职工参保医疗互助。

【党群服务网试点改革】 2023年，区总工会入选省总工会党群服务网试点。联合区委组织部、团区委、区妇联、区科协、区残联建立莲都区党群服务网试点工作联席会议制度，明确组成人员、会议职责、工作方案等内容，构建起开放多元的“大群团”工作格局。坚持“市级统筹、整体联动”，承办两次市、区培训会。梳理并录入公共服务事项22条、服务阵地86个、服务活动19项。选取东港社区和灵山社区党群服务中心作为示范点，融入工会标识和元素。“新业态在线”应用已接入省总工会数智群团系统。

【和谐劳动关系建设】 2023年，区总工会举办“春风行动”暨就业援助月春季招聘会，为广大企业和求职者搭建“面对面、零距离”的对接平台，参与企业130余家、提供岗位2300余个，涉及新媒体运营、金融服务、快递物流、酒店餐饮、机械制造、教育培训等多种类别，吸引求职者3500余人，达成初步就业意向的有900余人。开展“尊法守法·携手筑梦”农民工公益法律服务行动7次，走访21世纪不动产、菲可童装、万邦鞋业等企业，发放相关宣传资料6000余册，接受法律咨询200余人次。加大宣传力度，创新要约形式，动员各类企业开展工资集体协商要约行动，其中，独立建会企业工资集体协商162家，行业性工资集体协商3家、涵盖企业196家，区域性工资集体协商19家、涵盖企业763家，已签订规模以上企业“能级工资”专项集体合同39家，覆盖职工2104人。

【职工疗休养】 2023年，区总工会加强开放交流合作，进一步提升疗休养承办单位服务质量，建立公开、公平、有序的疗休养工作秩序。联合区文广旅体局、区商金中心、区农业农村局核定疗休养承办单位245家，其中，省级疗休养基地3家，市级疗休养站点11家，区级疗休养站点231家。10月，举办疗休养基地（站点）提升培训班，47名区级以上疗休养基地（站点）负责人参加实地培训。2023年，有1246批次6955名职工在“疗养云”上报备并进行疗休养，促进消费1817.4万元。

（区总工会 姚哲伦）

11月28日，浙江省互联网营销师职工职业技能竞赛总决赛举办（区总工会 提供）

共青团莲都区委员会

【概　况】 2023年，莲都区有基层团（工）委33个，基层团（总）支部448个，专职团干728人，团员7394人，累计团组织540个。团区委聚焦青年发展型市区建设和共青团基层组织改革等重点工作，立足青年发展需求，着眼城市建设需要，推进各项重点工作任务落地落实。

【青年发展型市区建设】 2023年，以建设青年发展型市区工作为重点，发挥青年工作联席会议机制作用，协助出台《关于建设青年发展型市区的实施意见》和《莲都区建设青年发展型市区2023年重点工作方案》，将建设青年发展型城市纳入2023年工作责任制考核和区级十方面民生实事，将党建带团建、队建工作纳入区委巡察范畴。在团市委全会上，莲都区代表围绕青年发展型城市建设作经验分享，调研文章《凝聚区域共识 打造“青春莲都”——丽水市莲都区建设青年发展型市区调研报告》在

《中国共青团》杂志上全文刊登。搭建青年交流场景，组建青年婚恋交友服务联盟，新建区级亲青恋基地3个，全年开展“新居之约”“心动一夏”“深秋细语，甜蜜相识”等青年交友活动6场。新建市级潮玩基地2个，探索“青年之家＋青年社团＋网络社群”组织覆盖模式，组建光影美学社、阅读文艺社、街舞潮玩社等十大区级青年社团，开展国潮汉服、桌游探秘等青年社团主题活动16场。组织开展青年消费节、青春集市等专场活动，助力碧湖新城聚人气、展新姿。

【青年宣讲教育】 坚持把思想政治学习贯穿共青团工作全过程，围绕4个学习专题，针对不同领域团员和青年，注重分类施策，丰富学习形式，依托“青年大学习”“浙里潮音”“学习强国”等平台推广学习内容。举办青年主题交流分享会、青联委员及青马学员学习沙龙、主题团日等活动，创新学习方式。以“青言青语”让理论宣讲“声入人心”，与财通证券联合举办第五季青年说比赛，莲都、杭州两地有志青年同台“论剑”，齐叙共同富裕。深化青年宣讲品牌，推出“数字经济新引擎”“碧湖新城正青春”等党的二十大系列宣讲视频，发布《万千光华 向“莲”而行》青年城市宣传片，发动青年推介官线上线下展现城市形象，形成“青春莲都”的城市共识。引导少年儿童听党话、跟党走，开展“学习二十大 争做好队员”主题教育实践活动，组织红领巾爱学习、经典诵读、红领巾走进档案馆等活动，不断增强少先队员光荣感。2023年，获少先队省级荣誉7人、集体2个；创建全国红领巾中队4个；1名大队辅导员获“全国优秀少先队辅导员”称号。开展莲都区“十大杰出青年”、“十大青年创业先锋”、浙江青年工匠等评选，以杰出青年榜样力量指引青年投身家乡经济社会发展。开展新时代好少年评选活动，评选区级新时代好少年239名、市级10名。

5月18日，“与莲都同行”财通共进篇青年说第五季决赛举行。图为参赛代表合影

（团区委　提供）

【青年创业创新】 打造“青创莲都”品牌，助力青年发展。组建由企业家、投资人、专家学者组成的青年创业导师团，优秀青年律师组成的法律服务团，通过签订银团合作协议、举办资源对接会、青创沙龙等形式，为创业青年提供全链条支持和服务。强化平台打造，举办“青创莲都·遇见未来”青年创业创新发展论坛、农村青年电商培训班，推荐“双创”青年参加省创业创新大赛，选树全区十大青创先锋，鼓励引导更多青年加入创业创新行列。10月，面向莲都创业青年启动“青创学院”，通过开展主题分享、青创沙龙、考察交流、共创会、资源对接会等系列活动，帮助青年创业者提升创业能力、拓宽创业思路；倾心服务青年就业，打造在莲都就业、实习、实践一体化平台，举办“青聚莲都”莲都学子家乡行活动，发布大学生实习实践岗位361个，到莲都实习201人，打造市级青年实习基地1个。链接高校人才资源，与本地2所高校签订校地共建协议，举办高校实习招聘会2场，发布实习招募岗位256个。2023年，莲都区“青年求职供需比”超过全省平均水平78.52%，团省委书记在全省青年发展型省份建设研讨班上对莲都区工

3月7日，中国共产主义青年团丽水市莲都区第二十次代表大会召开（团区委　提供）

作给予肯定。

【青年志愿服务】 依托“青春社区”建设，深化“团员青年向社区报到”专项行动，2023年，开展区级社区志愿服务11场。联合丽水学院团委共同招募青年志愿者435名，助力“采桑社区杯”2023莲都碧湖新城田园半程马拉松，加强赛会保障。发动青年志愿者参与经常化创建全国文明城市、垃圾分类、交通维护等志愿服务。

【青少年权益维护】 加强四类重点青少年走访帮扶，关注青少年心理健康苗头性倾向性问题，开展“心理健康、法治第一课”进校园、心理“解忧杂货铺”等活动，截至2023年底，开展法治、心理活动37场。在寒暑假期间举办公益课堂、托管志愿服务等活动，围绕自护教育、法治宣传、爱心陪护等主题，护航青少年健康成长；常态化开展助学圆梦活动，全年发放各类助学金25万余元。联合本地建筑龙头企业实施“中立筑梦助学工程”。联合宁波江北团区委开展“携手共架友谊桥　青春点亮微心愿”活动，为偏远学校50名困境儿童点亮“微心愿”，借力“山海协作”营造情系教育、热心公益的浓厚氛围。开展“情暖童心　筑梦未来”关爱儿童志愿服务，为300名困境儿童送去礼品。

【基层团组织建设】 2023年，共青团丽水市莲都区第二十次代表大会召开，选举产生新一届团区委委员、常委和班子。选聘69名大学生担任乡镇（街道）、村（社区）团组织兼职副书记，加强基层团组织工作力量。举办莲都区共青团基层组织建设专题培训班，25名乡镇（街道）、部门团干部参加培训，赴杭学习先进经验，提升业务能力。深化团干部管理监督机制，印发《共青团莲都区委班子成员与乡镇（街道）团（工）委联系结对方案（试行）》，定期召开共青团工作述职评议会，将基层团组织考核评价结果向党组织反馈。出台《莲都区关于新时代推进从严治团的实施方案》，依托“智慧团建”系统，落实学校领域及社会领域团员发展要求，优化各领域团青比例，常态化开展毕业生团员“学社衔接”跟踪检查，落实团员先进性评价激励、团内荣誉激励、青年团员“推优入党”等机制，强化团员组织关系管理和团员教育管理。推动非公有制经济领域团组织、“青年之家”等建设，扩大团的基层组织覆盖面与服务力。

【共青团改革试点】 聚焦省级县域共青团基层组织改革和共青团城市基层组织改革试点，争取党政支持，强化政策保障，先后出台《莲都区县域共青团基层组织改革实施方案》《莲都区共青团城市基层组织改革试点工作方案》。发挥青年工作联席会议机制作用，推进县域共青团基层组织改革。推进东港社区共青团城市基层组织改革省级试点工作，打造社区青年项目品牌，强化城市社区团组织的政治功能和社会功能。

【青少年宫建设】 莲都区青少年宫迁建项目位于碧湖镇文二路与人民路交叉口，毗邻碧湖三小和瓯碧园小区，总用地面积14045平方米，总建筑面积22426.95平方米，总投资1.65亿元。立足全区青少年校外教育事业发展，团区委实地考察学习省内外青少年宫运行经验，提升项目建设及运营管理能力。

（团区委　林莎莎）

莲都区妇女联合会

【妇联组织建设】 2023年，莲都区有乡镇(街道)妇联14个，区直机关妇委会49家。举办莲都区女干部培训班、全区妇联组织工作业务培训班，提升基层妇联履职能力。对全区各乡镇、村(社区)基层妇联组织信息进行更新维护；对3个乡镇妇联主席进行调整；成立奥美教育、莲城宾馆等4家“两新”组织和“四新”领域妇联组织。

【思想引领妇女】 2023年，区妇联组织“莲花”巾帼宣讲团开展党的二十大精神、中国妇女十三大精神等主题大宣讲40余场。举办招商引资、公务礼仪、商务礼仪等系列公益课20余期。举办“追梦时代启新程 奋发图强攀新高”“三八”国际妇女节特别活动，表彰巾帼创业先锋，宣讲新兴产业创业者的故事，展现莲都巾帼风采，提振创业信心和活力。

【来料加工】 2023年，开展“8 + X”工坊赋能行动，政银合作推出“巾帼贷”，授信“巾帼共富工坊”创业贷。依托义乌—莲都山海协作纽带，打造山海协作升级版共富工坊4家。申报市级“巾帼共富工坊”4家，县级“巾帼共富工坊”1家，特色示范来料加工点3家。

开展平车、无痕内衣熨烫等技能培训30多场，覆盖1300余人次；举办平车、熨烫、气球包装技能大比武4场。举办线下大型共富集市活动8场，组织来料加工经纪人参加义博会、广交会。打造“巾帼共富创业圈”，构建“万洋园区货源 + 市场货源 + 供应链整合 + 经纪人培训”的来料加工共富全产业链，带动就业1300人以上，年发放加工费1500余万元。打造以画乡老街为中心轴，辐射画乡景区10多个工坊的特色“共富工坊示范带”，带动周边妇女近500人“家门口”就业。

3月22日，区妇联在幸福里举办“让礼仪成就事业”创业女性商务礼仪课程

（区妇联 提供）

【助推经济工作】 2023年，联合市农投推出“水美篮轻”巾帼共富工坊平台暨“妈妈系列”产品线上巾帼云创推广销售；借助义乌妇联线上平台，开展“妈妈系列”产品推广；组织来料加工经纪人、民宿女主人参加浙江省“妈妈的味道”共富行暨百城百店推进活动。助推美丽经济，举办丽水市“千万工程”花园庭院品质提升擂台赛(莲都站)，推荐2户花园庭院(阳台)女主人参加丽水市“千万工程”花园庭院品质提升擂台赛决赛，均获三等奖。打造花园庭院样板户10个、花园阳台样板10个，推出“美景 + 美食 + 美宿 + 美物”四美融合巾帼共富线路1条。

【妇女儿童关爱】 2023年，修订完善《莲都区妇女儿童综合服务驿站建设工作标准》，新打造市级妇儿驿站6家、省级妇儿驿站1家，实现全区乡镇、社区妇儿驿站全覆盖。对接文旅、农业、科技等各类资源，以“农耕妙旅”“工业探旅”“红色研学”等为主题，开展亲子阅读、家庭教育、科技教育等活动400余场。

组织开展困境儿童微心愿认领、关爱帮扶助成长等系列活动30余场，受益困境妇女儿童5000余人次。举办“少年儿童心向党 关爱守护伴成长”暑期困境儿童集中陪伴活动4期，为80户困境儿童家庭送去党和政府关爱。成立儿童友好观察团，举办“一米高度看城市”系列活动，为城市建设和管理出谋划策，助力儿童友好城市建设。举办“新丽水 我的家”暨“成母礼”主题活动，开展“约绘美好——新就业群众相亲交友”等活动，发出全区首份生育友好型城市建设倡议书，助力生育友好城市建设。组织开展“寻味乡愁 拥抱未来”莲都籍大学生家乡行活动，将莲都人才新政推广、碧湖新城建设宣传与妇联“家味、乡情”活动有机结合。

开展“两癌”妇女摸底工作，争取低收入妇女“两癌”救助中央专项彩票公益金7万元和省低收入妇女“两癌”救助资金1.5万元，救助“两癌”妇女10名。

【妇女维权服务】 2023年，建立“平安家庭”联动机制和联席会议制度，确保各职能单位精准发力，“平安家庭”工作常态长效。支持社会组织公益参与，培育“沈姐”“侠姐”“俏姐”等一批志愿者团队为公益维权做好服务，打响“莲花调解”品牌，成立莲花调解室12个，调解纠纷412起，开展反家暴法、妇女权益保障法等法律宣传30多场。

【家庭文明创建】 2023年，举办全区“家庭教育指导”专项能力培训班2期，130名学员取得家庭教育专业资格证书。开展家庭教育、亲子研学等各类主题活动50余场，受益群众4500余人次。联合区教育局、区融媒体中心通过“莲连看”App开设《心理健康直播》栏目，举办直播21期，点击量90万人次。围绕“大花园”创建工作任务，认定绿色家庭25户，其中，省级1户、市级24户。

（区妇联　蓝晓丹）

莲都区科学技术协会

【概　况】 2023年，丽水市莲都区科学技术协会（简称“区科协”）有乡镇（街道）科协14家、学校科协2家、企业科协6家、区老科技工作者协会1家。区科协履行“四服务”（服务科技工作者、服务创新驱动发展战略、服务公民科学素质提高、服务党委政府科学决策）职责，全国科普日启动仪式暨人工智能科技展被中科协评为2023年全国科普日优秀活动，“推进民间特色科普馆建设与试点”项目入选省级科普创新示范试点。

【科创平台建设】 推进“一家三站”建设（院士之家，院士工作站、专家工作站、博士创新站），按照“市区联动共建、作用辐射全市”的总体思路，理顺体制机制，明确市科协为业务指导单位，莲都区为建设主体单位（挂牌单位），“院士之家”基地包括市经开区、缙云仙都等，跟进院士、教授到莲都考察交流等活动；针对莲都区产业发展需求，推进青年博士人才与中小微企业合作开展博士创新站建设，促进一批产学研用项目合作。截至2023年，创建市级博士创新站22家，位居全市前列。

【助力乡村振兴】 推进省科协山区海岛县“希望之光”组合式人才帮扶工作，省茶叶学会为莲都“三茶统筹”站台助力；推进省科协山区26县“一县一业一学会”智汇山区赋能行动，省畜牧兽医学会在莲都举办生态畜牧业高质量发展培训会。推进市

5月9日，莲都区雅溪镇覆盆子产业发展研讨会暨雅溪镇科协“三长讲科普”系列活动举办（区科协　提供）

科协“双百”活动（百名博士助百企 百名专家连百乡），市、区联合举办莲都区“双百”茶产业培训。创新推出“三长讲科普”特色科普品牌，在雅溪镇试点举办“三长讲科普”系列活动暨覆盆子产业发展研讨会。2023年，评定农民技术人员职称17人，为农村人才创业创新开辟新赛道。

【科学普及】 履行莲都区全民科学素质工作领导小组办公室职责，发挥全国科技活动周、全国科普日等牵引作用，开展具有牵引性、示范性、支撑性的重大科普活动。支持社会力量创建特色科普基地，创成艾莱依cool科技馆、莲都区爱尔眼科近视防控科普馆2家丽水市民间特色科普场馆，其中，艾莱依cool科技馆被评为三星级民间特色科普场馆。2023年，11家科普场馆走进校园，举办活动30场次。聚焦青年发展型市区建设，牵头组织区属各学校参加第38届丽水市青少年科技创新大赛。

【重大活动承办】 2023年10月24—25日，受市科协委托，承办2023年度浙江省科普教育基地人员培训暨丽水市民间特色科普场馆现场会，省、市、县（市、区）科协分管负责人，全省74家科普教育基地、5家省科研院所、重点实验室特邀代表，13家丽水市民间特色科普场馆负责人等130余人参加会议，扩大了科协联盟的“朋友圈”。

【服务民生】 2023年，区科协依托24个教学点，采取发放宣传品、扩大教学网点、社区送学、与社区固定长期办班等形式，上下联动，多跨协同，全年完成老年人智能手机使用培训5300人次，较好地解决老年人在社交、出行、就医、办事、网购、金融等场景下遇到的问题，提升老年群体智慧生活水平。

（区科协　吴琴霞）

莲都区工商业联合会（总商会）

【概　况】 2023年，莲都区工商业联合会（总商会）主管（指导）的商协会等组织共32个，其中，总商会1个、异地分会16个、异地商会2个、基层商会10个、园区商会1个、外地商会1个、新生代企业家联合会1个。区工商联第十一届执委会有主席（会长）1名（兼任），党组书记、常务副主席（副会长）1名，专职副主席（副会长）1名，兼职副主席16名，兼职副会长15名，执委74名。

【思想政治建设】 2023年，区工商联以习近平新时代中国特色社会主义思想为指导，深入学习宣传贯彻党的二十大精神和省、市、区重要会议精神，深化民营经济人士理想信念教育实践活动，加强民营经济代表人士队伍思想建设。向区新生代企业家联合会、莲都区龙泉商会等宣讲党的二十大精神、传达省、市、区两会精神；5月18—19日，组织区新生代企业家赴义乌开展“追寻真理光芒，传承红色基因”红色教育主题游学活动，追寻红色足迹，接受红色精神的洗礼；6月19—21日，会同宁波市江北区工商联，组织区工商联执委、新生代企业家赴杭州参加民营企业高质量发展暨新生代企业家专题培训班，通过参观浙商博物馆和阿里巴巴、海康威视等企业，实地了解大数据、云计算、人工

5月18—19日，莲都区新生代企业家赴义乌开展“追寻真理光芒　传承红色基因”红色教育主题游学活动（区工商联　提供）

11月4—5日，之江同心·浙商助力山区海岛县高质量发展和乡村振兴——浙商走进莲都活动举办（区工商联　提供）

智能和数字化转型在多行业的创新应用和发展情况，弘扬企业家精神和浙商“四千”精神。“七一”前后，组织区工商联执委企业家及所属商协会党支部的党员代表开展“忠实践行‘八八战略’奋力推进‘两个先行’”主题宣讲暨理想信念教育活动，引导民营经济人士夯实思想基础，增添奋斗动力，为争创“两个先行”贡献新力量。

【助推民营经济发展】 开展“大走访大调研大服务大解题”活动，走访执委企业和优秀民营企业家代表，宣传各类惠企政策，了解企业经营发展情况以及存在的困难，帮助企业协调解决实际问题，2023年，走访企业、商会109家。开展2022年度民营企业劳动关系状况监测调查，2023年第一次、第二次、第三次民营企业运行状况调查，上规模民营企业调研，民营企业社会责任调研以及企业用工情况调查等系列涉企专项调查，组织百余家企业开展2023年度万家民营企业评营商环境问卷调查工作，为进一步推动民营企业做大做强和营商环境的持续改善打下扎实基础。

【助力共同富裕】 开展助力26县跨越式发展行动，梳理出莲都区2023年农业、工业和文旅类产业项目需求清单，3月1—2日，赴宁波参加助力26县对接交流座谈会，共同探讨在产业帮扶、消费帮扶、人才帮扶等方面的合作空间。5月18—19日，赴义乌市开展助力山区26县高质量发展对接工作。6月19日，与江北区工商联联合举办江北区与莲都区企业家交流座谈会，就深化两地经济交流与合作进行沟通对接，达成了新的共识。收集宁波江北区工商联、义乌市工商联所能清单6条。做好省执委企业——纳爱斯集团生态资源研究及产业化项目的跟踪服务工作。11月4—5日，举办之江同心·浙商助力山区海岛县高质量发展和乡村振兴——浙商走进莲都活动，全省各地的企业家为莲都高质量发展把脉问诊、出谋划策。开展“双招双引”工作，实施“以侨招商”“以商招商”，举办莲都区2023年新春乡贤恳谈会暨异地商会沙龙座谈会和在沪莲商家乡行暨政银企话共富沙龙活动，宣传介绍碧湖新城建设情况、莲都经开区产业发展情况以及莲都区“双招双引”最新配套政策。3月14日，在区总商会安徽分会换届大会上宣传推介莲都区重点产业招商项目和最新人才招引政策。4月，会同区经合中心赴广东深圳开展半导体项目招商对接工作。5—6月，通过宁波莲都商会，与宁波知名行业龙头企业开展新能源和茶叶深加工等项目的招引对接活动，推动引进“菜篮子”预制菜、沃沃阀门年产4000吨阀门项目等4个产业类项目，总投资达18.2亿元。推进定向招工式共富工坊建设，2023年，新创建定向招工式共富工坊3家。开展安全隐患大排查行动，督促共富工坊负责人按照规范要求，对现场存在的安全隐患问题制定整改措施，限时完成整改，确保生产经营安全，坚决防范化解共富工坊重大风险，守住工坊安全发展底线。区工商联获评2023年度“浙丽同心·丽联助富”专项工作先进单位。

【健康营商环境打造】 贯彻落实省、市、区委清廉建设工作的部署要求，坚持企业合规发展理念，实施“同心同廉”清廉民企建设工程，2023年，新启动创建区级清廉民营企业31家，推动乡镇（街道）清廉民企建设全覆盖，执委企业建设覆盖率达50%以上，丽水市鱼跃酿造食品有限公司获评全省清廉建设成绩突出单位、2023年浙江省清廉民营企业建设示范单位，浙江多乐缝纫机有限公司等7家企业获“浙丽·清廉民营企业”称号。开展营商环境优化提升“一号改革工程”人文环境专项日常工作，梳理人文环境重点任务攻坚清单以及当前工作现状、存在问题、下一步对策建议，组建营商环境优化提升“一号改革工程”人文环境专项小组工作群，强化牵头抓总，合力营造更好创业创新环境，为企跑腿、让企方便、助企解忧，及时提炼工作成效，提高莲都区人文环境专项工作的能见度和服务中心大局的贡献度，“打好清廉民企建设‘组合拳’、推进营商人文环境提升取得新成效”经验做法获市委分管领导批示肯定。

【参政议政】 2023年区两会期间，工商联界别委员围绕民营经济发展及莲都区民生、发展、稳定等方面的热点难点问题，建言献策，提交提案16件，其中，集体提案5件。开展政党协商课题调研，形成以“聚焦‘三江口’区块整体协同发展、写好莲都人‘出山’创业创富文章”为主题的专题调研报告2篇，为党委政府科学决策提供参考。

【组织建设】 2023年，区工商联开展“乡镇街道商会全覆盖”行动，结合区域发展水平和基层工作实际，制订“个性化”组建方案，对民营经济较为活跃、民营经济统战工作基础较好的乡镇（街道），指导单独组建商会；对民营经济基础较为薄弱、辖区内登记注册的民营企业或个体工商户较少、不具备单独组建商会条件的，采取镇（街）带乡等方式，联合组建商会，全区组建乡镇（街道）商会10个，并完成登记注册工作。实施“商会党建提升工程”，推动党的组织和工作覆盖，12月，完成任期届满商会的换届工作，基层商会建设发展取得长足进展。切实强化对域外超市产业发展的组织引导，3月14日，完成区总商会安徽分会换届工作，12月18日，牵头成立区总商会首个异地分会超市协会——莲都区总商会安徽分会超市协会，以合作和联合为纽带，提升莲都超市创业群体的向心力和凝聚力，加快引入市场机构合作机制的探索实践，依托“蚂蚁商联”等大企业联盟加持，完善超市产业供应链、资金链、服务链、数据链和创新链，加大联合自有品牌的推广营销力度，做好莲都超市产业基本盘，写好莲都人“出山”创业创富文章，助力“地瓜经济”藤茂根壮。

（区工商联　叶啸笑）

莲都区文学艺术界联合会

【概　况】 2023年，莲都区文学艺术界联合会（简称“区文联”）有直属文艺家协会11个，乡镇文联4个；国家级会员57人，省级会员126人，市级会员248人。区文联学习宣传贯彻党的二十大精神和习近平总书记关于文

10月21日，大港头镇文学艺术界联合会成立大会举行。图为大会上的文艺表演

（赵献伟　提供）

5月19—21日，浙江莲都—四川叙永文化艺术创作采风交流活动举行

（区文联　提供）

艺工作的重要论述，围绕区委、区政府中心工作，团结引领广大文艺工作者投身莲都发展建设实践，推动莲都文艺事业大发展大繁荣，获评全省文联系统先进集体。

【文艺活动改革突破】 2023年，区文联坚持以党的政治建设为统领，落实意识形态工作责任制，加强直属文艺家协会规范化建设。印发《关于推进莲都区基层文联建设的实施意见》，推动以乡镇宣传委员或文化乡贤为主席的两种模式乡镇文联在莲都落地实践。10月，举办"艺美乡里"大港头镇文联成立大会暨区艺术家助力"千万工程"建设志愿服务活动，为古堰画乡创建国家级旅游度假区提供艺术支撑；举办雅溪镇文联成立大会暨"寻味千年——库川村"腊肉年货节活动，腊肉年货、戏曲展演、库川竹编、库川十大碗等传统文化、工艺和美食深受游客喜爱；碧湖镇举办文联授牌仪式暨"追梦在新城·阔步向未来"莲都区迎新春文艺志愿活动，文艺展演、送对联、送摄影、送美术、送民俗作品、送腊八粥等为新城群众送上新年"文艺大餐"。

文艺志愿者主动服务"农村文化礼堂"等乡村文化建设，开展"文化进万家送福送新春"文艺志愿服务，为村民送去春联5000余副，联合组织演出乡村春晚，深受群众的欢迎和好评。组织参与地方特色文化活动，举办"多彩紫金"摄影大赛、庆祝"八八战略"实施20周年中秋诗词吟诵会、"情系革命老区，实现共同富裕"——宣传党的二十大精神送戏下乡、2023年"阅享共富·筑梦未来"诵读接力等活动，进一步推动莲都文艺高质量发展。

2023年，实施《莲都区文艺精品工程扶持奖励办法》，对152件省级以上奖项的文艺作品落实专项奖励资金19万元。莲都区选送的13件文学作品在丽水文学创作大赛获奖，区文联获评2023年度丽水市文学创作大赛优秀组织奖。

【助力古堰画乡国家级旅游度假区创建】 2023年，深化古堰画乡"摄影之乡"品牌内涵，大港头镇被命名为首批省级摄影小镇。打造古堰画乡世界摄影人联络站，举办古堰画乡摄影名家作品展，省委书记易炼红等领导到场观展。深化"丽水巴比松油画"品牌内涵，联合举办"丽水滋美"——浙江省油画作品展、"美"的足迹——古堰画乡油画精品典藏展、"我们在画乡"四人联展、"生长的诗意"——丽水油画院2023邀请展、"浙里有个丽水巴比松"展览、"远看山有色"中国水墨名家联展等展览活动。助力古堰画乡产业招引，处由挚艺术公社等入驻古堰画乡。助力古堰画乡品牌宣传，承办"文学梦·源丽水"丽水市首届文学季活动，邀请鲁迅文学奖得主陈先发、张楚，浙江省作协副主席、《仙剑奇侠传》小说作者管平潮等文学作家宣传古堰画乡。开展"以画为媒永叙莲缘"文艺创作采风交流活动、新疆新和县"文化润疆"文艺骨干考察团古堰画乡现场教学活动等，进一步提升古堰画乡艺术小镇的影响力。

【助力碧湖新城建设】 2023年，围绕碧湖新城的"五个年轻"，开展为期1年的"豹变碧湖"主题摄影项目。9月22日起，"鱼"你同

9月8—10日，“喜迎亚运·心灵港口”音乐节举行。图为音乐节演唱节目现场

（区文联　提供）

框——碧湖未来新城全省摄影大赛暨“豹变碧湖”摄影主题创作成果在丽水摄影博物馆、古堰画乡、碧湖新城巡回展出，200余件作品记录展示碧湖新城豹变。11月6日，碧湖未来新城摄影作品展亮相丽水国际摄影节，发布“豹变碧湖”新城摄影项目创作成果展宣传视频，形成较大反响。

【打造莲都文化标识】 2023年，推出“李邕奖”全市书法篆刻大展，组织启动书法大展征稿及“李邕与括州”宣传工作，重点打造“李邕”莲都文化标识。举办莲都区—江北区书法培训及联展活动，举办莲都区新锐青年骨干书法培训班，进一步提升书法人才水平。协办廉潮“甬”动·清风“丽”影——首届全国廉洁摄影大展，邀请著名摄影家吴品禾为策展人，市区知名摄影家为骨干精英，组成7个创作团队，拍摄创作“清廉莲都”建设成效作品。组织第七届、第八届道德模范先进事迹采写，刊印《追光——莲都区道德模范先进事迹报告》，以文学的力量传播莲都正能量与人性真善美。

【艺术乡建工作】 挖掘西溪村书法特色、港口村音乐特色，融合乡村振兴，开展系列活动，9月8—10日，在港口村举办“喜迎亚运·心灵港口”音乐节，音乐人、音乐公司等入驻港口村，为港口村音乐驿站建设打下良好基础；10月27日，开展“千年西溪”——2023书法旗袍跨界嘉年华活动，举办西溪村书法展、戏曲表演与旗袍工艺展演等。2023年，大港头村、堰头村、西溪村、沙溪村获评首批市级艺术特色示范村，1人获评浙江省首批“艺术乡建”带头人。

（区文联　高丽鸥）

外事·侨务·港澳台事务

外　事

【概　况】 2023年，莲都区外办坚持以习近平新时代中国特色社会主义思想为指导，深入学习贯彻习近平外交思想，坚持将高质量跨越式发展作为首要任务，把服务国家总体外交和维护涉外领域安全稳定作为根本目的，持续擦亮“优质外事”“诚信外事”“经济外事”三大品牌，打造一批具有莲都辨识度的标志性成果。

【思想政治引领】 贯彻落实中央对外工作大政方针，召开2023年度区委外事工作委员会会议，抓好省、市外事工作委员会会议精神传达学习。突出“大外事”工作理念，协调统战、宣传、公安等部门力量参与外事工作；通过“讲故事”“交朋友”“建平台”等，开展涉外企业和外籍人士的“大走访、大调研、大服务”工作，服务外交工作全局和地方经济社会发展大局。2023年，在《今日中国》、《欧洲时报》、中新网、“丽水外事”公众号等发表信息20余篇，拍摄“国际友人看莲都”系列短视频2个，全方位、多角度、多层次展现莲都外事工作。

【友城互动国际交流】 与意大利阿斯蒂市签订《建立友好交流关系意向书》，阿斯蒂省长兼市长Maurizio Rasero于9月底访问莲都区，再次拓宽国际“朋友圈”；开展“外事连心，鸿雁传情”活动，向奥拉市等国际友城寄去节日问候及赠送礼品5次。访问日本牧之原市政府，促进两地合作交流。2023年，接待加拿大、意大利、克罗地亚等国际友人40余人次。依托古堰画乡博兰当代艺术馆，开办“欧洲艺术大师作品展”和“异地风景，欧洲古典风景油画展”；促成上海世外天宁中学与日本三岛市中乡中学开展线上交流。

【服务经济发展】 推进外事管理与服务的数字化改革，为出国手续办理、APEC（亚太经合组织）旅行卡办理、邀请外国人来华申请等业务提供咨询，畅通业务办理渠道，为企业“走出去”提供便利，开展各类APEC旅行卡宣介活动3场次，办理邀请外国人来华业务34人次；将乡村旅游资源和外事资源融合，推出“千年古堰，品味莲都”涉外涉农参访精品线路，推动丽水乡土文化走向国际视野。在意大利米兰举办“双招双引”经贸洽谈会，邀请30余家企业就项目招引、莲都特色产品出口进行推介洽谈，设立莲都区驻意大利“双招双引”联络站；与意大利商祺集团开展经贸洽谈并达成合作意向，在莲都注册成立电子商务服务有限公司，注册资金300万元。协助海外高层次人才招引工作，更新外语翻译人才数据库，挖掘5类语种外语翻译人才50余名，为企业解决“语言”问题。2023年，莲都区新增4家外商投资备案企业，实际使用外资132万美元。

【规范出国管理】 按照经贸洽谈和友城交流团组的组团要求，明确团组出访国家、出访行程和出访任务，对非必要出国的团组，不予申报。2023年，莲都区共申报1个出国团组，10名领导或干部以组团或参团的形式出国（境）开展工作。8月底，莲都自组的团组出访日本、意大利，与日本JRT-GROUP株式会社签订《丽水市莲都区—日本文旅合作框架协议》，设立莲都区文化旅游日本联络处；考察茨城县白鸽集团番薯主题公园，学习其一、二、三产融合做大做强番薯产业经验；与意大利卡斯塔利亚艺术研究协会签订《建立文化艺术交流合作协议书》，双方在人才、教育、文化、建立实训基地等方面建立长期的友好合作关系。

【领保工作】 落实《丽水市"一带一路"建设境外安全应急处突实施办法》和《莲都区突发事件应急预案》，妥善应对处置可能发生的涉外突发事件，提高涉外风险防范能力。将领保宣传工作与"拖地节"等活动结合起来，让领保宣传深入人心。2023年，通过入户、设点、电子显示屏宣传等方式开展领保宣传30余次，转发境外风险预警、境外自我保护常识、境外遇险求救方式等信息350余次。擦亮星湖领保站"红色领航·亲近领保"服务品牌，举行星湖社区领保站党支部成立暨中共二十大精神宣讲活动，突出党管外事，红色领航，加强党对领保工作（领事保护工作）的领导，将党组织的战斗堡垒筑在领保工作最基层。

（区委办　钟秀琳）

侨　务

【概　况】 2023年，莲都区华侨华人约6.5万人，归侨侨眷约4.2万人。莲都区侨务部门坚持胸怀全局、为侨服务，在服务经济发展、依法维护侨益、参政议政等方面的多项工作取得好成绩。区侨联被中国侨联授予"全国侨联系统先进组织"称号。7家"侨胞之家"获评2023年度全省侨联系统"星级侨胞之家"选树单位，其中，五星级2家、四星级2家、三星级3家；古堰画乡小镇入选第五批省侨联侨界创新创业基地；古堰画乡"木言木语"侨舍被评选为第二批省级"乡村侨舍"；"莲响好物处州吾饭共富工坊"获评第二批全省三星级"侨助工坊"。

【思想政治引领】 2023年，通过举办全区华侨代表人士培训班、侨联主席暑期读书会等形式开展习近平总书记考察浙江重要讲话精神和全国侨联"十一代会"精神专题学习，增强侨联学习贯彻重要会议精神的思想自觉、政治自觉和行动自觉。莲都区选手代表全市参加省侨联举办的"'八八战略'在身边"宣讲比赛，获得较好成绩。

【助力中心大局】 动员侨界投身"地瓜经济"，加强与职能部门对接合作，为侨界招商引资、招才引智工作搭好桥、牵好线，2023年，落地投产招商引资项目2个，2家企业参加"创业中华·浙丽同心"丽水华侨华人投融资活动暨中国品牌"出海"洽谈会，通过华侨牵线搭桥意向签约项目2个，总投资7.6亿元。

【助力共同富裕】 区侨联开展以"莲都侨界助力乡村振兴 推进共同富裕"为主题的助农增收活动，助力"青春莲都—峰源纳凉季"和"qu赋能——文旅电商直播"活动，"侨助共富"摊位促销西瓜5吨，价值10余万元。8

3月26日，区侨界名媛会助力丽水马拉松（区委统战部　提供）

月，区侨联和莲都农商银行签订深化战略合作协议，进一步推进“银侨合作”，莲都农商银行为区侨联授信50亿元，组建华侨金融服务专班，为侨胞侨眷提供优质、高效的金融服务。

【助力公益事业】 团结引导归侨侨眷和海外华人华侨力量，开展“侨爱送温暖”“重阳敬老”“圆梦儿童微心愿”等公益活动，关注高龄困难老人和留守儿童，捐赠10余万元。侨务部门主动参与“浙里有爱 四海迎春”新春慰侨活动和“中秋节侨干代您看家人”等活动，将党和政府对侨界群众的关心关爱落到实处。指导侨界名媛会打响“媛姐姐”品牌，开展“媛姐姐”圆梦山区儿童“微心愿”公益活动，组建“媛姐姐”志愿者服务队。

【为侨服务】 2023年，推进涉侨纠纷多元化解工作，发挥证侨之家、律师事务所、侨联等平台作用，累计办理线上委托保全公证业务1200余件，化解涉侨纠纷350余起，为侨法律服务500余件。聚焦广大侨胞合法权益，与区法院共建共治，推动涉侨执行工作，出清涉侨执行案件65起，执行到位资金5897万元。该项工作做法得到市、区领导批示肯定。10月，成立省侨联法律顾问委员会莲都工作站，“法护侨益”有了新平台。与市人民医院侨联建立合作关系，成立助侨联盟，为侨胞侨眷提供优质健康服务。落实“助侨直通车·侨企大走访”要求，联动部门帮助侨资企业解决实际问题。做好涉侨业务政策宣传和审批工作，累计办理“三侨生”中高考优待审核、华侨身份认定等事项675件。

7月6日，“同心迎亚运·携手向未来”港澳青年浙江行——“秀山丽水”丽水行莲都站活动举行（区委统战部 提供）

【海外联谊】 做好重点侨胞、侨领走访联络工作。2023年，接待侨团、其他县侨界学习考察团50余批次。8月，区委副书记带队赴意大利开展经贸合作与友好交流活动，与当地侨团、企业举办“双招双引”经贸洽谈活动，区侨联协助联系海外侨团和侨领做好服务洽谈工作。

【参政议政】 侨界人大代表、政协委员履行参政议政职能，撰写议案、提案20余件，其中，1篇提案被列为区级重点提案，侨联界别政协委员的大会发言被评为优秀大会发言。委员们反映侨界群众普遍性利益诉求，撰写多篇社情民意被市政协采用，为党委政府决策提供参考。

（区委统战部　张艳）

港澳台事务

【莲台交流交往】 2023年4月，莲都籍旅台乡亲、中国国民党台湾基隆市新住民委员会主任委员携基隆市慈善协会（狮子会）等台商、台青14人到莲都考察参访，进行乡情、青年等交流；5月，举办“丽台邻里节”活动，组织台湾南投县仁爱乡基层交流参访团成员与莲都本土文艺工作者同台表演，增进两地民众的感情和友谊；11月，台北工业设计发展协会到莲都考察，与古堰画乡设计师协会进行交流。全年接待台湾岛内及其他省份的台胞、台青23批次517人。

【对台干部学习教育】 结合主题教育，督促全区涉台工作干部学习贯彻落实习近平总书记关于对台工作的重要论述精神和新时代党解决台湾问题的总体方略，落实党中央对台工作决策部署和各级党委工作要求，提高政治判断力、政治领悟力、政治执行力，把握对台工作正确方向，以实际行动坚持“两个确立”、做到“两个维护”。

区台办内部加强保密工作教育，抓好涉台防渗透、防策反、防窃密工作，落实各项保密、安全工作措施，确保涉台各项工作和人员安全。根据保密工作要求，更新涉密电脑、存储介质，及时维护涉密硬件，由机要部门进行保密自查，减少泄密风险点，全年无泄密事件发生。

（区委办 章程）

【港澳联谊】 2023年，在全市率先举办“浙丽同心 走进家乡”——香港丽水莲都同乡会“家乡行”活动；指导香港丽水莲都同乡会举办会员大会暨第三届理事会就职典礼；组织开展“同心迎亚运·携手向未来”港澳青年浙江行——“秀山丽水”丽水行莲都站活动；指导莲都外国语学校与香港培侨中学结成姐妹学校，促进两地联系、交往、交流，为两地青年搭建广阔舞台。

（区委统战部 张艳）

法　治

政法委与综治

【平安莲都建设】 2023年，莲都区坚持以习近平新时代中国特色社会主义思想为指导，深入学习贯彻党的二十大和中央、省委、市委政法工作会议精神，以平安护航杭州亚运会、亚残运会，省级平安区创建为主题主线，坚持底线思维、问题导向，守牢政治安全底线，推进“除险保安”，创新基层社会治理，防范和化解各类社会风险隐患。落实每周一研判、重大事项联合会商、“除险保安”晾晒等长效机制，全年印发专报48期，下发“除险保安”交办单37份，通过牵头研判，协调处置，有效控制经济金融、房地产、重大矛盾纠纷、征地拆迁等领域重大风险，排摸重大风险42件，动态化解35件，处置“民转刑”隐患矛盾纠纷6起，保障全区社会稳定，治安环境安定有序。省平安县(市、区)创建得分968.65分，创成省平安区，实现平安建设“十八连冠”，摘取“二星平安金鼎”。

【综合治理】 2023年，莲都区“村级事务阳光票决制”入选全省新时代“枫桥经验”20例标志性成果，并在“枫桥经验”陈列馆中展示。开展“党群连心·网格走亲”温馨敲门行动，对全区人、房、事、物等社会治理要素进行全面排查起底，截至2023年底，走访进度、实有人口更新进度、人房关联率均达100%。完成市域社会治理现代化试点验收迎检工作，按照乡镇(街道)和区直部门职责，派发《重点任务交办单》，对乡镇(街道)、区直有关单位台账、实地项目等开展督导检查专项行动，压实工作责任，5月，完成省验收工作，助力丽水创成全国市域社会治理现代化城市。开展非警务事项协同处置工作，根据莲都实际，因地制宜采用碧湖镇试点—城区街道试点—莲都区全面铺开三阶段分类非警务事项协同处置。将“浙丽守未”工作纳入平安莲都建设大局，制订《莲都区“浙丽守未”三年专项行动工作方案》，以开展全区预防未成年人违法犯罪“浙丽守未”三年专项行动为载体，按照“目标化管理、项目化推进、责任化落实”的要求，推动建立未成年人“犯罪前预防、犯罪中打击、犯罪后治理”的全环节社会联动体系。建立由区委副书记、政法委书记和副区长、公安分局局长为“双组长”的领导机制，七大领域专项整治行动牵头部门分别成立各领域工作领导小组，推进未成年人保护和预防违法犯罪工作。

【护航亚运】 2023年，莲都区推进平安护航亚运维稳安保工作，印发平安护航亚运维稳安保“一书四方案”及“百日攻坚”大行动方案，成立亚运维稳安保协调组，设维稳、安保、网络安全等工作部。发放亚运维稳安保属地责任清单，亚运倒计时30天维稳安保工作方案，重点任务、亚运维稳安保重点领域风险防范化解任务清单等文件，印发专报36期，下发“除险保安”交办单33份，落实风险闭环管控。完成火炬传递丽水站安保任务，组建21个路段专项组和272栋建筑的“1+1+1+N”包干队伍，明确前期排查责任人和暂时网格责任人。开发“社会治理一张图”应用“传递路线安全保卫”模块，落实化解措施。结合“党群连心·网格走亲”温馨敲门行动，出动警力和网格力量3000余人次，排查人户一致人口2万余人、出租屋1663间、沿街店铺436家，整改安全隐患133处、化解矛盾纠纷28起。9月16日，完成火炬传递活动安保任务。

【法学会研究】 4月24日，莲都区法学会第二次会员代表大会召开，审议通过第一届理事会工作报告，选举产生莲都区法学会第二届理事会及其领导班子。在全区法学法律工作者队伍中选聘10名优秀法治人才作为区法学会首席法律咨询专家，并发展新会员10人。做好法治实践，开展“2023首席法律咨询专家基层行——守护夕阳红”、“护蕊行动——法润童心助成长”、法治体检、“开学法治第一课”等法治活动20余场次，发动普法志愿者60余人，普法受众8万余人次。分别在2月8日和9月11日春秋开学季开展“开学法治第一课”活动，覆盖莲都区30余所中小学校学生4万余名；举办“莲心护蕊”主题法学沙龙，探讨优化未成年人成长环境、预防未成年人违法犯罪等问题；主办区政协十六届二次会议第34号和第108号提案，与区民政及政法各单位会商关于推动防止未成年人被性侵工作以及加强违法犯罪未成年人管理的建议，形成提案答复意见。开展科研资政，组织会员参加2023年“法治浙江论坛”征文和第二十届长三角法学论坛征文等活动，《营商环境公共政策进入司法场域的路径检视与规则构建——以560份优化营商环境司法样本切入》获2023年“法治浙江论坛”一等奖。

【社会治理中心成立】 2023年3月，莲都区社会治理中心揭牌运行，地址位于丽阳街491号，总投资2800万元，建筑面积约7720平方米，设立“综合接待、联合接访、多元调解、法律服务、联动指挥”五大功能区块，集“运行监测、协调流转、分析研判、矛盾调处统筹、指挥调度统筹、督导考核”六大功能于一体。整合综治中心、人民来访接待中心、矛盾纠纷调处化解中心、公共法律服务中心、行政争议调解中心、诉讼服务中心、劳动人事争议仲裁院、“12309”检察服务中心、“12345”政务服务中心、数字城管指挥中心、行政执法指挥中心等17个子中心以及公安、纪检等单位力量，引入法律咨询、心理服务等各类社会力量，提供专业化、多元化、便利化服务。

4月，区社会治理中心联合接访大厅正式运作。大厅设有25个窗口，涵盖信访投诉、劳动保障、法律援助、诉讼服务、矛盾调解等部门，打造“一窗式受理、一揽子调处、一条龙化解”的一体化矛盾纠纷化解平台，方便群众办事，实现从最多跑一次到最多跑一地的跨越式升级。2023年，莲都区社会治理中心接待来访群众13668人次。其中，信访接待2183人次，人民调解767人次，法律咨询2544人次，法律援助170人次，律师值班11人次，公证服务10人次，司法鉴定3人次，行政复议1人次，检察服务15人次，诉前引调3269人次，司法确认981人次，劳动仲裁1531人次，劳动监察2320人次，心理

4月，莲都区社会治理中心联合接访大厅正式运行（莲都区社会治理中心 提供）

莲都区碧湖镇基层智治大数据指挥中心(区委政法委　提供　摄于4月15日)

咨询200人次。办理群众事项2996件。其中,开展人民调解309件,法律援助136件,检察服务5件,诉前引调1448件,司法确认398件,劳动仲裁204件,劳动监察232件。

【“141”基层治理体系建设】 健全工作督查晾晒机制,2023年,发布晾晒表9期,通过“日督促、周晾晒、月通报”推动基层治理工作落实落细。坚持党建引领,健全党组织领导的自治、法治、德治相结合的基层治理组织网络,完善“1+3+N”基层治理队伍,区直各单位与社区(城中村)双向对接,发动党员干部4000余名下沉社区(城中村)开展“党群连心·网格走亲”温馨敲门行动,重点发挥农村网格团队力量,做实更新基础底数、排查风险隐患、送出暖心服务、统筹平安宣传、落实工作闭环“五项任务”,提升自治水平,上报处置矛盾纠纷4161件、消防安全隐患7923件。强化统筹理念,在横向上打破部门界限、行业界限,整合信访、调解、司法等资源和力量,在纵向上关口前移、下沉一线,把社会治理力量延伸到乡镇(街道)、村(社区),构建条块联动、运转高效的工作体系。

【矛盾纠纷调处化解】 由莲都区社会治理中心组建“莲心工作室”,医患、劳资、涉诉、物业、婚姻5个专业性调委会联合入驻中心,有专职调解员22名,其中,全国模范人民调解员3名、省级优秀人民调解员3名,省一级人民调解员1名。建立矛盾纠纷案件受理处置数据库,形成日报表168张、月报表9张、季度分析汇总表3张、年报1张。在矛盾纠纷一站式平台化解模式下,社会治理中心参与联合化解重大矛盾纠纷案件6起,其中,亡人案件2起,涉百人以上案件1起,调解金额涉百万元以上1起,所有案件均成功化解。

(区社会治理中心　黄慧敏
区委政法委　叶芷瑄)

法治政府建设

【概　况】 2023年,莲都区政府贯彻落实《法治政府建设实施纲要(2021—2025年)》,提升依法行政水平,法治政府建设取得新成效。开展习近平法治思想学习宣传贯彻“八进”活动,区委理论学习中心组举办习近平法治思想专题报告会,政府常务会议领导班子集体学法12次。推进党政主要负责人履行推进法治建设第一责任人述法工作,明确述法重点内容,并对履职情况进行测评,实现全区区管干部述法测评工作全覆盖。印发《莲都区贯彻落实浙江省法治政府建设实施纲要(2021—2025年)责任分工》,法治政府建设责任再明确、职责再分工、工作再督促。

【法治增值化服务】 2023年,推进企业合规体系建设,编制《莲都区企业行政合规指导清单》,在全市率先发布《莲都区民宿(农家乐)行业合规指引(试行)》,成立民宿(农家乐)合规中心,组建17名专业人才队伍,聘任首批6名合规员,规范民宿(农家乐)行业管理。

【“无证明化”改革】 开展公共服务领域办事事项证明材料相关情况摸底,梳理并公布《莲都区“无证明化”办理的证明事项

11月1日，2023年度法治莲都（法治政府）建设点评会暨会商交办会召开
（区司法局　提供）

目录清单（2023年）》。2023年，全区证明事项办件量64313件，其中，通过信息共享、部门核查、告知承诺制等方式办理证明事项（材料）的办件量63621件，占比98.9%。

【法治化营商环境优化提升】 2023年，组建法治营商环境工作领导小组，确定重点攻坚任务清单38条，汇总突破性抓手项目26项，其中，7项入选市级突破性抓手项目清单，“‘1+8+N’人才科技司法服务保障机制”“三维度打造助企安心直通车”两个项目获评全市营商环境优化提升最佳实践案例。建立莲都区公平竞争审查会审制度，开展公平竞争审查会审工作，完成会审议题1个、书面会审议题2个。开展破除地方保护和行政性垄断专项行动，清理妨碍统一市场和公平竞争的政策措施，依法平等保护各种所有制企业产权和自主经营权。

【行政决策法治化推进】 做好2023年度重大行政决策事项目录征集、咨询、论证、公布等工作，区政府公布2023年度重大行政决策事项目录清单2项，各乡镇（街道）、区直部门制定公布重大行政决策事项目录36项。各事项承办单位按照相关规定落实重大行政决策程序执行，聚焦重大行政决策全周期管理，规范落实重大行政决策程序执行过程中的公开征求意见、专家论证、风险评估、合法性审查、集体讨论、决策公布等环节。2023年，区政府事项执行率100%，各乡镇（街道）、区直部门事项执行率92%。

【规范性文件制发】 2023年，贯彻执行《浙江省行政规范性文件管理办法》，执行公开征求公众意见、公平竞争审查和合法性审查、集体讨论决定、公开发布等程序。审核出具区政府（办公室）规范性文件合法性审查意见18份，提出建议意见49条。做好规范性文件备案工作，通过浙江省行政规范性文件管理系统和向区人大常委会备案规范性文件16件。开展支持民营经济发展等方面规章专项清理建议工作，清理区政府行政规范性文件14件。加强乡镇（街道）行政规范性文件监督管理，对14个乡镇（街道）行政规范性文件开展清理备案工作。

【合同管理】 做好重大行政合同备案登记工作，提升合同风险防范和化解能力，2023年，共备案审查涉及合同标的金额100万元以上合同172件，涉及28个单位，提出意见和建议635条。

【行政执法监督】 2023年，组织开展涉企行政执法专项监督、安全生产领域行政执法专项监督、大综合一体化行政执法改革专项监督等6次专项监督活动以及5次行政执法案卷评查，制发行政执法监督通知书9份、交办单20份、晾晒3期。开展交通运输执法领域突出问题专项整治，对17个问题进行全面整改并逐一销号。

【“双随机、一公开”监管】 2023年，推进“互联网+行政执法”，莲都区“双随机、一公开”掌上执法系统、部门应用实现全覆盖，执法人员掌上执法系统开通率、激活率、信用规则抽查任务率均为100%，掌上执法检查率99.6%。

【执法监管形成合力】 率先出台《莲都区监管执法工作指引(第一版)》,明确在盗伐滥伐、农村违建等6个场景21个行政处罚事项中,业务主管部门、综合执法部门、乡镇(街道)"三方"的具体职责。建立"综合执法+专业执法+赋权乡镇"一体联动执法体系,制订《提升赋权乡镇(街道)行政执法办案能力工作方案》。莲都区"民宿监管一件事"改革成果入选省级《"监管一件事"场景应用实例汇编》,并上线浙江省"大综合一体化"执法监管数字应用《标志性成果展示》栏目。

【"综合查一次"改革】 2023年,印发《莲都区"大综合一体化"行政执法改革助力优化营商环境暨优化"综合查一次"工作方案》,落实涉企检查报备制度,开展"综合查一次"1697次,减少对企业的干扰907次。探索简单检查事项委托模式,在全市首次开展"委托查+云协助"联合执法检查。

【行政复议】 畅通"现场+网络+邮件"三大案件受理渠道,区复议局进驻社会治理中心,并设立受理窗口。成立5个基层服务点,实现80%以上的行政复议案件"零次跑",全区行政复议决定履行率100%。协同推动复议监督与执法监督,向行政机关上级主管部门抄告行政复议决定53件。出台《丽水市莲都区行政争议调解工作办法》,建立行政争议调解队伍,完善行政复议信访、诉讼引流机制,推动行政争议调解中心实体运行。2023年,新收行政复议申请187件(上年结转8件),较2022年增长197%,占全市案件总数的18.58%;调解化解行政争议104件(含受理前调解),调撤率54.74%,90%以上案件在复议阶段实现"案结事了"。2023年,全区因公民、法人和其他组织不服行政机关具体行政行为提起行政诉讼的新收一审案件120件,行政复议和行政诉讼比值1.56。

【行政权力运行监督】 持续完善党内监督、人大监督、监察监督、民主监督、司法监督、舆论监督等各类监督形式,推进行政权力运行公开、规范、高效。2023年,对7个项目开展经济责任审计,涉及部门5个、国企2家,区管领导干部10名。落实司法建议和检察建议,办复率100%。

【基层政务公开】 2023年,推进基层政务公开标准化规范化建设,集中发布31个基层领域政务公开目录及相关事项信息,公开各乡镇(街道)基层政务公开目录和下属各村(社区)便民服务信息查阅点以及企事业信息。做好重大行政决策事前、事中、事后公开工作,多形式多渠道发布解读材料。开通网民互动,发布网上在线征集事项74个,政务服务网上可办事项1594件。完成"涉企应用清单"调查,梳理"增值化服务事项目录"事项69个。

【社会信用体系建设】 2023年,开展"双公示"问题数据整改,"双公示"信息归集合规率99.93%。加强失信企业治理,累计退出失信被执行人名单366家,完成信用修复企业335家。企业严重失信率1.28%,自然人严重失信率1.75%。在财政奖励资金兑付、评奖评优、公务员调动提拔等领域查询信用记录,共查询87批次,核查企业1434家,自然人2811人。

(区司法局　金泰荟)

公　安

【概　况】 2023年,丽水市公安局莲都区分局(简称"区公安分局")破获刑事案件907起、传统侵财打击处理474人、电诈案件追赃挽损1796.4万元,分别比2022年上升65%、35.8%、71.25%;受理行政案件3173起、刑事立案数1792起、电诈案件发案数852起,分别下降11.27%、9.86%、14.97%。完成亚运会丽水站火炬传递工作,立集体三等功;完成杭州亚运会、亚残运会安保任务,完成平安护航系列重大活动和县域社会治理现代化建设平安综治工作,被莲都区委授予集体嘉奖;1个集体立二等功,4个集体立三等功;1名民警立个人二等功,14名民警立个人三等功,41名民警获个人嘉奖;连续三年获全市公安机关综合实绩评估考核第一名。万象街道派出所获评第十批全国民族团结进步示范单位、全省政法系统先进集体；区公安分局治安大队获浙江省"三能榜样·最美警队"称号，政保大队获评全省夏季治安打击整治行动成绩突出集体，食药环知侦查大队被评为全省生态环境执法大练兵打击环境违法犯罪工作成绩突出集体，网安大队获评丽水市劳动模范集体。区公安分局入选2023年县级公安机关系统性重塑整体性变革重点培育试点单位（全省7家），7月18日，在全省公安机关改革现场会上作典型发言。

【安全保障】 2023年，完成2023丽水马拉松，碧湖田园半程马拉松，中、高考，人才峰会，之江同心·浙商助力山区海岛县高质量发展现场会，闪耀青春2023群星之夜巡回演唱会等23项重大活动安保任务。

做好全国、省、市、区两会及亚运会安保工作。以"警调衔接""矛调精灵"为抓手，开展矛盾纠纷大排查、大化解，累计排查各类矛盾纠纷9136起，化解8907起，流转非警务类矛盾纠纷218起，化解率97.5%。

2023年，反恐怖（办）大队围绕"全民反恐　共筑平安"主题开展反恐怖宣传，通过播放微视频、悬挂横幅、摆放展板、发放资料等形式，推动反恐宣传进校园、进社区、进企业、进单位、进家庭。在辖区"电梯猫"音频区内循环播放反恐怖宣传短视频，覆盖数十万人次。由区反恐办、区教育局承办的"小小安全官进校园，共筑教育安全线"活动受到省厅总队表扬。

【打击犯罪】 打击电信诈骗。2023年，全区电信诈骗发案852起，总案损9689.42万元，其中，市督案件（50万~100万元）20起，省督案件（100万元以上）10起，冻结涉案账户3000余个。省督案件破案6起，挽损1059.21万元；市督案件破案13起，挽损224.03万元。破获部督"1·13"千万诈骗案，抓获嫌疑人39人，捣毁卡商团伙2个，取现团伙1个，洗钱水房2个。

打击经济犯罪。2023年，受理各类经济犯罪案件51起，比2022年上升18.6%；立案31起，上升11%；涉案总价值9.31亿元，上升617%；破案26起，上升44.4%；移送起诉60人，上升11.1%。区公安分局经侦大队结合打击涉民企内部贪腐和侵犯知识产权案件专项行动，侦办涉企案件12起，抓获犯罪嫌疑人13名，移送起诉8起，移诉率67%；追赃挽损529万元，追赃挽损率54.2%。经侦大队工作专班落实《2023年全省公安机关招投标领域突出问题专项整治行动》部署，发挥职能优势，推进招投标领域突出问题专项治理，为全区经济发展营造良好的市场环境和营商环境，通过各类途径收集招投标领域违法犯罪线索15条，立串通投标犯罪案件2起，破获2起，打掉犯罪团伙2个，采取刑事强制措施7人，涉及项目20余个，涉案总价值7.5亿元。

打击"黄赌"违法犯罪。区公安分局以"春雷""铁拳"行动为载体，严厉打击涉黄涉赌类违法犯罪行动。2023年，破获涉赌刑事案件32起，采取强制措施94人，移送起诉79人；破获涉黄刑事案件14起，采取强制措施23人，移送起诉25人。

打击侵害民警执法权益案件，全年查处阻碍民警执行公务案件17起，打击处理17人，其中，移送检察院审查起诉4人，行政拘留13人。

打击毒品犯罪。2023年，区公安分局开展"云战9号""猎毒""钱潮""净边""猎枭""清源断流"等系列专项行动，抓获各类涉毒犯罪嫌疑人13人，移诉13名。侦破5人以上毒品团伙案件1起、3人以上毒品团伙案件1起，收缴甲基苯丙胺1.07克。查处吸毒人员18人，非法种植罂粟12人，铲除罂粟1657株。完成"双随机、一公开"涉毒物品企业抽查24家，开展日常巡查检查监督76家。对浙江省公安行政审批管理系统和国家公安行政审批管理系统内涉易制毒的事项进行认领、报批、发布，对浙江省涉毒物品管控系统和全国易制毒化学品管理平台进行维护，截至12月20日，审查审批购买证644条，运输证75条，审批新入网企业15家。6月27日，区公安分局禁毒大队在丽水市公安局禁毒支队、网安支队和广东省揭阳市惠来县公安局的协助下，缉捕潜逃10年的特大贩毒逃犯，莲都公安涉毒逃犯成功“清零”。

打击“食药环知”犯罪。2023年，食药环知领域立案20起，采取强制措施65人，移送起诉48人。案件涉及食品、假药、非法采矿、防火器材、污染环境、非法经营、非法捕捞水产品等，其中，“2·17”妨害药品管理案、跨区域非法倾倒淤泥案被列为“省标”案件。

【刑事技术勘查】 2023年，区公安分局刑事科学技术室勘查传统案件现场902起，电信网络诈骗案件840起，刑事案件勘查率100%，现场指纹提取率39.7%，DNA提取率46.7%，足迹提取率39.1%。本地指纹比中132起、完成率158.6%，协查指纹比中170起、完成率143%，抓获69人；DNA现案比中84起，抓获66人；足迹比中7起，抓获7人；串并案件87起。完成电子物证案件委托250起，比2022年增长20.2%；收取检材728件，增长12%。勘查新型网络案件现场803个，其中，刑事案件勘查率100%，提取涉案App 250个、提取率31.3%，解析App 250个、解析率100%。

【基础管控】 开展“缉枪治爆”专项行动，滚动排查各类涉危场所1763家次，收缴枪支9把、各类子弹2231发、管制刀具36把、管制器具5件、弩2把、雷管59枚、导火索2米。加强民爆物品购买、运输、储存、使用等环节监管，全区民爆物品作业点10个，均落实落细严管严控各项措施。

以日常检查为主、定期检查与突击临检相结合，逢法定假日、重要时间节点必查，重点检查旅馆业的“四实”登记、安防设施、消防安全等，督促落实旅店相关制度。

协同消防、应急管理部门开展安全生产隐患大排查大整治专项行动。协同区应急管理、安监部门开展岁末年初烟花爆竹专项检查，对烟花爆竹非法储存、销售情况等开展检查90余次。抓好出租房、旅馆、宿夜浴室管理，及时发现、处置和整改安全隐患，2023年，累计滚动检查旅馆和宿夜浴室6000余家次，娱乐场所298家次，出租房7.78万户、21.4万间，发现隐患3456个，流转消防安全隐患72个。针对天宁工业园区、花场村等存在重大消防安全隐患的区域、场所，协同消防、应急管理部门制订《莲都区重点区域消防安全隐患专项整治工作方案》，开展集中统一打击行动，查处消防违法案件22起，行政拘留22人。由政法委牵头，协同社区、乡镇（街道）开展“九小场所”消防安全检查，累计抽查企业（场所）5281家，排查“九小场所”1140家，发现消防安全隐患2656处，完成整改1773处，通过“141”平台流转安全隐患信息883条，整改率66.75%。

【出入境管理】 2023年，莲都区有在国内常住境外人员954人。开展“獴猎—2023”专项斗争，查处妨害国边境管理刑事案件3起，移送起诉犯罪嫌疑人3人。国家工作单位名称（代码）变更5家、新增2家，新增工作人员登记备案705人、更新46人、撤销517人。

【人口服务管理】 根据《丽水市推行〈浙江省居住证〉互通互认

3月1日，区公安分局系统性重塑整体性变革座谈会召开

（区公安分局　提供）

制度改革工作实施方案》(丽公网传〔2023〕106号),在全区范围内推行浙江省居住证互通互认制度改革。实施城乡一体化户籍制度,取消农业与非农业户口,统一登记为居民户口。7月14日,根据《浙江省人民政府办公厅关于推进高质量户籍制度改革的通知》要求,开始实行宽松便捷的人才落户政策,放宽投靠落户条件,实行户籍准入年限累计互认,推进以人为核心的新型城镇化建设。2023年,莲都区城镇人口203643人,其中,农业转移人口落户城镇1925人,城镇化率47.55%。

【“公安大脑”建设】 区公安分局获评2023年度全省“公安大脑”建设县级优胜单位。2023年,参加全市“公安大脑”建设晾晒评比活动4次,5项工作获全市第一名;参加全省“公安大脑”建设优秀案例评选活动,6个项目入围,排名全市第一;参加全省“公安大脑”建设五大单项奖评选,获最佳改革突破奖、最佳体制变革奖、最佳机制变革奖、最佳理论成果奖。

【“浙丽守未”应用】 创新研发“浙丽守未”集成应用,集成司法、教育等部门数据,结合公安前端数据打造未成年人犯罪预防与治理平台的“算料中枢”,通过设置关键字、词标签,拟合出“反跨区域空降犯罪模型”“反性侵模型”等7个符合实战需求的算法模型,将模型分析后的数据通过公安、学校、部门、家长4个管理端,以一档一推、多轨并行的方式流转推送至有关部门。2023年,通过“反跨区域空降犯罪模型”预警3872次,制止犯罪203起。“浙丽守未”应用打造的“未成年人犯罪预防与治理工作体系”项目获省厅“公安大脑”最佳改革突破奖,系全市唯一。

【合成作战】 坚持情报主导警务理念,着眼全警种运行体系,强化情报信息的汇聚整合、深度研判、智能分析,细化明确搜集感知、情报研判、科学决策、指挥调度、执行反馈、监督评估、支撑保障、复盘提升八大环节的警务运行主流程,对应维稳、处突、打击、治理等情形,构建莲都公安“三位一体”警务运行大闭环。2023年,通过情报、网安、行动侦察一体化合成作战发现案件线索970起,协助抓获违法犯罪嫌疑人1417人,带破案513起,抓获网上逃犯54人,配合侦察各类案件250余起;上报情报信息532条。

（区公安分局　杨蕴）

检　察

【概　况】 2023年,区检察院坚持以习近平新时代中国特色社会主义思想为指导,全面贯彻党的二十大精神和习近平总书记考察浙江重要讲话精神,落实最高检“高质效办好每一个案件”工作要求,忠诚履职,砥砺奋进,各项工作有序推进。有30个集体和个人获得市级以上荣誉表彰,9个案例入选市级以上典型(精品、优秀)案例,其中,3个典型案例获最高检推广。

【刑事检察】 2023年,强化刑事诉讼监督基本职能,推行刑事案件繁简分流、简案快办机制,推动构建以证据为核心的刑事指控体系,提前介入重特大案件引导侦查,加强对刑事立案、侦查、审判、刑罚执行活动监督。加强监检衔接,依法起诉监委移送职务犯罪7人。依法稳妥开展检察侦查工作,通过两级院一体化办案,查办司法工作人员渎职犯罪2人。

【民事检察】 2023年,坚持监督纠错与维护审判权威并重,办结民事生效裁判监督15件。依法严惩“假官司”,起诉虚假诉讼犯罪8人,推进民间借贷等领域虚假诉讼专项监督,监督纠正13件,涉案金额8600余万元。强化民事执行监督,开展司法网拍、诉讼主体适格等专项监督,办理的1起民事执行监督案获评最高检典型案例。起诉拒不执行判决、裁定罪15人。

【行政检察】 2023年,开展行政执行类案监督,促进公正司法和依法行政。“社会抚养费征收行政非诉执行监督案”入选全国百件优秀行政检察类案。通过市、区两级院一体化办案,排查出注册地址虚假、为实施违法犯罪成立公司等问题的“空壳公司”22家,建议市场监管部门吊销营业

2月8日，莲都区中山小学“春季开学法治第一课”开课（周亦男　提供）

执照，净化市场管理秩序。落实行政执法与刑事司法衔接，对不起诉案件发出行政处罚检察意见书94份，杜绝“不刑不罚”。推进行政争议实质性化解，协同民政部门化解婚姻登记行政争议1起，有效节约行政成本和司法资源。

【公益诉讼检察】　2023年，办理公益诉讼案件33件。开展民营加油站未如实申报增值税应税收入专项监督，推动税务部门督促当事人补缴税款443万元，挽回国有财产损失。聚焦农村药品安全领域，深入乡镇集市、农村零售商铺、卫生院（室）调查药品存储、销售以及医疗废物处置不规范现状，推动职能部门开展专项整治，以全链条监管保障群众用药安全。

【生态检察】　2023年，区检察院以知识产权检察综合履职保障创新驱动发展，强化本土特色品牌综合司法保护，打击假冒“丽水山耕”注册商标犯罪，入选丽水市2023年度十大知识产权典型案例。以深化生态检察职能保障绿色跨越发展，依法惩治破坏生态环境行为，探索办案中运用生态产品价值核算机制，引导违法行为人在林业碳汇交易平台购买碳汇683吨。跟进古树名木保护、九龙湿地保护等检察意见落实，推动相关部门建立的“树评”制度，被写入《丽水市古树名木保护管理办法》。

【未成年人权益保护】　2023年，坚持对侵害未成年人犯罪“零容忍”，批捕、起诉20人。深化涉罪未成年人教育、感化、挽救工作，对罪行较轻、悔罪较好的依法不起诉，联合多部门构建罪错未成年人心理疏导、技能培训、就业帮扶等多元化帮教体系，2起案件入选丽水市未成年人帮教十大优秀案例。开展侵害未成年人权益问题专项监督，深入核查侵害未成年人案件强制报告制度落实，督促职能部门整治旅馆、酒吧等涉未成年人管理不规范问题，依法支持未成年人提起全市首例文身侵权诉讼。常态化开展法治宣传活动，“七色花”法治宣讲团深入辖区中小学校开展普法宣讲，原创的未成年人保护普法宣传片《微光成炬》入选全国检察机关“未检”工作优秀新媒体作品展播，获“平安莲都”抖音短视频大赛一等奖。

【营商环境优化】　2023年，围绕省委三个“一号工程”部署，开展民营企业司法保护专项行动，为被害企业挽回损失450余万元。完善检企联络机制，抽调业务骨干组建“企航”工作室，与多部门联合组成“浙丽经开法治管家”百人团，在丽水市滚动功能部件行业协会设立“检企连心工作站”，为企业提供纠纷化解、普法宣讲、困难帮扶等多元化法治服务。做实涉侨检察服务，建立检侨税三方协作机制，主动对接涉侨企业法律服务需求，“检侨之家”被省侨联评为五星级侨胞之家。

【司法为民】　2023年，强化境内外电信网络诈骗、养老诈骗、侵犯公民个人信息等侵害民生犯罪打击。依法打击危害食品药品安全犯罪，起诉15人、办理公益诉讼案件16件，督促当事人缴纳惩罚性赔偿金14万余元。保障特殊群体权益，及时

9月27日，“生态环境公益诉讼助力美丽中国建设检察开放日”活动举行

（周亦男　提供）

协调落实法律援助89人。支持弱势群体维权，为农民工追回欠薪14万余元。推进乡村振兴专项司法救助，为57名生活困难当事人发放司法救助金26万余元。

【“枫桥经验”践行】　2023年，将矛盾纠纷化解贯穿办案始终，对犯罪情节轻微、社会危害性不大的，依法决定不批捕43人、不起诉255人。发挥碧湖检察室、社会治理中心检察接待窗口等平台服务效应，与法院等多部门联合建立人民调解、行政调解、司法调解“三调合一”机制，构建多元化矛盾纠纷化解格局。深化与交警部门、志愿服务团体协作，要求交通肇事、危险驾驶等轻微刑事案件当事人参与社会公益服务，实现治罪与治理并重。

【“数字检察”工作】　2023年，发挥检察数字化改革拓宽线索来源、提升监督质效的作用，加强与执法司法部门沟通对接，努力破解信息数据共享难题。落实省、市检察院开展危化品类案、非法占地等数字监督专项行动部署，通过大数据筛查、数字建模等手段，开展数字监督办案。创建社区矫正“回头看”大数据监督模型，通过该模型办理的监督类案获评全省刑事执行检察典型案例，并入选省检察院数字监督办案指引在全省推广。

（区检察院　项钰芳）

法　院

【概　况】　2023年，莲都区法院新收案件15061件，占全市9家基层法院总收案数的22.27%，办结14950件（含旧存，下同），比2022年分别下降2.81%和0.45%，同期结案率99.26%，一线法官人均结案量225.4件，比全市均值多79.64件，收、结案数均居全市第一。

【刑事审判】　2023年，新收刑事案件741件，审结659件，比2022年分别上升35.22%和22.26%，依法判处罪犯1001人。严惩故意伤害、聚众斗殴、抢劫、强奸等暴力犯罪案件34件57人；审结危险驾驶、危害食品药品安全、高空抛物等影响群众“出行”“舌尖”“头顶上”安全犯罪案件173件174人。依法审结利用虚拟币为网络黑灰产业提供支付结算行为的非法经营案，涉及非法经营数额88亿余元。对464名被告人依法适用缓刑、管制、单处罚金等非监禁刑。开展打击治理养老诈骗专项行动，依法判处相关案件被告人有期徒刑7年，并处罚金50万元。审结贪污、贿赂、渎职等职务犯罪案件5件5人，其中，涉县处级2件2人，组织公职人员旁听庭审，强化“零距离”以案释法。

【民事审判】　2023年，受理各类民商事案件7077件，审结6968件，比2022年分别下降5.45%和3.64%。审结买卖、租赁等合同案件1232件；审结住房、教育、医疗、就业等民生领域案件357件。保障涉困当事人合法权利，充分运用司法救助手段，发放救助金17件18人次，涉及金额43.7万元。审结婚姻、继承、抚养、赡养等案件367件，发出人身安全保护令、家庭教育指导令8件。审结劳动争议案件251件，追回报酬360余万元。回应新业态经济司法需求，审结直播带货、在线教育等新类型案件18件。坚持全过程“如我在诉”司法为民理念，依法将当事人因被冒名开设公司而涉诉的难题一次性解决，入选全省法院“当事人一件事”优秀案例。

【环资审判】 2023年，审结环资案件46件。与温州法院跨域签署《关于构建瓯江流域生态司法保护协作机制的意见》；在古堰画乡设立千年古樟树群司法保护点，为“华东最大古樟群”生态发展筑牢司法屏障。坚持山水林田湖草沙一体化保护理念，打击非法采矿行为，督促被告人退赔违法所得，避免国有资产流失，助力生态修复。强化耕地资源保护，依法审结非法占用农用地案，入选全市打击自然资源领域违法犯罪典型案例。

【社会安定保障】 2023年，围绕平安护航杭州亚运会、亚残运会主线，落实“除险保安”稳控责任。防范重大风险，审结金融案件475件，标的额2.56亿元；执结金融案件381件，到位金额1.17亿元。成立银保调等特设“共享法庭”，强化调解指导化解矛盾，金融类收案下降46%。打击涉众型经济犯罪，审结非法吸收公众存款、集资诈骗、电信网络诈骗等案件16件23人，涉案金额1.1亿元。聚力“保交楼、保民生、保稳定”，协同党委政府做好涉房产领域纠纷化解，审结案件426件。通过诉前调解一次化解涉120余户当事人的物业合同纠纷，既维护业主权益，又为企业解决困难。以“示范诉讼＋指导调解”模式化解涉18件147户的群体购房纠纷，防范矛盾风险。

【法治营商环境优化】 2023年，助推三个“一号工程”，坚持办案与服务并行，主动靠前服务，开展“莲法护营商”系列活动，邀请300余家中小企业交流座谈、旁听庭审，精准普法以促发展。出台优化营商环境十大行动落实方案，审结涉企案件4129件，为企业追回款项1.46亿元。推进涉外商事纠纷调处改革，依法审理涉外商事等案件46件，司法护航外贸促发展。审结破产案件18件，清理债务8.53亿元，盘活闲置土地4.814公顷、工业厂房5.03万平方米，促进优胜劣汰。推进个人债务集中清理18件，让“诚而不幸”的债务人“重生”。适用和解制度，稳妥处理某电气公司破产案件，化解债务58万余元，助企业涅槃重生。营商环境建设理论成果获“法治浙江建设”论坛一等奖。

【知识产权保护】 2023年，服务创新驱动发展战略，制定加强知识产权司法保护十项举措，审结相关案件599件，判决侵权人赔偿损失共计316万元。依法开展“一件代发”售假侵犯知识产权专项整治，审结案件223件，企业获赔117万元。支持和规范数字经济发展，审结虚拟财产、网络游戏等数据交易、服务案件43件。组织知识产权普法宣传，将自律条款纳入商超行业标准，服务保障创新发展。深化多元解纷，设立“人才科技专家调解团”、参与“浙丽经开法治管家百人团”，强化纠纷源头化解，调撤率达65%。2个案例入选全市知识产权保护十大典型案例，知识产权工作经验被省高院关注报道。

【胜诉权益兑现】 2023年，依靠党委政府和基层力量推进“终本

8月15日，丽水市莲都区人民法院环境资源巡回法庭在仙度乡开庭（周亦男 提供）

出清”专项行动，公安、检察、组织、人社等部门全力配合，全区14个乡镇（街道）及开发区完成“终本出清”案件5022件，占任务数的110.13%，执行到位金额8.31亿元（占全市到位金额的1/3）。由区委主要领导、侨联主席包案化解，出清历时7年的“骨头案”，为侨胞追回2850万元，涉侨“终本出清”工作被《法治日报》《人民法院报》刊发，阅读量破10万人次。新收案件6521件，执结6561件，比2022年分别下降12.74%和0.89%。创新曝光形式，通过“电梯猫”、影院映前等方式曝光失信被执行人，移送涉拒执犯罪29人。坚持善意文明执行，聘请“浙江好人”张海娟为诚信代言人，成立“诚信履行调解团”督促履行。

【诉源治理】 2023年，立案庭和民三庭整体入驻社会治理中心，设“天平调解”工作室，聘任退休法官进行调解。聚焦金融、道交、家事等纠纷高发领域，引入“俏姐工作室”，设立仲裁委员会金融调解中心、银行保险纠纷调解中心等，抓牢源头疏导。深化“多元调解＋速裁机制”作用，道交纠纷等案件平均审理时间46天，保障群众权益。将打假治虚作为诉源治理的重要抓手，强化打击虚假诉讼，对55名当事人进行处罚，打击成效位居全省前列。全年诉前调处各类纠纷2301起，诉讼、执行收案实现“双下降”。

【司法服务】 2023年，深化“法官联村”机制，员额法官结对联系村（社区），构建纠纷联调、预防联动格局，开展“点单配送”法治宣讲、法律志愿活动600余次。推动283个“共享法庭”融入基层网格智治，提供纠纷调解、法律解答等服务2100余次。古堰画乡“共享法庭”入选全市首批“最佳实践应用共享法庭”，2名庭务主任被评为“十佳庭务主任”。深化“心莲心”少年审判品牌建设，依法严惩侵害未成年人犯罪，审结涉未成年人案件38件49人。落实回访帮教工作，与企业共建帮扶基地，帮助失足少年回归。向全区中小学选派法治副校长45人，举办“开学法治第一课”“普法云课堂”等活动21次，护航未成年人健康成长。

【人民法庭建设】 2023年，优化人民法庭布局，增设联城人民法庭，提供高效便捷司法服务。以“枫桥式人民法庭”建设为抓手，提供“一站式”服务，人民法庭诉源治理经验入选最高院“人民法庭高质量发展论坛”。发挥全国首个南城法庭（人才科技保障法庭）作用，审结人才科技案件233件，服判息诉率97.8%。建立“人才科技保障一件事”机制，一揽子化解某科技公司案件29件，涉案标的216万元，与经开区协同化解欠薪矛盾，化解人才科技企业案例在全省法院“助力营商”讲述会上获一等奖；人才科技法庭工作经验入选全市营商环境优化提升第一批最佳实践案例、全国新时代“枫桥经验”优秀案例。

【基建建设】 2023年，争取政策、资金支持，推进全域数字法院、联城人民法庭建设，推动南城法庭、碧湖法庭改造，提升基础保障。修订基建建设项目管理办法，派驻纪检组全程参与，助推管理规范。推动“智慧警务2.0”改革，实现突发事件预警和预判处置，办理扰乱审判秩序案件2件，为司法安全提供坚强警务保障，改革经验在全市推广。推进数字化改革理论创新，行政全域智治改革成果入选中国社会科学院发布的《法治蓝皮书》。

（区法院　龚祎琳）

司法行政

【概　况】 2023年，莲都区司法局坚持以习近平新时代中国特色社会主义思想为指导，围绕区委区政府决策部署，团结带领全局干部以“莲都作为”落实“丽水之干”担纲“丽水之赞”，为建设革命老区共同富裕先行示范区提供强有力的法律服务和法治保障。

【法治统筹】 2023年，建立健全“督察、点评、交办、通报、晾晒”五大机制，召开区委全面依法治区委员会第五次（扩大）会议、法治莲都（法治政府）建设点评会、推进会等会议，交办任务、问题清单95份，发布重点指标晾晒10期。建立法治莲都建设年度工作要点分解落实机制，优化考核评价细则，实时跟踪重点难点。印发《2023年莲都区深入推进习近平法治思想“八进”工作方案》，推动学习宣传贯彻走深走实。推进法治领域巡察工作，强化整改落实。开展交通运输执法领域突出问题专项整治，完成17个问题整改。指导督促全区各乡镇（街道）、部门做好法治政府建设情况年度报告和公开工作。常态化开展人民群众及“两代表一委员”的法治建设满意度宣传工作，2023年，莲都区法治建设社会综合满意度94.82分，排名全省第一、全市第一。

【普法与依法治理】　加大公民法治素养提升工作力度，落实党委（党组）理论学习中心组学法、政府常务会议学法等制度，参加2023年度任前法律知识考试56人，建立公务员学法档案，行政机关工作人员法治意识增强。擦亮“莲心护蕊”“流动法治青少年宫”品牌，面向全区青少年举办“开学法治第一课”、模拟法庭、普法游园会、法治讲座等形式多样的法治教育活动32场。创新普法形式，开展“e起守未、法护未来”走进校园宣讲暨“律小司”网络普法直播活动，4.2万名学生收看。开展“宪在进行时，莲接你我他”国家宪法日系列宣传活动，设置“身边人说身边事”环节，以碧湖征迁一线工作人员亲身经历的案件为“活教材”，宣传“有行政争议，找行政复议”的典型案例，强化对群众维权行为的正面引导，助力征收工作依法依规、高效有序推进；发放各类宣传材料5000余份，受教育群众达千余人。开通“流动共富送法直通车”，以“流动＋定点停留”的方式深入村、社进行动态普法。利用腊八节、元宵节、中秋节等传统节日，开展“民俗＋普法”活动。加大民主法治村（社区）创建力度，2023年，创成省级民主法治村（社区）7个、市级民主法治村（社区）28个；8个乡镇（街道）完成市级民主法治村（社区）全覆盖。

11月23日，2023年莲都区人民（行政）调解业务知识培训班举办（区司法局　提供）

【公共法律服务建设】　深化三级公共法律服务体系建设，14个乡镇（街道）全部配备公共法律服务智能自助一体机，实现全区法律服务“中心、站、点”一张网、全覆盖。紧盯省级民生实事工程，推动实现法律援助100%市域通办，积极开展“法援惠民生”系列活动，2023年，受理法律援助案件519件，受理认罪认罚法律帮助案件1134件。鼓励律所招才引智，加强律师队伍质量建设，截至年底，全区有律师355人，新增律师38人，万人比达8.84。采用线上、线下方式对辖区内企业开展法律服务需求问卷调查，精准对接企业需求，组建“法治体检团”常态化帮助企业防范化解法律风险，全年开展企业“法治体检”560余家，解答问题1200余个，提出意见600余条，提供涉企援助42件。深化“千所联千会”合作框架，实现商会法律顾问全覆盖。成立“青创莲都”法律服务团，招募18名热心青年创业法律服务和青年发展事业的专职律师，助力青年创业创新。

【特殊人员监管帮教】　落实省、市亚运维稳安保工作部署，开展特殊人员管理教育工作，组织开展社区矫正应急处突实战演练、舆情处置演习，完成维稳安保任务，“护航亚运”社区矫正案例获评2023年度浙江省社区矫正攻坚破难观摩优秀案例。启动社区矫正对象“学历技能提升工程”，组织64名社区矫正对象参加成人初、高中“双证制”学历教育提升班。组织社区矫正对象参加时事热点学习、法治讲座、参观红色革命教育基地等各类集中教育学习32场；指导司法所组织社区矫正对象开展各类集中教育370场；开展公益修心助矫活动363场。开展重点刑满释放人员必接必送、刑满释放人员排查走访、安置帮教基地建设、困难刑满释放人员救助等工作，截至2023年底，莲都区刑满释放人员帮教率100%、安置率100%。

【发展新时代“枫桥经验”】 印发《开展“护航亚运”矛盾纠纷排查化解“百日攻坚”专项行动实施方案》，发挥人民调解“第一道防线”作用，保障社会和谐稳定。加强人民调解员队伍建设，组织开展调解业务知识巡回宣讲，为全区1000余名一线调解员“充电蓄能”，组织举办人民（行政）调解业务培训，助力提升调解队伍业务水平。2023年，全区各级调解组织共受理矛盾纠纷6145件，成功调解6132件，调解成功率99.79%，其中，调解重大疑难纠纷73件、非正常死亡案件11件。坚持把非诉讼纠纷解决机制挺在前面，通过指标晾晒、对接协调等方式，助力提升矛盾纠纷调解绩效和民商事纠纷调诉比指标。截至年底，莲都区调诉比值为1.22。

【政务服务增值化改革】 2023年，聚焦法治服务领域增值化服务改革，建立由1名分管领导、1名首席服务专员、6名服务专员和71名律师组成的服务架构，梳理政务服务事项和增值服务事项，制订法治服务清单。组建律师志愿者服务队，每日1名律师进驻企服中心开展涉企法治服务。创新开展“企点我帮”增值化服务试点工作，会同区委改革办牵头整合12家执法单位、18个行业协会及10个商会资源，梳理形成36项规上企业事项清单、50项重点培育企业事项清单和32项增值服务，全方位回应企业诉求，优化便企法治服务，打响莲都特色法治营商环境品牌。

【县乡合法性审查改革】 2023年，落实县乡合法性审查质效提升改革工作要求，推动设立区、乡两级合法性审查中心。编制“一图一清单一指引”操作规范，落实合法性审查数智应用，出台《莲都区合法性审查基层观测点工作制度（试行）》。组建区、乡两级专业化法治审查员队伍。组织召开全区合法性审查业务专题培训会2场。全年完成审查1614件，同比增长36.1%，提出意见2438条，被采纳2186条。12月，省委常委、政法委书记实地调研指导莲都区县乡合法性审查工作，给予高度肯定，相关工作成效被《法治浙江（司法要情）》《丽水政务信息（专报）》《丽水信息（工作交流）》等录用，获市委副书记、政法委书记和副市长批示肯定。

【司法所综合改革试点】 系统梳理司法所业务清单，制定工作标准，规范工作流程，完善司法所内部管理制度，打造重点司法

10月18日，莲都区司法局联合区政协在老竹畲族镇法治小广场开展“双联双助”送法律下乡活动（区司法局　提供）

所统筹普通司法所的“大所带小所”管理工作机制，建立健全司法所统筹协调法治建设和政府法律事务等方面的工作机制，具有法律背景的司法所所长、负责人比例达60%以上。聚焦碧湖新城建设，选取全国模范司法所碧湖司法所作为“智慧矫正”分中心建设点，增资扩容，建立24小时开放式法超市和自助矫正室，增设心理宣泄室、音乐放松室、VR教育室等功能室，实行“线上+线下”教育模式。

（区司法局　金泰荟）

仲　裁

【概　况】 2023年，受理仲裁案件388件（含2022年未结16件），办结387件，重点考核指标结案率95.79%，其中，调解结案301件，仲裁调解率87.3%，调解成功率93.57%；仲裁裁决案件53件（一裁终局26件），终局裁决率49.05%；网络办案率84.16%。

【健全矛盾纠纷化解联动机制】 8月，丽水市莲都区劳动人事争议调解中心成立，进一步健全完善矛盾纠纷化解工作联动机制，创新劳动人事争议调处机制，维护劳动关系和谐稳定。调解中心坚持“仲裁先调解”原则，在“案前、庭前、庭上、庭后”四个时间节点上开展调解，化解矛盾，实行“即来即调”和“调解书置换”，对外地当事人采用网上调解的方式，让当事人少跑路，用最短的时间、最便捷的方式实现案结事了。截至2023年底，成功调解劳动争议案件18件。

【“智慧仲裁”数字化应用】 2023年，推行“智慧仲裁”应用，做到智能协同推进，高效便利先行，与相关部门配合联动，加速信息融合和数据共享，推动智慧仲裁业务高效运行，实现让“数据多跑路，群众少跑腿”。

【仲裁队伍建设】 坚持“预防为主、调解为主、深入为主”的原则，打造“阳光仲裁”服务品牌，创新工作模式，提升仲裁服务水平，连续24年获评省级劳动人事争议案件处理先进单位。2023年，莲都区在全市仲裁练兵比武中获团体一等奖，仲裁工作人员在全省人社系统窗口单位业务技能练兵比武竞赛中获全省“岗位练兵明星”称号。

（区人力社保局　黄曦　洪凯丽）

军 事

莲都区人民武装部

【思想政治建设】 2023年，丽水市莲都区人民武装部（简称"区人武部"）统筹推进学习贯彻习近平新时代中国特色社会主义思想主题教育和"学习强军思想、建功强军事业"教育实践活动，开展主题党日活动，循迹溯源学思想，重温入党誓词；到丽水市法纪教育基地和却金馆廉政教育基地开展廉政现场教学；开展"党的二十大精神暨'八八战略'实施二十周年进军营"活动；完成军委国防动员部"三个一百"专题片拍摄。严格政治整训，全方位清理涉政治有害信息，深化民兵思想政治建设，专题开展习近平强军思想和军委主席负责制教育。《加强军地交叉地带廉政建设的对策思考》理论文章在《国防》杂志发表。区人武部被丽水军分区表彰为2023年度"全面建设先进人武部"。

【战备训练】 2023年，区人武部聚焦主责主业，狠抓练兵备战中心工作落实，坚持每季党委议战议训，完成野战指挥箱组无线手段加装试点，在演训实践中得到有效检验。以群众性大练兵活动为抓手，深化民兵基地化训练，多次与驻地部队联训联演，不断提升行动能力。参加上级岗位练兵比武，获团体综合第三和2个单项第一。开展学生军训市场化、商业化整治，全年完成2所高校、9所高中学生军训。

【基层武装工作】 2023年，区人武部贯彻落实上级会议精神，推进基层武装建设，在雅溪镇、太平乡召开全区基层武装部和村（社区）民兵连规范化建设现场会，推进各乡镇（街道）库室升级改造，太平乡、仙渡乡人武部被评为五星基层武装部。推进全省新兴园区武装部建设试点，指导丽水经开区完成园区武装部设立和"三室一库"场所建设。

【后勤装备保障】 2023年，区人武部深入开展后勤重点行业领域整肃治理攻坚活动，抓好军委审计指出问题和财经管理自查问题整改。协调区财政局制定出台民兵事业费使用管理规定并严格抓好落实。着眼军事训练和遂行各类任务需要，挖掘辖区资源优势抓好装备建设，通过配发装备申领报废、应急装备自筹自购、通用装备预征预储等方式，满足应急应战所需。

【安全工作】 2023年，区人武部开展各类安全自查、训练活动。每季度开展安全形势分析，制定措施，明确责任到个人。常态化开展专题安全教育，落实机关和聘用地方人员政治考核。开展基层武装部保密整治清查及"回头看"活动，筑牢基层末端保密防线。

（区人武部　王宪）

武警莲都中队

【概　况】 2023年，武警莲都中队（简称"中队"）坚持以党的二十大精神、习近平总书记系列重要讲话精神、武警部队党委1号文件精神为指引，以"立过硬窗口品牌、建'四铁'先进中队"为目标，坚持"一盘棋、一股绳、一条心"，稳步开展各项工作。完成重大节日安保及"亚运安保"

城市武装巡逻等任务。1名战士在年度工作中表现突出，立三等功1次。

【思想政治建设】 2023年，中队以习近平新时代中国特色社会主义思想为指导，贯彻落实习近平强军思想，推进国防和军队现代化建设，在全部队开展忠诚维护核心、矢志奋斗强军——深化“传承红色基因，担当强军重任”主题教育，常态化开展党史学习教育，深化中队“三支笔”“四个一”学习方法，用活《习近平论强军兴军》、《求是》杂志以及各类报纸、微信公众号等载体，开展思想辨析、研讨交流，使“两个维护”成为官兵行动自觉，推动党的创新理论在官兵心中扎根；借力“书香军营”升级改造，与市、区两级图书馆共同举办读书分享会，倡导官兵常读红色书籍，做到常学、常思、常悟。

【战备训练】 2023年，响应习近平“军队是要准备打仗的”号召，坚持一切工作围绕战斗力标准，向能打仗，打胜仗聚焦，做好军事斗争准备。贯彻落实新时代执勤安保规范化集训精神及按纲施训周期运行法要求，结合中队担负的巡逻勤务实际，坚持把执勤作为确保安全、培塑形象的工作常抓不懈。根据武警部队军事训练新大纲及支队年度训练计划，科学组训，合理施训，注重培养官兵一不怕苦、二不怕死的战斗作风，年度军事训练质量稳步提升，在丽水支队各类年度比武竞赛中取得优异成绩。

【双拥工作】 2023年，制订中队双拥工作实施方案，作为支队唯一的军营开放中队，以军营开放日为契机，通过官兵和市民面对面交流宣传，推动驻地国防教育深入开展。全年接待区文广旅体局、莲都区外国语学校、丽水市实验学校、团市委等到队参观见学300余人次。

（武警莲都中队　魏健行）

退役军人工作

【双拥工作】 2023年，制订《丽水市莲都区争创省级“双拥模范区”工作实施方案》等5个具体实施方案，投入资金110余万元，打造双拥文化长廊、军人荣誉墙、国防教育示范基地、拥军企业等新时代双拥宣传教育新阵地11处，通过省级“双拥模范区”创建验收，7月26日经省双拥领导小组审议通过。开展纪念延安双拥运动80周年活动，联合区旅投公司、浙江省丽甬生态旅游发展有限公司推出全国退役军人和“三属”享受莲都区属国有单位经营景区门票免费政策，全市退役军人可免费乘坐公交车。开展“为部队办实事”活动，投入资金21.73万元，进行营区污水处置，改善官兵生活、训练环境。组织评选2023年度莲都区“最美退役军人”和“最美军属”各10名。开展党的二十大精神暨“八八战略”实施二十周年宣讲进军营、文艺演出进军营、无偿献血志愿活动等双拥共建活动20余场次。组织丽水市新名优商贸有限公司、浙商银行丽水分行、中国狮子联会浙江绿谷服务队等社会爱国拥军企业慰问驻地部队，走访慰问现役军人家属。联合中国太平洋财产保险有限公司丽水中心支公司推出“拥军保”项目，为2023年度应征入伍的义务兵父母投保人身伤害意外保险。联合市、区6家银行网点现有资源和空间，打造以双拥元素和专属服务为一体的“拥军驿站”，为现役、退役军人及军属提供优质的金融服务，2023年，建成“拥军驿站”19个。做大做优“拥军莲盟”商圈，全区222家企业入驻“拥军莲盟”。

【烈士褒扬】 2023年，配合做好烈士纪念日祭扫活动，开展烈士遗属走访慰问活动。利用重要节日，走访慰问烈士遗属（子女）47人，发放慰问金33500元，为烈属解决实际困难12件。发放《莲都区2023年清明祭英烈活动倡议书》，线上、线下祭扫人员达10万余人次。会同区委宣传部、区文广旅体局、区档案馆和党史研究中心等部门，完成万象山烈士纪念碑概览图册编制工作，并加强零散烈士纪念设施保护管理。

【退役军人服务体系建设】 2023年，推进“新时代枫桥式退役军人服务站”建设，构建“点、线、网”立体式的服务保障体系，创成“新时代枫桥式退役军人服务

4月27日，莲都区创建省级“双拥模范区”迎检推进会召开

（区退役军人事务局　提供）

站”3个。开展“走亲连心”固本强基活动，发放联系卡1.2万余张、记录本300余本，实现退役军人“走亲连心”全覆盖。依托数字平台，打通与区卫生健康局、殡仪馆等相关部门数据共享通道，推行小额意外保险理赔审批流程“线上办”，实现老兵办事“最多跑一次”。在全省率先开展军休服务机构规范化创建工作，获得全省首批“军休服务管理机构规范化建设单位”称号。创新推出“亲情在线”、社会化养老、军休干部“96345”便民专线、流动图书室等专项服务。开展关爱退役军人协会组建工作，为退役军人搭建好桥梁和纽带，激发退役军人凝聚力和向心力。

【优抚工作】 2023年，按时足额发放各类优抚金5033.9万元。组织重点优抚对象开展省、市、区三级短期疗养。开展集中走访慰问活动，通过实地走访慰问、召开座谈会、发送慰问短信等形式，为退役军人和其他优抚对象送温暖，截至年底，投入慰问资金168万元，走访慰问2616人次。开展优抚对象数据信息核查工作，完成退役军人档案数字化归档保存工作，进一步规范、完善退役军人档案管理机制。

【就业创业】 与宁波市鄞州区、江北区退役军人事务局签订山海协作战略协议，举办2023年度鄞州区—莲都区山海协作在甬高校退役军人毕业生校园专场招聘会。2023年，举办退役军人线下专场招聘会5场，参加企业500余家，提供就业岗位1万余个。完成2023年度春季、秋季退役军人返乡报到工作，完成全市首位逐月领取退役金的退役军官接收安置工作，完成转业军官和政府安排工作的退役士兵接收安置任务。

【困难帮扶】 根据《莲都区困难退役军人帮扶援助工作实施细则》，开展临时困难帮扶工作，补充退役军人援助帮扶短板，截至2023年11月底，为低保低边退役军人发放生活、医疗援助金9万余元，发放帮扶援助困难退役军人资金27.21万元。全省首创推出“莲军保”项目，为全区在册退役军人购买小额意外保险。

（区退役军人事务局　吴菁）

经济管理

宏观经济管理

【规划管理与课题研究】 2023年，莲都区确定规划（课题）32个，金额1164.8万元。以省级专项规划、丽水市“十四五”规划纲要和“一带三区”发展规划为主要依据，做好各专项规划衔接工作，提升规划的科学性、前瞻性和可行性，组织《莲都区新型储能产业规划》等15个规划专家评审会。以浙江省规划管理数字化平台为载体，在数字化平台上完成立项申报、规划衔接、规划发布等工作。

【年度计划编制与经济分析】 2023年，莲都区发改局完成《关于莲都区2023年国民经济和社会发展计划执行情况与2024年国民经济和社会发展计划草案的报告》编写，编制《莲都区2023年基本建设项目投资计划》《莲都区2024年重点建设项目（创新区、大花园）计划》《莲都区2024年重大项目前期计划》等计划，以大项目带动大投入，推进大发展。加强经济月分析、季研判等基础举措，召开月度、季度经济形势分析会，建立莲都区（市、区、经开区）经济运行监测分析会议制度，强化市、区、经开区联动，全年完成经济分析、投资分析等月、季度和年度分析20余篇。

（区发改局　钟梦冰　何凌毅）

自然资源管理

【概　况】 2023年，区自然资源分局贯彻落实党的二十大精神，围绕区委区政府和市自然资源和规划局决策部署，聚焦“跨越式高质量发展”主线，谋划部署“1848”工程，重点实施“八大攻坚战”，各项工作取得新进展。被浙江省政府表彰为2021—2022年全省耕地保护工作先进集体，获评2023年度浙江省自然资源节约集约利用工作成绩突出集体，获2023年浙江省土地利用优秀成果奖。

【耕地资源保护】 2023年，健全耕地保护“田长制”，出台《莲都区“田长制”办公室运行管理办法》等配套制度，建立“三倒查”机制，构建“区、乡、村”三级“田长制”责任体系，实现耕地保护责任网格化全覆盖，全年开展日常巡查11828次，认定“两非”问题24个，整改率100%。研究制定耕地保护激励办法，按程序发放2022年度耕地（基本农田）保护补偿资金756.1745万元。推进“百千万”永久基本农田集中连片建设，完成“碧湖镇蒲塘村万亩方”等4个永久基本农田集中连片整治项目，项目区总面积1589.58公顷，验收报备通过（集中连片耕地面积）1311.20公顷，提前完成莲都区“十四五”规划任务，莲都区碧湖镇章塘村等7村“千亩方”永久基本农田集中连片整治项目被评为省级优秀项目。全面开展永久基本农田核实处置，完成就地整改4.92公顷，通过一般耕地和整改即可恢复属性地类调整补划97.56公顷，形成永久基本农田核实处置方案并通过部级审核。科学编制莲都区2023年度耕地进出平衡总体方案，加快即可恢复属性地块整改，完成耕地功能恢复159.2公顷，落实耕地“进出平衡”。推进耕地流出问题整改攻坚，自然资源部下发莲都区2023年国土变更调查监测图斑三批，疑似耕地流出图斑面积448.56公顷，全部完成整改。推进执法监察工作，成立莲都区自然资源行政执法队，加大执法巡查检查力度，聚焦未批先建、破坏耕地等“非农化”突出问题，开展耕地保护“大排查、大整治、大提升”专项行动，以“零容忍”的态度、“长牙齿”的硬措施，发现一起、查处一起，确保辖区内违法占用耕地“零新增”，全年完成2022年督察反馈问题整改及附条件整改5个、2023年督察问题整改4个、2023年卫片违法图斑整改5个，涉及耕地面积0.11公顷、永农面积0.1公顷；纳入“零新增”点位整改11个，实现“动态清零”。

【土地开发整理】 2023年，推进土地垦造、复垦工作，完成历年垦造耕地项目报备入库28.4公顷；完成2022年度垦造耕地项目报备入库19个、面积40公顷，2023年立项垦造耕地项目50个、面积113.87公顷。建设用地复垦完成省级复核项目9个、面积7.93公顷；通过区级验收项目84个、面积43.51公顷；2023年立项复垦项目47个、面积28.92公顷。

【土地要素保障】 2023年，推进用地报批工作，完成农转用报批14批次，保障23个项目、6个党群服务中心、1个房屋征收和3个农民建房用地，总用地面积122.87公顷，其中，新增建设用地面积93.4公顷。完成市本级农转用报批6批次，保障12个项目用地，用地面积16.50公顷，新增建设用地面积16.21公顷。推进丽水东西岩客运综合交通枢纽连接线工程、丽水市大溪治理提升改造工程、碧湖大桥改扩建工程等6个单独选址项目报批，总用地面积60.84公顷，预计新增建设用地面积48.13公顷。拟定《关于莲都区创新型产业用地管理实施办法（试行）》，创新产业用地供给方式，出让全市首宗M0用地。全年完成土地收储项目17个，总面积69.29公顷。出让国有建设用地22宗，总面积53.81公顷，达成出让金8.9亿元，其中，商业用地5宗，面积15.42公顷；工业用地11宗，面积27.71公顷；住宅用地6宗，面积10.68公顷。完成土地划拨20宗，总面积31.82公顷。批复临时用地29宗，面积33.93公顷。设施农用地备案项目11个，面积0.45公顷。加强存量土地盘活，全年消化处置批而未供土地88.08公顷，盘活存量建设用地18公顷，低效用地再开发6.13公顷，闲置土地处置0.26公顷，分别完成任务数的137%、122%、368%、392%。

【矿产资源开发管理】 2023年，出让徐坑源矿地综合开发利用项目建筑用石料（凝灰岩）矿采矿权，出让成交价1.8720亿元，出让期限7年，生产规模550万吨/年，实现莲都区“净矿”出让工作“零的突破”。推进丽新咸宜村玄武玢岩矿二期和万洋北区块矿地开发项目，谋划推进小黄弄矿地开发项目。

【民生保障服务】 2023年，优化营商环境和不动产登记服务，落实“一窗受理、并行办理”，做到一般不动产登记1个工作日内办结，注销、变更、转移等业务即时办结。创新“不动产登记+N”登记办理模式，开通“不动产+公证”抵押贷款业务、“不动产+财政”网上缴费免填单业务，提升不动产登记便利度。强化项目审批服务，加快项目落地开工，全面实现“交地即交证”“交房即交证”办理模式，全年办理不动产权证书7712件、不动产权证明2598件，查询2063件。推进确权登记，化解商品房办证历史遗留问题，办理碧湖镇瓯江花苑、碧兴园、老竹畲族镇风情东西养生园等不动产权证书1293件，注销2040件。启动国有土地新建商品房建筑区划内依法属于全体业主共有的公共场所、公用设施和物业服务等房屋登记。推进农经权数据整合，全市率先完成农经权数据整合入库并通过市级验收。应用“阳光征迁”数字化场景，精准摸排农村回迁安置底数，推进农村回迁安置工作，维护被征地农民合法权益，2023年，完成回迁安置3253户。办理两会建议、提案31件（其中主办件8件、会办件23件），“三服务”事项7件。主动公开政务信息200条，办理政府信息依申请公开15件，网络问政直通车提问22个，接受社会监督。

（区自然资源分局　颜子斌　王桢轶）

国有资产管理

【概　况】 2023年，莲都区国资国企落实三个“一号工程”、“十项重大工程”和“双五双十双百双千”行动部署，推动经济稳进向好，现代化产业布局提速提质，高质量发展迈出坚实步伐，在落实重大战略任务中发挥主力军、压舱石作用。全年区属国有企业营业收入7.76亿元，比2022年增长28.9%；资产总额439.08亿元，净资产181.04亿元，分别增长41.67%、6.04%。区属国有企业自营项目投资总额79.09亿元，授信总规模达253.53亿元。

【国企改革】 2023年，出台《莲都区新一轮国企改革深化提升行动方案》，重构“1+1+3+X”国资体系，形成“区国资办+区国有资本运营有限公司+区国投集团、区城投集团、区农文旅集团”的国资监管体制和现代企业制度，提高国有企业活力和效率，推动国有资本和国有企业做强做优。优化监管方式，建立国有企业总审计师制度。区国投集团构建以金融服务、产业投资、国资运营能源开发为核心的“四轮驱动”业务新模型；区城投集团开展“项目为王”赛比活动，成立“清廉项目”5个；区农文旅集团定期举办大樟树读书会以及“雁领”计划培训，加快优化企业人才培育和素质提升。

【国企发展】 2023年，通过政府资产注入、整合优化资源配置等方式，大力支持国有企业提升信用等级，区国有资本运营有限公司成为丽水市第一家区县级AA+的国企平台，区农文旅集团获评AA主体信用评级。推进融资授信，区属国企授信总规模253.53亿元，其中项目贷授信总规模202.33亿元，占比79.81%。探索产业基金运营新模式，成立丽水市莲都区金盛控股有限公司，制定出台《丽水市莲都区产业基金管理办法》。

【服务经济发展】 2023年，白口双创中心、九龙湿地萤火虫文旅项目、金瓯佳苑、港口砂石料加工基地等重点项目加速推进，其中，莲都区碧湖“三小”新建工程获浙江省2023年度建设工程“钱江杯”；莲都区青少年宫迁建项目入选浙江省第二十三批建筑业新技术应用示范工程立项名单；莲都大厦项目获评华东地区建筑施工安全生产标准化工地；丽水电大莲都学院新建工程获评浙江省建筑施工安全生产标准化管理优良工地。古堰画乡景区入选全国学习运用“千万工程”经验现场推进会考察路线。打造科创产业双向“飞地”，莲都·深圳城市会客厅、莲都·深圳天安云谷人才科创中心开园。

（区财政局　陈鹤升）

财　政

【概　况】 2023年，莲都区财政局开展学习贯彻习近平新时代中国特色社会主义思想主题教育，完成党的二十大精神轮训、行政效能提升、集中警示教育等活动，举办财贸系统微党课比赛，更新“财政四维课堂”学习矩阵，开展各类专题活动12次、夜学30余次，举办业务培训5场、讲座4场。推进组织变革，深化“红色财政”党建品牌内涵，调整机关党员隶属关系，完成党组织换届选举。实施高素质、年轻化选人用人“菁财计划”，更新完善干部绩效考核管理办法、平

碧湖新城开发核心区块（区财政局　提供　摄于5月15日）

时考核办法、公务员职级晋升实施方案、事业单位岗位设置方案等。优化勤廉作风，深化清廉财政、清廉国企建设，深入实施"全企一体、双融共促"工程和清廉财政"三不腐"能力指数评价，打造"清廉国企示范项目"3个。2023年，莲都区财政局获丽水市创建国家级生态文明建设示范区工作集体嘉奖。

【财政收入组织】 紧抓政策机遇，争取资金要素政策倾斜，深挖财源潜力，构建财政收支可持续运行体系。2023年，全区一般公共预算收入占财政总收入的58.61%，占地区生产总值的10.9%，其中，税收收入12.52亿元，比2022年增长5.1%。区本级实现土地出让收入12.9亿元；盘活河湖库清淤疏浚砂石资源开采、供水、排水项目特许经营权等资产16.49亿元。全年新增地方政府债券额度26.15亿元，增长104.3%；争取上级补助资金15.4亿元。

【服务经济发展】 2023年，实施扩大有效投资"千项万亿"工程，全年拨付政府投资32.13亿元，区本级完成固定资产投资78.6亿元，实现两年翻一番，重点项目完成投资101.1亿元。全市率先推行"丽即兑——政策找企业"系统，累计兑现涉企扶持资金2.94亿元。落实各类减税降费25.91亿元，比2022年增长85.1%，惠及6万余家市场主体。强化政银企对接，涉企贷款余额973.81亿元，增长21.5%。发挥政府采购政策功能，面向中小微企业采购4.6亿元，政采贷授信3096万元。聚力新兴产业，区本级规上高新技术产业、装备制造业、战略新兴产业、数字经济核心产业制造业增加值增速分别为4.1%、10.0%、7.5%、3.2%。高新技术产业投资增长213%，R&D经费投入强度达2.9%，增幅全省第二。

【民生福祉】 2023年，全区民生支出52.23亿元，比2022年增长9.8%，占一般公共预算支出的79.4%。推进强村富民，实施农业"双强"行动，安排农林水类项目资金11.23亿元，储备区本级一事一议财政奖补资金项目66个，乡镇强村公司利润增长125.2%，低收入农户人均可支配收入增长13.5%。打造"莲系"奔富财政政策体系，莲都区入选浙江省2023年第一批百万家庭奔富行动培育县。全年投入16.75亿元，持续加强社会保障和就业工作，落地实施高龄补贴、"长护险"，推进丽水市区育儿补贴政策试点，城乡低保、特困人员等保障标准再次提高。支持公共事业，投入26.54亿元实施教育提质行动，新投入使用中小学2所、幼儿园3所，新增学位3240个。投入23.29亿元深化打造健康莲都，健康浙江考核连续4年获优秀等次。投入17.58亿元促进城乡社区建设，创成省大花园示范县。投入3.9亿元推动文旅融合发展，国旅创建取得阶段性成果，创成省级生态文明建设示范区。

【财政改革】 2023年，加快财政整体智治，创新开展经济政策绩效评估，上线预算一体化清算模块，完成财政集中支付清算90.6亿元。上线收支运行智管系统、电子凭证库应用。"浙里报"实现场景和单位全覆盖，累计报销31.20亿元。推广"浙里捐赠"，开通"浙里办票"非税用票单位60家。推动政府采购远程异地开评标管理、项目线上履约验收、档案电子化管理。推动区属国企与莲都农商银行签订资金监管系统（财资宝）协议，开辟政银企合作新路径。实施新一轮国企改革，区国有资本运营有限公司获"AA+"主体信用评级，区属国企资产总额突破439亿元。组建区金控公司，组建半导体、美丽健康、新能源、琢璞、莲赢基金6支，共计90亿元。强化"以投带引"，以基金投资2.2亿元撬动社会投资29.6亿元，实现5个产业项目落地。

【财政监管】 2023年，践行党政机关"过紧日子"，压减非刚性项目支出8.4亿元，压减比例达15.8%，"三公"经费下降6%。强化项目评审，完成概算审核70个，节约财政资金3.87亿元。推进结转结余资金清理整合，清理财政专户往来款1422万元。开展"财会监督年"活动，组织开展创建经费专项检查、预算部门绩效自评抽查，实施新政策绩效评估评价、财经纪律重点问题整治，开展政府购买服务实施情况、预算执行等专项行动。完成代理记账机构年审42家，新增12家。加强地方政府债务管理，足额偿还到期债务本息。规范开展财政专户资金竞争性存放4.6亿元。进一步规范行政事业单位授权支付，监控系统预警拦截6559笔。完善公物仓机制，完成全区行政事业单位国有资产清查盘点。指导区属国有企业建立总审计师制度、内部风险防控和竣工决算机制，打造国企风险防控体系。

（区财政局　陈鹤升）

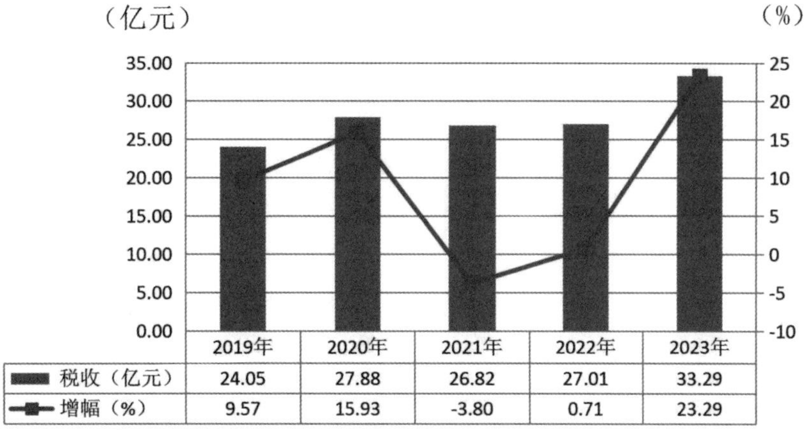

	2019年	2020年	2021年	2022年	2023年
税收（亿元）	24.05	27.88	26.82	27.01	33.29
增幅（%）	9.57	15.93	-3.80	0.71	23.29

图1　2019—2023年丽水市莲都区税务局税收收入情况图

（区税务局）

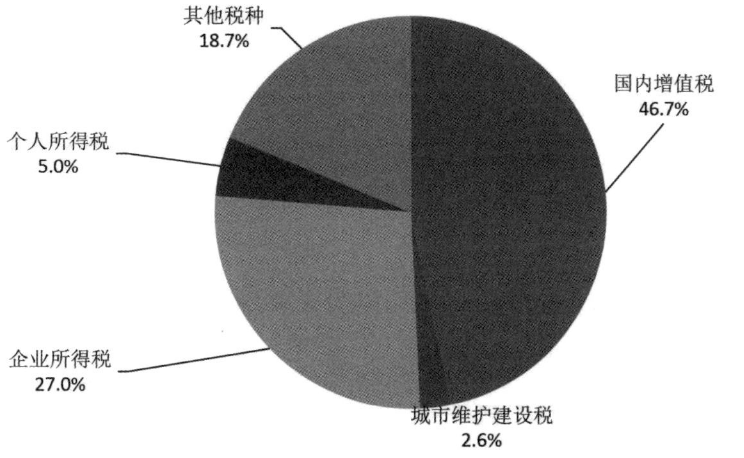

图2　2023年丽水市莲都区税务局税收收入分税种结构图

（区税务局）

税　务

【概　况】 2023年，莲都区完成各项税收收入33.29亿元（不含海关代征增值税、消费税），比2022年增加6.29亿元，增长23.29%。办理出口退税1.82亿元，增加775.00万元，增长4.44%。推进城乡居民基本养老保险费、城乡居民基本医疗保险费征缴工作，承接非税收入征收职责划转，共计入库社会保险费16.15亿元（含职业年金）、非税收入入库10.67亿元，其中，教育费附加入库4071.60万元，地方教育费附加入库2714.35万元，残疾人就业保障金入库2647.88万元。

【税务法治】 2023年，区税务局健全规范化税收执法体系，与丽水市莲都区人民法院执行局建立线上传输机制，开通浙政钉“执行一件事”平台，提高“税院”协作效率。全年参与破产程序案件8件，申报税费债权金额410余万元，年度受偿金额55万余元。

【税费政策落实】 2023年，落实各类结构性减税和税费优惠累计25.91亿元，其中，征前减免25.44亿元，退库减免0.47亿元。多环节联动简化出口退税办理流程，缓解企业资金压力，审核退税906批次，办理出口退税额1.82亿元。

【办税缴费服务】 2023年，区税务局与地方政府部门及社会各界共同构建以“一个智慧办税服务厅、十个政务互助微税厅、百个志愿服务微税点、千名互助服务网格员”为目标的社会共治新格局蓝图。莲都区范围内建成政务微税厅14个、志愿服务微税点17个，联系网格员388名，形成便民高效的“家门口10分钟办税圈”。在2023年全国纳税人缴费人满意度调查中，丽水市莲都区税务局综合得分排名全国地级市（州、盟）层级第一、全国综合第五、全省第二，获税务总局、国家税务总局浙江省税务局通报表扬。

【征收管理】 2023年，区税务局深化“税务中台”五大场景应用，以“中台插件＋业务巡检”提升征管质效，整改业务巡检疑点1.8万余条。推进全面数字化的电子发票上线，扩围率提高至97%以上。与莲都区砂石资源管理办公室、莲都区土地和房屋征收工作指导中心等部门建立常态化信息交互机制，提升征管质效，入库砂石资源相关税费款87万元，拆迁补偿对应税费款193万元。

【税收经济分析】 2023年，区税务局加强与国家税务总局丽水市税务局第一税务分局、第二税务分局沟通协调，联合地方部门制定实施税收分析办法，为开展组织收入工作、提升征管质效、科学确定地方政府税费收入预算提供参考。发挥以税资政作用，累计上报税收分析材料12篇，经济专题分析材料2篇。

【大数据和风险管理】 2023年，区税务局以税务总局内控监督平台与网格化辅助平台“两张网”为依托，全面监控重点风险。依据丽水市税务局“一级统筹、两级评估、三级核查”日常执法督察要求，全年核查上级局下发疑点966条，发现并整改72条，准时核查率与反馈整改率均为100%。

【税收宣传】 2023年，区税务局积极开展税收宣传工作，影视作品《好戏登场》获北京电影节第30届大学生电影节中国税收单元入围作品奖、第10届亚洲微电影节剧情片单元好作品奖；微电影《约定》获第3届“税眼看发展”全国短视频大赛创新奖；公益广告《安家》获“创四优”活动优秀网评作品和第10届亚洲微电影节公益广告（宣传片）好作品奖、音乐电视单元好作品奖。

（区税务局　吴瑶）

审　计

【概　况】 2023年，丽水市莲都区审计局加强党对审计工作的集中统一领导，发挥区委审计办抓总协调作用，召开区委审计委员会第五次会议，审议年度审计工作情况、审计项目计划等重大事项。将履行党委审计委员会职责情况纳入全区综合考核指标体系，“重大审计问题清单”纳入区委常委会会议事日程，提升审计威慑力。完善区委审计委员会及审计办运行机制，出台《区委审计委员会成员单位工作协调制度》《审计工作重大事项督察督办办法》等基础性制度3项。全年组织完成审计项目15个，参与上级统一组织审计项目11个，查出问题金额26439万元，移送案件线索8起，审计专报获区委、区政府主要领导批示28篇次，区委、区政府及有关部门出台相关制度28项。获评省优审计项目1个、市优审计项目1个，“重大审计问题清单”管控力指数排名全市第一，全省第18，区审计局获评省、市审计系统年度考核优秀单位。落实重大事项请示报告制度，区委审计委员会及其办公室全年向市委审计委员会及其办公室报告报备重大事项12件。

【财政审计】 2023年，区审计局在预算执行情况审计项目中，强化财政预算管理，提升财政资金使用绩效，推动出台《莲都区中央重点生态保护修复治理资金管理办法实施细则》《莲都区科技特派员项目资金管理办法》等制度5项。2021年预算执行情况审计项目获评省优秀项目，并在2023年全省财政审计业务培训班上作典型交流。

【民生审计】 2023年，区审计局关注民生资金使用“最后一公里”，聚焦省委三个“一号工程”、区委“三件大事”开展审计监督。参与实施共同富裕涉农政策落实情况、区政府投资项目建设管理情况、区松材线虫病防治资金管理使用绩效等专项审计调查项目，推动重大政策在莲都落地见效。推动区教育局等4个部门联合印发《关于对莲都区适龄重度残疾儿童青少年开展送教上门服务工作的指导意见》，推进送教上门服务。助推出台《莲都区农村困难家庭危房改造实施意见》，督促老竹镇等6个乡镇（街道）完善困难家庭危房治理补助管理制度。

4月17日，丽水市莲都区内部审计协会成立大会暨第一次会员大会召开

（区审计局　提供）

【经济责任审计】　2023年，区审计局对7个项目开展经济责任审计，涉及部门5个、国企2家、区管领导干部10名。聚焦资金、资产、资源“三本账”，深化“五审五评”审计体系，出台《丽水市莲都区区管领导干部经济责任审计成果运用办法（试行）》，对经济责任审计成果运用的内涵外延、组织协调、职责要求和其他事项四个方面作出具体规定，以高质量的审计成果补充干部监督管理信息，服务干部立体画像。出台《丽水市莲都区国有企业领导人员经济责任审计实施细则》，对《离任经济事项交接实施办法》进行修订，开展区管领导干部离任经济事项交接22起，进一步提升经济责任审计监督效能。

【审计整改】　2023年，区审计局落实区委关于党政领导领办审计发现问题的重要决策部署，变审计整改由“单方督导”为“多方领办”，10位区党政领导领办多跨“老大难”审计查出问题39个，涉及整改责任（协同）单位24家，以“月报送、月晾晒”的方式，开展定期督办，解决多跨“老大难”问题37个。坚持审计整改主审接待日制度常态长效，年度开展主审接待日37次，解决整改接待事项51件，寓审计监督于服务中。“莲都区企业扶持资金兑付不及时问题”整改案例入选浙江省“七张清单”正面典型案例库。

【审计数字化】　2023年，区审计局主动申报承接财政智审子应用场景建设、审计大脑监督侧应用等试点任务，以数字化改革破解数据分析基础不足的困境。迭代升级数据分析基础设施，完成数据分析室建设，接入国家审计大数据中心浙江分中心。开展大数据人才培养和大数据案例及方法撰写，3人通过审计署计算机初级评价，1人通过省审计厅计算机中级评价，3个大数据审计案例获评2023年度全市优秀大数据审计案例，4个大数据审计方法入选省审计厅2023年度优秀大数据审计方法。

【内部审计】　2023年，区审计局加强国家审计对内部审计的指导和监督，在体制机制上推动全区内部审计规范化管理。莲都区内审协会独立设会，组织召开全区内审工作会议，为各部门、国企内部审计人员提供精准指导，提升全区内审人员的工作水平。建立莲都区内审人员数据库，对全区各单位内部审计机构、人员、项目计划等信息实施动态管理，“以审代训”抽调内审干部参与国家审计项目，实现人才补给和业务培训双赢。会同区委组织部出台《莲都区国有企业总审计师制度》，在区城投公司等国企配备兼职总审计师2名。

（区审计局　王博奕）

统　计

【第五次经济普查】 2023年，莲都区政府印发《莲都区人民政府关于做好第五次全国经济普查的通知》，区统计局与区直有关部门共同组建第五次全国经济普查领导小组，推进落实第五次全国经济普查各项工作。建立健全乡、村两级普查机构，选聘普查员399名，普查指导员65名，通过试点培训、集中授课、分片区指导等方式，对全体"两员"进行多轮次培训。定期组织召开各级经普业务工作推进会议，督促工作落实。通过调研督导、联合攻坚，对全区包括18015家企事业单位、51991家个体经营户在内的普查对象开展"地毯式"清查工作。制订宣传方案和宣传计划，调动部门条线资源，委托商业广告服务，组织开展多形式宣传活动，提高经济普查社会知晓度和普查对象支持度。

【统计服务】 2023年，区统计局围绕发展大局，发挥统计职能作用，加强统计指标监测预警、经济形势分析研判及各项统计调查工作，提高综合统计业务能力，提升统计服务水平。健全工作机制，加强指标监测分析，建立《莲都区统计局一体化经济运行分析监测预测机制规范》，实行重点经济指标"事前预判、事中监测、事后分析"闭环管理；聚焦各行业焦点、难点、热点问题，及时开展统计分析，全年撰写统计分析及专报41篇，其中7篇获党委政府领导批示。优化统计产品，提高统计服务质量，紧跟重点工作及考核标准变化，更新月刊及卡片，对数据产品进行提档升级；服务两会，收集近五年主要经济指标数据，编印《数据莲都2023》供参会委员和代表参阅；制作统计指标思维导图，梳理主要经济指标内容，供党委政府和各职能部门参阅。强化学习调研，提高综合统计能力，了解工业、服务业、贸易等行业的重点企业经营情况，把握各行业经济发展趋势；参加国家、省、市统计局组织的业务培训，分别到柯桥区统计局、余杭统计局开展统计工作交流，学习取经，拓宽思路。

【统计基层建设】 2023年，推进统计工作规范化，加强基层统计队伍建设，协助各乡镇（街道）制定出台有关的统计工作规范和统计工作制度文件，强化主体责任，明确工作流程；出台《莲都区城乡住户一体化调查辅助调查员考核办法》，实行"月考评、季通报、年评比"，以奖补形式发放补贴为切入点，围绕"激励先进、鞭策后生"的原则，最大限度发挥辅助调查员作用。创新培训形式，采用由上而下逐级开展、"一对一"台账审核、入户边走边训等特色培训模式，对每个调查点实行"领亲"服务，提升调查员和辅助调查员的业务水平和沟通能力；加大分级分层精准培训力度，强化对基层统计人员的业务指导与培训。2023年，为有关部门讲解授课22场，组织开展业务培训会议34场，培训2530人次。根据乡镇、部门、企业摸排情况，与发改局、商金中心、经商局、乡镇（街道）一同做好企业走访，通过多部门信息共享及交换机制，有针对性地开展企业培育工作，建立上规（限）企业培育库，做好企业纳统的服务工作，完成168家企业及项目入统申报（含500万元以上的入库项目108家）。

【防范统计造假】 落实省、市统计局部署的统计专业核查和执法检查三年"全覆盖"行动计划要求，推进对企服务与提升质量"两手抓、两手硬"，加强统计数据质量管控。2023年，组织企业迎接国家级数据质量核查39家，省级核查25家，市级核查83家。区统计局自行开展数据质量实地核查590余家，推行定期收集企业台账制度和线上核查制度，主动比对排查质量问题，分析原因。对库内的企业（项目）进行"双随机"专项执法检查，对数据指标不匹配、台账不完善的企业（项目）进行质量核查，截至2023年底，完成统计执法检查92家，行政处罚2家，罚款金额2500元。执行落实领导干部违法干预统计工作记录制度和"一票否决"等制度，对拟提任和报上级表彰的领导干部在统计工作责任方面进行审核，全年完成审核反馈11批次140人。

【统计调查新模式】 2023年，把提升数据质量作为突破口和落脚点，创新优化调查模式，推进统计现代化改革。农业农村村级联网起报工作全区铺开，碧湖镇、老竹畲族镇、雅溪镇、仙渡乡4个乡镇率先开展农业农村统计村级起报试点；紧跟省总队信息化建设，配合参与无人机试点飞行，解决底图与拼接图配准的难题，完成15个样方无人机调查工作。建立畜牧业月监测机制，每月监测畜牧业大户存、出栏数据，并与农业农村局的检疫证数据进行比对，观测月度变化，抓实抓细畜牧业数据质量；落实常态交流协作机制，对接农业、民政、残联等部门，加强信息互通共享，核对每月经惠民政策补助情况与低收入样本户账本记录，编制低收入农户每月收入明细表，做好数据比对工作。

（区统计局　陈宇同）

市场监督管理

【概　况】 2023年，莲都区市场监督管理局践行"有感服务、无感监管"和政务服务增值化理念，聚焦民生关切，强化市场秩序治理，坚持围绕"讲政治、强监管、促发展、保安全"的工作总思路，抓紧抓实市场监管工作着力点，在服务经济社会高质量发展中展现市场监管担当作为。开展生活（医疗）美容专项整治、高档酒品执法专项行动、无过期食品专项整治、"鬼秤"专项检查等系列整治行动，查处各类违法案件691件，比2022年增长5%，罚没金额3519.81万元，增长627.6%，其中大、要案67件，个案罚没款10万元（含）以上案件6件，移送司法机关案件3件。联合多部门协同办理侵犯"丽水山耕"集体商标等商标专用权案。养老诈骗虚假宣传案件被省局列为全省行政执法典型案例。

【市场主体登记注册管理】 2023年，莲都区在册市场主体67318户，比2022年同期增长6.71%。其中，企业13171户，占比19.57%；个体工商户53706户，占比79.78%；农民专业合作社441户，占比0.66%，市场主体总数和企业数均居全市第一位。全区新设各类市场主体10774户，下降1.07%，其中，新设企业2035户，增长4.36%；新设个体工商户8733户，减少2.22%。莲都区聚焦市场准入"最后一公里"，于全省首推集市规范管理，指导集市摊贩"亮照经营"，现场受理农村集市摊主设立登记申请，为300余户集市摊贩办理营业执照，推动农村集市监管迈入规范化、制度化轨道，被列入省"微改革"项目。全市首推个体工商户联变改革，出台《莲都区个体工商户经营者变更"一件事"集成化办理实施方案（试行）》，实现个体工商户经营者变更"证照联变"，全年办理"证照联变"事项866件，被列入市改革办典型案例。承接省级个体工商户发展状况监测工作试点，助力"全面覆盖＋精准画像"基础数据库建设，辅助实施政策执行情况和综合效果评价。

【反垄断执法】 3月31日，莲都

2月27日，莲都区个体工商户经营者变更"一件事"集成化办理业务培训举行

（区市场监管局　提供）

区率先以区府办名义出台莲都区公平竞争审查会审制度，开展公平竞争审查会审工作，完成会审议题16个。开展破除地方保护和行政性垄断专项行动，清理妨碍统一市场和公平竞争政策措施，依托“公平竞争智慧监管系统”开展科学有效监管，督促25家系统使用单位做到应审尽审，审查各类文件248件。

【标准化工作】 2023年，推进农业、工业、服务业和社会事业等领域标准化生产和服务，指导纳爱斯有限公司申报“节水型企业洗涤用品行业”国家标准，实现主导国家标准“零的突破”；指导瓯宝公司《闭门器》“浙江制造”团体标准入选全省首批“浙江标准”认定名单；多乐公司3项企业标准获评国家级企业标准“领跑者”。设立全市首个县级标准创新贡献奖，为产业结构调整和经济社会转型发展发挥示范带动作用，全年新增参与制定国家标准8项、市级地方标准8项，验收通过标准化试点2个、新增2个，完成企业标准达5家。

【知识产权保护】 2023年，深化“知识产权强区”战略，莲都区专利授权总量1090件，每万人高价值发明专利拥有量9.81件，实现专利质押80件，融资额62704.5万元，惠及企业26家。引导企业开展数据知识产权登记，完成数据知识产权登记22件，融资金额达1500万元。新增知识产权保护调解机构6家，开展知识产权纠纷调解31件，行政裁决案件7件，办理电商案件125件，指导专利申诉46件。

【产业质量提升】 2023年，出台《推进品牌创建与质量建设的若干意见》，增设制造业企业实施生产现场管理等8个方面的奖励，提高国家、省级标准化试点项目等方面的奖励金额，全年兑现奖金298万元。推动莲都区传统枇杷和杨梅产业发展，联合区农业农村局建立质量管理措施、生产档案和责任制度，健全枇杷基地准出制度和溯源制度，指导丽白枇杷产销专业合作社、丽水市下坑净水丽宏杨梅专业合作社申报“丽白枇杷标准综合体试点项目”“莲都区杨梅山地避雨设施栽培标准化试点项目”。开展对标研学、精准培育、专业指导等系列活动，助推工业企业管理提升。开展“品字标浙江制造”培育工作，通过精选企业、精准指导和精心服务，申报的3个项目全部通过答辩。

【消费者权益保护】 2023年，推进“放心消费在莲都”品牌建设，建成规范化消保建设科所3个，基层维权站10个。开展丽水银泰城放心消费商圈创建工作，推行“任性退”和“差价双倍赔”放心消费承诺。建立“商圈＋支部＋服务”的红色模式，打造丽水银泰城“党建联建—规范化双拥—放心消费商圈”。2023年，莲都区受理消费投诉举报8134件，比2022年上升25.75%。其中，投诉件5621件，上升46.18%，完成处理5468件，调解成功率61.59%，“诉转案”51件，占比0.9%，涉及争议金额377.38万元，挽回消费者损失金额127.54万元；举报件2513件，下降4.19%，办结2392件，立案99件，立案率3.93%。受理咨询1113件，下降17.24%，办结率100%。

【食品监管】 2023年，推进国家食品安全示范城市创建，打造无过期食品城市。推动农村集市食品安全治理工作纳入“七张清单”，应用“浙食链”系统建立农村猪肉食品追溯数字化体系，增加农村集市食品风险监测与快速检测功能。开展“迎亚运、保安全”食品安全质量提升攻坚行动，排查风险问题164个；开展“一月一行动”、校园食品安全、“生鲜灯”治理、过期食品清理等专项检查。开展食品生产企业产品标签治理行动，督促企业委托检测机构对产品标签按标准进行检测，有效降低地产食品标签问题举报数量。

【特种设备监管】 2023年，推进特种设备企业主体责任年活动，开展管理负责人培训取证、土制餐梯、安全生产隐患大排查大整治、清库扫盲大排查、年终岁尾安全保障等专项行动，累计检查企业870余家，发现一般隐患1294处，重大隐患37处，下达整改指令书146份，立案查处52起。在用设备赋码率99.5%，叉车扫码上岗率95%，电梯扫码维保率98%，锅炉扫码作业率100%，观光车司机扫码作业率100%，企业应用日志排查功能开展自查自纠率83.61%。联合丽水市市场监督管理局发布全国首个市级团体标准《乘客电梯轿厢管理规范》，对电梯轿厢内部进行统一管理，解决电梯轿厢“脏、乱、差”等问题。

【药械监管】 2023年，组织化妆品非法添加、生活医疗美容、中药饮片质量和含兴奋剂药品等专项检查，责令整改65件，立案13件。靶向性开展药械抽检，开展抗疫用药品专项抽检和乡镇医疗机构药械专项抽检，监督抽检药品51批，医疗器械9批。开展药品、医疗器械和化妆品不良反应监督检查，监测报送药品不良反应219例，医疗器械不良反应80例，化妆品不良反应61例。牵头拟定《丽水市莲都区生态美妆产业发展规划》，探索利用生态资源推动产业融合。

【产品质量监管】 2023年，开展建材产品、儿童和学生用品及阀门产品质量提升行动，加强食品相关产品、电线电缆、消防产品等系列专项检查及抽查，检查经营单位500余家次，产品质量监督抽查397批次，查处销售不合格产品案件34起，责令整改1起。聚焦违规销售超重电动自行车专项治理，查处销售不合格电动自行车行为，累计抽检34批次，没收不合格电动自行车29辆，立案查处17起。开展燃气相关产品质量安全检查，抽检25批次，立案查处问题管、问题阀、问题灶8起。

【民生实事完成】 2023年，建成养老机构“阳光厨房”6家；新增民生药事服务站1家；建设山区26县和农村阳光食品小作坊35家，全部通过省局验收；设立24小时自动售药机3台；创建省级城乡放心农贸市场2家，完成省、市、区三级验收。投入资金370万元，改造东银苑和灯塔农贸市场，提升群众幸福指数。

【“想创就创”服务】 2023年，莲都区于全市率先在城区3个农贸市场设立56个免租摊位供青年人创业，让青年人免费“练摊”。设立“想创就创”创业驿站17个，为创业青年提供创业政策咨询、创业指导、技能培训、金融要素对接、经验分享、外出考察等服务。建立“想创就创”创业驿站青年库和导师库，筛选产生重点培育库，协助导师和创业青年结对，扶持青年创业。

（区市场监管局　黄山山）

价格管理

【政府定价成本调查】 2023年，开展政府定价项目成本调查、监审和调价工作。完成莲都外国语学校等民办学校收费基准价调价工作；完成莲都区公益性生态公墓（金山陵园）价格和莲都区乡镇级节地生态安葬点价格制定工作；完成城区公办幼儿园收费标准调整工作；完成莲都区污水处理收费标准的成本调查工作；完成莲都区普通住宅小区前期物业服务收费指导价征求意见稿。

【行政事业性收费】 2023年，完成全区行政事业性收费年度材料的征集、汇总和上报工作。贯彻落实国家和省取消、免征行政事业性收费政策，规范行政事业性收费，动态调整全区《行政事业性收费目录清单》，并在门户网站向社会公布。

（区发改局　李建）

农业·水利

综　述

【农业农村振兴】 2023年，莲都区农业农村局紧扣全区共同富裕先行先发、碧湖新城变大变强、产业生态重构重塑三大任务，推动“三农”事业现代化建设，接续推动乡村全面振兴，实现农林牧渔业增加值22.48亿元，全区农村常住居民人均可支配收入39164元，绝对值连续27年居全市首位，连续多年排名山区26县第一。

【农民增收】 围绕富民产业，培育农村新产业、新业态，推进“红绿”融合、农旅融合、城乡融合，挖掘促农增收“金钥匙”。2023年，莲都区农家乐民宿经营总收入35299.1万元，比2022年增长18.19%，农家乐民宿接待游客406.41万人，增长20.60%。围绕农民素质和技能提升，开展“菜单式”培训，重点培育农村“两创”实用人才，加大对民宿农家乐业主、超市经营人才、农村青年电商、农村文艺人才的培训力度，全年举办高素质农民培训班3期、农村实用人才培训班8期，培训572人次，其中，高素质农民培训150人次，农村实用人才培训422人次；完成农村科学普及性培训2597人次。多元运作助力“消薄”攻坚，2023年，区、乡两级强村公司投资“消薄”项目152个，收益4102.5万元，其中，区级统筹项目3个，总投资2.08亿元，年收益1143.70万元；乡级强村公司项目149个，年收益2958.8万元，区、乡两级强村公司合计向村(社区)分红2902.37万元，为村级集体经济发展注入新动能。2023年度全区村集体经济年总收入达1.94亿元，增长16.5%，年经营性收入1.1亿元，增长29.5%，年总收入100万元以上村55个，占比26.44%，年经营性收入50万元以上村87个，占比41.83%，实现集体经济总收入30万元以上且经营性收入15万元以上村全覆盖，村集体经济综合考核排名全市第一。承接全省首批农村集体经济组织统一电子票据业务推广试点，实现全区村级票据电子化管理；承接全市首个“组账村管”试点，规范组级2353.26万元资金管理，打通村级“三资”监管“最后一公里”，莲都区14个乡镇(街道)实现村级财务委托代理政府购买服务，成立丽水市莲都区农村集体“三资”管理服务中心，形成“1个中心+10个乡镇网点”的村级财务委托代理服务格局，为村级报账提供更集中、更优质、更便利的服务。

【农业绿色生产】 2023年，推进农业水环境治理、农药化肥减量行动、农业废弃物资源化利用和无害化处理，全区推广应用配方肥5528.7吨，采购冬季绿肥种子10.3吨，推广绿肥种植面积1400公顷，推广有机肥1.3万吨，选址规划建设氮磷拦截生态沟渠1条，农作物秸秆综合利用率96.80%。发放粘虫板30.8万张、性诱剂1000套、显花植物种子415千克用于农作物病虫害绿色防控，完成主要农作物统防统治1153.33公顷，创建老竹—丽新水稻统防统治整建制示范乡镇，新建智能化虫情监测站4个。回收处置农药废弃包装物39.84吨，废旧农膜回收利用率90.8%。

【“大搬快聚富民安居”工程】 2023年，莲都区坚持“毫不动摇搬、科学统筹聚、持之以恒干”原则，推进“大搬快聚富民安居”工程。出台《关于进一步明确无房户搬迁政策的通知》《2023年莲都区“大搬快聚”公寓安置剩余房源选房办法》，完成魏村一期安置小区（碧云雅苑）建设，全年完成安置3880人，其中，选择碧湖新城安置的3200人。加快魏村二期安置小区（碧瓯佳苑）、常宅安置小区、凤鸣安置小区、秋塘安置小区等项目建设。出台《关于建设“大搬快聚富民安居”莲都创新区实施意见》《莲都区“大搬快聚富民安居”工程后续帮扶工作责任清单》，从公共服务、助农增收、社区治理等方面完善“大搬快聚”后续帮扶体系，明确12项主要任务34项具体举措主要责任单位，解决搬迁群众急难愁盼。

【高标准农田建设】 夯实“双强”发展基础，实施“藏粮于地、藏粮于技”战略，推进莲都区高标准农田提升。2023年，莲都区高标准农田建设项目分碧湖镇、老竹畲族镇、黄村乡3个乡镇实施，新建高标准农田173.33公顷，总投资781.89万元，主要包括硬化机耕路、新建水渠等。2023年，老竹畲族镇高标准农田（粮功区）改造提升建设项目总投资301万元，面积66.67公顷，主要包括硬化生产路，改建渠道等；碧湖镇高标准农田（粮功区）改造提升建设项目总投资1607.95万元，面积386.67公顷，主要包括硬化机耕路，改建渠道、修建涵洞等。组织申报2024年丽水市莲都区碧湖镇高标准农田改造提升示范项目（绿色农田建设项目），申报面积256.73公顷，总投资2750.79万元。

【“莲都山超”超市产业】 莲都区深耕全省首个超市区域公用品牌“莲都山超”，实施“莲都超人”培训工程，开展“莲都山超”店长培训785人次，建立莲都超市培训示范基地2个（贵州惠民生鲜超市、河南胖东来超市），成立全省唯一超市农合联，吸纳会员近千名。牵头促成纳爱斯与安徽区域莲都超市主体合作，截至2023年底，该区域合作超市主体30余家，纳爱斯产品月销售额达100万元；推动鱼跃酿造等30多家本地优质农企对接超市供应链，年销售额突破2亿元，在超市中展陈的莲都城市形象面积近5000平方米；与蚂蚁商联开展战略合作，在集采赋能、培训赋能、数据赋能、加盟赋能方面积极拓展合作领域，3家丽水籍超市加盟，5家超市确定数据开放意向，促进香菇酱、竹木厨具、哈蒙、冰激凌等产品进驻蚂蚁商联生态圈。

（区农业农村局 朱娅宁）

种植业

【粮食作物】 2023年，莲都区粮食播种面积0.853万公顷，产量4.50万吨，比2022年增加0.4万吨，增长9.76%。其中，水稻播种面积2996.1公顷，蚕（豌）豆播种面积1272.47公顷，甜玉米种植面积792.25公顷，大豆种植面积2339.2公顷，薯类种植面积1093.47公顷。莲都粮食产业创新再蓄力，鲜食蚕豆亩产达1771千克，获“浙江农业之最”认证，稻米品种“通济堰 泰香1号”获2023年丽水好稻米金奖，获评“丽水最好吃稻米”。创成省级品种展示示范基地2个。

【蔬菜生产】 莲都区是全国蔬菜产业重点县、浙江省蔬菜产业强县，2023年，莲都区蔬菜播种面积8706.67公顷，产量25.14万吨，产值10.67亿元，种植规模和产值均位列全市第一名。形成“一藕两茄三豆四瓜五带”产业布局，通过打造长三角地区重要的“放心菜园”，强化“菜篮子”保供蔬菜基地建设，进一步提升蔬菜产业地位。

【水果生产】 2023年，全区水果种植面积5012.67公顷，比2022年减少4.5%，产量9.68万吨，增长4.5%，产值5.02亿元，增长11.8%。椪柑、瓯柑等大宗柑橘种植面积持续减少，减幅6.9%，但正常管理果园的产量同比增长20%；桃增产2%；杨梅增产30%；枇杷种植面积613.33公顷，产量与上年持平，产值4100万元。水果设施大棚优势明显，设施杨梅、枇杷亩产值6万元以上。开展“莲都区十佳枇杷”“十佳桃”“十佳葡萄”评选活动，举办太平枇杷节、紫金杨梅节、联城葡萄节等活动。

开展精品设施大棚建设，紫金街道杨坑村杨梅设施大棚面积达6.67公顷，“智能化杨梅大棚种植模式”被列为“浙江省智慧农业十大模式案例”；研发建设枇杷、桃等10个水果无损伤检测仪器模型，枇杷、桃模型检测精度误差分别为0.24%、0.35%，建成枇杷、桃浙江省重点研究示范基地2个；果园种植光叶苕子等绿肥，以草防草，减少除草剂使用，减少人工，提升有机质；果园山地轨道运输车得到推广应用；新建仙渡何金富村蓝莓避雨精品示范基地1个、联城凤鸣葡萄精品基地1个；枇杷地方资源进一步收集完善；举办果树枝叶粉碎无害化处理等工作培训班8期，进一步推进果业提质增效。2023年，莲都区水果获国家级奖项2个，省级、长三角奖项12个。

【茶叶生产】 2023年，莲都区有茶园4033.33公顷，主要分布在大港头、碧湖、丽新等乡镇，年产量2714吨，产值3.15亿元。“莲城雾峰”新建标准化加工厂1家，新增茶叶加工流水线2条，新引进机械推广茶叶机械107台、轨道运输机19条、植保无人驾驶航空器2台，争取省级绿色转化项目补助资金1800余万元，用于建设示范基地、农事服务中心等。举办莲都区第一届“莲城雾峰”春茶节活动，品牌知名度进一步提升，产业加速发展。莲都区聚焦茶产业“早而优”比较优势，唱响“双招双引”、农业双强、品牌赋能“三城记”，截至年底，建成国家体系茶产业丽水试验站，先后获得茶叶高新科技企业投资近7亿元，创成浙江省茶叶“机器换人”高质量发展先行县。

3月19日，2023“莲城雾峰”春茶节暨“乡村振兴 逐梦共富”摄影大赛启动仪式举行（区农业农村局 提供）

【食用菌生产】 2023年，莲都区食用菌一产规模下降，但价格相较2022年有所提高，香菇工厂化栽培技术提升，全区食用菌产业总产值1.2亿元。仿野生栽培模式及羊肚菌，竹荪等食用菌品种都进行了较好的试种，生产基地主要集中在峰源、碧湖等乡镇，截至年底，有食用菌生产、加工企业7家，食用菌专业合作社4家，香菇工厂化生产基地1个；完成食用菌绿色农产品认证。打造百兴菇业集种植、采摘、旅游观光及亲子活动等项目于一体的农旅融合菌菇文化体验景区“魔幻菇林”。

【中药材生产】 2023年，莲都区中药材产业加快品种培育，强化生态种植、示范基地、“处州白莲”种质资源繁殖保存圃及莲鸭（鱼）共生系统、加工场等建设，全区草本中药材种植面积1204公顷，其中，处州白莲490.4公顷、覆盆子407公顷、皇菊25.67公顷、铁皮石斛22.13公顷、三叶青66.33公顷，其他草本中药材192.47公顷，中药材总产量1557.7吨，产值15375.6万元。丽水市轩德皇菊开发有限公司生产的皇菊和丽水市莲都区万锦白莲专业合作社种植的“处州白莲”分别获浙江农博会金奖。

（区农业农村局　张敬斐　雷霏霏）

林　业

【概　况】 2023年，莲都区林业总产值508846万元，比2022年增加42055万元，增长9.01%。其中，第一产业产值133428万元，增长0.18%，主要包括林木种苗、木材采伐、经济林产品的种植与采集等；第二产业26995万元，下降0.13%，主要包括木材加工和竹木制品制造及木、竹、藤家具制造等产业；第三产业348423万元，增长13.65%，主要为林业旅游与休闲服务，一、二、三产产值比重为26.2∶5.3∶68.5。

（区生态林业中心　吴平荷）

【公益林保护管理】 2023年，完成公益林191个村、天然商品林停伐管护46个村的优化落界工作，全部落地上图，资金发放清册导入系统，自动生成公益林管护协议书，实现“地、图、钱、人”相对应管理目标。公益林应用场景建设完成率100%。发放2023年公益林补偿资金3166.37万元、管护费用88.42万元、管理费用44.21万元、护林人员费用343.51万元，发放峰源省级自然保护区集体林租赁资金251.42万元，发放天然商品林停伐管护补助资金116.66万元，资金发放率100%，惠及4.09万余人次。根据“占一补一”要求，将符合条件的老竹镇后坑村、丽新乡白岸口村、莲都林场木寮林区共26个小班82.93公顷调整补充为公益林，其中国家级32.59公顷、省级50.35公顷，实现公益林总量平衡。对2022年选聘的255名护林员进行考核，评选优秀护林员50名，对部分不达标的护林员进行更换，签订2023年护林管护合同。

（区生态林业中心　李苏珍）

【油茶保供生产】 2023年，分解落实油茶保供任务，区政府与各乡镇（街道）签订2023年油茶保供生产工作责任状，将油茶生产目标任务纳入林长制综合考核和全区粮食安全责任制考核。出台《莲都区油茶产业发展三年行动方案（2023—2025年）》，对油茶产业工作目标、发展布局、重点任务、补助政策等内容作出明确规定。截至年底，完成油茶保供生产面积649.57公顷，其中，新造面积394.48公顷、低产林改造255.09公顷。

【林下经济】 2023年，在老竹镇赤坑村林下套种苔藓及中药材20.03公顷。完成5个村的“千村万元”增收帮扶工程，其中，紫金街道水岭根村林下种养殖20.27公顷、岩泉街道里佳源村林下养殖20.27公顷、老竹镇赤坑村香榧林下种植20公顷、碧湖镇龙岩村林下种养殖20.93公顷、丽新乡黄岭上村林下种植黄精20.13公顷。推进箬溪岭古道、大山岭古道、官岭古道、小山古道四条古道群的保护和修复，完成方案初步设计；利用天堂山林区现有道路、房屋、废弃农房等基础设施和建设用地，打造“森林—湿地”康养基地，完成前期初步方案设计；创建省森林康养基地、2023年度浙江省现代林业经济示范区——五星级森林人家、“一亩山万元钱”高质量基地各1个；丽水市欧科人造板有限公司创成浙江省龙头企业。投入资金200余万元，在黄村乡皂坑村新建竹材加工分解点。全年立项林区道路20条、31.6千米；审批林区道路23条、占地林地16.8034公顷。

【森林食品】 2023年，抽检食用林产品135批次，其中，春笋20批次、冬笋10批次、板栗15批次、油茶籽40批次、林下药材7批次，抽检土壤40批次、肥料3批次，合格率100%。推荐相关优质产品参加第16届中国义乌国际森林产品博览会及其优质产品的评选，“芝泉堂”灵芝孢子粉等2个产品获森博会金奖；“山水康源”油焖笋等3个产品获优质奖。丽水市处州蜂业有限公司的土蜂蜜和百花蜜被公布为浙江省优质林产品公用品牌“浙山珍”2023年度授权使用产品。

（区生态林业中心　陈佳涛）

畜牧业

【概　况】 2023年，莲都区畜牧产值6.72亿元，占农林牧渔业总产值19.62%，年末生猪存栏12.09万头，其中母猪1.59万头；生猪出栏23.99万头，比2022年增长53.78%；生猪年饲养量36.07万头、家禽年饲养量496.88万羽，畜牧生产稳步提升。

【生态畜牧业】 坚持畜牧产业“六化”引领，进一步优化生产结构和区域布局，做强生猪、家禽主导产业，做精湖羊、鸽子、蜜蜂、梅花鹿等特色产业。开展浙江省“两化”（兽用抗菌药减量化和饲料环保化）应用推广工作，完成11家养殖场评估验收。

【动物疫病防控】 落实四季重大动物疫病强制集中免疫，实现“应免尽免、不留空当”，持续推进重大动物疫病强制免疫“先打后补”工作，筑牢重大动物疫病防御屏障，严防重大动物疫情发生。2023年，免疫犬只5297只、免疫办证1526份，犬猫产地检疫12只；免疫家畜83.20万头次，家禽323.703万羽次，规模养殖场免疫率达100%，散养畜禽总体免疫率达95%以上，年平均抗体合格率达85%。全区病死动物实行统一收集、集中处理、死猪冷链暂存、生猪保险联动制度，确保病死动物无害化处理及时到位，开展病死动物无害化处理集中宣传，签订病死动物无害化处理告知承诺书157份，全面整理监管流程，形成线上、线下两条监管链条，全年收集并无害化处理病死猪15.57万头、其他死亡动物221.255吨。开展非洲猪瘟防控，坚持疫情隐患排查，落实主体责任和监管责任，做好消毒杀菌灭源等各项防控措施，打好非洲猪瘟防控战役，5000头以上规模猪场建设兽医检测室并常态化开展非洲猪瘟自检。

【畜禽屠宰管理】 贯彻落实《中华人民共和国动物防疫法》《动物检疫管理办法》《生猪屠宰管理条例》等相关法律法规，依法实施定点屠宰场监督管理工作，规范畜禽屠宰行为，提高肉品质量安全水平。屠宰企业落实动物疫病检测、肉品品质检验、肉品安全追溯等质量安全管理制度，开展“非瘟”检测3885批次，瘦肉精检测11332批次。依托浙江省数字畜牧应用系统，推进屠宰环节畜禽入场查验、检验检疫、无害化处理等全程信息化监管，推进无纸化出具牛羊肉品品质检验合格证，贯通肉品检验检疫信息，加强畜禽肉品全链条数字化可追溯管理。开展屠宰企业官方兽医派驻工作，根据企业生产需要派驻官方兽医5名和检疫协检员8名，实行24小时值班制。2023年，累计屠宰检疫生猪25.3万头、牛羊0.3万头（只）、家禽91.4万羽。

（区农业农村局　赵中杰）

渔　业

【概　况】 2023年，莲都区养鱼面积790公顷，渔业产量5010吨，总产值11459万元。生产“唇鱼骨”苗种1800万尾、瓯江彩鲤及其他苗种500万尾，繁育马口鱼苗种3000万尾、光唇鱼苗种100多万尾。发展稻田养鱼704公顷，增殖放流539万尾；小龙虾养殖面积52.67公顷，渔业生产稳步发展。

【水产养殖】 推广生态、节能的大鲵养殖新技术，降低养殖成本。以莲都区金满水产苗种场、丽泉家庭渔场养殖、莲都区农耕渔家庭农场、莲都区徐旭伟家庭农场、“晓锋金鱼”五家为龙头带动全区“观赏鱼”及溪鱼发展。在玉溪水库、高溪水库、黄村水库、港口水库、开潭水库等13座水库发展水库“洁水渔业”，有效控制水库水质。截至年底，全区有省部级水产健康养殖示范场9家。

【行业管理】 2023年，开展初级水产品质量安全专项行动，组织抽检初级水产品39个批次，合格率达100%。发展河道景观渔业，产值达1700多万元，在溪流投放瓯江彩鲤、马口鱼等丽水特色鱼类。建设大港头镇“香鱼小镇”和港口村“香鱼一条街”，取得较好效益。

（区农业农村局　雷霏霏）

农业科技服务

【农业“双强”行动】 2023年，莲都区深化农业“双强”行动，争取到省级农业“双强”项目9个，其中，丘陵宜机化改造项目3个、农艺农机融合示范基地建设项目3个、农事服务中心建设项目1个、良种繁育基地建设项目2个，总投资5311万元，省补资金2500万元，推动粮油、水果、畜牧及茶产业科技赋能转型升级。11月，丽水市莲都区农业农村局获评农业“双强”行动成绩突出集体，举办全省丘陵山区农业机械现

11月24日，全省丘陵山区农业机械化现场推进会在莲都召开（叶君勇　提供）

场推进会。

【农业机械化建设】　2023年，莲都区有大中型拖拉机25台、农用小型拖拉机56台、配套农具542台、微耕机4265台、联合收割机31台、水稻插秧机33台、谷物烘干机23台、茶叶机械7586台，设施农业设备温室182.09万平方米，全区农业机械总动力达9.73万千瓦。全年办理农机购置补贴申请809份，补贴资金517.332万元，增加各种农业机械1245台（套），其中，大中型拖拉机3台、联合收割机3台、粮食烘干机5台、茶叶机械91台、畜牧生产成套设备408台（套），建设山地轨道运输机189条，总长75840米。创建茶产业“机器换人”高质量发展先行区，创成茶叶生产全程机械化示范基地2个、农机创新试验基地1个，建设茶叶农事服务中心1个。

【农机服务体系建设】　推进2023年及“十四五”期间农田基础设施建设项目谋划和运维管理，加快农机农事服务中心、农机创新试验基地建设，谋划创建国家级农业产业园。全区农机服务体系初具规模，有农村维修网点14个、农机专业合作社7个，农机专业户676户，乡村农机从业人员7279人。2023年，农机专业合作社开展机耕、机插、机收和统防统治“五统一”的农机社会化服务，实施水稻机插500公顷。

（区农业农村局　雷林华）

农业产业化经营

【农业“双招双引”】　2023年，完成《“北乡”高质量发展共同富裕行动规划》，编制《莲都山地精作农业产业发展五年规划》，谋优碧湖新城现代农业产业示范带项目库。引进华智生物落地碧湖平原，补足莲都水稻智种的薄弱环节；引进全球先进的先正达MAP现代农业技术服务平台，数字赋能发展山区现代设施种植业。全年招引产业类项目3个，总投资达3亿元。

【龙头企业培育】　2023年，莲都区积极培育现代农业生产经营主体，提高农业产业化水平。新培育省级重点农业龙头企业2家、市级农业龙头企业7家、区级重点农业龙头企业7家。截至年底，全区有农业龙头企业54家，其中，省级12家，市级28家，区级14家。

【农民合作经济】　2023年，全区培育、提升家庭农场254家，其中，新培育家庭农场237家，提升区级家庭农场11家，市级新型示范性家庭农场4家，省级示范性家庭农场2家。培育省级示范性专业合作社5家，省级示范性专业合作社监测合格12家，新培育示范性社会化服务组织40个。

（区农业农村局　冯珊珊）

农产品地理标识培育

【丽水枇杷】　“丽水枇杷”是浙江省丽水市特产，有500多年种植历史，《中国果树志·龙眼枇杷卷》中记载有5个丽水枇杷单株。20世纪50年代，丽水县开始发展种植枇杷，到1983年枇杷面积达136.53公顷，丽水逐渐成为浙江枇杷产区之一，1985年，‘太平小树10号’‘太平小树1号’‘太平大树9号’枇杷分别获浙江省评比一、二、三名。丽水枇杷按肉色分有白、红、黄三种，按成熟期分有早、中、晚熟三种，按果肉硬度分有软肉、硬肉等，品种以

‘太平白’‘丽水早红’等本地品种（系）为代表，抗性强、早熟、优质，特色明显。2009年，‘太平白’枇杷获“全国十大优质枇杷”称号。2012年，莲都区将枇杷作为主导产业进行培育，种植区域主要集中在太平乡下岙村、枫柴村，紫金街道塔下村、湾岙村，联城街道苏埠村等地。到2014年，莲都枇杷种植面积达280公顷，产量790吨，产值1980元，中国枇杷首席专家郑少泉、蔡礼鸿等到莲都指导枇杷生产。2010年，莲都加大枇杷区域品牌宣传推广力度，连续举办枇杷节、产品评优、休闲观光等活动，开发枇杷膏、枇杷花茶系列产品，打造丽水枇杷文化长廊、建立种质资源圃，推进农旅融合，做强枇杷产业，产品远销全国各省市，深受消费者青睐。2019年，“丽水枇杷”获国家农产品地理标志登记；2020年，入选第二批全国名特优新农产品名录；2022年，‘太平白’枇杷获评浙江省十大优异农作物种质资源。2023年，‘宁海白’枇杷在首届长三角地区精品枇杷推介活动中获特等奖，‘太平黄’‘太平大树9号’获银奖；在2023年浙江省精品枇杷评选中‘太平大树9号’‘宁海白’获金奖，‘宁海白’获优质奖。2023年，丽水枇杷种植面积613.33公顷，产量、经济效益持续向好。

（区农业农村局　吴宝玉）

【莲都仙桃】 2023年，莲都区桃种植面积2000公顷，以硬质桃为主，山区种植优势特色明显，品质优良，是浙江省桃老产区之一，浙江省最大的硬质桃生产县。20世纪90年代莲都区开始大力发展桃产业，1990年，联城镇（今联城街道）九坑村发展种桃实现整村脱贫致富，全国人大常委会原副委员长费孝通题字“九坑桃”。莲都区桃凭借气候、地形等优势，露地栽培成熟期全省最早，不同种类、不同成熟期品种多，鲜果上市供应期从5月至9月长达5个多月。1998年，山水牌迎庆桃获省“优质农产品”称号；2001年，山水牌燕红桃获省精品水果展销会金奖，山水牌九坑桃获中国浙江国际农博会金奖；2002年，九坑桃获省农博会金奖，种植基地获省“无公害农产品基地”称号，2003—2006年，山水牌九坑桃连续获4届省农博会金奖、省精品水果金奖，取得省无公害农产品产地认定证书，被认定为市名牌产品，获市名牌产品证书，2007年获浙江农业博览会优质奖，2012年获浙江精品水果展销会金奖；2013年‘新川中岛’桃获浙江农业吉尼斯桃擂台赛（TSS17%）吉尼斯纪录二等奖，连续两年获浙江省精品水果展销会金奖，2017年获浙江省精品水果展销会优质奖；2018年‘中桃5号’桃被评为浙江省十佳桃，‘燕红’桃获浙江省精品果蔬展销会金奖，‘新川中岛’获浙江省精品果蔬展销会优质奖，2019年获浙江省知名品牌农产品展示展销会金奖；2020年‘夏之梦’桃获浙江农业之最桃擂台赛综合品质类三等奖、可溶性固形物含量类三等奖；2022年‘霞脆’桃获浙江省精品桃评选优质奖；2023年‘中蟠101号’桃获全国“六安杯”早熟桃展评大赛银奖，‘中桃5号’桃获全国“蒙阴杯”优质桃评鉴大赛优质奖。

（区农业农村局　付兵）

【莲城雾峰】 莲都区“莲城雾峰”高山茶具有“形秀、色丽、香郁、味鲜、质安”的品质。20世纪80年代初，莲都区组织农民进行合作化茶叶种植，垦荒辟新，引进新茶种，建立专业队，加强抚育管理，购置制茶机械。1990年，创制“莲都雾峰”茶。2020年，出台《茶八条》等系列扶持政策，“莲城雾峰”茶生产得到较快发展。1992年，“莲城雾峰”茶获第一届中国农业博览会铜奖，2001年，获第四届“中茶杯”全国名优茶评比一等奖，2014年，获评国家生态原产地保护产品，2021年，获浙江农业博览会金奖。2023年，丽水古堰画乡茶叶专业合作社制作的茶红获2023“浙茶杯”优质红茶推选活动优胜奖，丽水市德跃茶业发展有限公司和丽水俞涵家庭农场的绿茶在第九届中华茶奥会茶叶品评大赛绿茶组中分别获金奖和银奖。

（区农业农村局　廖彬慧）

乡村振兴

【“三山”共富协同改革】 2023年，出台《莲都区实施超市产业

10月12日，全国学习运用“千万工程”经验现场推进会与会代表在碧湖镇堰头村开展现场考察(叶君勇　提供)

提能升级方案》，在《莲都区农业农村高质量发展实施意见》中专列超市产业扶持政策，在品牌赋能、供应赋能、组织赋能、服务赋能4个方面给予相关奖励。签订蚂蚁商联赋能丽水超市生态战略，推动鱼跃酿造等30多家本地优质农企入驻“莲都山超”。强化项目招引顶层设计，迭代升级《莲都区农业农村高质量发展实施意见》，加大对农事服务等环节的政策扶持力度，谋划莲都区数字农业科创中心项目，数实融合打造以订单为中心的“接二连三”产业平台；聚焦项目招引，国家分子育种创新服务平台(长三角)分中心、领源乡村振兴现代农业产业园、仙渡乡山地精作农业产业示范园等招引项目开工建设，新达成招引意向项目4个、意向投资额15.5亿元。以“大搬快聚富民安居”工程为突破口，出台《关于进一步明确无房户搬迁政策的通知》《2023年莲都区“大搬快聚”公寓安置剩余房源选房办法》《2023年莲都区“大搬快聚”项目货币安置购买定点商品房申购流程》等文件，提高群众搬迁意愿，优化搬迁政策流程，以可观可感的惠民搬迁举措及迁后配套服务，提升搬迁群众的获得感、幸福感。

【农村人居环境提升】 未来乡村建设实现重点突围，编制乡村布局引导控制规划，擘画一核四带乡村发展图景，率先出台《莲都区未来乡村建设五年行动计划(2022—2026年)》，9个村被列入省级未来乡村创建名单，其中，4个村完成创建。全年创成省级和美乡村示范乡镇1个、省级和美乡村特色精品村4个、省级和美乡村达标村35个；创成花园乡村22个，其中，市级精品花园乡村5个；完成省级历史文化村落保护利用项目2个。16座农村公厕被认定为省级星级公厕，其中，省级示范性公厕2座。完成全国学习运用“千万工程”经验现场推进会浙西组考察点位工作，莲都农村风貌改善成果获与会代表高度肯定。莲都区获评2023年全省深化新时代“千万工程”建设宜居宜业和美乡村(农村人居环境提升)工作优胜县、全省农村生活垃圾分类处理工作优胜县。

【低收入农户帮促】 落实中央、省、市有关推进巩固拓展脱贫攻坚成果同乡村振兴有效衔接工作部署，巩固拓展“两不愁三保障”成果，健全防止返贫监测帮扶机制。2023年，开展低收入农户“菜单式”产业帮扶，2982户低收入农户申报产业扶持资金608.37万元；落实教育帮扶，“雨露计划”补助学生327名，涉及补助资金98.1万元；落实低收入农户统筹健康保险补助资金286.72万元，将全区所有低收入农户纳入保险。推进乡村振兴相关政策落地，开展结对帮扶，全区70个重点帮促村实现结对帮扶全覆盖。2023年，莲都区低收入农户人均可支配收入19523元，同比增长13.5%。

(区农业农村局　黄效)

水　利

【概　况】 2023年，莲都区争取上级水利资金5681万元，完成年度投资1.8亿元，完成各项水利工作。

【工程建设】 2023年，持续推进碧湖平原水系综合治理工程(一期)，完成年度投资6006万元；开展生态堰坝改造工程（一、二期）建设，截至10月底，86座生态堰坝完成验收，完成年度投资2002万元；完成莲都区幸福河湖工程建设，开展水利风景区提升、亲水圈建设等，完成年度投资671万元。编写莲都区单村水站改造提升实施方案，完成70个单村水厂改造提升。开展农业水价改革灌溉工程更新升级，完成30个泵站机埠、堰坝水闸提升改造，完成年度总投资800万元；指导完成水循环及水安全系统构建项目建设和小型水库系统治理工程。通过碧湖平原防洪排涝工程可研报告技术审查，完成用地预审和规划选址红线公示；推进莲都区碧湖平原水系综合治理工程（三期）文物影响评价报告和文物本体修缮方案编制；启动雅溪水库综合利用提升工程前期，完成项目规模论证专题。

【水旱灾害防御】 2023年，开展水旱灾害防御和安全生产大检查，整治水旱灾害隐患点19处，其中，山塘10处、水库5处、水文设施2处、在建工程2处。区水利局与区应急管理局联合开展全区防汛演练，对全区山塘水库巡查员进行知识培训，在碧湖镇堰头村、纳爱斯广场等地开展山洪灾害、防灾减灾、防溺水等宣传活动。汛期落实3名值班人员24小时值班值守，发布预警短信6万余条，山洪灾害黄色预警3次、蓝色预警2次。更新全区山塘水库巡查员和山洪灾害预警员名单，对158名巡查员和192名预警员进行核对，电话回访告知职责。

【民生工程】 2023年，完成病险水库除险加固2座，山塘整治13座，农村供水薄弱点位提升66个，农业灌溉泵站机埠、堰坝水闸提升改造30座。完成美丽河湖创建3条，水美乡镇建设5个。完成凤鸣河滩生态公园、河长制公园两处水利标杆工程建设。落实河湖管理责任，推动河（湖）长制从“有名”到“有实”的转变。完成国家级节水型社会申报，创建省级节水标杆企业1家，省级节水型小区3个，省级节水型企业1家，市级节水型企业1家。

【水利行业监管】 2023年，依法治水管水，强化刚性约束，推进安全生产领域、水资源节约和保护管理以及小水电监管效能提升。全年出动380余人次，开展各类执法巡查180余次，发出责令停止（改正）违法行为通知书8份，受理举报、取证、移交执法局行政处罚案件5起。出动巡查人员200余人次，完成大溪督查12次，抽查28次。开展涉水审批“一件事”改革，完成全市首例“三合一”审批项目。完成137家自备取水水资源费征收、用水总量统计和取用水监管工作，全年开展取水户日常检查28次。完成29个审批件的审查和批复，其中，水保审批22个，防洪审批2个，涉河审批5个，取水延续2个。以“两不八有”为目标，推进小水电安全生产管理创新工作，2023年，完成32座小水电站创建，完成率118.5%。其中，“枫树湾水电站”和“太安水电站”通过复核，达到三级标准化小水电的要求，成为全市的示范和典型。

（区水利局　黄硕俏）

水　文

【概　况】 2023年，莲都区规范完成各项水文测验、水文资料收集、水文情报预报等工作任务。面对台风、梅雨带来的严峻汛情，全区各水文测站、报汛站和代办雨量站坚持24小时防汛值班，密切监视水情雨情变化，发挥水文站在防汛工作中的作用，为政府防汛抗洪决策提供科学依据。

【防汛设备维护】 2023年，按要求完成各水文测站水尺零高接测、大断面测量、起点距校测、水文缆道绞车及钢丝索擦洗上油工作。对汛期水文测洪物资作清理补充，新增配备移动电源以满足大洪水和台风来临造成停电时的照明需要。对3个基本站及雨量站代办员进行业务技术培训辅导，熟练掌握新设备运用。

【水利感知体系建设】 2023年，根据《浙江水网建设规划》及先导区建设任务安排，莲都区范围内新增高溪水库流量站（安装超声波流量计）、新治河流量站（安装H-ADCP传感器）、高溪下处流量站（时差法传感器、雷达式水位传感器、翻斗式雨量传感器）、港口水位站（雷达式水位传感器）4处水利感知建设，截至6月底，所有站点按要求完成建设。

【北斗三号试点建设】 2023年，莲都区完成21个北斗三号试点站建设，超额完成建设任务。

【水雨情遥测站管理】 莲都区水文站水雨情遥测维护工作通过公开招标，委托第三方丽水市安澜水利技术有限公司进行，服务期内完成全区66个水雨情遥测站、75台水雨情遥测设备、2个雷达波在线自动测流站的运行、维护和管理工作。

【秋塘水文站迁站改造】 2023年，完成莲都区“大搬快聚富民安居”工程秋塘水文站改建项目工程施工图报审，施工期间水文测验项目不停测，水文资料按规范整编，按省厅批复要求做到水文资料不中断。

（区水利局　黄硕俏）

工　业

综　述

【工业经济发展】 2023年，莲都区实现规上工业产值106.09亿元，比2022年增长4.6%；实现规上工业增加值20.81亿元，增长3.2%。实现工业投资17.83亿元，其中，制造业投资12.74亿元，技改投资4.39亿元。全年完成工业用地出让31.89公顷。

【企业创新能力提升】 2023年，鼓励企业加大技术创新投入力度，新增省级工业新产品6项、市级企业技术中心4家，新产品产值增速达27.6%，全市排名第二。恒大电气、立琪机械2家企业产品被认定为浙江省首台(套)装备。

【企业梯度培育】 2023年，摸排建立"小升规"企业培育库，创新实施属地认领培育制度，开展月度走访研判，全年新增规上工业企业30家，亿元以上企业数达31家。建立企业梯度培育体系，引导企业"做专做精"，欧意阀门入选国家级专精特新"小巨人"企业；恒大电气、替科斯分别入选省级制造业"单项冠军"培育企业、"隐形冠军"企业；新增省级"专精特新"中小企业14家、省级创新型中小企业39家。

9月19日，莲都区低效工业企业整治提升工作动员会召开(区经信局　提供)

【空间腾换】 2023年，深化全省新一轮"腾笼换鸟 凤凰涅槃"攻坚行动，坚定实施低效工业企业整治提升行动，重组并强化低效整治专班运转，开展多部门联合执法，重点推进亩均税收3万元以下低效工业企业整治提升，推进南山区块和碧湖北区块的集中连片整治。全年整治高耗低效企业26家，盘活低效闲置工业空间20公顷，淘汰落后产能涉及企业4家，新增税收2800万元。

【绿色制造体系建设】 2023年，申报认定2024年省级生产制造方式转型示范项目(绿色化)，获省级财政资金330万元。创建市级绿色低碳园区1个、绿色低碳工厂企业2家，新增省级节水标杆企业1家、省级节水型企业1家、市级节水型企业1家，完成清洁生产验收企业2家。

【"亩均论英雄"改革】 出台《2023年莲都区工业企业综合绩效评价细则》《莲都区深化"亩均论英雄"改革2023年工作要

点》，结合省、市综合考核指标变化和工业经济高质量发展要求，调整优化评价条款，将评价体系由“按企业单独评价”调整为“按宗地评价”。完成2022年度261宗（规上109宗、规下152宗）工业企业综合评价工作。

【共富示范创建】 2023年，莲都—义乌制造业高质量发展结对促共富示范创建获省级财政专项激励，其中，莲都区2023—2025年每年1000万元；向义乌争取首批500万元结对促共富资金，用于莲都区企业数字化改造工作。46家企业通过先进制造业企业增值税加计抵减审核。

【惠企政策兑现提速升级】 2023年，迭代企业“政策智配”，在全市率先推行“丽即兑——政策找企业”系统，发布政策事项188条，惠及企业795家次。加速惠企资金兑现，部门联审时间由原来的1个月缩短至6个工作日，牵头全区涉企部门线上兑现助企扶企资金1.76亿元，“丽即兑”工作在全省“小微你好”工作推进会上作典型发言。

【企业精准服务】 2023年，出台《莲都区“党建+”精准服务暨“小微你好”暖企助企惠企专项行动实施方案》，优化服务企业队伍建设，开展全区助企服务员培训，创建莲都区中小企业志愿服务机构联盟。全年线上收集办理企业问题诉求132个，线下发送交办单12份，整改销号率100%。开展信息服务、培训服务、法律服务等各类线下服务活动50余场，服务企业1500余家次；开展线上直播服务活动14场，观看1.6万余人次。全年为企业减负11亿元。

【“415X”先进制造业集群培育工程】 2023年，制订出台《莲都区四大新兴主导产业链培育工程行动方案（2023—2027年）》，分别为四大新兴主导产业制定产业发展规划。专报《莲都区聚焦新兴产业赛道 加快山区先进制造业提质增效》获副省长柯吉欣批示肯定。“415X”先进制造业集群培育工程二、三季度连续获省级“五星”评定。

（区经信局 杨晖）

高端装备制造业

【概 况】 2023年，莲都区高端装备制造企业主要分布于通用及专用设备制造业、电气机械和器材制品业、有色及黑色金属冶炼和压延加工业5个行业，有高端装备制造业规上企业67家，实现高端装备制造业规上工业产值39.91亿元，占全区规上工业总产值的37.6%，比2022年增长8.91%。

【产业提能升级】 2023年，邀请省级智能制造专家委员会为企业开展“一对一”智能化诊断，梳理出传统阀门行业共性痛点9项，开展阀门行业“N+X”轻量级智能化改造。制定《莲都区阀门行业数字化转型总包商遴选标准》，阀毕威阀门“电站高温高压截止阀”入选第二批“浙江制造”标准认定清单。建设莲都阀门质量基础“一站式”服务线上平台，入驻质量、标准化、检验检测等专家10余名，实现规上企业注册率100%。

【企业协同发展】 2023年，成立莲都区阀门协会，全国183家产业链上下游企业加入，促

12月28日，丽水市莲都区阀门协会成立大会召开（区经信局 提供）

进政企交流，助力产业集群成势。莲都经开区聚集阀门企业94家，提供就业岗位6000多个。

（区经信局　杨晖）

数字经济

【数字经济“一号发展工程”】2023年，出台《莲都区数字经济创新提质“一号发展工程”实施方案》，编制《丽水莲都区数字经济产业发展规划（2023—2027）》，数字经济核心产业增加值42.28亿元，比2022年增长19.4%，占地区生产总值比重8.2%，总量和占比排名全市第一，增幅全市第二。莲都区实施数字经济“一号工程”升级版工作获省政府督查激励，数字经济创新提质“一号发展工程”三季度获省级“五星”评定，入选第三批省现代服务业创新发展区，入围全国首批“县域数字经济发展创新区”。

【数字化改造赋能传统产业】2023年，举办莲都区通用设备行业数字化智能化改造推进会暨义乌—莲都数字赋能·企业领航培训会、县域数字经济产业交流会等活动，完成传统企业数字化改造20家，打造标杆案例5家。规上企业数字化智能化覆盖率达81%，企业平均产值提高9%。中软信息技术（丽水）创成2023年省级产业数字化服务商；沃沃阀门、万控科技、乾麟缝制3家企业入选省数字化车间名单。

【5G基站网络建设】　2023年，印发《莲都区5G基站网络建设工作联席会议办公室关于2023年莲都区5G通信基础设施建设工作目标任务分解的通知》，完成5G基站建设1678座，实现城区、乡镇、工业区、国家AAA级及以上旅游景区等重要场景5G网络连续覆盖，支撑通信网络向农村延伸，实现行政村5G网络全覆盖。

（区经信局　杨晖）

12月27日，与数同行·智创未来——2023县域数字经济产业交流会（莲都）暨县域数字经济发展创新区（莲都）揭牌仪式举行（区经信局　提供）

半导体产业

【概　况】　2023年，加强与丽水经济技术开发区特色半导体新产业平台对接联动，聚焦产业链上游支撑配套，编制发布《莲都区半导体产业发展规划》，逐步形成错位发展格局。

【项目引建】　2023年，4个10亿级项目实现落地开工，累计完成投资1.7亿元。丽水志晟新材料科技有限公司、威固电子科技有限责任公司2个项目入选省级重大产业项目。

（区经信局　杨晖）

新能源产业

【产业培育】　2023年，制订《莲都区四大新兴主导产业链培育工程行动方案（2023—2027年）》，编制出台《浙江省丽水市莲都区新型储能产业规划（2023—2030年）》，围绕产业链上下游开展专业招商。

【新能源产业标志性项目】2023年，深化与禾迈股份的产业合作，禾迈储能系统集成智能制造项目落地开工，总投资14.5亿元，成为莲都新能源产业链标志性项目。

（区经信局　杨晖）

美丽健康产业

【概　况】 2023年，发布《丽水莲都区美丽健康产业发展规划（2023—2035年）》《关于支持丽水市莲都区美丽健康产业集群发展的若干政策意见》，制定出台《2023年莲都区美丽健康产业链工作要点》，设立总规模50亿元的美丽健康产业基金，成立美丽健康产业发展工作领导小组，定期召开专题例会分析产业链发展问题和提升方向。截至年底，美丽健康产业有规上工业企业18家（含纳爱斯），实现规上产值87.3亿元。

【产业链招商】 2023年，招引亿元以上产业链项目5个，计划总投资24亿元，其中，10亿元以上项目2个。同心智医项目实现当年招引、当年投产、当年上规。

【项目要素保障】 2023年，建成高溪美丽健康产业示范基地，落地同心智医、凡知医学等项目。全年新出让产业链项目土地3宗，总出让面积9.53公顷。通过与国科长三角和建银国际2家知名创投机构合作，设立5亿元国科美丽健康产业股权投资基金和建创大健康创业投资基金，精准锚定基金招引项目。

（区经信局　杨晖）

电力工业

【概　况】 2023年，莲都区全社会用电量20.54亿千瓦时，比2022年增长6.69%。全年国网丽水市莲都区供电公司完成固定资产投资1.29亿元，下降9.1%，其中，配网建设投资1.06亿元。综合计划安排新建项目43项，续建项目16项，完工率100%。完成售电量19.01亿千瓦时，增长6.35%。截至2023年底，国网丽水市莲都区供电公司管理员工771人，实现连续安全日655天。莲都电网有110千伏变电站8座，35千伏变电站7座，35千伏及以上变电容量92.65万千伏安，35千伏及以上输电线路长度376.63千米；并网水电站113座，总装机容量10.11万千瓦。

【电网建设】 2023年，推进网架设备“双提双降”三年行动，投入建设资金1.3亿元，完成35千伏城北变退运，投产110千伏变电站2座，新增10千伏配套出线45条，标准接线率提升至95.05%。围绕碧湖新城、双创中心等热点区域用电需求，助推110千伏丽石线、220千伏象滩线等16个项目按期落地，推动“电等发展”。统筹技改、大修等各类资金，推进问题线路、设备改造，破解台区低电压、配变重载等突出问题252项，解决灯塔小区等12个老旧小区用电难题。

【供电保障】 2023年，坚持“政府主导、电力主动、企业主体”，科学安排电网运行方式，经受51.64万千瓦时负荷新高考验，支撑莲都区7月、8月用电量分别比2022年增长8.1%、4.4%，增长率全市第一。实施老旧、红线、高故障线路“动态清零”计划，配网百公里跳闸次数由上年同期的15.65次压降至9.28次。践行“保电由我、由我必胜”承诺，推动莲都区重要用户、中高考考点双电源全覆盖，完成“两个亚运同样精彩”、“千万工程”经验现场推进会、国际摄影节等重大活动保电任务67次。

【能效提升】 2023年，坚持“能效是第一能源”理念，建成公共机构节能降耗监测平台，推动公共机构整体用能下降12%。与丽水市人民医院东城院区签订能源托管协议，提前介入院区建设，指导完成空调、热泵等设备节能改造。推进能效服务“十百千万”专项工程，超额完成企业能效账单、能效诊断报告、能效提升方案推送，摸排纳爱斯等重要用户节能改造潜力，累计为企业减少用电成本780万元，以“降量”实现“降费”。

【惠民助企】 2023年，深化“一件事一次办”，设立线下联办专窗和“浙里办”线上专区，落地全市首个“水电气网”联办场景，电力服务增值化改革举措入选丽水市营商环境优化提升最佳实践案例。实现增量地块电力接入工程费用分担机制100%落地，减轻企业用电成本约1.2亿元。

【乡村振兴】 2023年，聚焦缩小“三大差距”主攻方向，投资农网改造升级工程2100万元，构

3月13日，在碧湖镇开展丽水金亭—海口220千伏线路工程（莲都段）“首档”架线工作（国网丽水市莲都区供电公司　提供）

建“同质、同价、同服务”城乡用电新体系。深化山区不停电作业、调控E指挥等精益化管理。实施“乡村振兴·电力先行”三年行动，建成新时代乡村电气化村12个。试点村级红船光明电力驿站，推动农村网格化片区专属服务、区域台区经理全覆盖。大港头供电所创成“村网共建”电力便民服务点。

【优质服务】 2023年，建成全省首个地市级电力营商环境服务中心，创新掌上营业厅、轻型云终端等一系列数字成果并在全省推广。建成河边村、郎奇村村网共建便民服务示范点，延伸服务触角，提升城乡服务同质化水平。完成绿谷庄园等10个小区的充电桩配套设施“整体加装”，新增充电桩布点1880余个，破解既有小区充电桩“报装难”问题。

（国网丽水市莲都区供电公司　叶大德）

莲都经济开发区建设

【概　况】 2023年，莲都经济开发区（简称“莲都经开区”）实现规上工业企业总产值80.49亿元，比2022年增长7.9%。培育上规企业31家，税收收入6.59亿元，增长8.21%；外贸进出口额20.83亿元，获评浙江省“美丽健康”产业链“链长制”试点单位、浙江省第四批减污降碳协同试点单位、丽水市绿色低碳园区、丽水市“1315”特色产业链“链长制”试点单位；辖区企业鱼跃酿造食品有限公司获“中华老字号”称号，欧意阀门有限公司入选第五批国家级专精特新“小巨人”企业，万控科技、沃沃阀门获省级数字化车间认定，中仪电力、替科斯科技分别入选省级研发中心和工程研究中心名单，瓯宝、多乐成功申报浙江出口名牌企业。

【“双招双引”】 2023年，莲都经开区聚力“双招双引”一号工程，招商与招才并举、引资和引智并重，坚持四大主导产业和传统优势产业双轮驱动。全年招引亿元以上大项目15个，总投资金额90.34亿元，其中，10亿元以上项目5个，全国500强企业、上市公司1个，“独角兽”企业1个，国家级专精特新“小巨人”企业3个，省级“专精特新”中小企业3个。针对性制定《关于深化“双招双引”融合推进的若干举措（试行）》，以“招商政策包＋人才政策包”形式协同发力，提高项目招引成功率和人才科技含量，新川项目入选2023年绿谷精英重大项目，同心、凡知项目分别获得第六届高层次人才创业大赛一、二等奖。完成土地流转108.94公顷，开展“腾笼换鸟、凤凰涅槃”行动，盘活低效闲置工业空间12.59公顷。组建40亿元规模的四大主导产业基金，破解招商引资融资难题。

【产业发展】 2023年，成立阀门协会，特种阀门关键技术研发及产业化项目实现省“领雁”研发攻关项目“零的突破”；推进数实融合，完成25家企业数字化改造，新增国家级专精特新“小巨人”企业1家，省级第一批创新型中小企业10家。全年完成工业用地出让28.4公顷，比2022年增长95.5%。完成336家企业2022年度工业企业亩均效益综合评价。根据《关于莲都经开区制造业企业用地面积计算方式的指引意见》，对高溪区块企业开展用地面积计算、核对工作，配合区经商局推进亩均评价相关工作；完成《莲都经开区半导体产业发展规划》编制。

【项目建设】 2023年，谋划实施类项目138个，年度计划投资119.58亿元，累计完成投资84.49亿元，年度执行率超70%。完成2024年度碧湖新城土地及房屋征收计划表和计划图初稿，报送碧湖新城2023年度成片开发方案红线。发布20宗地块共计111.05公顷征收公告，完成15个地块林地报批、3个地块地质灾害危险性评估和22个地块风险评估工作。完成29个地块农转用报批工作，新增建设用地85.47公顷。禾迈、环龙、威固等10亿级以上示范性制造业项目建设进度加快，成功结顶；同心、凡知等大健康标志性项目实现当年招引、当年落地、当年投产、当年上规；莲都“专精特新”产业园正式开园，美丽健康集成智造产业园正式开工；义乌—莲都“山海协作”产业飞地引进晶澳光伏辅材研发生产基地、晶澳科技年产5吉瓦高效电池及配套项目，累计完成投资额3.17亿元；莲都·深圳城市会客厅、莲都·深圳天安云谷人才科创中心招引企业5家。

【营商环境优化】 2023年，以营商环境优化提升“一号改革工程”为指引，营造尊商亲商安商氛围。依托“浙丽网格”服务平台开展网格化走访，累计走访企业375家次，收集意见（问题）67个，解决问题67个，办实事7件；组建招商引资落地工作专班，采用“一个项目、一个领导、一组人马、一跟到底”机制，做好落地服务保障工作，助力项目快落地、快建设、快投产、快见效。根据扶工政策、企业稳岗促产以及一次性留工补助等相关政策，完成企业建设进度、支持新办企业和增产增效等奖补资金兑现，累计兑现资金1611.48万元。提供校企合作、公益培训、法律援助等各项服务，累计服务企业25家，提供公益培训（安全培训、6S现场管理培训）10余场，参训800余人次，真正做到为企业安全生产经营保驾护航。

9月14日，2023“诚信兴商宣传月”系列宣讲活动之碧湖新城外贸企业服务讲座举办（莲都经开区管委会 提供）

【碧湖新城城市管理提升】 2023年，树立“建管并重、重在管理”理念，在城市精细化管理上下好“绣花功夫”。按照“多规合一”设计要求，进一步系统完善三江口协同发展区总体规划、莲都区国土空间总体规划、碧湖新城控制性详细规划、城市设计、专项规划等。看齐市区管理标准，将城市管理项目投入经费由每年1265.46万元提升至每年3014.92万元，加大清扫保洁作业力度，从原先“道路普洗”调整为“道路清洗”。明确“一把扫帚扫到底”管理模式，启动参与人数多、整治范围广、实施力度大的市容环境综合整治提升行动，累计发放告知单、宣传手册千余份，取缔占道经营100余起，整治流动摊贩点位200余处，环境卫生脏乱、车辆乱停乱放、集市夜市无序等乱象得到明显改善。

（莲都经开区管委会 潘正阳）

商贸服务业

综　述

【商贸运行平稳】 2023年，莲都区商贸运行平稳向好，消费市场回暖复苏，实现全社会消费品零售额254.3亿元，比2022年增长11%，规模、增幅均排名全市第一。批发业增长37.17%，零售业增长17.56%，住宿业增长26.04%，餐饮业增长18.33%，其中，限额以上批零住餐增速均高于全市平均水平。

【拉动内需增长】 2023年，开展多种形式的大型促消费活动20余次，累计发放电子消费券共计4300万元，拉动消费12.85亿元，惠及商家1.5万家次。全年完成批零住餐主体上限纳统117家。莲都区获2022年省政府促消费督查激励。

【电商培育】 2023年，实现网络零售额153.76亿元，占全省规模比重0.5%，比2022年增长13.42%。推进10家直播电商式共富工坊建设，举办全省首个电商直播式共富工坊评比大赛，被评为全国2023农村直播电商优秀县域案例。

【县域商业体系建设】 莲都区获评2023年度县域商业体系建设示范县（市、区），配套补助资金1000万元，确定示范项目11个，支持碧湖新城快递共同配送分拣中心、老竹商贸中心莲都农产品后商品化处理设施等项目建设。

（区商务局　黄梦逸）

供销合作

【概　况】 2023年，莲都区供销社探索基层组织“赋能强基”建设，把握好乡村振兴、共同富裕先行和深化农村“三位一体”改革的机遇，推动基层供销社闲置、老旧、低效资产盘活利用，通过恢复重建基层社建筑，盘活基层现有资产、提升为农服务能力，完成黄村基层社危房修缮项目，被省供销社确定为基层组织赋能强基示范样板建设单位，争取到省财政扶持配套资金40万元。引入社会资本合作经营，对偏远、废旧和闲置的乡村资产进行投资，形成“1+1>2”的局

1月17—18日，区供销社结合“共享冰箱”开展“办年货 迎兔年”特色年味带回家活动（区供销社 提供）

面。开展实地调研，结合当地实际需求，增加茶叶、笋竹等特色产业服务，增设农资销售、农技咨询、商超、便民休息站等供销网点。

【农资应急储备】 2023年，储备各类农资2000余吨，免费向蔬菜、粮食产业农合联和雅溪镇、仙渡乡、太平乡、峰源乡农合联赠送有机肥100吨。区供销社参股企业丽水市八方农资连锁有限公司入选浙江省供销社春耕保供重点农资企业。

【产业农合联】 5月，蔬菜产业农合联在碧湖镇郎奇村举办2023浙江种业博览会瓜菜新品种展示示范丽水分中心现场观摩活动。6月，茶叶产业农合联在大港头镇杨山村举办茶园数字化生产技术培训活动，丽水古堰画乡茶叶专业合作社选送的“山溪杨山”茶叶获“浙茶杯”优质红茶推选活动优胜奖。7月，枇杷产业农合联在太平乡下土夭村举办水果栽培种植技术培训活动，丽水市丽白枇杷产销专业合作社被评为丽水市劳动模范集体，丽白牌黄肉品系枇杷获浙江省精品枇杷评选金奖、丽白牌“宁海白”枇杷获首届长三角地区精品枇杷推介活动特等奖。8月，粮食产业农合联在碧湖镇高溪村举办莲都区农用植保无人机（粮油）现场交流教学活动，丽水市莲都区心连心农机专业合作社的通济堰牌泰香1号大米获“最好吃稻米”称号暨丽水好稻米金奖。9月、10月，超市产业农合联分别赴四川成都、河南郑州举办“莲都山超”店长精品研修班。12月，民宿产业农合联在大港头镇坛岩山举办莲都区民宿（农家乐）产业农合联专题培训班。

【“供富”党建联盟】 2023年，常态化组织各类志愿服务活动，开展“三级干部大走访”“三服务”等工作，深入群众、企业、基层，为民解难题办实事，走访雅溪镇和万象街道17次，参与走访45人次，解决问题8个，办实事17件。与社属企业、区农合联组织党建联建，成立党员志愿服务总队，围绕“流动供销进山区、数字供销进社区”布局，优化“流动供销致富车”和“共享冰箱”服务网络；围绕省、市、区中心工作和社会所需、群众所求，开展便民利民、扶贫帮困、农技宣传等各类志愿服务活动近25万件次。

【流动供销致富车项目】 2023年，莲都区“流动供销致富车”项目被列入市、区两级民生实事。截至年底，累计发展“流动供销致富车”21辆、线路16条、服务点位18个，车辆服务里程75.3万千米，为山区群众提供代购、代销、代办服务37万件次，山区村流动供销服务网基本全覆盖。协助部门进村开展各类政策宣传，“流动供销致富车”实现常态化运营，成为办到群众心坎上的民生实事项目。根据丽水市深入推进山区养老“流动帮帮车”党建联建和“十助”服务的工作要求，持续推进“流动供销致富车”资源整合，11月，在联城街道港口村举办山区老人流动“十助”服务活动。

【共享冰箱项目】 2023年，“共享冰箱”入驻市政府、开发区管委会等9个点位，共计投入机器51台，积累核心客户近3万户，交易笔数超35万笔。7月，全省首个农产品进城直销点——莲都区农产品进城直销点正式揭牌，直销点作为“共享冰箱”惠民服务项目的延伸，进一步拓宽莲都区农副产品的销售渠道，完善“流动供销致富车”销售终端。区供销社参股企业丽水市农合优选食品有限公司在减少农产品流通损耗、增加农民收入、促进结对帮扶地区农产品销售等方面起到积极作用，获评浙江省供销社消费帮扶明星企业。

【供销大集市】 2023年，开展供销大集市活动15场。与联城街道共建武村流动供销大集市项目，集市面积7000平方米，可容纳450个固定摊位。4月，与义乌市供销社联合举办义乌—莲都农优特产共富市集。5月，联合紫金街道举办供销大集市——杨梅专场销售活动。8月，联合联城街道组织举办供销大集市——葡萄专场销售活动。11月，与区农业农村局联合举办“莲北情·山海礼·共富梦”2023莲都—江北农产品共富市集。依托“流动供销

8月26日，“醉美葡萄 畅享共富”2023年供销大集市——葡萄专场举办

（区供销社　提供）

致富车”的代购、代送、代卖等职能，围绕社区居民所需，在莲都优质小区举办“流动供销大集市”，为社区居民提供物美价廉、富含地域特色的农特产品，全年开展“流动供销大集市进社区”活动11场，服务社区群众超万人。

【社属企业管理】 2023年，举办“供销大讲堂”12期，《莲都区打造“三位一体”农合联合作经济模式撬动农业农村经济活力》一文作为丽水市“八八战略”专刊印发，获区委书记张壮雄和副市长批示。制定《2023年丽水市合力资产经营有限公司平台竞争性奖励考核办法》，完善《丽水市合力资产经营有限公司平台职员月度考核实施办法（试行）》，发挥监事会职能，修订细化和完善健全资产、财务、人事等相关制度，用流程管事，用制度管人，进一步强化下属企业体制机制建设；突出干部监督，压紧压实责任，逐级开展廉政谈话，排查防范廉政风险点。

2023年，强化“资产管理数字化平台”“财务管理数字化平台”“智能水电管理数字化平台”三个数字化平台建设，实现社有资产全生命周期管理与资金的集约化管理。区供销社资产财务数字化建设工作被丽水市供销社作为典型经验在全市各县供销社推广。“浙江丽水莲都区社数字赋能社有资产和财务管理模式升级”工作经验获全国总社刊发。

2023年，与市供销社社属企业市兴合商贸公司、市农投公司三方股东多次共同协商转让绿盒电商公司股份，通过审计评估和“浙交汇”平台公开转让方式，处置投资股权，确保集体资产保值增值。执行《丽水市农合优选食品有限公司财务管理制度》，强化制度监管，全过程监督，及时掌握研判财务数据，定期分析经营情况；不定期抽查报销材料，确保报销程序规范；制定绩效考核，明确考核方案，根据经营情况，对比制度中的经营目标，对经营团队进行年终考核，明确奖惩；总结经验，及时分析后台大数据，进行调整优化。

（区供销社　陈梦蕾）

粮食和物资储备

【概　况】 2023年，莲都区贯彻落实关于耕地保护、重粮兴粮等一系列惠农政策，发挥地域优势，狠抓农业产业结构调整，稳定粮食种植面积，提高粮食生产能力，强化粮食应急储备管理，保障粮食供需平衡，完成各项耕地保护和粮食安全任务指标。

【粮油储备规模】 2023年，莲都区完成储备粮（市级）1.21万吨，建设应急供应网点34个、应急保障企业9家，保障应急加工能力220吨/日任务。全年完成稻谷轮换8842.273吨，小包装食用油轮换150吨和成品粮轮换1680吨。在有关部门的配合下，完成3196.52吨晚稻收购入库工作，做到粮食颗粒归仓。

【实施“粮食五优联动”】 出台《2023年莲都区“粮食五优联动”工作方案》，晚稻优质品种订单面积达248.47公顷，实行规模化连片种植，完成年度任务。通过“粮食五优联动”，粮食品质得到提升，粮食价格进一步提高，2022—2023年，莲都区实施“粮食五优联动”工作，实现农民增收141472元。

【仓储项目建设】 2023年,结合莲都区应急物资储备工作需要,谋划莲都区中心粮库扩建项目,截至年底,完成老库外立面改造工程。

【应急物资保障】 2023年,定期对应急物资开展安全检查和全面盘点,应急物资储备情况良好。通过公开招标,完成行军床、应急生活包等一批应急物资采购,合同价16.576万元,全部验收合格入库。

(区发改局　汪杰)

对外经济贸易

【概　况】 2023年,莲都区实现进出口总额28.05亿元,增速25.54%,排名全市第一,其中出口27.66亿元,增速24.69%。实际利用外资132万美元,其中制造业实际外资118万美元,占比89%。

【激活市场活力】 2023年,指导瓯宝安防科技股份有限公司上榜2022年度"浙江出口名牌";开展外贸综合服务企业培育发展工作,丽水外综服供应链管理有限公司获评2023年度外贸综合服务成长型企业。引导本地企业对外投资,优化国际市场布局,丽水慧滔等8家合伙企业完成境外投资2398万美元。

【助企开拓国际市场】 2023年,举办莲都区外贸企业拓市场防风险业务培训会、外贸外资企业座谈会。组织企业参加全市"地瓜经济"全球贸易共享基地启动仪式暨重点产业跨国采购对接会等活动,累计组织46家辖区企业参与重点国际性展会4场,其中,推动23家企业参加2届广交会,企业数和展位数均创新高。对接浙江远大国际会展有限公司,为莲都企业参加货贸类展会拓市争取最优条件,累计服务自行出海参展企业68家次。

【发展跨境电商】 2023年,依托跨境电商服务中心,实现有实绩的跨境电商主体6家,实现在跨境电子商务综合试验区项下出口额24.6亿元。举办线下培训和沙龙7场涉及300余人次;举办线上培训及跨境平台招商活动114场,触达近3000人。开展直播共富人才孵化陪跑计划,手把手培育孵化企业累计59家次,其中27家已在海外进行销售。

(区商务局　黄梦逸)

交 通

公 路

【概　况】 2023年，莲都区完成交通投资6.03亿元，比2022年增长91%，交通强市综合投资完成率171.08%，居全市第一位。莲都区交通运输局获评2023年度全市交通运输系统年度综合考核优胜单位。

【安全隐患大排查大整治】 2023年，排查和治理安全隐患141处，整治率100%。实施农村公路新改建里程37千米，农村公路危旧桥改造3座，农村公路平交口整治3个，完成省级除险保安强化年工作任务。建立以区农村公路长周期养护设备（物资）保障基地为中心，5个乡镇、片区公路管理站为储备点、N个抢通抢险班组为节点的“1+5+N”应急保障体系，农村公路应急抢险能力显著提升。

【打破交通要素瓶颈】 2023年，莲都区交通固定资产投资21.69亿元，投资总量排名全市第一，其中，完成区本级交通固定投资14.93亿元，比2022年增长66.6%。全年资金争取总额约4.3亿元，占年度投资6.03亿元的71%，其中，向上争取补助资金5669.93万元；获2022年度全市交通运输系统年度考评优胜单位及交通治堵考核优胜区，获得市级项目奖励资金170万元；通过项目谋划，争取到一般债券资金3.2亿元，专项债券资金0.5亿元。结合“一县一县道”政策，将莲都区桃碧线改造提升工程（下圳至保定段）和丽水东西岩客运综合交通枢纽连接线打包申报山区26县结合“一县一县道”项目，获上级土地农转用指标33.33公顷，实现项目用地保障率100%。

【洪渡互通至黄村农村道路改造提升工程（仙渡至黄村段）】 莲都区洪渡互通至黄村农村道路改造提升工程（仙渡至黄村段）项目建设地点位于莲都区岩泉街道、仙渡乡、黄村乡，总里程18.9千米，参照三级公路技术标准，设计时速30千米，部分困难路段采用四级公路技术标准，设计时速20千米。项目总投资1.6亿元，是“莲都大环线”建设主要项目，连接雅溪、仙渡、岩泉、黄村等乡镇（街道）。8月4日，工

9月15日，莲都区农村公路专业养护队伍进行养护作业

（区交通运输局　提供）

程通过交工验收并通车。

【丽龙高速公路南山互通至丽新公路连接线工程】 莲都区丽龙高速公路南山互通至丽新公路连接线工程位于碧湖镇上赵村、上阁村，采用双向四车道一级公路技术标准设计，路线全长378米，路基宽度23.5米，设计时速60千米，概算总投资2925.15万元，是桃碧线改造提升工程的重要组成部分。12月完成主体工程建设。

【桃碧线改造提升工程(S222连接线段)】 莲都区桃碧线改造提升工程S222连接线段总长约200米，项目总投资2654.03万元，采用双向四车道二级公路设计标准，设计时速60千米，路基宽度18.5米。6月，项目完工。

【双双线(双港口至双源)农村道路改造提升工程】 双双线(双港口至双源)农村道路改造提升工程项目路线全长约11.22千米，参照三级公路技术标准，设计时速30千米，总投资约8342.01万元。12月，完工并投入使用。

【石郎线改造提升工程】 石郎线改造提升工程位于碧湖镇，路线全长3.04千米，采用双向六车道一级公路并兼顾市政功能设计，设计时速60千米，路基整体设计宽度34.5米，概算总投资2.9亿元。2023年，石郎线改造提升工程累计完成投资1.2亿元。

【桃碧线改造提升工程(下圳至保定段)】 桃碧线改造提升工程(下圳至保定段)提升改造工程位于碧湖镇，线路总长17.4千米，实施里程14.7千米，完全利用段长度2.7千米，总投资13.37亿元。项目分三期实施，其中，一期下圳至石牛段2.8千米于6月完成施工招标。12月25日，桃碧线改造提升工程(下圳至保定段)二期石牛至碧湖段取得施工图批复。

8月4日，莲都区农村客运“村村通”自然村通客运班车通车仪式举行

(区交通运输局　提供)

【“四好农村路”省级示范县创建】 2023年，莲都区通三级以上公路的乡镇比例达93.3%，基本建成城乡半小时交通网；年度新增通双车道行政村3个，全区通双车道的行政村比例达72.7%；通等级公路的较大自然村比例达100%，提前两年完成省交通运输厅提出的目标任务，创成“四好农村路”省级示范县。

【农村公路长寿命养护机制建立】 2023年，莲都区农村公路长寿命周期建设和养护项目顺利推进并取得阶段性成果。通过专业养护，农村公路优、良、中等率提升，群众对交通出行环境的满意度显著提升，全区农村公路“建、管、养、运”水平得到持续提高。相关经验做法在2023年全国“四好农村路”高质量发展现场会上被重点介绍。

【较大自然村通客运班车】 2023年8月，莲都区农村客运“村村通”自然村通客运班车通车仪式在雅溪镇季岭根村举行，提前18个月实现全区符合道路条件的较大自然村全线通车，受益群众约16万人，在全市率先取得城乡客运一体化5A评级，为实现城乡共同富裕打下坚实交通基础。

【滴双线入选“红绿金”融合共富农村路】 滴双线全长约14千米，是莲都区北乡区块重要道路。2023年，莲都区投入资金2379万元，完成病害公路修复14千米、实施道路提升改造14千米，公路路面由砂石路面提升为沥青混凝土路面，全线实现“白改黑”，路基宽度由原先的4.5米提升为7米；打造景观节点小品6个，实现景随路转、路景相融。被评为2023年度丽水市“红绿金”融合共富农村路。

（区交通运输局　谢斌　张露淇）

铁　路

【概　况】 2023年，丽水高铁站共开行旅客列车64对，其中，动车组列车54对，普速旅客列车10对。截至年底，丽水高铁站实现车站安全生产8981天，完成旅客发送412.79万人次，完成年度计划的103.2%，其中单日（9月29日）最高发送旅客19754人。全年收到集团公司表扬工单39个，锦旗1面，上报好人好事45个。

【站前长效管理机制】 强化高铁站周边环境整治，打造生态型和国家级休闲度假旅游目的地城市。2023年，联合市文明办对高铁站广告设施进行全面改造，包括车站天桥两侧广告公益性改造40平方米、高架上坡广告公益性改造100平方米、出站口广告公益性改造80平方米，新建出站口风雨连廊公益广告80平方米，拆除不符合站区形象景观广告点位2处，改造出租车通道标识1处、改造高架桥面消防通道标识标线180平方米。完成进出站平台区域绿化提升项目。

【区域设施管护】 2023年，更换新和路高架桥陈年破损广告15处，增设公益服务导向牌2处，广场区域更换公益宣传广告10处，修复破损排水盖板15处，修缮高架墩立柱和扶梯底部外立面680平方米。对广场警务室进行全面改造更新，广场北侧新增公益宣传LED电子显示屏1处。

【区域环境卫生】 2023年，采用“1+2+N”次保洁方法，每日高铁最后一班车结束后对出站口通道地面进行1次清洗；每日2次对区域道路进行普扫、洒水压尘、垃圾清运；每日“N”次对进出站口、出租车上客点等重点点位进行不间断保洁。加大对高架桥面的保洁力度，增加每日冲洗次数，定期清理下水管道，确保高铁站前区域卫生环境整洁有序。

【综合行政执法】 2023年，受理处置“12345”政务热线案件354件，受理处置数字城管派发案件332件，投诉回复结案率100%；劝离人行道违停车400多辆，拍照采集180多辆，规范共享单车停放70起；劝导流动摊贩395次，处置跨门经营321家，劝导不文明晾晒77次，处置噪声扰民9起，整改户外大型广告2起；一般程序立案查处29起，结案26起，简易处罚20起，共处罚没款金额8800元。

【警力联动执法】 2023年，高铁中心联合站前各执法单位和广场安保队伍加强日常巡查执勤，做好重点时段、重点路段的安全值守和巡查工作，完成中央、省、市、区两会和亚运会等重要时段的维稳安保任务。协助抓获网上逃犯21人；协助办理刑事案件4起，抓获嫌疑人4名；办理行政案件121起，其中，拘留24人、罚款45人。

【非法营运整治】 2023年，丽水市交通运输行政执法队公路与运输一大队高铁中队出动执法人员1212人次，检查巡游出租车13121辆次，宣传文明运营13121人次，检查网约车201辆，纠正不文明揽客行为256次，劝离“黄牛”叫客行为29次，联合公安处理叫客行为1件，组织驾驶员学习3人次，查处巡游出租车、网约出租车车容车貌不符合要求案件37件，处理投诉、纠纷5件，满意率100%。

【道路交通整治】 交警莲都大队水东中队针对高铁站区块的交通管理特点，开展车辆违规停放、无证驾驶、超员、酒后驾驶等严重影响道路交通安全和城市形象的违法行为整治行动，纠正劝导残疾三轮车、出租车、私家车违停3800辆次，现场拍照处罚违章停车770起，短信提醒违停车辆驶离9800辆次；查获饮酒后驾驶机动车12起；查获客、货车超员4起，载货汽车载物超过最大允许总质量未达30%的4起、超过30%以上的11起；查获驾驶非机动车不按信号指示通行的190起，二、三轮电瓶车违法载人450起，处罚电动自行车驾驶人或搭载人未佩戴安全头盔的4150起，处罚其他违法1300余起。

【衢丽铁路政策处理】 2023年，完成红线范围内政策处理工作，完成土地签约1001户，清场交地80.72公顷；完成房屋征收并拆除150户，共计1.7万平方米；完成6个乡镇（街道）23个村近800座坟墓迁移工作。及时推进临时用地相关工作，截至年底，交付使用临时用地72.91公顷，其中，弃渣场15个、49.58公顷，拌和站4个、7.69公顷，材料场3个、2.37公顷，其他用地23.18公顷。开展漏项房屋征收工作，补充征收老竹镇后坑村樟塘垵自然村房屋15户、3000平方米，完成该地块签约腾空拆迁交地工作。

【衢丽铁路工程建设】 2023年，完成丽水东西岩客运综合交通枢纽设计方案编制并通过规委会审查，完成规划选址认证、选址及用地预审意见、可行性研究报告批复、稳评批复、初步设计概算审查及批复、土地预征收公告、农转用测量、征地补偿方案公告等工作，枢纽工程全过程咨询服务于10月13日完成招标，工程施工于10月16日完成招标。完成安置点初步设计和用地规划许可证审批、施工图设计编制及场地平整招投标等工作，咸宜安置点完成场地平整95%，白岸口安置点已完成安置户抽签。完成500千伏电力杆线迁移，基本完成35千伏以下电力杆线迁移，完成通信杆线迁移点位23个，水管道迁移9个。完成水东区块国防光缆和通信缆线横穿金温高铁和金温货线设计施工方案，完成金丽温天然气管道(下湾2号隧道)影响迁改河村隧道工程项目招标工作，完成新建衢丽铁路莲都段站内金温高铁通信迁改方案审查批复及预算审核。衢丽铁路莲都段“大小”三改27处，已完成现场踏勘、核对签字确认等工作，与设计院协商部分改移变更方案，完成年度工程任务。

（高铁中心　刘佳）

邮政·通信

邮 政

【概　况】 2023年，莲都区有邮政快递品牌12个，快递分支机构及末端网点86个，邮政普遍服务网点19处，从业人员853人。全年邮政业务总量5.64亿元，比2022年增长16.99%；快递业务件量（发件）4788万件，增长14.8%；快递业务件量（派件）8021万件，增长22%。

4月，莲都区快递行业联合党支部获评浙江省快递行业党建示范点，6月，获评丽水市快递行业党建示范点；同月，全省第二家、全市首家市区一体新就业群体党群服务中心启用，11月，获评2023年度省级示范区域性“两新”组织党群服务中心。

【三级物流体系建设】 2023年，建成共富驿站70家并投入使用，新设智能快递柜115组。建设“莲享小屋”9家，打通全区快递末端“10分钟便民服务圈”。建成碧湖新城乡镇级物流配送中心，实现五大快递品牌共配，服务范围覆盖43个行政村，惠及群众5万人，全年碧湖区块投递件量比2022年增长30%。

丽水市莲都区新就业群体党群服务中心大厅

（莲都邮政管理局　提供　摄于6月25日）

【助企纾困】 落实省、市物流助企纾困，电商发展政策，2023年，莲都邮政快递企业累计实现减税降费、场地租金补贴、快递柜补助资金1094万元。春节期间，发放“留岗红包”和稳岗补贴40余万元。兑付三级物流体系建设和快递进村奖补资金12.06万元。

【行业监管】 2023年，完成杭州第19届亚运会寄递安保工作，实现重点时期寄递渠道安全畅通和行业安全稳定，获“丽水市创建二星‘平安金鼎’工作突出贡献集体”称号。对莲都分支机构和末端网点每两个月开展一次地毯式安全检查，实施末端网点备案整治行动，促进行业健康稳定发展，全年累计检查快递网点412家次，立案

6月28日，莲都邮政管理局开展“迎亚运 保平安”莲都区邮政业安全生产应急演练

（莲都邮政管理局　提供）

处罚企业2家，开展末端网点负责人培训、企业安全演练11场次。引导管理、保障全区邮政普遍服务兜底服务农村，结合开展邮政快递业“扫黄打非”专项检查，支持网点争创省级、市级示范站点，累计对普遍服务网点进行专项检查99家次，建制村通邮情况检查86次。

（莲都邮政管理局　季彦来）

电　信

【概　况】　2023年，中国电信莲都分局（简称“莲都电信”）贯彻党的二十大精神，响应国家网络强国和数字化战略，紧握“云改数转”方向盘，践行省公司“143”战略方针，以用户需求为导向，聚焦四大关键领域，依托三大核心平台，确立“2023，大干一番”的年度主题，在传统业务领域巩固根基，在新兴技术应用上取得突破性进展。

【莲都智慧网建设】　2023年，莲都电信打造精品5G网，新建5G室外站100多个，实现莲都区主城区、乡镇、重要农村、工业园区以及旅游景区等区域5G网络连续覆盖；打造高速泛在的全光网基础底座，推进10G PON能力全覆盖，实现千兆城市全面达标，完成400多个小区的千兆全覆盖，千兆光网用户超1万户。多维度提升服务品质，深化“好服务更随心”六项服务举措，为电信用户提供优质服务，用户综合满意度行业领先。截至年底，莲都电信宽带用户服务数近6万户，增速平稳。

【信息数字应用】　2023年，莲都电信以“数字莲都”为愿景，深度介入政务、教育、安防、综治等多个领域，推动“信创电脑”“政务云”等项目落地开花，其中，通过“基层智治综合应用”体系高效处理各类事件50余万件，办结率达99%；“智慧停车”平台运用高位视频识别、“互联网＋”、云技术等手段，与“浙里办”App互通，有效整合城市停车资源，缓解城市停车难题，惠及市民日常出行，展现“数字＋城市治理”的巨大潜力。莲都电信以“云、网、数、智、安、量子、数字平台”等能力为抓手，推进“5G＋工业互联网”，工业全光网赋能各企业。

【爱心翼站服务】　2023年，莲都电信50多名党员、员工参与市公司“小翼志愿者”团队，服务社会、共创文明，服务范围涵盖社会公益服务（文明劝导、助老助残、关爱儿童等）和小翼特色服务（反诈宣讲、幸福学堂、爱心翼站等）。出资20多万元对莲都区内20余个公话亭进行改造升级，提供3分钟免费通话服务和充电宝随借随还便利服务，将公话亭打造为传递城市温度、传承浙西南革命精神的“爱心服务亭”。推进府前、城东营业厅“爱心翼站”建设，为老幼群体，外卖工作者、环卫工人、快递员等户外工作者以及新形态就业者提供便捷服务。截至年底，莲都区“爱心翼站”累计服务量超3800人次，开展“幸福学堂——相约周二”活动480余场。

【移动通信、固话业务】 截至2023年底，移动通信业务用户量超11万户，智能终端普及率大幅提升，莲都电信通过5G技术的快速应用，丰富产品矩阵，推动移动互联网体验跃上新台阶。固话用户近5万户，通过融合通信套餐与服务升级，稳固其在政务、商务市场的核心地位。

（中国电信莲都分局　江巧燕）

移　动

【概　况】 2023年，中国移动莲都分公司（简称“移动莲都分公司”）主动融入经济社会发展大局，以“丽水之干”担纲“丽水之赞”，勇当5G+发展领跑者、数字丽水主力军，坚持党建引领，坚持转型升级，坚持高质量发展，为莲都发展贡献移动力量。全年运营收入4.58亿元，比2022年增长12.50%，上缴税收595.4万元。

【“双千兆、双标杆”城市建设】 2023年，莲都区新增5G基站（含室分）1372个，实现市、县城区及重要乡镇连续覆盖，所有乡镇、交通枢纽、红色教育基地、国家AAAA级以上旅游景区实现覆盖；新增节点机房15个，提前为政府“百万人员城市”布局，做好人口增加带来对应业务增长需求的准备。累计建设光缆3.23万千米，城区及乡镇千兆全覆盖，行政村覆盖率99%以上。接入网实现万兆上联城区全覆盖。千兆用户接入能力达100万户，XGPON端口占比40%。

【网格运营体系建设】 2023年，推进党建亲情网格和生产网格深入融合，党建指导员送培训进网格，组织党员带头，入网格、进社区，开展为民办实事志愿者活动。依托“党员i家”平台，与社区互联互通，加强合作，以公益服务推进网格深入社区，通过推进社区、邻里等活动建设，打造新型社区建设样板。

【数智莲都建设】 2023年，移动莲都分公司发挥央企新基建主力军作用，构建高速泛在、智能开放、绿色安全的新型信息基础设施。打造5G精品网络，提供高速接入能力，实现应急通信保障，服务医疗远程超声、电力差动保护、公交安全防控等落地5G应用。打造新一代云网融合设施，提供云网一体化能力，截至年底，本地政务云资源vCPU算力增至1.5万核，平台具备独立信创云资源，满足全区政务系统上云的各项需求。打造全方位的物联网络，提供泛在接入能力，丽水移动有340万物联网连接数，有OneNET平台，可实现“端、管、云、服”全方面使能万物互联。

【特色场景应用】 2023年，落地莲都区人大代表联络总站布展采购项目，利用先进的数字化展现能力为全面展示莲都区人民代表大会历史沿革以及人民代表大会制度在莲都区的生动实践、代表风采等模块赋能添彩。落实2023年市政府民生实事项目“实施村卫生室智慧医保互联互通覆盖工程，并建立长效运营机制”工作任务。落地推广莲都区农村供水站智能流量计采购及安装项目，探索农村供水站实现智慧化管控新模式。助力丽水市莲都区大数据发展中心落地莲都区“雪亮工程”公共视频图像汇聚（采录感知汇聚）平台及二、三类公共视频运维服务项目，实现全区数据类资源“统筹规划、统一整合、统一共享管理”，有效提升“公共数据”的价值密度。结合各地特色农业产业，因地制宜运用5G、大数据等信息技术，打造数字管理平台，推动“未来乡村”走进田间地头，让强村富民“看得见”。协助区公安分局建设“警务通”全流程管理平台，解决公安执法工作中“规范化、精细化、信息化”问题。自主集成人行道违法停车处置系统，提升综合执法数字能力。

（移动莲都分公司　傅晓蓉）

联　通

【概　况】 2023年，中国联合网络通信有限公司莲都区分公司（简称“莲都联通”）围绕高质量发展主线，强化市场和创新驱动，深化改革创新、夯实基础管理，各项工作取得较好成效。全年关键业绩考核排名全市第四，主营收入比2022年增长16.7%。聚焦“联有心、创有力”的党支部品牌特性显现工作，联合外部单位开展联建活动7次，擦亮“双联双创”党支部品牌名片，组建小荷志愿者莲都联通分队，开展多轮次反诈进社区、进校园、进车站，获评莲都区无诈单位、莲都区反诈工作突出集体、莲都区健康促进企业。

【“3·15”服务进社区】 3月15日，莲都联通组织开展志愿服务活动，为小区住户提供网络检测、网速升级、话费流量查询、防诈知识普及、疑难问题解答等服务，积极为群众办好事、办实事。

【青年反诈课堂】 6月13日，莲都联通联合区公安分局、丽水旅游学校举办“全民反诈，青年先行，反诈宣传进校园”主题课堂，针对广大学生做好防范电信网络诈骗宣传，努力营造“校园无诈”良好环境。活动通过“PPT大屏展示＋反诈民警面对面讲解＋重点知识手册发放”的方式，同步开启直播，将防诈防骗知识输送给现场学生及直播间里的观众。

（莲都联通　徐晓）

金融业

综　述

【金融业稳步提升】 截至2023年12月末，莲都本外币存贷款余额3760.80亿元，规模居全市第一位，比2022年增长16.07%。其中，本外币存款余额1997.56亿元，增长19.81%；本外币贷款余额1763.24亿元，增长12.11%。实现保费收入49.64亿元，增长65.38%，排名全市第一，超过市平均水平29.65%。

【金融改革支撑实体发展】 2023年，深化普惠金融服务乡村振兴改革，依托“两小”创业通平台建设，推进金融支持“两小”行业发展壮大和回流反哺，截至年底，平台上莲都区注册用户13174户，贷款授信金额22.90亿元，资金回流147.82亿元。加大金融支持生态产品价值实现力度，获批全省用水权改革试点县，发放全市第一批取水权质押贷款。设立“财金智囊团”，举办全区性的政金企对接会3场，精准对接30余家企业的38个重点项目融资需求。莲都区商业贷款“一类事”被列入“一类事”省级指导目录先行先试地区清单、入选全省涉企服务“一类事”专题微改革案例。

【金融风险防控】 2023年，建立金融突发公共事件应急预案和地方金融领域信访突出问题会商研判机制，全年举办集中宣传活动16场次，触及对象万余人。启动新一轮地方金融组织风险隐患“大起底大排查大化解”行动。联合属地乡镇（街道）化解以影视、旅游、大健康等名目进行非法集资的风险隐患4个。

（区商务局　黄梦逸）

银行机构

【农行莲都支行】 2023年，中国农业银行丽水莲都支行（简称“农行莲都支行”）推进党建与业务深度融合，围绕“一抓三促两争先”，主体业务取得较好发展，经营效益得到明显提升。截至年底，存贷总量167.89亿元，其中，各项存款总量95.36亿元，各项贷款总量72.53亿元。扎实推进金融服务乡村振兴各项工作，突出普惠金融，服务实体经济，加大“三农”支持力度，实现银监口径普惠金融余额18.95亿元，

9月21日，建行丽水莲城支行在莲都区花园学校开展“全民学金融　共富看浙丽”金融知识校园行活动（建行丽水莲城支行 提供）

较年初新增5.15亿元；惠农e贷较年初新增1.73亿元。积极营造丽农家园文化，打造"活力莲都"品牌，强化合规管理，加强员工行为管理，做实反洗钱及制裁合规工作，积极开展防诈宣传，提升堵截电信网络诈骗的意识和能力，获莲都区2023年度金融机构支持地方经济发展业绩考核二等奖、普惠金融服务乡村振兴改革突出贡献奖；获丽水分行2023年度内控合规工作质量考核第一名，内控评价结果一类行；连续6年获农行丽水分行反洗钱工作质量考核第一名；"三新"不良贷款发生额为零。

（农行莲都支行　廖海英）

【中国银行莲都支行】 2023年，中国银行莲都支行本外币时点存款余额180.02亿元，较年初新增21.83亿元，本外币贷款时点余额204.99亿元，新增1.11亿元。落实区政府与省中行战略合作协议，加大对莲都区经济社会发展资源投入的倾斜力度，为河湖砂石资源开发利用、银泰置业、绿谷未来社区、科技创新产业园、高溪安置小区、莲都大厦、保障性租赁租房等区重点基础设施和民生项目授信56亿元。开展"走万企提信心优服务"活动，与区人力社保局共同举办"创响莲都"2023创业创新大赛，作为创业担保贷款经办银行为创业企业提供融资支持。大力发展科技金融，为广芯微、钰芯微、丽晖智能装备等项目提供授信支持。民营企业贷款、战略性新兴产业贷款、制造业贷款、科技企业贷款分别较年初新增12.95亿元、4.5亿元、5.09亿元和1.98亿元，增速分别为19.83%、72.51%、19.26%和15.47%。主动融入科技、绿色、供应链等场景，因地因时因客制订授信政策和金融服务方案，提升中银普惠的辨识率、贡献度和影响力，激发乡村振兴新动能。创新推出普惠金融特色产品"两小贷"，累计为超600户"两小"客户投放贷款约6.5亿元。创新推出"浙丽林业碳汇贷"特色金融产品，作为实现生态产品价值转化的新模式案例，于11月3日被CCTV-2财经频道《经济信息联播》栏目报道播出，为全省、全国探索林业碳汇金融积累"丽水经验"。截至12月末，普惠贷款余额34.30亿元，新增8.44亿元，增幅32.64%，四大行市场份额27.69%。践行"枫桥经验"，通过综合销售服务流程导入、综服经理内训师培训、加强老年群体关怀、银行社区共建等形式，提升金融服务质量，莲都支行、中东支行被省中行授予"文明优质服务示范行"称号；经济开发区支行获评丽水市老年人金融服务示范点；中东支行1名员工获评丽水市优化老年人金融服务十大感动人物。

（中国银行莲都支行　刘馨）

【建行丽水莲城支行】 截至2023年末，建行丽水莲城支行一般性存款（核心口径）时点余额87.27亿元，较年初新增19.70亿元；日均余额75.55亿元，较年初新增9.42亿元。各类贷款余额63.13亿元。坚持"以市场为导向，以客户为中心"的经营理念和"客户至上，注重细节"的服务理念，服务"双招双引"，助力基础设施领域建设，全年新增授信

5月30日，"创响莲都"2023创业创新大赛授信仪式举行

（中国银行莲都支行　提供）

批复20亿元，待投放金额超10亿元。结合建行集团子公司在投行业务上的优势，为区政府和建银国际牵线搭桥，成立以建银国际为管理人的丽水市莲都区建创大健康创业投资基金合伙企业（有限合伙），快速引进医疗健康领域龙头企业，实现项目落地。号召建行小荷志愿者服务团队持续“发光发热”，全年开展各类社会公益活动15场，受益群众500余人；组建清廉金融文化与金融政策宣讲小分队，面向各大中小企业及普惠金融客户开展宣讲4场，将监督与教育全面融合；与丽水市花园学校教育集团、梅山中学、刘英小学等建立结对关系，开展金融知识进校园活动4场、直播1场，覆盖人数近千人，进一步提升青少年金融素养，纵深推进莲都区金融知识纳入国民教育体系工作开展。

（建行丽水莲城支行　赵巍）

【莲都农商银行】 2023年，莲都农商银行各项资产总额369.3亿元，比2022年增长20.41%；全年实现利润总额26136.2万元，增长10.29%。各项存款余额311.27亿元，比年初增加48.29亿元，增幅18.36%，日均存款余额300.18亿元，比年初增加40.61亿元，增幅15.65%；各项贷款余额246.24亿元，比年初增加41.88亿元，增幅20.49%；日均贷款余额224.91亿元，比年初增加36.27亿元，增幅19.23%。获评全国农信系统县市级宣传标杆单位、丽水市银行业服务最优银行、丽水市银行业小微金融服务先进单位；获莲都区金融支持地方经济发展业绩考评特等奖。11月，浙江省社会保障卡居民服务“一卡通”省专班2023年第二次集中调研暨省专班第十一次会议在丽水召开，莲都农商银行作为协办单位，也是市辖区唯一一家银行机构参会，参会人员到莲都农商银行白云支行实地调研，听取莲都农商银行关于社保卡便民服务相关工作成效，现场体验银行智能机具依托政务2.0系统带来的便捷化操作，展示丽水在政务服便利化领域建设的实际成果。

（莲都农商银行　徐文达）

11月16—17日，浙江省社会保障卡居民服务“一卡通”省专班2023年第二次集中调研（暨省专班第十一次会议）在莲都举行（莲都农商银行　提供）

【泰隆银行莲都支行】 截至2023年末，泰隆银行莲都支行存贷规模达24亿元，较年初增长2亿元，增速12.5%，其中，日均存款余额13.67亿元，增加1.75亿元；日均贷款余额10.35亿元。“‘两小’创业通平台＋云调查技术应用助推域外经济发展”项目获2023年丽水市普惠金融服务乡村振兴改革创新劳动竞赛团体二等奖。组建“共富专员”团队7支，开展共富工坊融资大走访活动。通过“烟火”计划，开展泰隆带你去赶集、泰隆带你购好物、泰隆带你去买菜等系列活动23场。

（泰隆银行莲都支行　李静）

【稠州商业银行莲都支行】 截至2023年末，浙江稠州商业银行丽水莲都支行资产总额4.08亿元，比年初增加0.04亿元，增长0.93%；负债总额4.06亿元，比年初增加0.09亿元，增长2.28%；所有者权益0.02亿元。各项存款余额3.70亿元，比年初减少0.03亿元，下降0.81%；贷款余额3.57亿元，比年初增加0.03亿元，增长0.75%。不良贷款余额376.63万元，比年初增加316.52万元，不良贷款率1.06%。加大对重点项目、制造业、科技绿色产业、乡村振兴等重点领域金融支持力度，落实无还本续贷业务，全年累计办理无还本续贷76笔、贷款金额0.96亿元。依靠重点产品“乡村振兴贷”，与有金融需求的村开展战略合作，“点对点”精准扶持，全力支持“三农”产业发展，截至12月末，与49个村建立战略合作关系，为16209户村民提供“金融＋非金融”服务，授信金额1.4亿元。依托“政保贷”“双保贷”“商户贷”“共富贷”等一批银担合作金融产品，对符合准入条件的企业做到“见保即贷”，为小微企业、个体工商户等市场主体融资增信，截至12月末，支行融资公司担保贷款余额0.35亿元。成立关爱空巢老人、留守儿童主题站点2家，依托金融服务站，为村民办理助农取款、现金汇款、转账汇款、余额查询、生活缴费等业务5012笔，涉及金额516万元。与公安、消防展开合作，建设“警银联动反诈联络点”“消防知识宣传窗口”，维护老年人权益。

（稠州商业银行莲都支行 金秋娅）

【浦发银行丽水分行】 截至2023年末，浦发银行丽水分行实现营业净收入10387万元；本外币一般存款余额44.93亿元，较年初下降6.73亿元；本外币一般存款日均余额44.99亿元，比2022年下降3.54亿元；本外币贷款余额46.21亿元，较年初增加7.69亿元；关注类贷款余额4635万元，较年初减少5961万元；不良贷款余额5938万元，较年初增加5269万元，不良率1.27%，清收处置后三类不良资产746万元，现金清收已核销资产2490万元。聚焦丽水地方经济产业结构，结合切入丽水本地经济生态，突出经营特色，努力探索打造有示范效应的“绿色”“鑫侨”特色品牌。围绕紧抓光伏垃圾焚烧发电、水环境治理和省级减污降碳协同标杆项目“三张清单”，制订绿色金融贷款总额增长和占比提升的三年规划，截至12月末，全行绿色贷款余额9.88亿元，较年初增加7.33亿元，增幅达288%。完成保险金信托2750万元。2023年，获评省级文明单位、人行丽水分行2022年度金融消费者权益保护工作A类金融机构，获丽水市银行金融机构支持地方经济发展三等奖。

（浦发银行丽水分行 齐大红）

旅游业

综　述

【旅游接待和收入】　2023年，莲都区接待游客589.5万人次，比2022年增长27.9%，接待过夜游客411.6万人次，实现旅游收入73.4亿元，增长6.5%。

【文旅融合】　2023年，以“瓯江山水诗路”“浙江大花园”“丽水山居图”产业发展布局为引领，编制文旅深度融合工程方案，打造“秀山丽水、通济莲都”文旅品牌。举办“古堰画乡 向美而生”丽水市创建古堰画乡国家级旅游度假区推进会。开展省级全域旅游示范区复核评估。加大文旅项目招引力度，对接猫眼文旅、携程、中铁十局等意向投资企业实地考察古堰画乡、碧湖、开潭等区域，与浙江丽甬生态旅游发展有限公司签署九龙国家湿地公园文化创作基地项目投资协议。持续跟进郎奇—白桥康养旅游、梦里水乡·欢乐谷等重点文旅在建项目。全年完成文旅项目投资74.4亿元，一季度获得省文旅深度融合工程星级晾晒指数五星评价，二季度、三季度在全省文化和旅游工作赛马评价综合排名蝉联全市第一。

【文旅消费】　2023年，开展“兔丽水 我在山里过大年”春季消费系列活动、“迎亚运头号玩家游浙里”暨丽水文旅夏季消费季等文旅营销活动30场。赴2023年浙江（安徽）旅游交易会开展古堰画乡专场推广活动。

旅游市场管理

【概　况】　2023年，文旅市场主体增速22.07%。复核省级工业旅游示范基地3家（鱼跃公司、百兴菇业、艾莱依）、申报省文化和旅游IP1家（古堰画乡）；创建银宿级民宿1家（奈蕴小舍民宿）、非遗主题民宿1家（畲风民宿）。组织民宿参加“浙韵千宿”短视频大赛，1家获才艺奖，1家获情怀奖。冒险岛伏浪勇士（滑板冲浪）项目和碧水湾沙滩全地形越野项目被评为省级运动休闲旅游优秀项目。

【安全生产】　2023年，做好旅游行业安全生产监督指导工作，与各文旅企业签订《安全生产工作目标责任书》，明确安全生产任务和工作要求，层层落实安全生产责任。做好安全生产宣传培训，深化“五进”宣传，结合全国安全生产月、消防宣传月系列活动，组织全体干部职工、下属单位负责人以及国家A级旅游景区、网吧、KTV、体育健身等场所业主集中学习，举办安全培训演练。委托社会第三方对莲都区的国家A级旅游景区进行安全风险评估，解决当前基层安全生产监管能力不足的问题。组织开展两轮大排查大整治行动，开展国家A级旅游景区防汛风险排查、旅游市场专项整治等行动，出动2880人次，检查企业1795家次，发现问题隐患1629条，其中，涉及文旅领域重大隐患8条，整改率100%。开展“护航亚运·平安”文旅专项整治行动，对“下沉”结对企业保持每周2次以上检查和助企服务频率，保障火炬沿线点位安全。

【市场管理】　健全联合监督执法，引导企业规范经营。重大活动和节假日期间联合区公安分局、区市场监督管理局、区卫生健康局等部门开展文化和旅游市场专项整治工作。在各国家A级旅游景区、星级饭店宣传“文明餐桌”“公勺公筷”“光盘”等，推广文明旅游；倡导不主动提供一次性消费用品、不采用一次性餐具，每季度对落实情况开展抽查检查，并根据检查结果对存在问题的企业发文通报。以检查为抓手，督促各宾馆（酒店）高度重视，抓好星级酒店垃圾分类管理，要求各酒店进行垃圾分类培训并建立相应制度和巡查机制，提高知晓率。

（区文广旅体局　叶宜多　袁泽熙）

旅游资源开发与产品建设

【古堰画乡国家级旅游度假区创建】 2023年，发布古堰画乡国家级旅游度假区创建三年行动计划，全年谋划推出重点建设项目16个，包括在建设项目4个、即将开工项目8个和正在洽谈项目4个。与浙江省美协等共同举办浙江百年油画系列展等国内外大展5场，邀请120余名国内外艺术家参展，300余名艺术家到古堰画乡旅游度假区创作交流，吸引参观游客4.37万人次。度假区获评浙江省“十大烟火市集”“2023TOP10长三角投资价值旅游目的地”“长三角目的地文旅创新项目”，入选浙江省第二批诗路旅游目的地、2023年“浙里来消费·百街千品万店”、高品质消费场景“浙里名街”TOP10榜单，入选文化和旅游部、国家体育总局联合主办的12条“诗画江南、活力浙江”主题漫游长廊，被纳入“古堰画乡·诗画田园”县域风貌样板区、山区26县旅游业“造月工程”培育名单，登上央视新闻、央视直播间、“浙文旅 促共富”系列故事平台等。

【项目招引与推进】 编制招商手册，对接意向投资企业，与正阳集团、浙江彬澜文旅、多弗集团、中唐集团、海亮集团等多家企业开展交流考察。白云国家森林公园公建项目、丽水市摄影文化中心项目被列入省文旅厅“双百”谋划储备类项目库。推动雅溪文广旅体中心项目前期工作。继续对接多弗奥莱城、南明湖冰雪大世界、古堰画乡文化艺术街区和丽水市全栖运动公园等项目，促使项目尽快落地。

【政策编制与扶持】 2023年，编制“地瓜经济”一号工程旅游经济子方案，明确创建古堰画乡国家级旅游度假区为特色成果标志，从重大文旅项目谋划推进、核心吸引物打造和消费品牌培育等方面迭代文旅产业。发布《莲都区培训经济实施细则和申报指南》，规范文体培训行业发展。修订《莲都区文化、旅游和体育产业发展政策意见》，兑付2022年度旅游招徕奖励720492万元、民宿政策奖励资金124万元。

（区文广旅体局　李一豪　徐彬）

旅游宣传

【概　况】 2023年，紧扣“莲都有艺思”主题形象，结合莲都实际，围绕线下营销和线上宣传相结合思路，创新推广营销方式，拓展旅游客源市场，提升莲都旅游知名度和美誉度。全年开展线下推介活动41场，线上发布文旅宣传短视频341条；“莲都有艺思”话题在全网曝光量超过2亿次。

【营销宣传】 2023年，举办丽水旅拍会、丽水马拉松、碧湖田园马拉松、九龙国家湿地公园“森林音乐会”等营销活动13场；赴杭州、上海、河南、山东等地开展文旅推介活动17场，进一步营造浓郁的市场营销氛围。线上通过微博、抖音、小红书、微信等多平台开展不同活动，围绕莲都文旅日常特色亮点持续进行宣传，全网短视频播放量超5000万人次。围绕“美好中国 幸福旅程”“5·19”中国旅游日宣传，利用线上平台，推出大型融媒体直播节目《游浙里@江南》，12小时内全网播放量超900万人次。

【百县千碗】 培育莲都特色美食品牌，开展“味美浙江·百县千碗”莲都十大碗推广活动，组织“百县千碗莲都味道”进浙江省委党校、省厅食堂、高速服务区、酒店等“六进”活动11场；2023年，阿彪老味道、现代广场大酒店、红苹果厨段餐厅、南明印象万地店4家餐饮企业被评为省级百县千碗体验店；现代广场大酒店的“金屋藏菌”、红苹果厨段的“鱼羊鲜”在2023“味美浙江百县千碗”全省蔬菜类、海鲜水产类菜品挑战赛中获评十佳菜品。

【山海协作】 与山海协作、东西部协作县市（上海黄浦区、宁波江北区、义乌市、四川叙永县）开展文旅交流，共同举办文旅推介宣传、文化走亲等活动，共享文旅招徕游客办法以及游客互送等优惠政策。到义乌、宁波江北开展“莲都有艺思 义起赴山海”“莲都有艺思 相甬共筑梦”山海协作文化旅游推介活动；到上海开展莲都文化旅游（上海）推介会（民宿专场）；到四川省泸州市叙永县开展莲都文化旅游（叙永）东西部协作推广周等活动，进一步推进山海协作。

【市场开发】 搭载省、市平台，融入长三角文旅一体化市场，完成《莲都区旅游团队招徕奖励办法》，带动企业招徕游客的积极性，进一步拓展客源市场。

（区文广旅体局 陈曦 张佳烨）

东西岩风景区

【文化活动】 2023年，东西岩景区接待游客14.24万人次，比2022年增长594.6%。举办“竹柳新桥”“三月三”畲族歌会、“五一”童梦王国奇趣盛典、中秋、国庆黄金周等多项大型活动。配合区文广旅体局、老竹镇、区旅投公司等部门开展“竹柳新桥”第29届“三月三”畲族歌会暨文旅深度融合推进活动，并展出以老竹畲族文化民俗和东西岩景区景色为主题的摄影作品及畲族特色农产品、文创产品等。创新谋划以年轻客群为主的奇趣活动，“五一”期间，推出“童梦王国 奇趣盛典”活动，包含马戏表演、海洋生物展、糖果乐园、变形金刚巡游表演、美人鱼互动、美食一条街等项目，吸引众多游客打卡拍照。

【市场营销】 2023年，与沙溪村开展合作，将餐饮空间布设至蓝氏宗祠，结合周边资源，推出“畲风演艺、山哈大席”、特色成长礼、亲子农旅研学等各项团队活动，以活动方式带动景区门票收入，门票收入和全年团队游客量显著上涨，全年累计接待团队81批次，其中“畲风演艺，山哈大席”团队接待16批次，研学团队接待7批次，培训接待1批次。五一期间打造景区新业态“三公主的咖啡店”。9月，由老竹镇政府牵头开展常态化东西岩畲族婚嫁演艺活动，有效提升东西岩景区的知名度与曝光量。

【改造提升】 2023年，东西岩景区“微改造”和游客接待中心提升两个项目开工建设，主要对景区主游线、酒店、餐厅等服务设施进行空间优化和整体提升，打造旅游文创消费店铺10余间，整修宾馆客房30余间，提升餐位100余个。

【特色研学】 2023年，东西岩景区坚持保护即发展的原则，将生态文明教育融入研学中，发挥生态旅游资源优势，丰富活动内涵，沉淀优化产品，形成具有东西岩特色的旅游品牌，开发丹霞文化、畲族风情、红色文化等特色研学课程，拓展景区业态，推出研学游、户外实景剧本杀、山地露营、“摄影进校园”研学活动等特色路线，打造集观光、度假、休闲、地质科考、畲乡风情、红色之旅于一体的旅游胜地。

【品牌建设】 2023年，参与省、市、区三级各类品牌评选活动。依托东西岩优质的自然资源和良好的生态环境，通过拍摄宣传片、开展生态环境调查、负氧离子浓度实时监测等方式，宣传东西岩片区的森林覆盖率和优良的环境。5月，获“浙江省森林氧吧”称号。

4月21日，“三月三”篝火晚会在东西岩景区举行（姜晓东 提供）

【自然保护】 东西岩景区加强对自然保护地的宣传与推广工作。推进文化旅游与农业、林业、体育等产业融合发展，打造多元化的旅游产品体系。2023年保护地卫拍整改工作全部完成。完成莲都区老竹畲族镇沙溪村（南明山—东西岩省级风景名胜区）融合发展镇（村）创建工作。12月9日，承办“秋风丹霞，爱在山野”风情东西穿越赛，吸引500名体育爱好者参加，整个路程设置融合了东西岩最秀美的路段，吸引大量关注，景区的知名度得到提升。

（老竹畲族镇　金赢）

古堰画乡

【概　况】 2023年，古堰画乡景区接待游客132.13万人次，比2022年增长125.38%。古堰画乡以国家级旅游度假区创建为总抓手，全面布局、集中发力，打造“村美、人和、业兴、民富”的生动实景图，为周边乡村生态建设以及美丽乡村建设提供强大助力，获评2023TOP10长三角投资价值旅游目的地、浙江省诗路旅游目的地等。

【规划建设】 2023年，古堰画乡范围内建设项目13个，年度计划投资6.2亿元，累计完成投资6.2亿元。截至年底，完成古堰画乡艺术中心和理想艺站两个项目建设；古堰画乡文化产业园项目结顶；古堰画乡君澜大酒店项目完成样板房确定。

【招商引资】 2023年，古堰画乡景区范围内完成供销社数字复刻招引和老街业态提升改造；开设“黄花花花”古堰画乡分展中心，完成缙工美校改造为赋能研究院工作；招引“天下龙泉”业态入驻，丰富古堰画乡景区艺术产业结构。丰富景区夜间旅游项目，完成夜游航道标建设工作并开通景区夜航，推出“画里有话”NPC互动演绎活动。与大港头村经济合作社合作推出船帮文化演绎项目，常态化开展瓯江帆影表演，营造浓厚的瓯江风情氛围。

【市场营销】 2023年，在杭州地铁2号线投放古堰画乡主题灯箱广告，亚运会期间累计曝光量超270万次。策划推出“画里有话”原创新系列短视频“真假千金”，融合发展业态，助力宣传。推出的穿“月”古堰画乡、“古风宋韵”奇妙游，吸引各级媒体的关注与报道，宣传类短视频和推文全网曝光量超2000万人次，活动宣传视频被央视频App转发。为推动景区服务转型升级，推出丽水首个景区Ai导游——大嘴妹，为景区数字化发展及国家级度假区创建工作赋能，提升游客体验。

【文化活动】 2023年，古堰画乡策划推出“浙里莲都有年味，吸氧洗肺过新年”春节元宵主题活动、“五一”逃离城市计划、古堰画乡夏季动漫节等活动，其中，“五一”期间在全市国家AAAA级以上旅游景区中接待人数排名第一。

【智慧化建设】 加强智慧景区建设，建立智慧消防网络，提升景区消防信息化管理水平。采购消防设施检测及维保服务，在景区自营业态及文保场所单位装设感烟火灾探测报警器及智慧用电设备，景区双目热成像相机视频融合监控接入值守，全方位保障消防安全。

【产业发展】 2023年，古堰画乡景区加快国家级旅游度假区创建进度，对重点项目开展每周调度、每周督导、每周通报。截至年底，完成形象进度计划年度投资6.2亿元，完成古堰画乡理想艺站、古堰画乡艺术中心、大港头镇玉溪路周边景观提升项目建设，进一步拓展古堰画乡业态发展空间。

（区农文旅集团　李亚忆）

4月28日，丽水滋美——浙江省油画作品展开展仪式举行

（丽水古堰画乡旅游度假管理中心　提供）

区域发展

招商引资

【概　况】 2023年，莲都区招引落地大项目18个，其中，制造业大项目13个，500强企业、上市公司1家，国家级专精特新“小巨人”企业3家，招引项目质量不断提升。

【基金招商】 2023年，莲都区新增产业基金2只，基金投资模式及经验愈发成熟。新成立的丽水莲都建创医疗成长基金入选“2023受市场关注的新成立基金TOP10”“2023私募股权年度生物医药投资GP机构TOP10”。全年基金招引项目4个（瀚薪、同心、凡知、蓬阳），已完成基金投资1.7亿元，撬动项目投资26亿元。

（区经合中心　王春晓）

山海协作

【概　况】 2023年，莲都区山海协作工作实施大项目推动、产业带动、平台驱动、帮扶联动，打造山海协作升级版，取得明显成效。《以“枢纽型飞地”建设深化“山海协作”的实践探索》在《浙江经济》上刊发；《山区26县特色生态产业平台建设进度过半》入选浙江省发改委信息专报；“莲都区深化区域开放，打造‘枢纽型飞地’，‘问海借力’激发山区县内生发展动力”全省路演发言并入选浙江省“地瓜经济”提能升级“一号开放工程”第二批最佳实践案例；“义乌—莲都积极打造‘两地双园’模式助力区域现代物流体系建设”全省路演发言并入选浙江自贸试验区第一、二批省级制度创新及联动创新案例。《莲都区三大举措推进“315”科技创新体系建设实现连续两季度获五星等次》《莲都区乘“数”而上打造浙西南数字经济发展高地》《岩泉街道枫树湾基础设施提升项目的有关说明》《跨跃山海、共建共富，打造新时代莲都“山海协作”升级版》《构建三大模式，畅通三大链条莲都“问海借力”以开放聚合发展新动能》5篇专报信息获市级领导批示。

11月27日，莲都—义乌“专精特新”产业园开园仪式举行

（区经合中心　提供）

【产业园建设】 2023年，莲都—义乌山海协作产业园完成投资149152万元，其中，招引项目62个，完成投资124156万元。

【科创飞地建设】 2023年，莲都大厦主体结构封顶，完成年度投资4.1亿元，招引新能源、科技型、商贸服务业等企业36家；“消薄”产业园项目实现返利300万元，助推莲都区低收入农户增收和村级集体经济发展壮大。

【产业飞地建设】 2023年，义乌—莲都产业飞地进一步优化组织架构，完成产业飞地挂职干部选派、中期评估自评、规划红线调整，启动区块晶澳光伏辅材研发生产基地以及晶澳科技年产5吉瓦高效电池及配套2个项目，已竣工投产，完成2400万元省补资金的分配和使用。截至年底，产业飞地产业项目累计完成固定资产投资28.3308亿元。

【产业项目合作】 对接与江北、义乌等结对地的产业合作项目，梳理2023年重点实施的项目清单，全年完成产业合作项目到位资金53.2657亿元。

【乡村振兴示范点建设】 2023年，推进岩泉街道枫树湾村、联城街道港口村、大港头镇利山村—西坑口村连片、仙渡乡葛畈村4个山海协作乡村振兴示范点项目建设，进一步提升乡村风貌，促进村集体经济增收。

【消费帮扶】 借助江北区“三关六码头”、义乌市“百县万品”等销售平台，举办2023义乌—莲都、江北—莲都农优特产共富市集，拓展莲都生态农特产品的推广和销售渠道，全年完成消费帮扶金额7198.77万元。

【人力资源合作】 2023年，与义乌、江北合作举办干部培训4个班次，培训175人次；举办其他培训班次100多个，包括农村电商、直播电商、家政服务等特色课程，培训4241人次。

【社会事业合作】 2023年，达成科教文卫等领域合作协议22个，与山海协作结对地拓宽合作领域、凸显合作亮点，不断推进莲都区群众民生福祉。

（区经合中心　王春晓）

长三角区域合作

【概　况】 2023年莲都区用好跨山统筹、问海借力两把“金钥匙”，参与“双循环”，深度融入长三角一体化，打造山海协作升级版，构建“大开放、大合作、大发展”新格局，推动优质生态要素和高端要素的互联互动、高效循环，促进资源共享、优势互补、共赢发展。高端资源要素加快引进，将长三角区位优势转化为创新发展优势，借势丽水（张江）国际科创中心、宁波江北·丽水莲都高新产业协同发展中心、深圳天安云谷人才科创飞地等引进纳斯达克上市企业、科创板上市企业，成为“双招双引”新引擎。创新资源要素进一步共享互通，与上海市农业生物基因中心合作推进国家水稻分子育种中心丽水示范基地建设，落地建设国家级分子育种创新服务平台长三角分中心。推进教育合作，引进上海世外等优质教育资源。

【构建“双循环”互促格局】 2023年，瓯宝安防申报“浙江出口名牌”，开拓国际国内市场；莲都区轻工时尚产业集群被列入浙江省第三批产业集群跨境电商发展试点名单；处州府城、金汇广场等夜间经济业态持续升温，继光街夜市以“全省率先‘复市’”被央视报道；万地广场、处州府城、中山街、银泰商城4个区块放心消费商圈（街区）加快建设，放心消费单位、无理由退货承诺单位覆盖率均达80%。

（区发改局　钟洁）

对口支援

【消费帮扶】 2023年，召开“莲都·叙永”东西部协作消费帮扶产销对接会，邀请杭州丽水商会、丽水市商超联合会、丽水山播学院等10家丽水知名企业和机构赴叙永进行产销对接和产品互荐。签订消费帮扶宣传推广战略合作、农产品销售渠道战略合作和农产品采购等多个协议。依托工会、企业等推广销售叙永县农特产品，全年莲都区帮扶销售叙永县农产品1700余万元。

【合作交流】 2023年，莲都区新选派15名专业技术人才到叙永县挂职。举办交流学习培训班30期，组织教育医疗人才、致富带头人、民宿业主等1800余人开展培训。莲都、叙永两地开展交流互访28次322人次，进一步加深协作互助关系，营造共同发展氛围。

【劳务协作】 2023年，联合举办叙永县2023年东西部劳务协作春风行动暨就业援助月专场招聘会，提供就业岗位11970个，现场达成意向性协议886人。做好已脱贫人口职业技能培训和公益岗位设置，帮助更多已脱贫人口就业。截至年底，完成农村劳动力培训1460人（其中脱贫劳动力624人），新增帮扶到浙江省就业脱贫劳动力237人，新增帮扶就近就业和到浙江以外地区就业脱贫劳动力190人。援建帮扶车间7家，脱贫劳动力实现就近就业141人。

【社会参与】 截至2023年底，莲都、叙永两地完成学校结对8所、医院结对4所、村企结对5家。2023年，动员东部社会力量捐款捐物，累计达150.16万元。

【文化交流】 2023年，莲都叙永两地组织摄影、美术、民族文化交流，通过"康养竹乡·画稿叙永"2023年叙永—莲都摄影作品展、莲都区"竹柳新桥"第29届"三月三"畲族歌会、"以画为媒·永叙莲缘"文艺创作采风交流、永叙莲缘"文化走亲"专场演出等活动，宣传展示两地秀美风景及人文历史，加强两地人民的互相了解，丰富群众文化生活，增进两地友好情谊，携手共谋发展新篇章。

（区发改局　江淑珍）

生态建设

生态环境

【概　况】 2023年，莲都区生态环境状况级别为优，生态环境公众满意度总分91.78分，比2022年提高1.07分，在全省90个县（市、区）中连续两年排名前十，创成省级生态文明建设示范区和全省大花园示范县。

【大气环境】 2023年，市区环境空气质量综合指数2.71，排名全省第二，在全国168个重点城市中排名前列；空气环境优良率（AQI）98.9%，排名全省第一；$PM_{2.5}$平均浓度为21微克/立方米，排名全省第二；PM_{10}平均浓度为38微克/立方米，降尘量为每月每平方千米2.4吨。

【水环境】 2023年，莲都区市控以上地表水监测断面、县级以上集中式饮用水水源地水质达标率100%，跨行政区域河流交接断面水质达标率100%，考核结果为优秀。13个地表水监测断面中，Ⅰ~Ⅲ类水质12个，县控断面环城河口为Ⅳ类，出境断面1个即风化断面水质达Ⅱ类。

【声环境】 2023年，市区昼间区域环境噪声平均等效声级为54.9分贝，夜间区域环境噪声平均等效声级为46.4分贝；昼间道路交通噪声平均等效声级为66.4分贝，比2022年下降0.9分贝。1—12月，莲都区1类功能区昼间噪声超标率为0，夜间噪声超标率为37.5%；2类功能区昼间噪声超标率为6.3%，夜间噪声超标率为6.3%；3类功能区昼间噪声超标率为0，夜间为0；4类功能区昼间噪声超标率为0，夜间噪声超标率为75%。

【土壤环境】 2023年，莲都区受污染耕地安全利用率和重点建设用地安全利用率100%，工业危险废物无害化处置率100%。无因土壤污染引发农产品超标、污染地块违规开发等事件。

【农业农村环境】 2023年，完成岩泉街道枫树湾村、丽新乡马村村、仙渡乡葛畈村等农村环境整治，农村生活污水治理行政村覆盖率95.67%、农村生活污水治理设施出水达标率95.91%。推进农业面源污染治理，莲都区畜禽养殖场粪污资源化利用率99.95%、无害化处理率100%。推进化肥农药减量，废旧农膜回收利用率90.8%。

【环境资源配置】 2023年，莲都区四项基本污染物排污权指标氨氮余量4.688吨、化学需氧量余量357.137吨、二氧化硫余量580.678吨、氮氧化物余量157.873吨。全年使用VOCs总量13.861吨。强化排污许可管理，截至年底，排污许可证网上登记58家、新核发排污许可证4家、许可证到期续证46家。开展排污权有偿使用和交易工作，完成17家企业网上电子竞价交易，交易额22.771万元。推广排污权抵押贷款业务，促成莲都区企业首笔排污权抵押组合贷款600万元。

【“双碳”工作】 2023年，莲都区千亩生态型无人机雾耕示范工程建设项目入选浙江省第二批减污降碳标杆项目名单。浙江莲都经济开发区入选省级第四批园区级减污降碳协同试点，大港头镇、老竹畲族镇入选省级第三批低（零）碳乡镇（街道）试点名单，16个村（社区）入选省级第三批低（零）碳村（社区）试点名单。集中式光伏实现“零的突破”，新增开工10亿元以上美丽健康大项目1个，推广节能减碳技术改造示范项目3个，淘汰落后产能企业4家，整治低效企业20家。完成绿色低碳工厂建设2个，绿色认证企业100家。莲都林场被列入浙江省第二批林业碳汇先行基地，“浙林碳汇”项目减排量开发稳步推进，开发林区面积366.8公顷，核证减排量（tCO_2-e）11099吨。推进林业碳汇市场化交易，完成“浙林碳汇”项目交易1500吨，开展林产品碳足迹认证，莲城铅笔2款产品获得产品碳标签。

【环评审批】 2023年，丽水区生态环境分局深化环评审批改革，持续推进“区域环评+环境标准”改革，完成52件建设项目环境影响评价报告书（表）、15件“区域环评+环境标准”改革建设项目环境影响登记表、170件建设项目环境影响登记表备案。推进“多评合一”试点、“浙里环评”应用，完成“多评合一”审批项目1个，实现“浙里环评”系统内全项目准入研判。

（区生态环境分局　张嘉雯）

土地资源保护

【清废保卫战】 2023年，制订《莲都区全域“无废城市”建设评估工作方案（2023—2025年）》，推进“无废城市”创建工作，累计创成无废细胞10个，雅溪镇双溪村和白云街道社区卫生服务中心获评省级首批百优“无废城市细胞”。推广“浙江省固体废物监管信息系统”应用，在线注册企业达598家。开展危废“动态清零”行动，对辖区内危废贮存超过1年期限的30家企业进行专项督导，基本消除超期或超规模贮存现象。推进工业危险废物“一件事”改革，完成首批“浙固码”赋码企业监控安装，并联通至省固废管理平台，赋码率100%。

莲都区太平乡太平村七相公垦造耕地项目

（区自然资源分局　提供　摄于8月21日）

【土壤污染防治】 2023年，制订印发《莲都区重点建设用地土壤污染调查工作方案（试行）》《莲都区2023—2024年受污染耕地修复治理工作方案》，创成省级健康土壤基地3个、省级化肥减量增效（化肥　定额制）示范方2个、省级生态低碳农场2个。开展土壤污染详查与土壤污染治理修复，完成19个地块土地污染调查报告评审、仙渡乡耕地污染源解析控源等工作。

（区生态环境分局　张嘉雯）

【全域土地综合整治】 2023年，实施碧湖镇等4个乡镇跨乡镇土地综合整治工程，完成投资46.83亿元，永久基本农田集中连片整治1451.8公顷，建设用地复垦31.256公顷，垦造耕地14.85公顷，农田建设和改造416.33公顷，整治盘活低效建设用地81.27公顷。2023年三季度获省“十大工程”星级评定五星评价。11月，“‘人产城景’互融互进，解锁山区共富‘新密码’——丽水市莲都区碧湖镇等4镇（乡）以土地综合整治推动千年古镇破茧蝶变”被列入土地综合整治促进共同富裕基本单元建设十大入围案例。推进碧湖全域土地综合整治与生态修复国家试点工程，完成投资14.74亿元，工程总体进度77.19%。推进莲都区老竹镇梁村村等2个村全域土地综合整治项目，垦造耕地项目开工11个、面积28.2公顷，其中通过区级验收1个、面积2.20公顷；建设用地复垦项目完成区级验收12个、面积1.92公顷。

【废弃矿山生态修复】 2023年，完成柴弄口采石场、直弄口采石场、高溪红珠山采石场、大吴山采石场4座废弃矿山生态修复，完成废弃矿山修复任务。

【山水林田湖草生态保护修复】 2023年，莲都区瓯江源头区域山水林田湖草沙一体化保护和修复工程完成投资6.2亿元，其中，中央资金1.53亿元，执行率分别为90.55%和84.37%。7个子项目实现绩效预期，其中4个子项目完工。

（区自然资源分局　莫扬艳）

水资源保护

【概　况】 2023年，莲都区对照《重点流域水生态环境保护规划》《浙江省水生态环境保护“十四五”规划》，完成年度任务，编制完成《丽水市莲都区水生态环境保护“十四五”规划》中期评估报告。印发《关于开展2023年度莲都区工业园区“污水零直排区”建设情况“回头看”工作的通知》《莲都区2023年配方肥推广应用实施方案》等文件，开展酒糟废水直排综合整治专项行动、医疗机构污水处理设施建设与长江流域总磷污染控制行动、长江经济带工业园区水污染整治专项行动等，推动水生态环境保护工作提质增效。

【饮用水水源保护】 2023年，莲都区完成县级以上集中式饮用水水源保护区界桩、标志牌、宣传牌、交通牌立标以及电子围栏安装等工作。建立日常巡查制度，全面掌握饮用水水源地环境状况。建立并完善饮用水水源风险源清单，编制应急预案，及时消除各种隐患问题，保障饮用水水源环境安全。

【碧水保卫战】 2023年，莲都区新建宣平溪口、桃山大桥省控水质自动监测站，通过监测数据实时掌握断面水质情况，提升水环境治理的智慧化水平，实现水环境的精细化管控。推进“污水零直排区”建设，完成公安经济适用房、文昌弄和怡景花苑3个生活小区以及万象街道、岩泉街道“污水零直排区”创建。开展“五水共治”“找巡查挖”专项行动，排摸发现和整改问题443个。

【水环境管理】 强化入河排污口管理，出台《莲都区入河排污口监督管理工作实施方案》，开展入河排污口排查溯源工作，排查河湖岸线1231.18千米，查出入河排污口771个。完成境内10个瓯江流域干流及重要支流（水体）、重点湖泊排查，查出入河排污口407个，建立排污口和城镇雨洪排水口“一口一档”清单。推进水生态修复，2023年，累计修复河湖生态缓冲带3.17千米，新增小安溪（雅溪水库坝下至潘百村段）、好溪2条省级美丽河道。

（区生态环境分局　张嘉雯）

森林资源保护

【概　况】 2023年，莲都区林地面积10.26万公顷，林地保有量与2022年持平；草地面积713.33公顷；湿地面积193.33公顷，湿地保护率为61%，增长2.5%。森林覆盖率68.95%（国家统计口径），增长0.05%；森林蓄积量614.84万立方米，增长2.17%。森林资源以针叶树最多，阔叶林及针阔混交林占森林面积的38.12%。

【林长制建设】 印发2023年1号总林长令《关于推进林长巡林工作加强森林资源保护发展的通知》，以党政领导负责制为核心，压紧压实属地保护发展森林草地湿地资源的主体责任和责任部门的横向协同责任，公安、执法、检察院、法院等部门建立“林长＋”协作机制。由党委政府主要负责人担任总林长，全区设立各级林长850人，其中县级林长16人、乡镇级林长148人、村级林长686人、林区警长83人。建立巡林制度，区级林长巡查不少于半年一次、乡级林长巡查不少于每月一次、村级林长巡查不少于半月一次，安装林长公示牌211个，16个区级林长全年开展巡林活动44次；部门协同开展林长制工作19次，“林长智治”登录次数达2.3万余次；各乡镇

（街道）全部完成林长制工作手册编制。按照“属地管理、分级负责、条块结合、责任到人”的原则，建立“林长＋护林员＋执法人员”共管模式，全区乡镇（街道）落实乡镇级执法队长14名，协同推进涉林违法案件查处工作。印发《2023年莲都区林长制工作计划》，召开全区林业工作会议暨区级总林长会议，部署林长制相关工作，要求各级林长履行好森林资源保护责任、林业产业发展责任、森林资源建设责任。印发《莲都区2023年度自然资源集约利用考核实施方案》和《2023年度乡镇（街道）林业工作举证扣分考核实施细则》，明确相关部门工作任务，协同推进全区林业各项重点工作。

（区生态林业中心　仇建习）

【森林病虫害防控】　2022年10月至2023年4月，莲都区集中清理枯死松木面积47746.67公顷，清理疫木20.68万株，完成率100%；疫木下山进厂4.77万吨；开展注干保护松树11.68万株；悬挂500套诱捕器开展监测工作；噻虫啉药剂喷施防治松林两轮共5333.33公顷次。6月至9月，“即现即清”清理疫木5354株，清理小班670个，疫木全部下山运至定点加工企业无害化处理。2022—2023年度发放交办单54份，黄牌警告5份，提醒函11份。2023年，组织集中行动10余次，出动执法人员50余人次，没收疫木38.38吨。

2023年，松材线虫病秋季普查发现全区松材线虫病发生面积34493.33公顷，发生株数15.52万株，较2022年分别下降27.8%、24.9%，连续三年实现“双下降”。10月中旬，启动2023—2024年疫木集中清理工作，指导督查各乡镇（街道）按照“510”标准做好松材线虫病疫木清理工作。

2023年，调运检疫苗木152.7021万株，木材52立方米，出具植物检疫证书233份，检疫要求书642份，发放产地检疫6份。完成应施监测面积1110820公顷次，调查马尾松毛虫、刚竹毒蛾、美国白蛾、松材线虫等林业有害生物发生状况，马尾松毛虫有虫面积117.07公顷，其他病虫害未发生，全年监测率和防治率均达100%。其中，美国白蛾专项调查面积394.13公顷，分别在碧湖镇、联城街道、白云街道、紫金街道、万象街道5个乡镇（街道）各悬挂5个美国白蛾诱捕器，并安排专人定时监测，记录监测结果。

（区生态林业中心　金浩琅）

【林区治安】　开展森林督查，2022年度的19个森林督查案件全部销号。2023年下发4期疑似变化图斑，经核查，涉嫌违法图斑23个，查处第一期、第二期涉嫌违法图斑10个，阶段性完成年度森林督查工作任务。完成林业行政处罚案件前期调查并移送案件线索材料35件；开展“双随机、一公开”检查工作，抽查检查对象69个。

（区生态林业中心　王军林）

【林业行政审批】　根据《浙江省林木采伐管理办法》和《浙江省公益林和森林公园条例》，开展林木采伐管理工作。严禁天然林商业性采伐，禁止对天然林实施皆伐改造。根据《丽水市莲都区人民政府关于批准公布“十四五”期间年森林采伐限额的通知》，将2023年森林采伐限额分解下达到各乡镇（街道）。落实推进“放管服”改革工作，在政务服务“一地创新、全省共享”工作中，提交1条有效工单被省级采纳。推进瓯江沿岸生态修复项目及干旱枯死木采伐清理前期林木采伐资料整理、收集及审核审批工作。2023年，发放林木采伐许可证252份，共计19332立方米。11月3日，出台《莲都区建设项目使用林地事中事后监督检查办法》，加强全区建设项目使用林地管理，全年完成林地征占用审核审批事项78起、面积136.53公顷，其中，永久占用征收林地55起、面积104.93公顷，临时占用林地6起、面积14.8公顷，林业生产服务设施23起、面积16.8公顷。

（区生态林业中心　仇建习）

野生动植物保护

【生物多样性保护监测】　2023年，莲都区开展丽水白云国家森林公园、丽水九龙国家湿地公园2个区块的重要生物栖息地和豹猫、雉类、尖吻蝮等5个重点物种（类群）的种群调查，在白云国家森林公园、碧湖平原、主城区和丽水九龙国家湿地公园生物多样性智慧监测样区布设完成基于图像识别、鸣声鉴定和环境DNA检测等技术的智慧监测设备。

（区生态环境分局　张嘉雯）

【野生动植物资源调查】 2023年，完成全区野生动植物资源本底调查工作。莲都区境内有脊椎动物400余种；高等植物1499种，其中，国家重点保护野生植物34种。各类古树名木2156株，包括马尾松、香樟、枫香、南方红豆杉等66个树种。

【野生动植物抢救保护】 2023年，救助各类野生动物142只，其中国家重点保护陆生野生动物60余只，包括彩鹮、中国瘰螈、领角鸮、普通鵟、凤头鹰、斑头鸺鹠等。开展珍稀濒危物种景宁木兰保护繁育工作，2月中旬，在葑垟林区设立珍稀濒危野生植物景宁木兰回归地，基地面积0.27公顷，回归景宁木兰206株，并特邀省林科院石从广副研究员现场指导种植和后期管护工作。出台《莲都区古树名木保护管理工作要点》，开展古树名木宣传、数据调查、签订养护协议等工作，全年出动调研人员100余人次，调研古树保护工作23次，落实古树保护责任，签订《丽水市莲都区古树名木养护协议》139份，实施古树水泥硬化破除1株，修剪树枝4株。2023年9月，路湾村千年古樟获评全国“十大最美古樟”。

2023年9月，路湾村千年古樟获“中国十大最美古樟树”称号

（区生态林业中心　提供）

开展野生动植物经营利用审批，全年办理陆生野生动物及其制品出售、购买、利用许可5件；陆生野生动物旅游观赏景点设立及展览、表演许可1件；野生植物采集许可1件；野生植物出售许可1件；人工培育野生植物备案1件。

【野生动物肇事责任保险】 修改完善野生动物肇事责任保险合同条款，1月13日，签订莲都区野生动物肇事公众责任险。多次会同保险公司讨论研究本年度野生动物肇事责任保险开展情况，分析存在的问题，研究野生动物肇事责任保险宣传工作，在峰源乡、大港头镇和纳爱斯广场发放野生动物责任保险宣传单1000份，在区级媒体发布《莲都：野生动物“肇事”政府投保补偿》，普及野生动物肇事责任保险。2023年，理

丽水九龙国家湿地公园枫杨林（区生态林业中心　提供　摄于4月5日）

赔21起，赔付54811.96元。编制《2023年莲都区陆生野生动物（野猪）损害农作物情况评估报告》并通过专家评审。

（区生态林业中心　仇建习　金浩琅）

自然保护地保护

【概　况】 2023年，莲都区域内有5个自然保护地，总面积12782.2公顷，占全区国土总面积的8.56%。其中，国家级自然保护地2个，分别为九龙国家湿地公园、面积1815.97公顷，浙江白云国家森林公园、面积2587.33公顷；省级自然保护地3个，分别为丽水莲都峰源省级自然保护区面积5053.84公顷，南明山—东西岩省级风景名胜区面积424.99公顷，丽水大山峰省级森林公园面积3029.29公顷。

【自然保护地管理】 2023年，完成并上报《丽水市莲都区自然保护地整合优化方案》《浙江丽水九龙国家湿地公园范围及功能区调整方案》。完成自然保护地生物多样性长期监测样地建设工作，全区新建监测样地23个，其中，峰源省级自然保护区11个、九龙国家湿地公园8个、丽水白云国家森林公园1个、东西岩风景名胜区3个，并完成植物、动物、土壤等因子调查。完成国家林草局、省林业局下达的监测图斑核查整改任务65个。在老竹镇沙溪村实施林旅融合项目建设，截至年底，接待游客10万人次，年收入达600余万元，村民人均年收入2万元。

【峰源省级自然保护区保护】 完成《莲都峰源省级自然保护区大型真菌本底调查》项目，采集到大型真菌样本200余份，隶属2门、4纲、13目、45科、83属、124种，摸清区域内大型真菌的种群结构、物种特征等基本状况，编制保护区大型真菌物种名录。推进《莲都峰源省级自然保护区建设规划（2021—2030年）》编制，进行现场补充调查，修改完善编制内容，完成规划初稿。开展莲都峰源省级自然保护区勘界立标建设项目，完成项目技术设计书。完成峰源保护区生物多样性保护监测——葑垟湖特别功能区湿地保护修复工作，开展湿地农田租赁、湿地项目修复、湿地农田耕种等，其中湿地修复工程实际完成储水井1座、沉砂池2座、引水渠道7条、修复挡墙4处、新建堰坝4座等相关建设内容，以丽水树蛙为主的17种野生蛙类集中栖息地环境得到改善。实施野生动物疫源疫病监测防控项目，未发现禽流感、非洲猪瘟等疫病。

【湿地管理】 完成丽水九龙国家湿地公园省级重要湿地监测评估工作，评价等级为优。湿地植被覆盖率18.99%，湿地水质稳定在Ⅱ类，土壤重金属含量低。珍贵濒危物种栖息地面积不减少，生物多样性丰富，境内有脊椎动物322种、维管束植物612种；水鸟68种，2023年新增观测记录31种；国家重点保护物种44种，2023年观测新增17种。发现外来入侵物种38种，但发生程度较小，受自然水文干扰和生物危害轻度影响。将湿地生态保护纳入“遥感监测”核查，落实长效监管；举办各类湿地科普宣

10月18日，丽水市2023年度“南阳实践”突发环境污染应急事件演练举行

（区生态环境分局　提供）

教活动，获评浙江省中小学生研学实践教育基地、全国自然教育基地、中国科探协会科普教育基地。

（区生态林业中心　曾岳明）

环境监督管理

【概　况】 2023年，丽水区生态环境分局开展“绿剑”、“除险保安”、亚运会环境质量保障等专项执法检查，办结环境违法案件19起，罚款金额110.268万元；移送公安机关1起，行政拘留2人；受理办结环境信访投诉91件。开展全区大排查大整治行动，制订下发《莲都区生态环境领域大排查大整治实施方案》，对重点排污企业、砂石加工、畜禽养殖等领域开展全面排查整治，累计排查企业170家，发现并交办问题69个。开展漠视侵害群众利益噪声问题专项治理，印发《2023年莲都区漠视侵害群众利益噪声问题专项治理工作方案》，成立领导小组，定期召开联席会议，全面协调各部门噪声污染防治职责，对群众投诉的各类噪声污染开展现场核实和执法检查，完成1个省级重点问题销号，工业噪声污染防治投入65万元，处罚企业1家，处罚金额2.9万元。

【大气环境管控】 深化工业企业大气污染管控，推进VOCs源头替代，实施木制品行业整治提升行动，完成5家企业水性漆源头替代，完成低效治理设施淘汰升级企业4家。强化移动源污染监管，完成非道机械上牌112台，尾气抽测800台次，加油站油气回收检测30家次，重型柴油货车抽测100台次，注销淘汰国Ⅱ及以下柴油叉车78辆。出台《莲都区露天秸秆焚烧专项治理工作实施方案》，合力管控秸秆焚烧，压实网格巡查责任，利用莲都区“蓝天卫士”秸秆焚烧智能预警探测系统累计劝导并处置秸秆焚烧行为5123起，处置率90.03%，增设“两路两侧”高位瞭望设施20个。对城区范围内在建工地、拆迁区块和道路建设工地开展扬尘管控专项执法检查，督促整改问题12个。

【执法工作机制完善】 2023年，制定印发《莲都区区直有关单位生态环境保护工作职责清单》，明确各部门生态环境保护工作责任，严明生态环境保护责任制度。与缙云签订《生态环境执法联动工作机制》，跨区域联动加强饮用水水源地联合巡查，确保饮用水水源水质安全。制订《瓯江流域（莲都段）“一河一策一图”环境应急响应方案》，开展现场演习，提升环境应急处置能力和水平。

【环境监管数字化】 推动莲都区“危管家”智慧监管平台迭代升级，将工业企业以及学校、医院、检测机构实验室纳入监管范围，截至2023年底，已涵盖产废单位（点）428家。在万洋低碳小镇园区建成全市首个“空中哨兵”无人机库，无人机配备灵嗅气体检测仪、高音喇叭、红外线镜头等挂载设备，可实现气体检测分析、秸秆禁烧巡查宣传、实时远程操控、24小时应急响应等功能。完成莲都区生态环境执法全过程记录及远程指挥调度平台建设，实行生态环境执法全过程记录规范化、自动化、智能化管理，提升环境执法效能。

【生态环保督察整改】 2023年，完成程翔矿业"重大生态环保督察问题清单"问题整改销号，并制订企业复产后续监管实施方案。针对"七张问题清单""督察在线"等条线发现的问题开展举一反三"回头看"，对全区各类环境问题开展全覆盖、无死角的监督检查，做好问题整改工作。落实生态环境损害赔偿制度，启动并办结生态环境损害赔偿案件3起，涉及金额3.27万元。抓好重大生态环保问题整改销号，丽水市交办18个生态环境领域问题，完成整改销号15个；组织召开莲都区生态环境质量提升工作推进会，交办莲都区自查发现问题8个，完成销号7个。

（区生态环境分局　张嘉雯）

环境宣传

【生态环境宣传】 2023年，丽水区生态环境分局紧扣"5·22"国际生物多样性日、"6·5"世界环境日、"8·15"全国生态日等重要节日节点，组织开展"走进华东药用植物园、打开生物多样性之门"和"探索菌菇世界、发现自然之美"等主题宣传活动。制作发布"遇见最美莲都·二十四节气""莲都万物·生生不息""公众满意度调查宣传"等系列短视频，通过"学习强国"学习平台、融媒体矩阵、广播电台、短信、潮新闻App等多渠道推广宣传。

【"绿色家庭"创建】 2023年，组织开展"绿色家庭"创建行动，创成省级"绿色家庭"1户，市级"绿色家庭"24户，区级"绿色家庭"30户。

（区生态环境分局　张嘉雯）

6月3日，2023年莲都区六五环境日暨"探索菌菇世界 发现自然之美"活动举行

（张嘉雯　提供）

环境卫生管理

【概　况】 2023年，丽水市莲都区环境卫生服务中心（简称"区环卫中心"）推进城市保洁、公厕革命、垃圾分类、环卫基础设施提升等工作，为诗画浙江大花园最美核心区建设提供环卫支撑，获评2023年度浙江省市容环境卫生工作先进集体、浙江省生活垃圾分类工作先进集体。

【城区保洁】 2023年，城区保洁总面积846.9万平方米，配备作业车辆54辆，机械化清扫率88.99%（主干道100%），一线环卫员工1409人，年保洁经费9155.94万元，负责管理公厕75座。落实三级考核监督管理机制，提升城区道路、公厕精细化保洁水平，创成省级"街容示范街"1条、省级"高品质示范街区"1个、美丽公厕1个、"席地而坐""客厅级"高品质保洁示范区1个。助力国家卫生城市、全国文明城市顺利通过省级综合评估，保障迎亚运火炬传递等一系列重大活动。

【农村保洁】 2023年，区环卫中心乡镇管理科与区农业农村局社发科合署办公，负责农村保洁、农村公厕保洁的日常巡查监管督促等工作。农村保洁涉及全区176个行政村、775个自然村，有农村公厕511座，垃圾清运车208辆，保洁人员778人。农村生活垃圾采用"户集—村收—乡镇管理—区转运处置"的模式，落实农村保洁主体责任。2023年开始，农村公厕检查增加"电子录像"的考核检查方式，加大检查力度。农村保洁经费以常住人口60元/人、流动人口30

7月10日，区分类办、区图书馆“垃圾分类课堂”开展“让垃圾分类成为时尚”主题教育活动（区环卫中心　提供）

元/人、农村公厕4000元/座的标准补助，合计1700万元。创成浙江省星级农村公厕15座，其中，省级示范性农村公厕2座。

【垃圾中转清运】 2023年，莲都区有垃圾中转站49座，其中城区11座，乡镇38座；资源化站房26座，每座中转站至少配有1名专职管理人员；作业车辆36辆，其中垃圾清运车26辆、道路清洗车4辆、雾炮车1辆、吸粪车3辆、抢修车2辆。中转工作实行“全年365天无停歇、全天18小时不间断”运行机制，全年清运生活垃圾1.79万车次、14.98万吨，为生活垃圾日产日清提供有效保障。1月起，根据《莲都区垃圾中转清运及终端处置工作有关事宜专题协调会议纪要》，垃圾中转清运及终端处置工作交由区旅投公司负责运维，后交由区城投公司负责，主要包括中转站污水、公厕化粪池疏通与清运；车辆、中转站、资源化站房的日常管理与维护工作，合同期限为五年（2023年1月1日至2027年12月31日），合同总价7045万元，运维经费根据考核结果按月拨付。

【垃圾终端处置】 2023年，丽水市生活垃圾焚烧厂处置莲都区生活垃圾16.75万吨；丽水市餐厨废弃物处置中心处理餐厨垃圾3.38万吨，资源化利用率100%；渗滤液处理厂处理渗滤液10.37万立方米，达标排放7.78万立方米，渗滤液处理率74.99%；生化处理厂处理0.99万吨；装修垃圾处置中心处置装修垃圾26.67万吨，比2022年增长124.81%，综合资源化利用率60%，进一步提高生活垃圾减量化、资源化、无害化处理水平。

【垃圾分类】 2023年，莲都区城区生活垃圾分类覆盖率100%、资源化利用率100%、无害化处理率100%。累计建成“定时定点”投放小区144个，垃圾分类亭房400个，覆盖率90.1%。创成省级高标准垃圾分类示范小区6个、省级垃圾分类示范片区1个。强化宣传教育，开展垃圾分类进校园、进社区等“八进”宣传，通过“丽水考垃”线上积分、周三线下兑换模式，将线上学习与线下活动有机结合，引导群众参与垃圾分类。2023年，莲都“丽水考垃”使用1.59万人，累计69万人次参与“丽水考垃”线上学习，兑换礼品3万余份。对接市行政执法部门，对拒不履行法定义务的单位和个人依法予以处罚，全年处理案件310件，罚款金额3万余元。

【城乡垃圾中转站改造】 2023年，开展城乡环境综合整治，新（改）建提升城乡垃圾中转站6座，分别为联城下林垃圾中转站、大港头垃圾中转站、太平乡垃圾中转站、天宁工业园区垃圾中转站、仓前垃圾中转站、寿尔福路垃圾中转站。

【智慧环卫项目上线】 丽水市首个环卫信息化项目“智慧环卫”项目（一期）经过1年的试运

行，于2023年11月22日通过终验正式上线。建成中控平台、智慧公厕、城区垃圾中转站、保洁巡查等监管设施，涉及点位322个，作业路段135条，作业里程992千米，保洁车辆182辆，实现环卫项目远程监控、数据分析、实时监管全链条“一网通管”。

【垃圾浓缩液处置项目】 2023年6月，务岭根垃圾填埋场浓缩液处理项目竣工并投入试运行，实现垃圾渗滤液的全量化处置。项目采用“预处理+MVR强制循环蒸发+RO深度处理+尾渣固化”工艺，通过负压蒸发的方法将蒸发温度降低，解决以往浓缩液需反复回灌处理的问题，提高浓缩液的可生化性，使废水达标排放，处理工艺省内领先。

（区环卫中心　陈婷）

“五水共治”工作

【概　况】 2023年，莲都区贯彻省委、省政府和市委、市政府决策部署，推动水环境质量进一步提升。莲都区国控“水十条”考核断面水质达到考核目标要求，交接断面水质和县级以上集中式饮用水水源水质达标率均为100%，13个地表水断面中，Ⅱ类以上水质断面11个，占84.6%。

【“污水零直排区”创建】 2023年，完成万象、岩泉街道“污水零直排区”验收。开展城区范围内13个生活小区的污水改造项目，截至年底，完成投资6700万元，完成文昌路塑料厂宿舍周边区块老旧小区改造、怡景花苑老旧小区改造2个续建项目，其他新建项目顺利推进中。

【“找巡查挖”专项行动】 制订《2023年度莲都区“五水共治”找短板寻盲区查漏洞挖死角专项行动深化方案》，完成县、乡、市三级自查、互查任务，排摸发现问题443个，主要涉及污水直排、河道垃圾、企业违法排污、畜禽散养等，均整改到位。结合实际情况，制订《酒糟废水直排综合整治专项行动方案》，对区域内酒糟水直排外环境的行为进行排摸，发现酒糟外排或直排到农污终端的问题42处。

【黑臭水体整改】 2023年，开展黑臭水体排查工作，排查出需要整改的黑臭水体点位1处，区治水办落实属地和部门责任，开展有效整改。整治项目于10月13日开工，截至年底，完成项目建设并报送市治水办验收销号。

【治水宣传】 2023年，累计开展“五水共治”集中宣传教育活动255次，治水铁军、志愿者等7860余人次参加护水活动，覆盖11575人次。拍摄《治水浙十年》宣传片，曝光量40万次；制作治水绘本等宣传产品，扩大莲都区“五水共治”宣传影响力。

（区治水办　郭子宿）

城市建设

国土空间规划

【国土空间规划编制】 2023年，推进空间规划编制审批，紧扣时间节点倒排计划，衔接各类专项规划，优化国土空间开发保护新格局。《莲都区国土空间总体规划（2021—2035年）》完成规划成果公示、听证、专家部门审查、人大审议等相关程序，10月，经市政府审核后正式上报。开展乡镇级（片区）总体规划编制，经多次现场对接、深化完善，12个乡镇级（片区）总体规划形成初步方案。

【规划编制与审批】 2023年，推进重点区块详细规划编制。开展区本级重要区块的控制性详细规划编制工作，重点加强区块空间的利用与管控，全年召开区规委会专题会议7次，完成碧湖新城高溪黄塘窑周边地块、南山地块、九龙国家湿地公园文化创作基地项目等20个区块控制性详细规划审查及调整批复，完善公共服务设施配套，提升城市能级。按需编制实用型村庄规划，完成紫金街道水岭根村，老竹镇徐庄村、梁村村、后坑村，岩泉街道黄畈村5个村庄规划文本编制。推进规划管理和项目审批，推进“多合一”集成改革，实现施工许可与规划许可跨阶段同日办结，建设项目竣工规划核实与用地复核验收合并办理，全年办理用地预审与选址意见书37件（含预审意见等），用地规划许可证44件（含临时用地），工程规划许可证45件（含临时工规），出具规划设计条件24件，完成方案确认（含方案局部调整等）54件，规划核实39件，保障各项目实施落地。

（区自然资源分局　吴梦飞）

城镇建设

【美丽宜居示范村创建】 2023年，联城街道九坑村、丽新乡马村村获评省级美丽宜居示范村创建优秀村庄；丽新乡马村村被评为村庄设计及农房落地试点优秀村庄；大港头镇利山村被省建设厅列入浙派民居建设典型案例，是丽水市唯一典型案例村庄。

【城乡风貌样板区创建】 创成“滨水中心”城市新区风貌样板区，被列入全省2023年度第一批城乡风貌样板区名单。编制完成“活力东城·共享未来”城市新区风貌区和莲都—松阳“东西风情·康养畲乡”县域风貌区建设方案。推出莲都区首条共富风貌游线路，做好莲都“智慧绿谷”城市新区风貌样板区创建工作。完成城乡风貌项目投资额8.8364亿元，投资进度100%。

（区建设局　汤逍笑）

公用事业

【老旧住宅区改造】 2023年，莲都区推进老旧小区、城中村改造，实施市区截污纳管改造、涉环城河口水质提升、城区二次供水改造等，共建设21个项目。截至年底，文昌弄周边、怡景花苑、金山新村、大洋路172号、大洋路66号等老旧小区改造项目完成投资约1.5亿元。

【供排水项目建设】 2023年，完善镇区给排水功能，太平污水管道项目开工建设，同步铺设燃气管道，已完成工程量的90%，完成项目投资1500万元，实现城乡排水、供气一体化“零的突破”。雅溪镇自来水厂项目基本完工。

郎奇—石牛区块配套供水工程完成80%。老竹—丽新线完成供水管道铺设20千米。完成老竹—丽新污水处理厂项目，补齐老竹—丽新片区污水治理能力不足、处理工艺落后的短板。

【城乡污水治理】 2023年，农村污水强基增效项目平稳推进，完成项目投资4600万元。老竹—丽新污水处理厂稳定运行，老竹镇污水接入管线工程完工。莲都区农污运维质量各项指标大幅度提升，出水合格率95.91%、行政村覆盖率96.63%。

【城乡市政基础设施建设】 2023年，加快补齐莲都乡镇基础设施短板，参与碧湖新城建设，完成碧湖新城供排水规划编制，协调丽水市天然气公司在碧湖新城铺设天然气管道8千米。

（区建设局　汤逍笑）

建筑工程管理

【工程安全管理】 2023年，莲都区建设局开展建筑工程隐患排查整治工作，检查在建项目550余个次，发现并整改施工现场安全隐患2350余处，开具隐患整改通知书125份，责令21个项目停工整改或局部停工整改，约谈施工项目企业负责人和相关管理人员120余人次，督促整改落实，形成工作闭环。指导各中心镇开展安全生产交叉检查，通过相应奖惩措施，落实企业安全生产主体责任，督促建设、施工、监理企业落实安全生产责任制，履行全员安全生产责任制、企业负责人带班制度、企业安全生产检查制度等，加强安全生产源头防范。

【工程质量管理】 2023年，莲都区建设局开展在建工程质量监督，全年巡检工程项目275次，发放整改通知书49份。办理竣工验收工程项目18个，工程竣工验收合格率达100%。加强工程质量检测机构管理，组织开展检测机构专项检查，对辖区内所有检测机构资质进行动态核查，工程质量检测管理应用覆盖率85%以上。强化数字赋能监管，推进“浙里建”现场管控应用落地，在建工程覆盖率95%以上。结合莲都区高质量“两全两铁”综合评价指数模型，从“全覆盖”“全闭环”“铁措施”“铁手腕”“常治长效”“事故管控”6个维度开展安全生产隐患大排查大整治常态化工作。

（区建设局　汤逍笑）

建筑市场管理

【惠企政策落地实施】 2023年，贯彻落实扶持建筑业发展的各项工作要求，支持莲都区建筑业企业平稳发展。支持本地企业品牌创建，开展2023年度莲都区建筑业企业荣誉评选工作，评选出建筑业龙头企业、重点骨干企业、优秀企业、开拓市场优胜企业、优秀中介服务企业等各类荣誉企业40余家。出台《丽水市莲都区建设工程招标投标“评定分离”指导规则（试行）》，鼓励和支持莲都区政府投资（国有投资）项目采用工程总承包和“评定分离”的招标模式。2023年，莲都区省内建筑业总产值165.84亿元，比2022年增长10.93%，其

6月17日，2023年度莲都区建设系统“安全生产月”活动暨消防应急演练现场观摩会举行（区建设局　提供）

中，区属产值93.19亿元，增长11.25%。

【建筑市场转型升级】 2023年，推动建筑工业化、建筑节能和绿色建筑建设，按照《浙江省绿色建筑管理条例》《丽水市绿色建筑专项规划》要求，落实城镇新建民用建筑全部实施绿色建筑。推动装配式技术应用，新开工装配式建筑项目7个(含市区)，建筑总面积87.77万平方米。

（区建设局　汤逍笑）

房地产市场

【房地产市场政策供给】 2023年，出台《莲都区商品住宅购房补贴和交易税费补贴实施细则》《关于促进莲都区房地产市场平稳发展助力碧湖新城变大变强实施意见》，政策持续升级优化，助推房地产市场逆势回升，完成商品房销售面积119.7万平方米，比2022年增长16.4%，增速排名全市第二。其中，区本级完成销售面积42.7万平方米，增长-1.7%，办理购房补贴申请153件，兑付金额542万元。

【房地产市场监管】 2023年，强化监管额度测定，完善预售资金监管。4月，对预售项目重启预售资金监管额度测定，截至年底，完成7个房地产项目89笔预售资金的提取审核工作，累计审核项目申请预售资金5.54亿元。

房屋和物业管理

【自建房排查整治】 2023年，推进自建房排查整治工作，录入自建房78124幢，鉴定6803幢，初判存在安全隐患的房屋3410幢，其中，C、D级危房2469幢，指导各乡镇(街道)通过管理措施和工程措施完成整治2469幢。

11月4日，“团结奋进新征程 点亮亚运向未来”莲都区物业服务行业协会首届知识竞赛决赛举行（区建设局　提供）

【物业管理】 2023年，紧扣“民生保障为首、行业发展为要”主线，围绕党建引领、监管提能、服务提质、行业发展，推动住宅小区物业管理服务提质行动，实现188个无物业住宅小区“清零”，住宅小区专业物业覆盖率达85.1%。发挥物业行业党委牵头抓总作用，推动物业服务融入基层治理，创建省、市、区三级“红色物业”项目55个，探索出“邻里议事会”“小区版阳光票决”等一批小区自治的生动实践。制发《关于加强和改进莲都区住宅物业管理的若干意见》，举办业务培训、知识竞赛、技能比武等系列活动，推动物业行业发展，信用信息等级AAA级以上物业企业达5家，物业企业合同额超6亿元。推动物业行业健康发展，建立健全物业管理“上下联动、多跨协同”机制，发挥主管部门、属地街道、物业协会等多元力量，促进服务水平和民生福祉“双提升”。

（区建设局　汤逍笑）

“三改一拆”工作

【概　况】 2023年，莲都区拆除各类违法建筑22.8万平方米，完成省、市下达任务的152.01%。根据《莲都区农民占用集体土地违法建住宅处理细则(2022年修订)》，处置历史遗留农民建房313户，罚款、回购金额7258538.12元。完成“三改”面积30.42万平方米，其中旧住宅改造16.22万平方米、旧厂区改

12月25日，莲都区“大综合一体化”行政执法改革四季度工作推进会召开
（市综合行政执法局莲都分局）

造1.4万平方米、城中村拆迁改12.8万平方米，任务完成率分别为200%、938%、204.8%。

【违建排摸】 2023年，推进违法建筑再排查工作，完善“用数据说话、用数据决策、用数据监管”的工作机制，建立莲都区违法建筑数据库，实现全区违建“一本账”管理，排摸出违法建筑13154户、面积218.45万平方米。

（市综合执法局莲都分局 赵峰娟）

综合行政执法

【执法改革】 2023年，推进行政执法改革，建立“综合执法＋专业执法＋赋权乡镇”一体联动执法体系，制订《提升赋权乡镇（街道）行政执法办案能力工作方案》，全年赋权乡镇（街道）立案4448起，罚款总额965万元。开展“综合查一次”1735次，减少企业干扰908次，在丽水市首次开展“委托查＋云协助”联合执法检查。出台《莲都区行政执法指挥中心建设方案》，完成乡镇（街道）8类23个事项的双系统贯通测试，推动行政执法指挥中心和“141”体系融合贯通，执法协同响应率、行政处罚赋码率等均为100%。莲都区“民宿监管一件事”改革成果入选省级《“监管一件事”场景应用实例汇编》，上线浙江省“大综合一体化”执法监管数字应用“标志性成果展示”栏目。

【秸秆禁烧管理】 2023年，秸秆禁烧工作被列入莲都区举证考核项目，组建三支区级巡查督查组，对秸秆禁烧工作开展巡查督查，按月发布督查通报并点评。加大秸秆禁烧案件办理力度，到碧湖镇、大港头镇等重点区域开展秸秆焚烧巡查，立案调查秸秆焚烧类案件146起，结案132起，处罚金额81500元。全年秸秆焚烧事件数5097起，比2022年下降43.45%，事件处置率达89.97%。

【砂石管理】 2023年，印发莲都区砂石资源综合管理领导小组成员名单及成员单位职责分工，理顺砂石管理体制机制。开展全面排摸，形成底数清单问题点位34个，整改销号13个。推进工程采矿多余砂石公开处置工作，对接项目82个，处置砂石521.2655万立方米，执收国有资源有偿使用收入10174万元。

【市容管理】 2023年，开展碧湖新城市容环境卫生专项整治行动，设置重点整治街道5条，在重要路段新设硬隔离，规范镇区三轮车行驶，劝导夜市流动摊贩，指引到规定摊位进行规范经营。牵头开展人行道违法停车处置系统建设。助力古堰画乡景区巩固提升行动，围绕景区核心区域开展环境整治，改变原有的管理格局，把景区纳入统一全域管理。

【依法行政】 2023年，开展建筑垃圾整治行动，牵头起草《莲都区人民政府办公室关于成立建筑垃圾长效治理工作领导小组的通知》《莲都区异地建筑垃圾倾倒整治方案》，对碧湖镇、黄村乡等重点乡镇进行排摸，常态化开展建筑垃圾治理工作。加大燃气领域执法力度，查处涉及燃气安全领域案件67起，全部完成整改。开

3月6日，东福家园安置抽签大会召开。图为公证处抽取房源

（区征收指导中心　提供）

展安全隐患大排查大整治，印发《落实安全生产隐患大排查大整治行动和2023年“安全生产月”活动方案》，以户外广告、燃气安全、消防安全及“园中园”“厂中厂”违法建筑等为整治重点，严厉查处各行业安全隐患，排查企业600余家，立案查处137起。

（市综合执法局莲都分局　赵峰娟）

征收工作

【概　况】 2023年，市、区有政策处理任务221个，其中实施类项目151个，预备类、加分类项目70个。全年完成政策处理项目107个，清场交地193.33公顷。

【市级政策处理攻坚项目】 2023年，完成市本级政策处理攻坚项目65个。包括华东药用植物园遗留地块、浙西南粮食仓库、330塔腊公路、丽水创新金融中心一期、银河路、2023年地类变更调整整治项目岩泉片区、二中东侧道路（城北路至寿元路）、长虹路（宇雷路—万锦弄）、雅坑溪北路工程、2023年地类变更调整整治项目紫金片区、城市风廊及配套设施（东地路南延伸段）、纬一路（花街路—经三路）、和平路（丽阳街—寿元路）道路、丽水市香樟公园、雅坑溪北侧地块、原羽绒厂部分、东港菜市场南侧规划支路、城北路及开发路西北角地块尾留、寿元街与东地路交叉口东北侧地块（二中西侧）、奚渡地块、东地路（水东路—新和路）、城东金融中心区块、括苍路改造（灯塔街—解放街）、联东路（太平路—武平路.联平路—联武路）、括苍路与灯塔街东南侧2号地块、水上运动中心北侧·东侧规划道路、樟树路（桃碧线至城北路）、丽东一村区块城中村改造项目尾留、大溪南路（小水门大桥—枇杷圩路）、市场一号路东侧道路—北端路口工程、好溪路延伸段（市场一号路—灵山大桥引桥）、青林村2号地块、南明湖水域管理设施停泊及维修保养中心工程、琵琶岛南岸（冒险岛二期）地块、天宁水厂南侧配套路延伸段、天宁水厂南侧配套路、旧机场范围10号地块、灯塔村溪口城中村改造项目金亭—海口220千伏线路工程项目、纳爱斯生态资源研究及产业化综合园项目、顺佳铭苑北侧地块［岩泉后甫烟草公司东南侧片区（区块二）］、烟草公司东南侧成片开发收储项目（后甫村委）、青林村1号和4号地块、原丽水日报社迁建工程项目尾留、常平路、丽水华东药用植物园南侧地块、白云山公园项目涉及上吉楼山庄遗留问题、莲城宾馆迁建项目、丽水二中东侧地块、青林村3号地块、吕埠坑区块一、莲城宾馆地块、丽水市再生资源综合型分拣中心、原工商局地块（丽东一村区块有机更新）、灵山未来社区周边2号边角地、临安至苍南公路莲都太平至联城段改建工程（一期）、敏河村北侧地块、水东公寓西北侧地块、吕埠坑区块二、万象山脚及原油泵厂区块（万象山区块储备土地前期开发项目）、丽水市大溪治理提升改造工程、白前路（河堤路至金丽温高速公路）、花街成片开发、经三路（纬一路—绕城西路）、水东农垦场区块成片开发。

【区级政策处理攻坚项目】 2023年完成区级政策处理攻坚项目42个。白口森林公园、莲都区公益性生态公墓、黄塘窑周边A2地块（翰薪地块）、江滨路道路工程（环西路—望江路）、仙渡乡节地生态安葬点项目、丽武公路至东西岩公路工程（老竹中学段连接线）、老竹镇节地生态安葬点项目、碧湖平原水系综合治理工程（一期）、碧湖垃圾中转站、人民路延伸段道路工程（文一路—环西路段）、湾竹周边收储地块、丽水东西岩客运综合交通枢纽工程、碧湖南山桥头地块（国有部分）、黄塘窑周边收储地块（国有部分）、白口“大搬快聚”地块、缸窑周边C1地块(威固地块)、工业路北侧剩余地块、山根周边收储地块、大港头镇江滨休闲街项目（叶春城户房屋拆除）、石郎线—高溪区块天然气中压管道工程、黄塘窑周边A5地块、老竹—丽新污水处理厂工程、高溪区块10千伏线路迁改项目、黄塘窑周边A7地块、石郎线南侧收储A地块、石牛村北侧收储A地块、石牛村北侧收储B地块、环北路北侧地块（环北路北侧“大搬快聚”地块）、白口双创园周边路网配套工程、碧湖南山桥头地块（集体部分）、黄塘窑周边A3地块、黄塘窑周边A4地块、黄塘窑周边A6地块、缸窑周边C2地块、缸窑周边C3地块、缸窑周边C4地块、缸窑周边C5地块、科技路南侧剩余地块、南山周边A1地块、碧湖大桥改扩建工程、三峰出让地块二期项目、徐坑源矿地综合开发利用项目。

【安置工作】 2023年，累计召开安置房抽签大会59场次，完成逸景嘉苑、云秀园（城西四期）、水东嘉苑（水东二期）、东福家园（丽东公寓）、后甫二区、城中公寓、城中公寓二期、祥和苑、青林雅苑（好溪公寓）、望城园、香诚园（望城岭二期）、望江园、九里花苑、春和云筑、城南花苑、旭辉小区（青林公寓）、逸景嘉苑（联城西）、丽园（灵山未来社区）、东港公寓（社后村）、天悦湾、明月江南阁、秀水江南苑、云秀园的安置工作，抽签分配6638套，安置面积63.89万平方米；组织地基安置3场，落实62大户，地基184.5间；组织特殊群体安置2批次，安置10户，安置面积1202.37平方米。出具安置审查会议纪要80期；开具各配建房安置小区不动产发票结算440套；无房户及住房困难户、“大搬快聚”、碧湖新城等协查5300多户。

【“九云征收”场景应用建设】 2023年，全市首创的“九云征收”多跨场景应用为进一步打通政府—群众沟通对接渠道提供平台支撑，提升数字化改革成效，实现数字化改革成果共享，扩大应用辐射范围，助力征收一线工作推进。在提升市、区政策处理工作规范推进的基础上，针对丽水经济开发区、碧湖新城征收工作的特点，定制化推广应用，截至年底，纳入“九云征收”应用管理征收项目70个，正式签约2954户，签约面积69.52万平方米，自动计算补偿资金53.27亿元。系统注册用户数313个，自动计算各类征收补偿方案1.4万余次，完成归集历史档案资料数据10.2万余条、320GB，系统运行稳定，补偿计算准确。

（区征收指导中心　尹问萱）

科学技术

综　述

【科技综合实力】 2023年，莲都区有国家高新技术企业92家，省级科技型中小企业258家，省级高新技术企业研发中心13家，省级企业研究院4家，国家级专精特新“小巨人”企业2家，省级“专精特新”中小企业10家，省级“隐形冠军”企业1家，省级企业技术中心2家，省级企业孵化器1家，市级众创空间2家，市级重点实验室1家，市级成果转化加速器1家。R&D经费投入强度达2.94%，排名全省第35；科技创新指数排名全市第一、山区26县第二；高新技术产业投资增速全省第三。

【科技工作成效】 2023年，实施人才科技新政，国家级人才招引取得新突破。科技信息服务水平不断提升，挖掘莲都科技创新经验，讲好莲都科技创新故事，在《浙江信息》《浙江政务信息》《中共丽水市委办公室信息专报》刊发专报2篇，工作交流1篇，莲都区科技创新典型经验被《浙江日报》、《创新浙江》、浙江经视、《丽水日报》等媒体深度报道。2023年二、三季度，莲都区获省“创新深化”工作五星级评价；一至三季度，获省“315”科技创新体系建设工程五星级评价；在全省创新深化和“315”科技创新体系建设工程重点工作考核中，获评“A档”，居全省前列。

科技创新

【科创体系】 2023年，根据《浙江省“315”科技创新体系建设工程实施方案（2023—2027年）》《丽水市“1515”科技创新体系建设工程实施方案（2023—2027年）》，结合莲都区实际，制订《莲都区“1615”科技创新体系建设工程实施方案(2023—2027年)》（“1”即建设浙西南科创中心核心区；“6”即发展壮大“4＋2”特色产业；“15”即形成15个创新领域），建设浙西南科创中心核心区，打造“两山”发展人才创新创业高地，成为全市创新标兵。

【创新主体】 2023年，实施高新技术企业、科技型企业增长计划和高新技术企业培育专项行动，根据企业不同创新基础开展定制服务，推行梯度培育制度，建立并动态管理高新技术企业培育库，新认定国家高新技术企业24家、省级科技型中小企业68家。加快科技政策“立即兑”，“8＋4”政策通过“丽即兑”系统即交即办，全年兑现科技政策奖补资金3782.33万元，比2022年提升16.12%，惠及企业169家。组织开展“科创十强企业”评比，对浙江乾麟缝制设备有限公司等10家科创企业进行表彰，进一步强化企业创新主体地位。澜蓝汇·筑梦工厂创客中心创成莲都区首家省级众创空间。拉开全“数”进军大幕，丽水蚂蚁链产业创新中心、华为数字经济创新中心、百度人工智能标注基地投入运营。

【创新平台】 2023年，推进丽水国家高新技术产业开发区莲都分园建设，发挥莲都区人才科技创新创业服务综合体、工业社区服务综合体、莲都区义乌科技创新发展研究院等人才科创平台作用，推进浙江工商大学绿谷食品健康产业研究院、浙江省绿谷医疗健康科技研究院签约落地，与浙江工商大学、丽水学院签订全面战略合作协议。省科技强基工程——白桥双创中心项目总投资23.74亿元，总用地面积约11.4公顷，总建筑面积33.6万平方米，全年完成投资8亿元，完成年度投资进度的200%，排名全省第13。建成由袁隆平院士亲笔题名的"国家水稻分子育种中心丽水示范基地"，落地建设国家级分子育种创新服务平台长三角分中心，推进国家科技进步奖一等奖成果"节水抗旱稻"的研究及产业化。加快建设莲都—义乌山海协作产业园高新科创企业加速中心，拓展产业发展空间，承接长三角、珠三角产业和人才外溢效应，投资21亿元在深圳、杭州、义乌设立人才科创飞地，杭州飞地承接院士俞梦孙领衔的"浙江省绿谷医疗健康科技研究院"项目。

科技成果

【科研攻关】 2023年，浙江乾麟缝制设备有限公司的"微型空间矢量控制高扭矩（功率）密度电机"在第十二届中国创新创业大赛暨第十届浙江省"火炬杯"创新创业大赛中获银奖。"超大口径全焊接球阀、气动耐磨盘阀等特种阀门关键技术研发及产业化"项目被列入2024年度省"尖兵""领雁"研发攻关计划26县高质量发展专项项目名单，省"领雁"研发攻关项目实现"零的突破"。

【科技成果转化】 聚焦阀门主导产业，推进科技成果转移支付试点建设，促进阀门产业创新链、产业链、人才链精准适配、高效融合。加强技术对接和需求适配，依托丽水市莲都区阀门协会与"浙丽科创云"转化平台，助力莲都阀门企业开展技术攻关，实现科技成果精准匹配。以"才聚浙丽 科创未来"联合行动为主线，常态化推进浙江省科技成果转化"双百千万"行动，8月25日，浙江省科技成果转化"双百千万"专项行动暨莲都区"浙丽转"科技成果转化推荐会举办，为高校院所和科技企业搭建一个产学研交流平台，助力提升企业科技创新和成果转化水平，营造科技成果转化的良好氛围。2023年，梳理阀门产业技术需求83项，匹配科技成果80项，产学研合作项目20项，技术合同交易额775万元，落实阀门行业专家9人，派驻企业硕士研究生4人。

科技管理与服务

【大院名校合作】 2023年，优化科技成果转化机制，实施"147"工作法，迭代升级企业技术需求、科技成果匹配、科技成果转化和人才引育"四张清单"。出台《莲都区大院名校产业科技服务中心入驻单位考核办法》，与浙江大学、浙江工业大学、中国计量大学等6家院校签订产业科技服务中心合作协议，开展产学研合作，将127家规上企业进行模块化管理，分成6个大组，每家产业科技服务中心落实20家规上企业，"浙丽转"成果转化试点规上企业全覆盖。

【科技项目推进】 2023年，推进国家科技进步奖一等奖成果"节水抗旱稻"引育繁推一体化研究及产业化。莲都区建立杂交制种基地1个、13.33公顷，示范基地2个、66.67公顷，小制种组合13个，国家区域试验品种14个，新品种大田比较试验28个。水直播旱管、机械覆膜栽培、旱直播旱管等6个绿色栽培模式全面推开。

【科技特派员制度落实】 2023年，莲都区入选第二批省科技特派团试点县，在全省率先开展科技特派员制度实施二十周年宣传活动。莲都区有省、市农业科技特派员各14名、省级团队科技特派员1个，工业科技特派员28名，定期开展走访调研，收集技术难点，组织业务培训，开展技术指导。莲都区科技特派员制度实施成效获浙江省副省长的点赞和肯定。

【科技创新券管理】 2023年，修订出台《莲都区科技创新券实施管理办法》，设置创新券（重点支持类），满足条件的企业申领额度提高到30万元/年，将"先用后转"保险保费纳入创新券抵用范围。全年发放创新券284.82万元，使用124.44万元，兑现109.8万元。

（区科技局　王小萍）

5月14日,"深入实施'八八战略' 奋力推进'两个先行'"2023年丽水市哲学社会科学普及周活动在莲都区古堰画乡启动(区社科联　提供)

社会科学

【理论研究】 2023年,莲都区组织社科专家和优秀青年围绕"建设青年发展型城市"主题开展理论研究,收集文章30余篇,向《丽水研究》推荐4篇。聚焦省委三个"一号工程"和共同富裕示范区建设,申报"共同富裕视域下莲都区文体旅融合高质量发展路径与对策"等8个专项选题,其中,5个课题获2023年省社科规划"社科赋能行动"专项课题预立项。11月,《青年发展型城市建设对策研究——以莲都区为例》《共同富裕视域下莲都区文体旅融合高质量发展路径与对策》2篇调研报告入选浙江省《2023社科赋能山区(海岛)县高质量发展行动成果选编》。"以'全域式'理念打造 乡村振兴人才培养'浙丽共富'品牌""数字赋能——让红色文化活起来"等课题获区委主要领导批示。"丽水市莲都区古堰画乡:留住最美乡愁 发掘全域魅力"案例入选《"千万工程"干部读本》。12月,《浙江文史记忆·莲都卷》正式出版发行,填补莲都文史研究成果在简明性、普及性方面的空白。莲都区社科联获评2023年度浙江省市县社科联测评优秀单位。

【社科基地建设】 组织全区社科普及基地讲解员参加莲都区"新时代莲响青年"培训班,社科普及基地讲解作品《透过"八八战略"看鱼跃社科普及基地》入围全省决赛。丽水古堰画乡文化产业园区基地入选浙江省优秀传统文化普及基地联盟成员单位。莲都区岑庄日益书院被评为第七批丽水市社会科学普基地。"古堰画乡大樟树市集"案例获评2023年度"浙江省社科普及创新活动案例"。

【社科普及】 5月,2023年"深入实施'八八战略' 奋力推进'两个先行'"丽水市哲学社会科学普及周活动在古堰画乡开展,期间举办社科市集、理论宣讲、艺术讲座、家庭家风家教巡讲等活动,受益群众3000余人。12月,"社科进校园 文化润童心"社科普及系列活动走进城西学校,木偶戏、鼓词、糖画、剪纸等非遗项目与学生互动,让师生感受非遗的深厚历史人文底蕴和独特艺术魅力。全年17个社科基地共计组织各类活动700多场,累计参与群众达8万人次。

(区社科联　徐华燕)

教　育

综　述

【教育事业发展】 2023年，莲都区教育局坚持和加强党对教育工作的全面领导，固本强基，深化改革，夯实立德树人根本任务，推进“普及普惠区”“优质均衡区”创建，加快教育现代化步伐。根据市、区教育事权划分，莲都区主要承担学前教育、义务教育和成人教育任务。全区有幼儿园51所，其中公办16所、民办35所；小学18所，均为公办；初中15所(含九年一贯制学校)，其中公办12所、民办3所；成人教育培训中心1个，区域中心成技校6所。全区中小学有在编教师2077人，待聘教师257人；幼儿园有在编教师212人，待聘教师396人。正高级教师7人，省特级教师4人。莲都区改进学校教学管理经验在全国、省、市级层面交流推广9次，其中国家级2次、省级6次、市级1次。白桥溪谷小学与浙江师范大学合作办学，人民路小学与丽水学院开展院校共建，花园学校与括苍中学实施集团化办学，青林学校实施名校托管办学。

2023年，获评全国红领巾中队4个，创成省清廉学校建设示范校1所，国家级足球特色学校1所，省健康促进金牌学校1所，省市近视防控特色学校各2所。莲都区教育局获评全国第七届中小学生艺术展演活动优秀组织奖、莲都区“市区重点项目政策处理工作集体嘉奖”、莲都区人大代表建议承办工作先进单位。

【教育高质量发展大会】 9月4日，莲都区教育高质量发展大会召开。会议指出，要不畏“浮云遮望眼”，共同感受“学在莲都”的时代脉搏；要追风赶月莫停留，矢志践行“学在莲都”的初心使命；要千帆竞发浪潮涌，全面铺开“学在莲都”的奋斗画卷；要和衷共济同心路，不断汇聚“学在莲都”的澎湃合力。会议强调，要以党的二十大精神为指引，全面落实教育优先发展战略，大力实施教育跃阶攀高行动，擦亮“学在莲都”新名片，奋力书写教育高质量发展的高分答卷。会议表彰近年来国家级、省级先进集体和先进个人。

（区教育局　叶俊）

学前教育

【概　况】 2023年，莲都区有幼儿园51所，在园幼儿11644人，其中公办园16所，在园幼儿7060人，公办园覆盖率60.6%；

9月4日，莲都区教育高质量发展大会召开(区教育局　提供)

6月16日，莲都区第十二届未成年人道德文化节启动仪式举行

（区教育局　提供）

普惠性幼儿园46所，在园幼儿10966人，普惠园覆盖率96.4%，一、二级园覆盖率96.4%，学前三年入园率99.60%。全区有专任教师1027名，保育员487名，专职保健医生63名，其中在编教师212名，待聘教师396名。建立培红幼儿园教育集团等7大幼教集团，实施课程改革，调整兼职教研员16名，建立片区管理网络9个。

【扩容增量】 2023年，新增培红幼儿园教育集团元湖分园、东方明珠幼儿园教育集团天悦湾分园、灯塔幼儿园教育集团白云山分园3所公办小区配套幼儿园，新增学位900个，公办园在园幼儿占比60.6%，比2022年增加12.7个百分点。

【普及普惠】 2023年，关停小百灵幼儿园、郎奇幼儿园、南山幼儿园、绿洲智慧幼儿园4所薄弱民办园，分流幼儿260人。10月23—25日，创建国家学前教育普及普惠区通过省级评估认定。

【升等晋级】 2023年，新增秀丽春江分园一级园1所、青林分园等二级园7所，二级及以上幼儿园幼儿覆盖率90%。推进幼儿园课程改革，调整16名兼职教研员和兼职督学，强化兼职教研员和教研责任区建设，加强专业引领和实践指导，加强办园规范督导检查，坚决遏制“超规模”办园、“超班额”办班，核定幼儿园三项生均面积招生人数。召开幼小衔接现场会，邀请小学校长参会。获“宇海幼教”杯2023年全市幼儿园教师（保育员）专业素质及技能提升比赛团体优胜奖。

（区教育局　叶巧燕）

义务教育

【概　况】 2023年，全区中小学33所（初中15所、小学18所），在校学生42491人。其中，公办30所（初中12所、小学18所），民办3所。城区中小学24所（公办21所、民办3所），在校学生35390人，占全区学生总数的83.29%。

【德育工作】 坚持立德树人根本任务，深化新时代中小学立德树人一体化建设。启动以“迎亚运，讲文明，争做新时代好少年”为主题的“莲都区第十二届未成年人道德文化节”活动。组织参加“筑梦新时代，争当好少年”丽水市第六届未成年人思想道德创新大赛；组织开展新时代好少年学习宣传活动，举办“千里江山，万里海”演讲比赛。

推进书香校园建设，贯彻落实党的二十大关于深化全民阅读活动的重要部署，在括苍中学举行莲都区中小学书香校园建设现场会暨青少年学生读书行动启动仪式，下发区教育局、区委宣传部等八部门联合发文的《莲都区中小学学生读书行动实施办法》，提升中小学书香校园建设水平。

开展劳动实践教育活动，进一步弘扬劳动精神，实现劳动教育常态化，召开全区中小学劳动教育现场推进会，发布《莲都区教育局关于开展中小学劳动教育示范学校认定工作的通知》，推进全区中小学生劳动教育，促进学生德智体美劳全面发展。

2023年，全区教育系统围绕省教育厅部署的心理健康教育“三机制”“三清单”工作任务，完成1000人以上的小学和所有初中全部配备专职心理健康教师，落实心理健康教育专职教师与班主任享受同等待遇。以“快乐星期三”为载体，促进学生身心健康发展。成立11个教共体(教育集团)心理健康教研组，搭建心理健康教育教师交流、研讨、学习平台。

进一步强化学校育人主阵地作用，将原本德育评价考核完善升级为立德树人评估考核，大幅提高立德树人考核分值，通过先进集体和先进个人评比，落实一校一案，推进学校五育并举、五育融合工作。

【引智办学】 区政府2023年第22次会议纪要审定通过莲都区教育跃阶攀高行动计划，青林学校为义务教育九年一贯制公办学校，办学规模36个班（小学24个班、初中12个班），于秋季建成并投入使用，委托丽水市莲都区丽阳教育投资有限公司实行托管办学，托管期限每期3年（2023年7月15日至2026年7月14日）。丽水学院与人民路小学共建附属实验学校，加速打造优质学校，提升括苍区块办学品质，共建期为6年（2023年9月至2029年9月）。白桥溪谷小学与浙江师范大学合作办学，合作期限6年（2023年9月至2029年8月），双方本着“优势互补、互惠双赢、共同发展”的原则，创办“浙江师范大学附属白桥溪谷小学”。

【教共体（教育集团）建设】 2023年，丽水市莲都区人民政府办公室印发《莲都区关于深入推进中小学教育共同体建设的实施细则》。义务教育学校教育集团4个，共建型教共体11个，跨区域教共体6个。花园中学民转公后，改为花园学校，在秋季学期组建花园学校教育集团，成员校包括花园学校教育集团南校区（原花园中学）、花园学校教育集团北校区（原括苍中学）。

（区教育局　雷学忠）

【教育教学】 2023年，创新“循证教研”新路径。针对学生学业发展水平和影响学生学业发展的相关因素，开展指向基于监测数据的诊断改进的循证教研行动，突出监测评价的激励和诊断功能，为有效促进监测结果的科学化和常态化运用奠定坚实基础。5月，实践成果《项目管理视域下学校教学管理改进的区域行动》在浙江省“改进学校教学管理论坛”上推广，4个案例入选省级典型案例；11月，莲都经验“初中学校指导性教学管理特征”在第八届中国基础教育质量监测与评价学术年会上作报告；莲都评价改革经验“健健康康抓教育长长远远促发展”在《人民教育》2023年第22期上被推介。

9月6日，莲都区中小学“快乐星期三”试点工作启动仪式举行

（区教育局 提供）

实施小学生综合评价改革。成立莲都区小学生综合评价改革领导小组，出台《莲都区推进小学生综合评价改革项目工作方案》，召开评价改革推进会及试点学校成果展示会，确定50项莲都区小学生综合评价改革专项课题行动研究。莲都外国语学校“情境育人 数字评价：‘五常德育’评价体系的构建与实施”案例入选“浙江省基础教育课程教学改革深化行动方案”教学评价牵引行动典型案例。12月，“三阶四环：小学道德与法治交往主题教学研究”获浙江省优秀教科研成果一等奖。

（区教育局　梁丽波）

【“双减”工作】 2023学年，莲都区在课后服务数字化应用管理平台上实施课后服务的学校覆盖率100%，参加课后服务的学生37697人，参与率88.71%，实现“课后服务学校全覆盖，有课后服务需求的学生全覆盖”。

【卫生艺术科技教育】 2023年，创建浙江省健康促进（金牌）学校1

所，浙江省健康促进（银牌）学校1所，浙江省健康促进（铜牌）学校1所，除本年度新增3所学校外，其余学校健康促进学校创建全覆盖。梅山中学、碧湖第二小学创成省级青少年近视防控特色学校，莲都区大洋路小学教育集团大洋路校区、莲都小学创成市级青少年近视防控特色学校。2023年莲都区（含市直学校）学生近视率为53.35%，比2022年下降1.18%。

结合"未成年人思想道德文化艺术节"活动开展艺术教育，贯彻落实教育部关于《中小学生艺术素质测评办法》等3个文件的精神，提升学生艺术素养，开展艺术特色教育。举办弘扬践行"浙西南革命精神"第十二届"莲都之春·文艺"比赛和"莲都之春·美术"比赛。32个文艺节目在丽水市第十二届"绿谷之春·文艺"比赛光盘赛和现场赛中获奖，149件美术作品在丽水市第十三届"绿谷之春·美术"比赛中获奖。20件美术作品、9个文艺节目在2023年浙江省中小学生艺术节活动中获奖。

举办莲都区第十届"莲都之光"科技大赛，900多名师生参加22个项目的比赛。在丽水市第十届中小学"绿谷之光"科技大赛中，莲都区小学组、初中组分获团体一等奖，进一步培养学生的科学精神和实践创新能力，提高学生的科学素养，推动中小学生科技活动蓬勃开展。

【特殊教育】 进一步重视特殊教育，依法保障"三残"儿童少年受教育权利。截至2023年底，全区义务教育阶段共有持证特殊儿童326名，入学（安置）率100%，送教上门率6.59%，比2022年降低6.45%。依据省、市、区特殊教育"十四五"提升行动计划，制定并完善送教上门制度、随班就读工作制度等。全区资源教室15所，创建市级示范性资源教室4所。组织并推荐4名教师参加丽水市第3届资源教师基本功大赛。

【关爱留守儿童】 全区留守儿童904名，完善"结对帮扶"制度和德育导师制，开展"一对一"帮扶教育。推进"留守儿童之家"建设工作，2023年，创建市级示范型儿童之家3所。

（区教育局　雷学忠）

【学生扶困助学】 2023年，莲都区发放中小学各类困难学生补助款407.88197万元，其中义务教育学生营养改善提升工程补助款329.78197万元，义务教育学生生活补助款78.1万元，受惠困难学生4473人次；发放民族教育券补助款31.55万元，惠及少数民族学生2376人。

（区教育局　陈丽飞）

成人教育

【概　况】 2023年，莲都区有成人教育培训中心1个，区域中心成技校6所，开展职业技能、实用技术、家政服务、初高中"双证制"及大专以上学历教育等20多个类别的教育培训活动，参加培训及活动29.61万人次。初高中学历提升培训毕业841人，完成率111.6%。太平成技校成功创建浙江省现代化社区学校。

【老年教育】 2023年，经常性参加社区各类教育培训学习的老年居民22.95万人次，培训成果全部录入学分银行。开展以老年人智能技术日常应用普及为目标的"智慧助老"培训，帮助老年人积极融入智慧社会、享受智慧生活，解决老年人在运用智能技术方面遇到的困难，消除老年人面临的"数字鸿沟"，完成老年智能手机等应用培训1.65万人。依托碧湖成技校现有校舍新建莲都区碧湖镇老年学校1所，改建老年形体培训室、老年益智活动室，添置健康监测、急救等设施并进行文化布置，具备300个学位规模，基本满足老年教育教学需求。

（区教育局　孙燕艺）

民办教育

【概　况】 2023年，莲都区有莲都外国语学校、东港学校、城中中学教育共同体（育英小学、三胞树人小学）3所中小学民办学校，民办在校生7154人（小学5121人、初中2033人），占全区义务教育在校生总数的16.84%。通过政府购买民办义务教育小学学位后，全区民办义务教育在校生占比4.78%。

【规范民办教育发展】 2023年，莲都区按照"新建一批学校、停办一批学校、挖掘一批学位、用好一批政策、规范一批学校、购买一批学位”的“六个一”工作思路，推动义务教育结构优化和布局调整。区政府第28次常务会议审议通过《莲都区花园中学举办者补偿奖励方案》，春季学期，完成花园中学民办转公办学校任务。秋季学期，完成2所民办学校撤并分流，其中，丽阳小学分流到青林学校、城中中学分流到城区中学。

（区教育局　雷学忠）

招生考试

【招生工作】 2023年迎来二孩政策放宽后第一波入学高峰，全区小学起始年级比2022年增加1400多人，其中城区学生增加1200多人；符合条件的随迁子女增加1300多人。发布《莲都区2023年城区公办中小学招收进城务工人员随迁子女入学实施办法》《莲都区2023年初中招生工作实施方案》《莲都区2023年小学招生工作实施方案》，通过充分挖掘公办学校教育资源，坚持公民同招政策，尝试花园学校（初中部）大学区招生摇号入学办法，创新学校办学模式，采取降低门槛入学渠道畅通化、长幼随学入学政策人性化、扩容提质优质资源均衡化的“三化”举措，完成莲都区中小学校招生工作和2023年省民生实事下达的随迁子女入学任务。

（区教育局　雷学忠）

【初中毕业生学业考试】 2023年，莲都区初中毕业生学业考试考生6021人，分布在11个考点，206个考场。重点高中录取742人，重高录取率12.32%，普高以上录取人数3288人，录取率为54.61%。

（区教育局　朱金松）

办学条件

【教育经费】 莲都区持续增加教育投入，2023年，教育经费总投入161298.15万元，其中国家财政性教育经费129459.93万元、事业收入28459.74万元、其他教育经费3378.48万元。支付免费教科书及空白作业本2172.45万元，支付学生安全放心车405万元。拨付教育教学质量奖831.82万元，名师名校长科研经费111.42万元，民办幼儿园政策扶持资金1809.82万元，普惠性民办幼儿园公用经费341.82万元，民办中小学、幼儿园保安经费208.28万元，民办中小学公用经费841万元，购买民办义务教育阶段学位费2286万元。全年安排教师培训经费280万元。

2023年，全区城乡义务教育学校生均公用经费标准为小学900元、初中1230元，学生数不到400人的按400人给予保障，保证规模较小学校基本教学活动正常进行。寄宿制学校按照寄宿生年生均300元标准增加公用经费补助，对农村地区不足100人的规模较小学校按100人核定公用经费。公办幼儿园生均公用经费标准为600元，幼儿人数低于300人的小规模幼儿园，按300人计算公用经费。

（区教育局　陈丽飞）

【教育项目建设】 2023年，实施教育建设项目8个，全年完成政府项目建设投资约1.98亿元。新青林小学新建工程、白桥溪谷小学、大洋路小学扩建工程、城北小学游泳馆建设工程、培红元湖园区、灯塔白云山园区、东方明珠天悦湾园区建成投入使用，新增中小学学位2340个，幼儿园学位900个。高溪学校、莲都小学扩建工程、刘英小学扩建工程开工。完成花园中学运动场、碧湖二小运动场、括苍中学外立面等改造工程。根据《莲都区国有资产（资源）确权发证、划转移交集中攻坚行动实施方案》精神，完成处州中学、囿山小学、大洋路小学、刘英小学不动产权证办理工作。

（区教育局　钟珠峰）

【教育装备】 2023年，莲都区投入资金3403万元用于改善学校的教育技术装备，其中中小学幼儿园教育教学装备更新1450万元；完善数字基础设施“万兆到桌面”升级改造660万元；全区中小学幼儿园网络接入链路改造78.7万元；新型教学空间建设709.8万元，建设教学空间37个；完成新建学校祥生白桥溪谷小学教育装备采购504.6万元。数字化转型工作成效明显，2023年，建成莲都区大数据融通平台三期，实现各个应用平台的数据互通。

（区教育局　莫建）

师资队伍

【概　况】 2023年，莲都区有中小学、幼儿园专任教师3906人（含民办学校），其中中小学专任教师2879人，幼儿园专任教师1027人。有正高级教师7人，省特级教师4人，省教坛新秀10人，市级名师25人，市级学科带头人179人，区级学科带头人225人，市、区级教学能手、德育能手492人，市、区级教坛新秀、德育新秀1066人。

（区教育局　邹丽珍）

【师德师风建设】 2023年，区教育局坚持"推进师德师风教育常态化、推动师德师风监督经常化、落实违规违纪处理严格化"的原则，加强师德师风建设，引导广大教师坚定理想信念，争做"四有"好教师，增强责任感、使命感。组织教师签订师德师风承诺书，每月一次师德专题学习教育活动，建立"自查、核查、抽查"的三级联查机制，每年进行一次师德满意度测评。

（区教育局　陈久远）

【人事制度改革】 加强校长队伍建设，培育一批有思想、懂管理、善创新的校长，建立校长"流动能进能出，职务能上能下，待遇能高能低"的管理机制。2023年，通过公开招聘，对待聘教师储备库进行更新补充，择优聘用充实待聘库教师至653人，其中中小学257人，幼儿园396人。组织对公开招聘任教满两年的中小学待聘教师进行考核，通过资格审查、社会公众测评、师德师风考核、教师年度考核、教学质量考核、个人综合素质测试、体检、考查等程序，考核择优录用3名待聘教师为编制教师，每个环节公开、公正，整体工作平稳、有序。为吸引更多的优秀的高中毕业生就读师范专业，培养一批"下得去、留得住、教得好"的本土化农村教师，促进义务教育均衡发展，与杭州师范大学、丽水学院合作，定向培养小学全科教师6名。

【校长教师交流】 整合教师校长交流和"区管校聘"工作，2023年，全区教师、校长交流320人，其中，校园长、校区负责人等组织调动59人，竞聘型交流（进城考试）65人，新教师留城锻炼期满三年下乡6人。

【教师聘任工作】 2023年，人才引进中小学教师9人，均为硕士研究生学历，公开招聘教师13人、选聘1人。2023年，新聘正高级教师2人，高级教师20人，一级教师76人，二级教师171人。截至年底，全区在聘正高级教师4人，高级教师532人，中级教师1396人，初级教师2116人。

（区教育局　邹丽珍）

【教师专业培养】 2023年，实施教师专业发展培训制度，区域范围内教师累计年人均完成培训115.38学分；教师参加90学分以上的培训项目，符合分层分类要求的匹配率97.53%；教师90学分集中培训完成率22.49%；教师培训自主选课率85.38%；教师自主选课后实际参训率98.84%；教师规定培训完成率（国、省、市培）100%；平台上总体评价平均满意率99.77%。莲都区教师进修学校获浙江省2023年师干训创新奖。多项师干训工作在浙江省新闻客户端、《丽水晚报》等媒体上宣传报道，其中在省级及以上主流媒体宣传报道11篇，市级主流媒体宣传报道2篇，区级主流媒体宣传报道15篇。5月，区进修学校校长在浙江省中小学名师名校长工作站学校管理高峰论坛上作《区域推进校本研修管理实践》校本研修工作的专题报告。

2023年，举办干部项目6个班期，参训人数265人，计276学分，培训经费36.5万元，学员综合评价满意率100%。培训项目39个（其中干训6个，师训23个，"订单式"培训10个），全部完成预期任务。

2023年，下拨名师工作室经费29.5万元，组织第三届55个莲都区名师工作室到薄弱学校开展送教活动297次。在浙江省中小学教师专业发展网络学校平台完成194个校本研修项目申报审核，依托平台，组织开展近1550次校本研修活动。组织名师工作室年度考核，评出优秀名师工作室17个，莲都区校本研修质量监控小组全程参加校本研修活动，监控督查完成率100%。在2023学年校本研修年度考核中，18所学校获评优秀。2所学校获"2023年浙江省中小学校本研修百项精品项目"称号。2023年度浙江省教师教育规划课题立项6个、结题3个、获奖1个。

（区教育局　张绍军）

文化·体育

综　述

【文体设施】　2023年，莲都区新建“15分钟品质文化圈”10个、城市书房1个和文化驿站1个，9个基层体育场地和“环浙步道”莲都峰源段工程完工。创建丽新马村丽松宣边区革命纪念馆和雅溪库川村稽勾古道展示馆2家省级乡村博物馆。完成国民体质监测中心建设。实施城乡社区多功能体育设施普及计划，开展“送体育下乡”，筛选3个室外点位，赠送一代健身器材18件、二代健身器材6件。开展全民健身场地设施大检查，收集上报质保期内健身器材1016件，确保全民健身场地设施使用效率和使用安全。

【文体活动】　2023年，实施“欢乐莲城”文化惠民工程。开展“文艺赋美”活动1962场，“文艺星火赋美”工程牵手2022莲都乡村春晚系列活动参与群众达7万余人次，线上参与近56万人。举办2023“欢乐莲城”第二十届乡村（社区）艺术节暨莲都区第四届群众舞蹈大赛等活动，完成送戏下乡372场，送书下乡56048册，送展览、讲座385场，开展文化走亲44场。全年全区文化场馆开展文化活动3631场，其中，被省厅精选960场；村（社区）开展文化活动13679场，参与群众660万余人次。开展社会体育指导员进百姓健身房、文化礼堂公益指导50余次，举办运动促进健康科学健身大讲堂10期。

【体育赛事】　2023年，举办碧湖新城田园半程马拉松赛、2023年中国职业围棋甲级联赛莲都专场以及2023年国际跳棋世界杯分站赛等；与市体育发展服务中心共同承办“丽水·清韵杯”全国业余围棋公开赛、八百里瓯江（丽水）山水诗路桨板赛。借助体育社团及民间组织力量，举办群众体育赛事，举办2023碧湖新城第二届端午龙舟普及体验活动，举办“共享亚运会 运动展风采”全民健身系列赛事活动。助力亚运火炬传递丽水站完美收官，牵头做好迎亚运盛会三大提升行动，做好丽水站火炬传递沿线观众组织工作，区文广旅体局获“杭州亚运会、亚残运会浙江省先进集体”称号。

【文物保护】　2023年，加大文化遗产保护力度，做好莲湖水库、

11月27日，莲都区第四届群众舞蹈大赛在莲城剧场举行

（区文化馆　提供）

九龙国家湿地公园文化创作基地等40余个项目考古调查勘探工作；做好国保、省保项目修缮工作，实施文物安全消防项目，印发《莲都区文物安全工作联席会议制度》《莲都区涉文物建设项目联合审查工作方案》《丽水市莲都区文物安全巡查工作方案》，进一步压实文物安全属地直接责任、部门监管责任，规范项目审批。完成文保单位“两划”范围内遥感图斑对比工作。加大重点项目推进力度，完成《丽水通济堰保护总体规划》修编初稿，做好莲都区各级文保单位文物本体及其保护范围、建设控制地带测绘工作。

公共文化

【概　况】 2023年，莲都区夯实文化共富建设基础，开展各项文化工作，加强配套设施建设，公共文化场馆免费开放。落实“浙文惠享”省民生实事项目，新建图书馆分馆书房2个，图书流通点9个，全年新增馆藏图书49372册，其中新增少儿图书21300册。莲都区图书馆获评国家一级图书馆，“莲悦读(爱心书屋)”项目入选全省共同富裕创新模式重点培育名单、全省“服务业高质量发展典型案例”、莲都区共同富裕最佳实践。大港头镇获评浙江省文化强镇；雅溪镇获评“全省戏曲之乡”；仙渡乡葛畈村获评浙江省文化示范村，入选2024年全国冬季“村晚”示范展示点位。

【文艺队伍建设】 以评比促提升，以活动培技能，推动文艺骨干在群众文化生活中的引领作用。开展2023年区级乡村文化能人、文化示范户评选工作，评定乡村文化能人131人，区级文化示范户7户。开展乡村文艺团队“三团三社”培育，招募业余群众文化社团548支、成员4847人，全年有活动记录的业余文艺社团比重达90.51%。18位传承人入围第六批市级非遗传承人。2023年，全民艺术综合普及率达69.7%。组织乡村春晚导演、乡镇文化员、文化圈管理员和文化系统干部等基层从业人员参加“勤耕四季”艺术公益培训班和“浙里文化圈”操作管理等业务技能培训，培训2000余人次。

【公共文化品牌建设】 2023年，举办第三届群众舞蹈大赛、“欢乐莲城”第二十届乡村(社区)艺术节暨莲都区第四届群众舞蹈大赛、“书香莲都　悦读共富”2023莲都区朗读大赛等品牌活动。开展大型文化活动8场，举办2023年“中国爱乐　畅想丽水”——城市森林音乐会，吸引1500多名观众参加；举办第十七届畲族文化节活动；组织2023年亚运火炬传递丽水站文艺演出；举办2023年全国秋季“村晚”暨(癸卯年)通济堰庙会和2023年全国“四季村晚”之冬季“村晚”活动。全年举办非遗类文化活动89场，参与观众15万人次；开展非遗进文化驿站、进养老院等“三进”活动63场；协办“龙游丽水　非遗有约”丽水·龙游非遗走亲文艺晚会，举办非遗展览10场。

【标识培育】 2023年，实施省文化标识培育项目，打造通济水韵特色文化。举办莲都区瓯江文化培育专家座谈会，提炼“水韵

9月29日，全国秋季“村晚”示范展示活动暨(癸卯年)通济堰庙会在碧湖镇堰头村举行（区文化馆　提供）

瓯江 通济莲都”的莲都地域文化标识，深化水韵文化的内涵与历史厚重感，延伸莲都区瓯江文化的历史脉络。完成通济堰水韵文化处州乱弹剧《穆龙坝》的三度创作、编排和汇报演出，到通济堰流域的部分文化礼堂开展宣传演出。围绕重点文化基因与文化标识建设，举办处州乱弹音乐会、“少年非遗说”莲都区选拔赛、通济堰水韵文化暨通济堰庙会研讨会等转化利用活动。以“瓯江风情国家级旅游度假区创建 ”为题，申报浙江省文化基因解码成果转化利用示范项目。

【文化数字化改革】 完善数字文化馆建设，数字文化馆线上平台发布信息846条、线上直播活动浏览量超400万次。2023秋季“村晚”通济堰庙会与国家公共文化云平台联动直播，浏览量近20万次，参加全省联动直播33场次，浏览量近百万次。开设青少年美育“云端”课程，利用“非遗传承进校园”活动，开设特色美育课。推进数字图书馆建设，迭代升级“爱心书屋”项目，加快部署智慧书房。推进“浙里文化圈”应用建设，完成辖区各文化场馆的年度数据上传省智慧文化云2.0平台。推进校外培训机构线上资金监管，对接国家校外培训机构监管与服务平台，2023年，全区合规校外艺培机构126家、开通支付124家，完成上架消课94家，监管订单资金总额487486.2元。

（区文广旅体局 金佳玲 章洛瑜）

文化市场管理

【行政审批】 2023年，办理文化类行政审批158件，其中行政许可148件、其他行政权力6件、行政备案2件、行政确认2件。通过“零申请、零材料、零受理、零审核、零跑动”的方式，实现“广播电视节目制作经营单位延续审批”无感智办。根据新版权利事项要求，认领行政许可事项36个，完成实施规范和办事指南维护。每周、每月按要求提交“一地创新，全省共享”工单，开展剧本娱乐经营活动备案审核。指导、初审完成文化市场统计直报。指导游艺娱乐场所业主做好游戏游艺设备电子标识工作；排摸辖区内幼儿园与娱乐场所、互联网上网服务营业场所，对拟设互联网上网服务营业场所、娱乐场所的企业进行现场行政指导。

【文化市场监管】 2023年，开展“双随机”抽查31次，检查场所490家次。联合公安、宣传部、市场监管等部门开展跨部门“双随机”抽查以及联合专项行动17次；有序开展扫黑除恶、反恐、禁毒工作线索排查、市场巡查和宣传发动；强化互联网上网服务营业场所、歌舞娱乐场所、演出市场、电影市场的巡查；开展出版物印刷市场、网络文化市场、非法卫星电视接收设施、社会艺术考级监管、净化校园周边文化市场环境等专项整治行动；开展“扫黄打非”“护苗”“净网”等五项行动，加强网络出版物信息核查。全年出动巡查2022人次，检查场所1003家次，立案25件，警告17家次，罚款7家次、金额183.65万元，没收非法所得23.27742万元，没收违法物品183件。

（区文广旅体局 叶宜多 吴炫伟）

文艺精品创作

【作品创作】 2023年，莲都区文化系统干部共创作文艺作品38件，其中国家级获奖、展演或发表的5件，省级26件，市级7件。《这么好的时代》获评浙江省第三届新时代主题原创歌曲征集“十佳歌曲”；《急先锋》获浙江省第十二届群众曲艺大赛金奖；《传统戏曲》《来时的路》《老顽童的优雅》《时光正好》获“共同富裕·共享美好”2023全省歌词大赛银奖；《古堰新韵》入选全国曲艺展演活动；《奇妙之城》第二季获评2023年度中国影响力十大纪录片；油画《歇息》在浙江省第八届群星视觉艺术综合大展中展出；《快乐鸡大婶儿》获浙江省首届农村文化礼堂“我们的村舞”暨第二届浙江乡村文化艺术节乡村舞蹈大赛铜奖；《三月三人最美》获浙江省广场舞大赛银奖。

【理论研究】 2023年，在国家级、省级刊物上发表论文6篇。其中，《让天天乐文化广场，成为全民艺术普及主战场》在《文化月刊》发表；《莲都畲族彩带编织发展研究》由西泠印社出版；“共同富裕背景下山区26县文化空间建设的问题和对策研究”“基于区块链技术的文化消费积分基层服务应用研究”“体验经济视角下文旅场景构建，赋能乡村振兴研究——以浙江省丽水市莲都区古堰画乡为例”入选2023年全省文化和旅游系统调研课题；论文《热爱戏剧 孜孜以求》在《视界观》发表。

【文艺辅导】 2023年，文化干部发挥自身特长，助力提升莲都开展文化惠民工作，人均辅导不少于60次。其中，由干部辅导的歌曲《达尼亚》获2023“浙艺少年”首届浙江省青少年艺术普及系列活动之少儿声乐大赛初中组金奖、歌曲《女人善变》获高中组金奖、歌曲《杨梅熟了》获小学低段组银奖；干部辅导的《红珊瑚》获献礼二十大共跳幸福舞活动三等奖。

（区文广旅体局　程萱烨）

方志文化

【推动修志向部门基层延伸】 2023年，印发《关于进一步加强乡镇部门地方志工作确保志书年鉴质量的通知》，编写《乡镇年鉴框架结构参考》，邀请市级专家对乡镇志书、年鉴编修工作进行指导。落实全市名镇志名村志文化工程启动会议部署要求，出台《丽水市莲都区名镇志名村志文化工程实施计划》，明确莲都区名镇志名村志编修工作目标及具体工作安排。11月，莲都区副区长赴丽新畲族乡调研指导乡、村志修编工作。

【推进“精品年鉴工程”】 2023年，对标精品年鉴要求和规范，印发《关于做好〈莲都年鉴（2023）〉编纂工作的通知》《关于进一步做好〈莲都年鉴〉编纂出版工作的通知》等文件，对《莲都年鉴（2023）》的篇目、投稿要求进行修改完善，规范年鉴编纂的内容、程序，着力提升文稿质量，打造精品年鉴。

【《栝苍史志》编辑发行】 2023年，以“八八战略”实施20年和“古村落故事”为主题，精编栏目、优选稿件、突出特色，进一步提高办刊质量，丰富期刊内容，增强可读性，完成总第30、31期编辑印发。

（区档案馆和党史研究中心　李倩倩）

文化遗产保护

【概　况】 2023年，莲都区实施省级以上文物保护单位修缮工程3个，委托编制文保单位修缮设计方案2个。全年出动300余人次，实施安全检查126次，发现并整改安全隐患18个。

【执法督察与安全保卫】 2023年，实施省保碧湖建筑群、西溪村乡土建筑消防提升改造工程，配备微型消防站、增设消防设施等。开展文物遥感图斑核对工作，对浙江省文物局下发的11处遥感图斑进行核实比对，涉嫌违规的移交区文化市场行政执法大队办理。推进莲都区文物建筑白蚁防治示范项目，更换安装监测装置，进一步巩固防治成果，加大治理力度。

【不可移动文物保护与管理】 2023年，加强文物保护修缮，争取省级及以上文物专项资金315万元，完成全国重点文物保护单位通济堰堰头村景星庆瑞、10号民居和省级文物保护单位西溪乡土建筑之37、139号民居修缮工程，启动省级文物保护单位西溪村乡土建筑之李氏宗祠修缮工程。委托编制全国重点文物保护单位通济堰之佳气环居、南山映秀古民居和省级文物保护单位碧湖建筑群内汤街8—9—10、11号古民居保护修缮设计方案。开展主动考古发掘项目2个，发现新石器至西周时期的遗址，出土陶器、玉器、石器等一批器物，为研究莲都区历史提供新资料。开展文物保护单位测绘工作，对全区20处区级以上文物保护单位及其“两划”范围实施近景摄影、无人机倾斜摄影测量、全景制作、地形图测绘等全方位文物数据采集，为后续文物勘查、监测管理工作及文物可视化展示利用提供基础数据服务。

【博物馆与可移动文物保护】 2023年，投入资金22万元进行展陈内容提升、展板改造、藏品征集等提升改造工作，完成丽松宣边区革命纪念馆、稽勾古道展示馆2家省级乡村博物馆创建。鱼跃博物馆被评为四星级乡村博物馆。开展乡村博物馆宣传，全年发布宣传图文12篇、短视频3个。

（区文广旅体局　郑菁）

广电事业

【广电基础设施建设】 2023年，巩固城区与乡镇广电城域网融合建设，提高城域网覆盖。完成城区22个小区的接入网建设，覆盖用户23913户；完成乡镇148个小区（村）的网络优化，覆盖用户30359户；新建城域网光缆干线61.64千米，新建通信管道16.6千米。

【广电安全播出】 2023年，修订印发《2023年莲都区广播电视安全播出保障工作方案和莲都区广电安全播出、网络安全和设施保护应急预案(修订)的通知》，联合区委平安办印发《2023年度莲都区非法卫星电视接收设施整治工作方案的通知》。明确广电安全播出隐患排查重点，对区、乡、村三级广电设施进行全面检查，排查出隐患点6个并全部整改到位。全区农村应急广播系统平台全年维修615次、更换IP音柱450个、终端在线率保持在95%以上。开展非法卫星电视地面接收设施专项整治工作，联合各相关部门对非法卫星电视地面接收设施生产、销售、安装及使用环节进行集中整治，全年出动执法人员43人次，发出整改通知书73份，拆除非法卫星接收设施92座。完成全国两会、成都大运会、杭州亚运会、亚残运会、第三届“一带一路”国际合作高峰论坛等重要保障期的广播电视安全播出任务，全年广电安全播出“零事故”。

【广电应急演练】 7月19日，组织召开“迎亚运、保平安”莲都区广播电视安全播出暨网络信息安全培训会，各乡镇（街道）行政村的应急广播管理员、广电行业工作人员190余人参加培训。9月1日，联合丽水华数公司在联城街道港口村开展“护航亚运”莲都区应急广播非法插播应急处置联合演练。

【广电惠民工程】 2023年，做好“广电低保”惠民工程，农村低保户有线电视或直播卫星电视免费收视覆盖率达95%以上，为全区3800余户低保户提供免费服务保障；建立广电低保工程动态管理数据库，每月及时更新，确保信息数据的准确性。

（区文广旅体局　王憭）

群众体育

【概　况】 2023年，完成全区体育场地普查建档1590个，新增录入113处、面积7.4万平方米，人均体育场地面积达2.79平方米，完成“共同富裕”及“七优享”考核指标任务。建成莲都区国民体质监测中心，投入20余万元购置国民体质监测设备，租赁民营体育健身企业场地，采购日常服务，将中心建设与体育健身企业运营相结合，保障监测点人流量，实现莲都区国民体质监测常态化，莲都区国民体质监测有场地、有专人、有设备、有经费、有服务的“五有”服务体系形成，经验做法获省体科所领导点赞。推进城乡社区多功能体育设施普及，对全区全民健身场地设施进行大检查，对存在问题的148个点位实施整改维修。

【群众体育活动】 2023年，开展群众体育活动80场，受益群众10万余人，全区群众幸福感和获得感不断提升。启动体育赛事“三进”系列活动，举办进景区系列赛——2023丽水滑板冲浪邀请赛、古堰画乡定向赛、东西岩穿越赛；进乡镇系列赛——老竹镇拔河联赛、2023年浙江省城乡联赛暨长三角地区象棋邀请赛；进社区系列赛——社区乒乓球赛、社区足球联赛、社区趣味运动会。“共富集市”成为莲都区体育助力共富的全新尝试，让“迎亚运、促健身”的热潮持续高涨，获得广大群众的一致好评。

【体育社会组织】 完成莲都区体育总会第三届委员会换届工作，以社会化、实体化作为全区体育社团改革发展的方向，完善出台体育社会组织考核制度，推行重大业务报告等制度，形成规范化的业务指导与管理机制。2023年，全区有单项体育协会28个，各类体育俱乐部10个，获评AAAAA级社会组织1家、AAAA级社会组织1家、AAA级社会组织7家，体育社会组织AAA级及以上占比达71%。借力体育社团及民间组织，全年开展各类全民健身活动60余场次。

【体育公共服务】 2023年，完成国民体质监测暨“浙里健身”体质测试服务工作，开展科学健身指导，国民体质监测合格率94.2%，经常参加体育锻炼的人占43.4%。调动各协会积极性，举办社会体育指导员培训及履职竞赛活动，全区有社会体育指导员1340人，履职率达32%以上；举办“运动促进健康科学健身大讲堂”10期，科学健身指导进机关、进乡村、进社区、进学校、进企业、进单位“六进”活动30余场。与卫健部门共同开展职业人群健康体重管理专项行动，与教育部门联合开展中小学生“正脊行动”，用体育专业知识指导群众更便捷、更科学、更专业地享受健身，为不同年龄段的人群送上“健康福利”；建立莲都区基层体育委员工作机制，实现区、乡镇（街道）、村（社区）三级基层体育委员网络体系建立。

（区文广旅体局　潘瑛）

竞技体育

【概　况】 2023年，莲都区在册运动员3000人。丽水市少体校在莲都区布局布点学校12所，在职体育教师带训80多人，实施三大球、田径、羽毛球、游泳、乒乓球等多个竞赛项目，其中，跆拳道、网球、击剑等项目与校外俱乐部合作。

【体育竞赛】 2023年，莲都籍运动员董郗娅参加第19届杭州亚运会获赛艇女子八人单桨有舵手比赛金牌。处州中学男子、女子足球队蝉联丽水市校园足球联赛第一名。莲都区中小学代表队参加丽水市中小学生田径运动会获团体总分第一名。举办莲都区中小学生校园篮球联赛、游泳联赛、乒乓球联赛、足球联赛和中小学生田径运动会。

（区教育局　雷学忠）

体育产业

【体旅融合】 2023年，借助莲都区丰富的山水资源和人文特色，将一批山水户外运动、全民健身活动及体育运动产品展示推进景区、推向体旅市场。碧湖新城田园半程马拉松赛、中国职业围棋甲级联赛莲都古堰画乡专场等赛事吸引数千名市外运动员报名参赛，带动赛道沿线、景区周边的住宿、餐饮、交通、旅游等消费增长，让当地群众也在家门口吃上“体旅融合饭”；举办丽水滑板冲浪邀请赛、古堰画乡定向赛、东西岩穿越赛，开展“环浙步道”莲都峰源段徒步节活动，通过“趣味运动＋户外项目体验＋乡村旅游”的形式，让群众近距离、沉浸式、互动式体验“户外运动天堂”，促进体育消费，壮大体育产业。莲都碧湖新城田园半程马拉松入选丽水市体育事业发展项目库。

【产业发展】 2023年，冒险岛水世界伏浪勇士（滑板冲浪）和碧水湾沙滩全地形越野获评省级运动休闲旅游优秀项目。指导仙渡乡创建省级运动休闲小镇；推动南明湖冰雪大世界项目招商落地。以亚运护航、主题教育等活动为抓手，开展体育企业“三服务”，通过电话、微信、走访

10月28日，2023体育进景区——古堰画乡定向赛举行

（区文广旅体局　提供）

和开展活动等方式，对全区体育培训机构、健身场所每月至少开展2次督查走访，指导产业发展和安全生产，协调解决痛点、难点问题，为体育企业营造良好的经营环境，化解体育行业信访件360余件。指导体育类校外培训机构规范经营，43家体育校外培训机构入驻“浙里体培”校外教育培训监管平台，11家入驻全国校外教育培训监管与服务综合平台，257人通过“浙里体培”教练员认证。

（区文广旅体局　潘瑛）

新闻出版

【“扫黄打非”】 2023年，开展“扫黄打非”专项检查、“护苗”开学季、“双随机”抽查等多项检查，检查文化企业等2800余家次，办理行政案件17件、刑事案件1件，没收非法出版物183本，维护文化市场环境规范有序。开展“绿书签”行动进校园系列宣传教育，“扫黄打非”进乡村、进企业志愿宣传等活动80余场，筑牢“扫黄打非”基层防线。

【文化市场审批监管】 开展2023年印刷企业、出版物发行单位、内部资料编印单位年度核验工作，核验通过印刷企业65家、出版物发行单位82家、内部资料编印单位5家。受理办结各类审批服务事项33件。

（区委宣传部　项维芳）

媒体融合

【概　况】 2023年，莲都区融媒体中心坚持以习近平新时代中国特色社会主义思想为指导，全面贯彻落实党的二十大精神，以“先行示范当头雁”的奋斗姿态，聚焦省委三个“一号工程”和区委“三件大事”，开展主题教育，发挥舆论宣传主阵地作用。全年集中开展各类专业培训8次；参加区级以上各类专业培训24人次，其中参加省级新闻采编人员专业培训11人。主动学习各地有效做法，提升莲都在全省的融媒指数排名，打造出富有拼劲、能打胜仗的莲都宣传队伍。2023年，获浙报集团融媒共享联盟（丽水）共享联盟最佳合作奖、共享联盟最佳视频报道奖、浙报集团融媒共享联盟最佳合作奖、浙江县级融媒体中心协作潮鸣奖，获评省域媒体融合技术一体化全省应用示范单位、浙报集团先进报道组。

【主流思想传递】 2023年，聚焦“八八战略”实施20周年，开设“‘八八战略’在身边”专栏，集中报道“八八战略”在莲都的生动实践，全年发稿60条。推出“千万工程”莲都实践系列报道7篇，用典型人物、典型案例讲好“千万工程”莲都故事。做实“一月一策划”，推出“聚力聚焦‘三件大事’精准发力十方面工作”“大搬快聚我们的幸福新生活”“奋斗实干‘莲’一年”等专栏。

开展主题教育宣传工作，做好动员部署会、县处级领导干部读书班等重要活动报道，为莲都推动主题教育走深走实、见行见效营造良好舆论氛围。推出主题教育相关融媒报道186篇，掀起主题教育宣传报道热潮。在“莲都发布”公众号

8月22日，“运动+夜市”——万象社BA·体育共富市集开办

（区文广旅体局　提供）

11月27日，浙丽同心 和美畲乡——2023年“东西岩杯”莲都区拔河比赛暨首届老竹畲族镇(村)拔河联赛举行(区文广旅体局 提供)

推出区四套班子主要领导深入学习贯彻习近平总书记考察浙江重要讲话精神署名文章，以文字形式阐述心得体会，首日阅读量破万人次。

【热点宣传】 2023年，做好莲都迎亚运主题活动、亚运火炬丽水站传递、亚运会看点预告、开幕式莲都人李玲蔚传递火炬、莲都选手参赛亚运等宣传报道，展现莲都人热爱运动、积极向上的精神风貌。

【民生报道】 2023年，聚焦报道古堰画乡国家级旅游度假区创建、莲都区首届房博会和莲都消费节等重大活动；开展大学校园反诈直播，相关内容总阅读量超50万人次；以教师节为契机，宣传莲都各个领域优秀教师典型人物，营造全社会尊师重教的良好风尚；关注居家养老“十助”服务，深入基层报道莲都养老服务。

【对外宣传】 2023年，多个短视频登上央视频、浙江卫视《新闻联播》头条，其中，与浙江卫视共同策划采写的新闻《鲜新闻：丽水萤火虫公园夜间闭园“星光萤海”亟待呵护》在浙江卫视《新闻深一度》播出，并在中国蓝新闻推送短视频及微文《蓝媒热评：萤火虫失约观赏季 网友们为何还叫好》，引起全网关注。参与中国蓝新闻客户端《放歌瓯江》大型主题直播活动，讲好莲都故事；在浙江广电Z视界客户端播出“一起来做视介官 莲都紫金杨梅”，截至12月31日，完成网络直播78场。向“学习强国”学习平台投送稿件1747条，“学习强国”省级学习平台、市级学习平台用稿数居全市第二位。

联合新华网、美丽浙江抖音视频号等平台对仙渡乡年货节和民俗活动进行直播，全网阅读量超55万次；自编自导自演的反诈视频“依法打击电信网络诈骗”，被浙江省反诈中心录用；见义勇为典型人物李开成的融媒报道，被央视新闻客户端录用。截至12月底，微文、短视频阅读量破万人次作品2407条，其中，破10万人次作品312条、破百万人次作品98条、破千万人次作品2条，《街头摊贩玩“鬼秤”被查，过程曝光！》短视频观看量超2500万人次。

【媒体影响扩大】 2023年9月，“莲连看”App完成全省一张网的迁移工作，致力打造“新闻+政务+服务”的综合功能，截至12月31日，客户端注册用户数16.1万户，日均活跃超5000人，区域人口覆盖率明显提高。及时了解用户需求，推出符合用户群体的节目和线上活动，增加与用户的黏性。推出《心理直播间》节目，每周四上午10点在客户端“莲直播”栏目推送，全年直播26期，每期观看均破万人次，品牌效应逐渐形成。与区气象局合作，推出“莲都天气早知道”专栏。全年开展线上活动145场。

打造“热点+活动”互动模式，搭建优质活动平台，推出各类活动137场。定期举办超级宠粉活动，提升用户互动、用户活跃、用户增长等融媒指数。

(区融媒体中心 吴玮娅)

卫生健康

综　述

【卫生健康事业发展】　2023年，莲都区有医疗卫生机构150家，其中区级公立综合医院1家、民营医院2家、监狱医院1家、卫生健康事业单位4家、乡镇卫生院17家、社区卫生服务中心5家、村卫生室（服务站）96家、护理院2家、个体诊所等其他医疗机构26家。全区注册乡村医生90人。按全区常住人口数计算，千人床位数12.28张、千人卫技人员数16.82人、千人执业（助理）医师数6.23人、千人护士数8.1人，核定住院床位518张，其中莲都区人民医院200张、丽水南山法朝骨伤医院99张、莲都南山法敏骨伤医院99张、基层医疗机构床位编制数120张。莲都区连续5年获健康浙江考核优胜，入选第二批累计三年健康浙江建设优秀单位，入选国家卫生健康委妇幼司“助力乡村振兴战略——基层儿童早期发展项目”试点县（市、区），实施“救护车+智慧流动医院”院前急救模式获省委书记易炼红、省长王浩批示肯定。承办2023年高水平推进健康浙江行动现场会，大港头镇利山村入选2023年浙江省卫生村样板。莲都区卫生健康局获“丽水市模范集体”称号，获评丽水市“1315”特色产业链“链长制”工作表现突出集体，获莲都区“改革先锋”工作集体嘉奖。

（区卫生健康局　张昆）

【卫生人才培育】　2023年，全区有正高级人才22人，副高级人才92人。组织职业技能提升行动，培训消杀员及防疫员183人。继续医学教育覆盖率100%，获批市级继续医学教育项目6项，项目执行率达100%；制定区级素质提升工程，安排35期培训1674人次。开展病原微生物实验室生物安全技术和管理培训、住院医师规范化培训等50余人次。

（区卫生健康局　蓝琛）

【卫生应急管理】　2023年，健全卫生应急指挥平台，接入丽水市卫生应急指挥系统。在莲都区疾控预防控制中心和14个建制乡镇卫生院安装视联网视频会议系统，构建卫生应急预案体系，组织全区46名卫生应急队员开展学校传染病防控等应急培训及登革热应急处置演练。

12月25日，2023年高水平推进健康浙江行动现场会在莲都区召开

（区卫生健康局 提供）

【"双随机"执法】 2023年，抽取国家"双随机"任务31家，总完成数30家，总完成率96.8%；完结数1家，完结率3.2%；行政处罚19家，行政处罚率61.3%，罚款总金额8200元。省级"双随机"任务15个，共抽取107家，联合任务16个，联合检查70家，总完成数177家，总完成率100%；行政处罚82家，行政处罚率46.3%，罚款总金额268200元。智慧监管系统覆盖23家医疗卫生机构，对医疗废物和预检分诊实时监管。

【医疗卫生执法】 2023年，卫生监督件行政处罚案件结案214起，其中轻微不予行政处罚案件138起，罚没款金额587772元，无复议，无诉讼。卫生计生监督协管机构覆盖率、协管信息报告率100%。

（区卫生健康局　吴成章）

医政药政管理

【概　况】 2023年，实施丽水市国家公立医院改革与高质量发展示范项目，开展基层片区医疗中心建设，以丽水市"医共体（医联体）牵头医院+30家片区医疗中心+智慧流动医院+综合应急联动急救"医疗服务模式为主线，提升基层医疗卫生服务能力和医疗技术水平。加快培育老竹畲族镇、雅溪镇、大港头镇市级片区医疗中心。开展"优质服务基层行"活动，提高基层门急诊和住院服务能力，老竹畲族镇中心卫生院通过"推荐标准单位"现场复核，丽新畲族乡卫生院和太平乡卫生院通过基本标准创建。

【行政审批提质增效】 2023年，深化"互联网+政务服务"改革，政务服务实现"一网通办"、民生实事实现"一证通办"。规范行政许可，坚持依法、依规原则，抓好执法依据梳理和执法职权分解，稳步推进各类许可工作，2023年，新办理完成行政许可事项736件，其中公共场所卫生许可93件，医疗机构许可164件，医师执业许可159件，护士执业许可271件，乡村医生执业注册12件，中医诊所备案1件，诊所备案20件，放射诊疗许可6件，放射防护预评价审查6件，放射诊疗建设项目竣工验收3件，医疗机构使用麻醉药品、第一类精神药品许可1件。

【公立医院改革】 2023年，深化公立医院改革，区人民医院医疗总收入约5800万元，比2022年增长18.68%，门急诊及住院均次费用均有下降；医疗服务收入占比33.27%，增长7.22%；区人民医院综合大楼完成搬迁，并通过二乙复评。

【"山海"提升工程】 2023年，按照"山海"提升工程"33428"项目，深化与市中心医院的联系合作，推动区人民医院建设特色专科，老年医学科入选2022—2024周期丽水市医学重点学科建设（县域龙头学科），实现"零的突破"。全年专家共计下沉2609天，开展培训带教408次，实施新技术、新项目14项，下沉专家开展各类手术65台。

【城市医联体建设】 修改完善《莲都区城市医联体工作专项资金使用管理办法》《莲都区卫生健康局关于调整莲都区城市医联体工作考核办法的通知》，突出发展特色鲜明、优势明显的基层科室，相关经验做法在2023年丽水市国家示范项目评估会上作典型发言。2023年，5家医联体牵头医院共派专家下沉2893人次，开展义诊41场，医联体内开展业务培训及指导125期，接收基层进修人员11人。

【巡回诊疗】 2023年，落实"智慧流动医院"巡诊机制，实行"医疗设备+专家团队+远程医疗+医保实时结算"服务新模式，完善"20分钟医疗服务圈"。全年出车835次，下派医务人员2203人次，共计14750门诊人次，服务群众47752人次。完成57家村卫生室智慧医保贯通，为23家医疗机构配备移动医保支付设备。

【院前急救】 2023年，推进山区院前急救体系建设，提升院前医疗急救服务能力，山区急救平均反应时间从39分钟缩短到15分钟。实施"救护车+智慧流动医院"院前急救模式，获省委书记易炼红、省长王浩肯定批示。

【无偿献血】 2023年度完成无偿献血全血总量1487.2升，血小板278.66升，完成全年任务的102.42%。12月，建成碧湖“爱心献血屋”并正式运行。

（区卫生健康局 吴丽）

疾病预防控制

【概　况】 2023年，成立莲都区疾病预防控制局，组建莲都区疾病预防控制中心（挂莲都区卫生监督所牌子）。启动疾控监督员试点工作，选派专职疾控监督员4名、兼职疾控监督员4名，累计完成巡查113次。启动“无结核社区”创建，持续提升区域传染病防控水平。

【突发公共卫生事件】 2023年，莲都区无突发公共卫生事件报告。报告达到突发公共卫生事件相关信息报告标准的事件4起，其中流感聚集性疫情1起，诺如聚集性疫情1起，无重症及死亡病例报告。全年报告聚集性疫情72起，其中流感51起、水痘12起、手足口病7起、诺如病毒感染2起，所有疫情均及时报告处置，未造成后续疫情扩散蔓延流行。全年报告登革热疫情2起3例，均为输入性，均及时控制，无后续本地病例报告。

【疾病监测与报告】 2023年，开展法定报告传染病常态化监测、预警和防控工作。重点开展新冠疫苗和登革热疫情监测，出具风险评估报告8份。完成年度学生近视等健康危害因素监测干预工作，全区儿童青少年总体近视率52.11%，比2022年降低1.22%。完成免疫规划、传染病、消毒质量、土源性线虫、疟疾、学生健康综合状况、结核病及麻风病防治、艾滋病防治、慢性疾病、伤害、死因监测等工作。培训健康生活方式指导员205名。

（区卫生健康局 刘海波）

基层医疗卫生工作

【概　况】 2023年，莲都区基本公共卫生服务项目得分率95.8%，人均补助经费80元，累计建立居民电子健康档案42.49万份，建档率91.23%，动态使用率82.02%。老年人规范健康管理42655人，规范健康管理服务率67.9%，现场评价健康体检表完整率99.56%。年内有1次及以上“面对面”随访的高血压患者37889人，其中规范管理29499人，规范管理率77.86%，最近一次随访血压控制满意的患者36523人，血压控制率70.00%；年内有1次及以上“面对面”随访的糖尿病患者13205人，其中规范管理9910人，规范管理率75.05%，最近一次随访血糖控制满意的患者7937人，血糖控制率60.11%。

【家庭医生签约】 2023年，全区组建家庭医生签约团队115个，在签居民21.8万人，签约率46.85%，重点人群签约覆盖率88.97%。

（区卫生健康局 姜奇亚）

妇幼保健

【妇幼健康服务体系建设】 截至2023年底，全区备案3岁以下婴幼儿照护服务机构9家，幼儿园延伸办托班机构47家，有托位2304个，每千人托位数达4.05个，托位使用率73.05%，乡镇（街道）覆盖率66.67%，0~3岁儿童发育筛查率91.06%。

【妇幼健康重点指标完成】 2023年，国家免费孕前优生健康检查人群覆盖率达94.76%，婚检率80.58%。宫颈癌筛查8275人，筛查率81.98%，乳腺癌筛查8208人，筛查率81.32%。孕产妇死亡0人，5岁以下儿童死亡率1.43‰，婴儿死亡率1.43‰。孕产妇系统管理率95.71%，0~2岁儿童系统管理率95.49%，0~6岁儿童保健覆盖率97.51%。新增丽水市级“医防护”儿童健康管理中心4家（累计5家），常态化开展养育小组活动（累计6个养育小组活动室），岩泉街道社区卫生服务中心被评为丽水市第一批儿童友好“医防护”儿童健康管理中心单元。

（区卫生健康局 叶丽丽）

中医药事业

【中医药事业发展】 2023年，制定《莲都区基层中医药服务能力提升工程实施意见》，调整完善中医药服务能力提升工程工作领导小组，将基层中医药服务能力提升工程任务指标按进度分层落实。推进莲都区人民医院中医药工作,成立中医药专项工作推进领导小组,制订中医药工作绩效考核方案。加强中医药人才队伍建设,继续实施“师带徒”“西学中”等复合型人才培养项目,开展“护学中”、中医转岗等培训,组织基层医护人员、乡村医生定期参加中医药基础知识、基本技能及适宜技术等培训。

【基层中医药服务】 2023年,投入94万元,在岩泉街道社区卫生服务中心、万象街道社区卫生服务中心、大港头镇中心卫生院、老竹畲族镇中心卫生院、高溪卫生院进一步开展中医馆内涵提升工程。推进“互联网+中医药”,全年通过中医“云药房”开具处方10040张,总金额209.88万元。

(区卫生健康局　叶露凡)

健康促进

【卫生创建】 2023年,巩固国家卫生城市创建成果,通过国卫城市国家、省级暗访。推进国家卫生乡镇建设,9个乡镇实现督查全覆盖,太平乡完成省级国卫乡镇量化抽查工作,新创建省级卫生村12个,33个省级卫生村通过复审。城区五街道病媒生物密度控制水平达国家C级标准,新增凤鸣村、利山村为除“四害”村,累计创成除“四害”村6个,快速处置输入性登革热病例2起。

5月27日,以“亚运有我 莲宝同行”为主题的首届“小莲宝”运动会开幕

(童圣博 提供)

【改水改厕】 2023年,深化厕所革命,及时录入浙江省农村改厕信息系统,卫生厕所普及率99.51%。定期开展农村饮用水监测,16个省级监测点64份水样水质合格率达96.88%;对全区389个农村供水点开展水质检测,全年检测水样551份,合格537份,合格率97.46%;全区农村分散式供水点饮用水监测覆盖率达100%。

【健康教育】 2023年,推进健康知识普及行动,命名健康科普基地28家,建立“健康60”行动健康教育网格化科普工作体系,开展卫健系统健康科普作品评比活动。182个农村文化礼堂实施“四进”活动全覆盖。推进健康细胞建设,新增健康促进金牌、银牌、铜牌学校各1所,开展全市首家健康促进幼儿园建设试点工作,新培育健康家庭1025户、健康企业2家,截至年底,创成健康促进学校30家、健康促进医疗单位29家、健康社区(村)99个、健康促进机关73家、健康家庭5479户,无烟党政机关73家,居民健康素养水平达45.34%。

(区卫生健康局　赵乐)

项目建设

【民生实事项目完成】 2023年,完成重点人群慢阻肺筛查肺功能检查1524例;完成肺癌筛查5856人,筛查阳性结果2050人,LDCT检查1774人;完成初一女生免费接种国产二价宫颈癌疫苗第一剂次1347人;完成重点人群免费接种流感疫苗14798人;完成重点人群免费接种23价肺炎疫苗2505人;完成重点人群结直肠癌筛查21729人,其中筛查阳性结果2204人，完成结肠镜检查841人，病理检查355人；完成低保人群免费胃癌筛查202人；完成困难老年人白内障筛查600余人，为其中64人开展免费白内障复明手术；开展适龄儿童口腔检查4000余人，免费牙齿窝沟封闭1.06万颗，龋齿充填3192颗。建成一体化健康小站19个，实现与电子健康档案的互联互通；区人民医院新建ICU床位7张；新改扩建规范化村卫生室（社区卫生服务站）5个；新增托育机构1家，托位80个，均为普惠性托位。

【美丽健康产业发展】 2023年，编制印发《莲都区卫生健康局 莲都区发展和改革局关于印发〈丽水市莲都美丽健康产业发展规划(2023—2035年)〉的通知》《丽水市莲都区人民政府办公室关于印发〈关于支持丽水市莲都区美丽健康产业集群发展的若干政策意见〉的通知》，承办《中国医疗美容产业白皮书》编撰启动仪式暨丽水市莲都美丽健康产业发展交流会。

【卫生设施建设】 2023年，推进“灵康·杏福康旅”项目建设，总投资50亿元，年度完成投资3.9亿元；推进丽水国际医学中心（树兰医院）建设，总投资8.5亿元，年度完成投资2.4亿元，完成框架验收；推进莲都区应急医疗救治设施提升工程建设，总投资3.76亿元，年度完成投资9744万元，除联城街道社区卫生服务中心迁建项目外，其余子项目均已完工；推动莲都公共卫生设施建设提升工程，总投资3.03亿元，年度完成投资4910万元，其中，岩泉街道双黄卫生院迁建项目结顶，基层医疗机构修缮项目完成年度修缮任务，市区健康驿站（健康和疾病预防研究观察站）建设项目完成竣工财务决算批复，莲都区人民医院数字化提升改造项目、莲都区卫生健康局所属单位信息数字化提升工程完成年度设备采购任务。推动莲都区人民医院改（扩）建和丽云中心卫生院迁建PPP项目建设，总投资2.83亿元，莲都区人民医院项目一期综合楼于9月正式投入使用，一期宿舍楼、感染楼完工；谋划总投资2.3亿元的丽水碧湖骨伤科医院招商引资项目，开展前期对接，确定项目投资方。

（区卫生健康局　王林）

人力资源·社会保障

人才队伍建设

【事业单位工作人员队伍建设】 2023年，对部分人员岗位作调整，调出莲都区工作事业人员8人，从区外调入7人，办理2022年下半年以来其他事业人员选聘入职手续9人。开展武汉、长沙、石家庄等地人才引进，入职23人，其中党政储备人才引进4人；区内事业交流400人，其中同系统内交流385人，跨部门流动15人。完成定向培养毕业生就业安排14人，转业士官安置5人。8月，发布教师招聘和选聘公告，经过相应程序，新入职教师225人；开展待聘库教师考核，经考核入编中小学教师3人；民办教育事业单位丽阳小学招聘待聘教师10人。组织卫生专业技术人员专场招聘1次；通过卫生专业技术人员"进城考"交流进城4人。通过全省统一招聘，新聘公共类事业人员23人。

【编外人员队伍建设】 2023年，组织辅警招聘，新入职辅警15名。组织开展专场编外驾驶员招聘。8月，协助教育局招聘保育员49名。面向社会公开发布招聘社工公告2次，其中，面向就业困难、有就业帮扶需求的莲都籍1999年进藏兵退役人员定向招聘社工5名。9月，向社会发布集中招聘编外用工公告，对相关单位编外空缺情况进行及时调剂补员。10月，招聘就业和社会保障协理员3名。

【完善人事管理体系】 2023年，调整38家单位岗位设置。根据岗位评聘结合原则，全区中级以上变动重新聘任458人。对接2022年"3＋1"计划的表扬表彰事项。根据区委区政府重点工作完成情况，对工作完成突出的9个部门进行集中行政奖励。完成2022年度事业单位工作人员嘉奖工作。调整3名机关工勤人员为四级调研员待遇后办理退休事宜；晋升享受二级主任科员调整待遇5人。全年开展管理岗位职员等级晋升2次。

【人事档案管理】 2023年，接收流动人员档案1825卷，事业国企档案167卷，出具各类相关证明1977件，档案散材料收集23014件。提供档案查阅12421次，完成档案数字化4457卷（事业、国企2114卷，流动人员2343卷）。截至年底，存档数量16924卷，其中，流动人员大专在库12063份、中专在库2512份、国企在库261份、事业在库2088份。

【人才工作】 2023年，区人力社保局通过"考、评、赛、训"共抓，各类人才培养成效显著。以培育"乡村能人""能工巧匠""企业专才"为着力点，拓宽人才培养选拔途径，全年开展职业技能培训7085人次，新增技能人才5647人、高技能人才2055人。根据《关于加快人才发展集聚打造浙西南科创中心助推高质量发展建设百万人口大城市的实施意见》《莲都人才新政操作实施细则》，组织开展2023年莲都区企业高技能人才津贴、培养奖励申报发放工作，发放各类高技能人才津贴及培养奖励1165.2万元。2023年，获评浙江工匠2人，新建省级博士后工作站1家，招引合作博士后研究人员3人。落实高层次人才各类优惠政策，申报获批人才公寓129人次；组织申报丽水市高层次人才体检196家单位1010人次；发放各项人才资金2087.6万元；开展高层次困难人员慰问1次，惠及高层次人才6人。组织莲都区企业参加市本级人才交流会1次；自行组织线上引才活动35场次、线下引才活动5场次；参加市人力社保局线上引才活动10场次、线下引才活动20场次，发布岗位21760个。莲都区人才中心深化和完善“政府搭台、校企唱戏、产教融合、市场推动”四位一体人才工作的格局，衔接湖北武汉、甘肃酒泉、浙江金华等城市，发挥引才驿站、引才大使纽带作用，开辟在校引才窗口，为莲都区持续输送专业对口性强、企业融合度高的专业人才，全年引进各类人才6778人，其中理工农医领域青年博士11人。

【职称评聘】 2023年，落实职称制度改革，通过“浙江省专业技术职务任职资格申报与评审管理服务平台”开展专业技术人员职称申报和评审工作，全年审核（推荐）专技申报人员702人，其中，援疆（东西部扶贫）认定副高级9人；参加大中专毕业生职称初定并取得资格278人（初级271人、中级7人）；参加职称评审申报415人（正高级12人、副高级127人、中级230人、初级46人），通过职称评审并取得相应的专业技术资格人员307人（正高级6人、副高级76人、中级182人、初级43人）。做好各系列新取得职称人员的发文公布工作，收发专业技术相关文件68份。组织申报省级专业技术人员高级研修班2个，鼓励支持各行业领域高层次人才进修提升。

【工资、福利和退管】 2023年，办理机关事业单位工作人员工资调动转移手续696人次。审核审批机关事业单位人员工资正常晋升、职务和岗位变动、职级晋升等6900余人次。审核机关事业单位工作人员工龄认定160人，办理退休审批161人，一次性抚恤费审批134人，遗属生活困难补助费审批15人。审核审批机关单位年终一次性奖金6300余人次，审核审批机关及事业工作人员应休未休年休假报酬6300余人次。

（区人力社保局　洪凯丽　汤晓伟）

就业创业

【概　况】 2023年，开展创业培训906人，完成率100.7%，拨付补贴资金135.9万元；市区城镇新增就业11214人，完成率160.2%；发放创业担保贷款2341万元，完成率117.05%；创业活动12场次，完成率120%。城镇登记失业率1.66%；累计认定就业困难人员853人次，发放就业困难人员灵活社保补贴763.38万元；保障失业人员基本生活，全年发放失业金6257人次、1031.9万元。开展东西部扶贫协作，22省到莲都就业6141人。

【就业保障】 2023年，认定见习基地56家，推荐参加见习92人。鼓励高校毕业生到企业就业，发放高校毕业生就业补贴306人、115.4万元（包含高校毕业生到中小微企业就业补贴，高校毕业生到养老、家政和现代农业企业就业补贴）；引导企业吸纳高校毕业生就业，发放中小微企业招用高校毕业生社保补贴20家、24.82万元。开发公益性岗位161个，公益性岗位在岗118人，发放岗位补贴和商业保险补贴143.34万元；为市区1661家符合条件的企业发放稳岗补贴609.46万元，惠及参保劳动者20908人。帮助对口帮扶四川省农村劳动力到莲都就业70人，其中脱贫人口20人；帮助脱贫人口（中西部22个省份）到莲都区稳定就业6141人；开展劳务协作培训37期，培训四川省劳动力1460人，其中脱贫人口624人。

【创业服务】 2023年，举办丽水味道、超市、农村电商等创业培训班28期，拨付创业培训补贴906人、135.9万元。新增创业担保贷款53人、2341万元；发放创业担保贷款贴息44人、98.53万元；发放一次性创业补贴36人、30万元；发放场地租金补贴5人、1.3万元。

（区人力社保局　江钰泽　洪凯丽）

社会保障

【概　况】 2023年，莲都区构建共富型大社保体系，实施全民参保计划，扩大医疗保险覆盖面。推进基本医保、大病保险、医疗救助和“浙丽保”四层保障体系有效衔接，推动“浙里惠民保”增设长期护理责任，推进医保民生实事各项工作。

【医药机构管理】 2023年，莲都区有定点医疗机构40家，其中二乙医院1家、民营医疗机构4家、卫生院18家、卫生室12家、诊所5家。定点零售药店19家。开展定点医药机构集中培训2次，实地业务指导5次，年终系统考核确定4家医疗机构和2家药店为优秀等次，其余均为良好。截至年底，莲都区25家公立医疗机构开展国家组织药品集采16批，覆盖药品252种；完成8个批次共计135种药品的带量采购工作，完成集中带量采购结算金额6424.72万元。完成55家村卫生室设备安装和网络线路布点，实现全部联网刷卡结算。

【基本医疗保险】 2023年，莲都区城乡居民基本医疗保险筹集标准为每人每年1570元，其中个人缴纳480元，政府补助1090元。莲都区户籍人口基本医疗保险参保42.22万人，基本医疗保险参保率99.81%，基本医疗保险待遇支出47487.43万元；全民健康补充医疗保险“浙里惠民保”参保率92.35%；莲都区长期护理责任保险参保率23.2%；困难群众资助参保和医疗救助政策落实均为100%；全区医保电子凭证医药机构接入率100%。全年莲都区城乡居民基本医疗保险政策范围内报销比例74.38%。

【基本医疗结算管理】 2023年，基本医疗实时结算2363109人次，基金支出47030.22万元；个人零星报销待遇支出5089人次，基金支出918.04万元。开展智能网审工作，与定点医疗机构反馈核对，全年产生扣款45069.52元。开展医保系统结算测试与维护工作，全年开展家庭医生签约、异地就医结算及特慢病结算测试30余条，编写案例及测算8条。

【“智慧医保”全省通办】 推进医保高频事项线上线下全省通办，打破地域限制，实现“一窗通办”从属地向全省域跃升。对全区乡镇（街道）、社区进行省域通办的业务培训及事项权限下放，迭代基层办事清单，推进企业和参保群众线上线下办事内容增值。2023年，莲都区通过省域通办系统办件6238件。

【异地就医无差别办理】 扩大门诊慢特病跨省联网结算定点医疗机构数量，提高跨省异地就医直接结算率。2023年，莲都区开通门诊慢特病跨省联网结算定点医疗机构9家，跨省异地就医住院直接结算率75.03%。

【慢特病管理】 2023年，莲都区城乡居民通过不同渠道申请特殊病种，网上经办104人次，定点医疗机构经办556人次，窗口经办1813人次。慢特病目录维护（慢性病毒性肝炎、肝衰竭、类风湿性关节炎）22次，新增启用西药中成药编码204条，中药饮片编码11649条。

10月9日，区医保局在丽水市中医院开展门诊慢特病跨省直接结算工作督导

（区医保局　提供）

2月8日，2023年度莲都区“浙里惠民保”长期护理责任参保征缴工作动员会召开（区医保局　提供）

【“三张清单”服务】　莲都区医保局迭代服务水平，升级医银村社合作模式，编织“1中心+15镇街+1医院+21银行网点+55卫生室”的全区医保服务网络，促进便民服务落地走实，构建“十分钟医保服务圈”。2023年，全区医保服务通办13597人次，跨区通办2524人次。

【“浙里惠民保”推广】　2023年，莲都区全民健康补充医疗保险“浙里惠民保”参保33.69万人，参保率92.35%。“浙里惠民保”待遇享受100386人次，赔付金额2633.77万元。

【长期护理责任保险】　2023年，莲都区开展长护责任保险试点工作，获市委常委、区委书记张壮雄批示肯定，长护险试点工作经验入选省级医保参阅。长期护理保险参保7.33万人，参保率达23.2%。开展2023年长护险定点机构管理和失能人员评估及待遇享受工作，长护险定点机构准入40家、准出1家；申请失能评估11370人，通过失能等级评估1508人，待遇享受932人，享受金额 535.15万元。

（区医保局　蓝伟宗）

【机关事业单位养老保险】2023年，莲都区机关事业单位养老保险参保职工6805人，机关事业退休人员3939人。截至年底，实收机关事业基本养老保险基金38116万元，支出36570万元，滚存结余6774万元。

【城乡居民社会养老保险】2023年，推进城乡居民养老保险征缴扩面工作，政策上引导“多缴多得，长缴长得”，截至12月底，全区参保59066人，实收城乡居民养老基金36119万元，支出19303万元，养老基金滚存结余54357万元；享受城乡养老待遇41867人，全部按时足额发放到位。

【被征地农民基本生活保障】2023年，莲都区被征地农民参加基本养老保险1595人。其中，选择参加职工养老保险909人，参加城乡居民养老保险高档次680人、普通档次6人。全年累计发放原被征地农民基本生活保障定期待遇243人次，按月正常发放和补发待遇188.9万元。

【退休人员社会化管理】　2023年，实行企业退休人员社区化管理，市区有4965名企业退休人员进入社区管理，新增档案管理866份。推行“无感智证”，全年全区应认证105820人，实际认证105768人，其中无感认证101679人，无感认证率96%。依托大数据比对和参保单位认证相结合的方式，首次开展全区机关事业基本养老保险待遇领取人员资格认证工作，共计认证3800人。开展退休职工智慧健康体检工作，启用集体检政策查询、网上预约、在线结算、结果查询、健康数据回顾等功能于一体的退休职工智慧健康体检应用并上线“浙里办”App，2023年，市本级及莲都区企业退休人员体检27327人次，体检基金支出941.53万元，其中妇女病普查9046人，基金支出180.92万元。

【劳动监察】 以“工资足额付、欠薪少发生、案件快处置”为导向，着力于事前预防、事中监测、事后治理的全链条欠薪防控体系，推动治理欠薪工作从末端治理向全过程监管转变。2023年，莲都区线上线下各平台收到欠薪投诉1950件，办理劳动纠纷调解案件1940余件，涉及金额4138万元；全年窗口接待来访群众771批次1085人，引导分流涉薪案件458批次687人；开展春季、秋季、冬季根治欠薪专项行动，累计检查各类用人单位400余家，提出整改意见195条；办理欠薪违法打击案件7起、罚款10.2万元，信用扣分7起，公安行政处罚2起，刑事立案8起，法院刑事判决1起；深入推进安薪护航暨“除险保安”大排查大整治行动，做好涉薪维稳安保工作，成立攻坚专班，化解重大欠薪隐患8个，发放农民工工资1.1426亿元。2023年，莲都区劳动监察科开展新建项目管理人员劳动法律法规培训，开展广场普法3次，送法上门20次，下发督办函5份，限改指令书117份，向劳动者发送“安薪码”推广短信44172条，发放宣传页3000余份。

（区人力社保局　单遥　洪凯丽）

社会救助

【最低生活保障】 2023年，新审批最低生活保障对象349户486人，最低生活保障边缘对象93户173人；取消最低生活保障对象348户456人，最低生活保障边缘对象143户196人。人均低保补差从2022年12月的852元提高到897元，最低生活保障标准从每人每月1035元提高到每人每月1100元。截至年底，全区在册最低生活保障对象6314户9015人，最低生活保障边缘对象1356户2043人，累计发放低保金9548.88万元。

【特困供养】 2023年，新审批特困供养对象37人，取消特困供养对象20人，特困供养标准从每人每月1662元提高到每人每月1762元。截至年底，全区在册特困供养对象587人（集中供养对象147人，分散供养对象440人），发放特困供养金和护理补贴1344.51万元。

【临时救助】 2023年，区民政局切实发挥托底线、保基本、救急难的重要作用，全年救助各类困难群众693户，发放救助金249.1141万元。

（区民政局　姚彬）

【医疗救助扶贫】 2023年，城乡居民医疗保险费困难群众免征缴，全区医疗救助对象12435人，其中低保9546人、低边2326人、特困563人，低保、低边、特困对象参保率100%；医疗救助待遇支出147898人次、2086.5万元。

【肇事肇祸救助】 莲都区对肇事肇祸精神病人实行定点救助治疗申请，在定点医院规定的治疗费用经医保政策报销后承担50%。2023年，救助肇事肇祸精神病人共计198人次，救助金额68.28万元。

（区医保局　蓝伟宗）

【红十字救护站建设】 2023年，重建古堰画乡景区红十字救护站，新建东西岩景区红十字救护站；12月，在中山街和解放街打造集红十字知识宣传、志愿者活动基地、博爱超市等功能于一体的红十字急救驿站，为群众开展“三救三献”业务咨询，提供红十字便民服务和应急救护。截至年底，12个乡镇的应急救护培训基地挂牌并开展救护培训。新建博爱家园5个，投入资金10万元在莲都小学建设博爱校医室。

【应急救护培训】 2023年，推进应急救护培训“五进”活动，举办公益性救护培训221场，完成初级救护员培训2742人、简易救护员培训3416人，普及培训38878人。为22个人口重点村村卫生室配置自动体外除颤器，培训“第一响应人”110名。深化应急救护改革，12月，结合莲都实际，进行教考分离试点，每次培训分设授课老师和实操考官，通过上课不考试、考试不上课的分离模式，提高救护培训的质量。2023年，区红十字派出救护员50名参加市红十字会组织的救护师资培训，加强莲都区红十字应急救护师资的队伍建设。

【社会捐赠】 2023年，区红十字会接收社会各类捐赠款物价值

70万余元。开展人道救助活动，走访慰问困难群众200余人次，发放慰问物资价值3万余元。创新“互联网＋人道动员”模式，参加网络众筹，形成线上线下“双发展双促进”的格局，“5·8人道公益日”期间，组织“一起捐”活动，8307人参与“生命守护浙丽防溺”“大病补助浙丽关爱”两个公益项目的捐赠，募集爱心善款68856.54元。在“99公益日”发起博爱家园公益项目，通过网络众筹善款10万元。

（区红十字会　陈金军）

社会福利

【未成年人保护救助】 2023年，莲都区有儿童福利院1家，增挂丽水市莲都区未成年人救助保护中心牌子，迭代升级未成年人保护工作。截至年底，全区福利机构有孤儿18名（委托市万地儿童福利院代养）、社会散居孤儿18名、其他困境儿童202名、在册留守儿童253名，发放孤困儿童生活费372.76万元。推进设立乡镇（街道）未成年人保护工作站14家，实现未保站街镇全覆盖，创建省级品牌未保站一家；村社（学校）共建有儿童之家36家。办理收养登记4件，其中社会福利机构抚养的弃婴（儿童）3件，三代以内血亲1件；解除收养登记1件。

【困难群众走访慰问】 春节期间，莲都区民政局以特困、低保、优抚、重残、重病等困难对象为重点，与慈善慰问和部门、乡镇（街道）开展的救助行动相结合，开展困难群众慰问和救助工作，慰问儿童福利院、敬老院等单位3家，发放慰问物资合计价值3.50万元；慰问困难群众573户，发放慰问金30.70万元、慰问品合计价值15.24万元。

（区民政局　郑建伟）

住房保障

【概　况】 2023年，莲都区建设局推进住房保障工作，3月，出台《莲都区商品住宅购房补贴和交易税费补贴实施细则》，9月，出台《关于促进莲都区房地产市场平稳发展助力碧湖新城变大变强实施意见》，通过青年购房补贴、人才购房补贴、职工购房补贴、多孩家庭购房补贴等多项政策为群众降低购房成本。

【保障性租赁住房建设】 2023年，完成保障性租赁住房新建类项目（碧湖镇古井新村西侧地块保租房）163套，转化类项目（浙江百翔旅游用品有限公司职工宿舍保租房）39套，发放补助类资金310.82万元。

（区建设局　汤道笑）

社会事务

人口家庭

【生育服务】 2023年，莲都区计生报表出生上报2210人，其中一孩1105人、二孩971人、三孩126人、多孩8人，出生率5.66‰，比2022年减少80人，减幅3.49%。全员人口信息覆盖率/准确率达90%，办理生育登记2603件。发放生育公益金37.43万元，惠及576人；发放奖扶金700.8万元，惠及7300人。新增五星级母婴室2家（丽水银泰城母婴室、莲都区税务局母婴室），截至年底，全区有五星级母婴室3家、四星级母婴室13家、三星级母婴室4家；公共场所母婴设施配置率100%，二级以上医疗机构母婴设施配置率100%，全区三星级以上母婴设施配置率100%；丽水银泰城母婴室被评为丽水市第一批儿童友好母婴室单元。

【计划生育协会工作】 2023年，莲都区计生协第六次会员代表大会召开，选举产生新一届领导班子。开展“生育关怀—爱心助学”行动，资助计划生育家庭初升高贫困学生17人，每人每学年发放助学金1000元，直至高中毕业。开展“生育关怀—圆梦微心愿”活动，征集并实现微小心愿181个。打造“向日葵亲子小屋”服务阵地，举办亲子活动和讲座20余场次，参与800余人次，开展儿童早期发展咨询指导400余人次，发放宣传资料（品）3000余份。实施青春健康教育项目，促进青少年身心健康发展，开展青春健康教育进学校、进社区等活动20余场，受益群众4000余人次，组织“沟通之道”家长培训4期，受益400余人次。

【育儿补贴政策试行】 2023年，丽水市二孩、三孩育儿补贴政策在莲都区先行先试，根据“自愿申报，逐级审核”原则，发放育儿补贴77.3万元，惠及442人。结合莲都实际，出台《莲都区积极生育支持若干措施》及相应补助办法，制定具有莲都特色的二孩、三孩城乡居民基本医疗保险、“浙丽保”补助政策，促进人口长期均衡发展。

（区卫生健康局　叶丽丽）

残疾人事业

【概　况】 2023年，莲都区有各类持证残疾人13082人。莲都区残联履行“代表、服务、管理”职能，坚持以实现残疾人共同富裕为目标，落实省、市残联的各项工作任务和区委、区政府的决策部署，持续发展残疾人事业，做好各项残疾人工作，惠残政策和保障一直处于全市领先水平。

【残疾人社会保障】 2023年，配合民政部门实行“两项补贴”新增预警信息每周核查，推动“两项补贴”精准施补。实现莲都区社保中心、莲都区医保局信息联动，动态实施残疾人参加城乡居民养老保险和医疗保险的财政补贴政策，全年全区获得城乡居民养老保险补贴残疾人2584人，补贴金额25.84万元；获得城乡居民医疗保险补贴残疾人5944人，补贴金额285.31万元。强化残疾人商业保险，为农村残疾人投保住房保险3726户，保费1.86万元；为所有持证残疾人投保残疾人意外综合险，保费100.64万元，其中残疾人意外险获得理赔

350人、120.26万元；残疾人托养庇护机构综合责任险投险机构17个，保险补贴金额1.46万元。落实残疾人免费乘坐城区公共交通、减半缴纳电视收视费等优惠政策。

【残疾人教育就业】 残疾人助学补助政策实现从学前教育到高中的15年教育及大中专助学政策全覆盖，有效阻断贫困代际传递，保证残疾人和残疾人子女“人人有学上、个个有技能、家家有希望”。2023年，有15名残疾人大学生享受学费和住宿费减免政策，合计减免23.8万元。学前教育学费补贴145人、72.53万元，普通高中学费补贴71人、15.8万元，义务教育补贴459人、45.9万元，大中专院校补贴387人、81.7万元。支持残疾人自主创业，2023年，发放个体工商户补贴、种养业补贴、残疾人贷款贴息及自谋职业残疾人职工养老保险补贴等共计221.98万元。积极配合“十万技能人才共富能力大提升行动”，将残疾人职业技能培训纳入公共就业服务，组织242名残疾人参加各类技能培训。举办残疾人专场就业招聘会，为残疾人实现就业提供帮助。对残疾人应届毕业生就业情况进行跟踪帮扶，应届残疾人毕业生就业率达100%。构建残疾人异地按比例就业链条，对接24名智力、精神和其他重度残疾人与杭州、宁波等发达地区企业签订劳动合同，残疾人收入水平大幅提升。建成规范化“残疾人之家”19家（照护

10月31日，“山海一家亲 携手奔共富”江北、莲都脊髓伤友“康复+就业”共富行动举办（区残联 提供）

型12家、工疗型7家），实现区域全覆盖，为639名残疾人（工疗型287人）提供生活照料、康复训练、辅助性就业等服务，工疗型残疾人之家的残疾人享受不低于最低工资标准的工资待遇及各项社会保险。

【残疾人康复服务】 2023年，区残联坚持服务残疾人精准化原则，以残疾人为中心，针对不同类型残疾人需求提供多样化、个性化、具体化服务，为有适应指征的各类别残疾人适配助听器、轮椅、护理床、假肢、盲人智能眼镜和拐杖、坐便椅、矫形器、盲杖、防走失定位器等小额辅具。落实儿童康复服务，为莲都户籍残疾儿童提供基本康复训练补贴、困难家庭残疾儿童康复生活补贴以及人工耳蜗植入补贴、肢体矫治手术补贴，全年为136名在各定点机构进行康复训练的残疾儿童发放补贴317万元；为10名困难残疾儿童发放康复生活补贴6.56万元。强化推进成人康复服务，投入80余万元完善莲都区脊髓损伤者“希望之家”康复训练机构建设，为脊髓损伤截瘫患者（残疾人）提供生活重建训练，全年培训脊髓损伤残疾人25人。持续巩固家庭医生签约，推进基层责任医生与残疾人签约服务工作，做好0~6周岁残疾儿童、精神残疾人和“三瘫一截”等成年重度残疾人签约上门服务，拨付各社区卫生服务中心、乡镇卫生院2022年度莲都区残疾人签约服务工作补助经费27.74万元。

【残疾人文化体育】 2023年，结合“全国助残日”“国际残疾人日”举办趣味运动会、文艺表演等活动20余场，残疾人六大协会各自开展本类别残疾人活动120余场，营造扶残助残的良好社会氛围。组织6名残疾人运动员参加省残运会，莲都籍残疾人运动员蔡余庆燕参加杭州第4届亚残

8月5日，莲都区残疾人联合会组织肢残人协会开展第14次全国肢残人日暨“携手迎亚运 助残公益行”活动（区残联　提供）

运会并获铜牌。举办“金潮杯”2023莲都区残疾人书画摄影比赛，30多人70余件作品参赛。

【残疾人组织建设和权益维护】 选优配强基层残疾人专职委员队伍，2023年，有在职专职委员23名，配齐各个乡镇（街道）、村（社区）残协，组织举办全区残联系统干部综合素质提升培训班，提升工作水平。健全完善残疾人六大专门协会，发挥“代表、服务、维权”作用，组织开展户外拓展等有益残疾人身心健康的活动。推荐残疾人、残疾人亲友和残疾人工作者担任人大代表、政协委员，残疾人的政治地位进一步提升。

【残疾人基础设施改造】 2023年，开展无障碍环境建设，解决残疾人基本生活的设施障碍、交流障碍和服务障碍，完成重要公共服务场所无障碍改造18个，创建省级无障碍社区1个、市级无障碍村1个、景区（村）1个。开展困难残疾人家庭无障碍改造工作，根据残疾类别、程度和实际情况，实行“一户一对策”的“私人订制式”改造方案，重点解决残疾人起居活动、洗澡做饭等日常生活困难，完成无障碍进家庭、“净居亮居”改造47户。8月，向市残联争取浙西南残疾人共同富裕发展基金莲都区“净居亮居”项目，将61户困难残疾人家庭纳入“净居亮居”改造项目。争取到浙江省2023—2024年残疾人服务能力提升工程财政专项激励资金1000万元，用于莲都区孤独症青少年康教中心建设。

（区残联　蓝伟杰）

老龄事务

【老年宜居环境建设】 2023年，莲都区有60周岁以上老年人口100580人，占总人口的23.48%。其中，90岁以上长寿老人2591人，百岁老人57人。创成省级“敬老文明号”单位1家、市级“敬老文明号”单位3家、老年友善医疗卫生机构13家；岩泉街道东港社区创成全国示范性老年友好型社区。

【老年健康服务体系建设】 2023年，开展老年健康服务专项行动，加强老年病预防和早期干预，完成老年糖尿病眼底筛查400例，口腔健康评估8217人，营养不良风险评估8157人，认知状态筛查7856人（阳性189人），情感状态筛查7839人（阳性134人）。实施安宁疗护服务提升行动，区人民医院安宁疗护病区及岩泉、老竹、大港头3家基层医疗卫生机构安宁疗护病房正式建成并投入使用。推进医养结合，全区有医养结合机构6家，核定医疗床位352张，养老床位1562张。完成乡镇（街道）级康养联合体建设，推进老年健康与医养结合服务项目，为29621名老年人开展医养结合服务。

（区卫生健康局　陈敏）

社区建设

【社区治理】 2023年，莲都区加强对城市社区工作指导，按每万名常住人口配备18名社工的标准，核定专职社区工作者员额596名，招聘专职社区工作者106名。修订《专职社区工作者队伍建设实施意见》。开展智慧社区试点，推进智慧社区数字化应用项目，获全省智慧社区试点评估优秀等次。碧湖镇堰头村、大港头镇河边村被省民政厅评为浙江省第六批引领型农村社区。

【现代社区建设】 2023年，开展优秀社区工作者、社区工作者领军人才、优秀社区志愿者选树宣传工作，1人被评为省级“最美社区工作者”。娄丰堰社区被评为省级现代社区，陈道门、天宁等7个社区被评为市级现代社区。完成14个乡镇（街道）、村（社区）减负“监测点”设立；完成25个社区“党群服务中心未达每百户30平方米”巡视问题整改；完成对村（社区）组织考核评价机制制定。开展公益创投进社区活动，确定34个公益创投项目，主要涉及救助帮困类、社区治理类、社会公益类等，扶持资金共计23万元。

（区民政局　吴君霞）

社会组织管理

【概　况】 莲都区民政局贯彻《中华人民共和国慈善法》和省委、省政府办公厅《关于促进社会组织高质量发展助力共同富裕示范区建设的意见》，围绕高质量发展要求，健全完善社会组织发展体系，引导社会组织助力“两个先行”，推进社会组织健康有序发展。截至2023年底，全区登记的社会组织350家，其中，社会团体177家，民办非企业单位173家；慈善组织7家，AAAA级、AAAAA级社会组织15家；社区社会组织1642家，涵盖经济、社会、教育、文广旅体、民政、科技、卫生等多个领域，业务涉及生产、流通、消费等环节，成为社会建设和社会治理的一支重要力量。

【清廉社会组织建设】 2023年，以“强党建、抓规范、促廉洁”为主线，推进清廉社会组织建设，促进社会组织高质量发展。召开莲都区社团（协会）工作暨清廉社会组织建设会议，出台《全区性社会组织负责人人选审核办法（试行）》，加强对社会组织发起人、负责人在社会组织兼职情况的审核审查，强化制度建设，确保清廉社会组织创建持续推进。

【社会组织培育扶持】 2023年，莲都区省、市品牌社会组织4家、领军人物9名。莲都区沈姐工作室、侠姐调解工作室在全市公益品牌项目评比展示大赛上获金奖。沈姐无偿献血造血干细胞志愿者协会负责人沈香妈被选为亚运会火炬手，彰显社会组织担当力量。

（区民政局　章晓敬）

民族宗教事务

【概　况】 莲都区是全省民族和宗教工作重点县（市、区）之一。2023年，区民宗局全面学习贯彻党的二十大精神，坚持以铸牢中华民族共同体意识为主线，聚焦民族乡村共同富裕，坚持宗教中国化方向，守正创新、除险保安，推动民族乡村经济社会发展，维护民族宗教领域和谐，获评2023年度全省民族宗教工作成绩突出单位。

【民族文化活动】 推进铸牢中华民族共同体意识宣传教育，组建莲都区“石榴红”宣讲团，在全区范围内开展巡回宣讲20多场。举办民族干部培训班和“学习贯彻党的二十大精神 铸牢中华民族共同体意识”第22期同心大讲堂。举办“竹柳新桥”第29届“三月三”畲族歌会，举办“竹柳新桥”四乡镇和四川省叙永县民族乡镇共富座谈会，打造“竹柳新桥”畲乡“石榴红”党建联建机制。利用端午节等传统节日和民族团结进步宣传月，举办“之江同心·浙丽石榴红”2023年“迎七一　民族一家亲”晚会、“石榴红籽 万象更新”民族一家亲、“民族共富 风起城西”三月三活动等民族团结系列活动。启用K310“浙丽同心·民族团结号”主题公交专线；印制发放《民族团结知识问答》宣传折页2000多份。

【宗教事务治理】 2023年，贯通运用“浙里宗教智治”“浙里民宗快响”“浙江掌上宗教”等系统平台和App，履行安全生产责任。开展以宣传《宗教事务条例》、《宗教活动场所管理办法》、反电信诈骗等为主题的“政治法治教育一刻钟”活动40余场，向宗教活动场所发放党的二十大精神相关资料和法律法规书籍、普法宣传折页等3000余册。区委统战部（民宗局）联合区司法局、浙江万申佳律师事务所在城关教堂开展2023年“和谐宗教法润人心”法律志愿服务活动，在纳爱斯广场开展国家宪法日普法宣传活动。11月29日至12月1日，举办2023年宗教界代表人士培训班，全区宗教界代表人士、“三人驻堂”小组成员、乡镇（街道）宗教工作干部等50余人参加。

（区委统战部　郑丽）

移民工作

【概　况】 2023年，莲都区实施水库移民安稳共富行动，开创新时代莲都水库移民工作新局面。

【移民直补人口年度复核】 莲都区2022年度后扶直补人口核减87人。项目扶持转直补26人，其中刑满释放8人，失联找回18人。年度复核后，2023年，全区有大中型水库后期扶持移民11143人，其中直补到人9850人，扶持到村1293人。

【移民后扶工作】 2023年，对大中型水库移民年度复核后的正常人员发放直补资金585.89万元。安排项目资金1487.02万元，扶持项目26个，受益村民达59577人，其中水库移民6745人。对碧湖镇下街村和丽新畲族乡吾赤口村实施和美移民村建设。发放移民创业贷款贴息95.85万元，直接受益移民262户次，涉及生产经营贷款5407.7万元。

【移民信访工作】 2023年，接待处理移民来信来访案件12批82人次，受理“网络问政直通车”提问1个。按照“依法依规、实事求是、以人为本、尊重历史”的原则，推进移民领域信访突出问题集中治理，实施水库移民“入千访万”行动，开展“大走访大调研大服务大解题”活动，及时发现并稳妥解决移民实际困难和矛盾纠纷，协调化解移民安置历史遗留问题1个。

【水库移民共同富裕示范项目】 9月，完成第一期浙江省水库移民共同富裕示范项目——碧湖镇移民村集体经济提升（莲都区工业发展大厦产权购置）项目资金支付，碧湖镇移民村集体收入增加40.3万元。以“碧湖镇数字经济产业园”项目争取到第二期浙江省水库移民共富示范项目专项资金819万元，用于打造集网红直播、直播选品、众创培训等七大中心于一体的电商直播基地，带动移民村民就业增收。

（区移民工作中心　吴奕欣）

精神文明建设

【文明城市创建】 2023年，莲都区推进经常化创建文明城市工作，集中攻坚重点整治项目12个，交办整改各类问题点位1.5万余处，通过2022年度全国文明城市和2023年浙江省城市文明程度指数测评，助力丽水市获2022全国文明城市年度测评优秀等次。

【“浙江有礼 文明莲都”区域文明实践】 全域推出“主办＋联办＋领办”机制，合力打造“1＋14＋N”区域文明实践金名片，2个“有礼”典型入围“浙江有礼四个一百”典型展示。全区各新时代文明实践中心（所、站）组织开展“我们的节日”、践行“浙风十礼”等新时代文明实践主题活动1000余场次，不断丰富群众精神文化生活。打造具有莲都特色的“有礼地标”，建成主次干道“有礼”景观小品11处、“有礼”小巷1条、“有礼”小区2个、“有礼”楼道5条、“有礼”爱心驿站6个、“有礼”爱心食堂2个。

【公民道德建设】 2023年，莲都区入选“丽水好人”9人，选树“莲都好人”33人；选树第八届莲都区道德模范9人、提名奖5人，1例2人获评第八届丽水市道德模范，2人获道德模范提名，1人入选浙江好人•“千万工程”耕耘者。

【未成年人思想道德建设】 2023年，开展“春泥计划”活动、“扣好人生第一粒扣子”系列主题教育、“新时代好少年”学习宣传、“乡村学校少年宫”等活动260余场次。举办莲都区第十二届未成年人道德文化节，推动各中小学开展喜迎亚运六大类主题活动21场，组织800余名志愿者开展“未成年人暑期进社区”活动520余场，参与未成年人和家长2.1万余人次。

【礼迎亚运】 聚焦“迎亚运讲文明树新风”主线，开展迎亚运群众性特色活动1200余场，开展“迎亚运清庭院”、垃圾分类等活动300余场。针对农民群体开展“礼迎亚运 文明莲都”新时代文明实践主题活动被“学习强国”App、中国蓝新闻客户端、浙江卫视《正午播报》等媒体报道，入围全省文明赋能亚运最佳实践案例。拍摄《亲“荷”力 “莲”亚运——莲都区“益”起亚运我代言》宣传短片，被《人民日报》、中国蓝新闻客户端报道。

【志愿服务】 2023年，开展“逢九志愿”活动277场，开展文明实践积分兑换25次，兑换总志愿时长100万小时。喜迎亚运、垃圾分类等主题的“志愿浙江”签到35629场次，信用时长达130.6万小时，排名全市第一。“志愿浙江”活跃志愿者42662人，“每万人活跃志愿者率”为7.5%。激发“小荷之花”文创产品内生造血动力，接到省内外及意大利友好城市采购订单2000多束，成为浙江省第八届道德模范颁奖指定花束。

【文明细胞创建】 推荐2023年度省级文明村4个、省级文明单位3家、省级文明家庭4户、市级文明乡镇2个、市级文明村8个、市级文明单位5家、市级文明家庭27户，市级文明校园创建1个。

（区文明办　朱伽瑾）

应急管理

综　述

【应急指挥规范化】 2023年,编制出台《莲都区应急指挥规范化建设实施方案》,成立规范化建设工作领导小组,推动应急指挥规范化建设。加强日常可视化调度训练,不定时组织无人机夜飞等科目训练,提升多场景下可视化调度能力,在各级可视化点检中实现联通率、响应率、连线质量达标率"3个100%"。在4月举行的全市应急可视化保障技能大比武中获二等奖。

【应急救援能力提升】 2023年,区应急管理局加强全区应急救援力量建设,在依托社会救援力量和人武部基干民兵的基础上,新组建1支22人适应"全灾种"救援需求的莲都区综合应急救援大队,实行24小时值班待命,并划分为若干专业小组,加强森林火灾扑救、水域山地救援等专业培训。12月,在丽水市森林火灾扑救技能竞赛中,获第一名。

【安全生产基础夯实】 2023年7月,区安委办对标省市"两全两铁"工作要求,在全区范围内开展新一轮常态化大排查大整治行动,建立"一指南一导图三清单",理顺排查整治的全闭环流程,摸清检查对象和风险管控对象底数。开展莲都区高质量"两全两铁"综合评价工作,对区直各有关部门、乡镇(街道)进行晾晒排名。建立隐患排查整治周调度制度,动态掌握全区隐患排查整治总体情况,督促进度滞缓单位对标整改提升。组成联合督导检查组,对乡镇(街道)排查整治情况进行现场抽核、交办通报及风险研判分析。组织安监员、应急员、消防专干,分批分领域对照《浙江省安全生产全覆盖检查标准体系(2023年版)》进行基层检查人员专业能力培训,提升检查排查专业性。2023年,区安委办通过开设安全生产曝光专栏,开展安全生产知识有奖问答,开展应急演练,编制安全隐患自查自纠指导手册等系列工作推进安全生产自查自纠"五进"行动,形成"人人讲安全,个个会应急"的良好氛围。

【企业风险隐患督查】 2023年,区安委办借力省应科院,邀请专家团队到莲都开展"服务企业、服务基层"活动,指导企业开展风险辨识和安全检查,帮助企业解决日常管理难题。制订现场抽核、情况督查实施方案,牵头成立联合检查小组,对全区企业(场所)开展随机督查检查,研判分析风险隐患,对督查结果进行通报,指导相关单位对标整改提升,全年发布安全生产重点工作提示函11期、工作交办单13份、督查动态10期。

(区应急管理局　阙红艳　舒杨杨)

气象防灾减灾

【概　况】 2023年,莲都区出台《丽水市莲都区区政府关于加快推进气象高质量发展的实施意见》,召开专题会议部署气象高质量发展各项工作。全年发布气象预警信号122次,发送预警相关短信74.4万余条,天气提醒短信7.35万余条。在重大天气过程期间严格落实气象监测预报预警工作,承担防汛指挥部驻守职责,部门内启动重大天气过程气象应急响应8次,持续时间

23天6小时20分，最高响应级别为台风“杜苏芮”期间启动重大气象灾害（台风）业务服务Ⅱ级响应。按照气象预警和应急联动工作要求，叫应区领导35人次，通过“浙政钉”、“12379”语音等方式叫应乡镇负责人等6011人次。完善影响提示、警诫提醒、精细预警、分级叫应、实况通报的“梯次化”预报预警服务业务体系。新建气象防灾减灾标准化村（社区）17个。

【公共气象服务】 2023年，气象服务满意度达96.2分。按照专业、精细、动态化要求，完成杭州第19届亚运会火炬传递、“千万工程”经验现场推进会、碧湖马拉松等重大活动气象保障服务。对接科技、农业农村等部门，申报莲都水稻制种课题，搭建枇杷为农气象服务平台，开展莲都特色农产品气象服务。为九龙国家湿地公园申报浙江省“乡村氧吧”称号。

【气象为农服务】 在太平乡建设农田小气候观测站，开展枇杷生长期气候观测；开发枇杷农气应用，向枇杷种植大户发送相关灾害性天气提醒短信3308条次，派出农气专家到太平乡枇杷基地开展现场服务4次。开展雅溪镇节水抗旱稻生长发育气象条件研究和农气服务，针对茶叶、油菜、水稻开展气象灾害调查。

【人工影响天气】 2023年，莲都区气象局制订实施专业化作业队伍组建方案，与市局合作组建专业化作业队伍。3月16日，组织全体作业队员参加人工影响作业技能培训和技能考核，考核率达100%；作业指挥员参加山区26县人工影响天气安全工作提质增效培训班，提升作业效能。9月4日，区人工影响天气领导小组成立。启动碧湖镇人工影响作业基地建设。

【气象现代化建设】 2023年，莲都区新建自动气象站和农气站5个，截至年底，全区有自动气象站72个。安装气象显示屏27块，实现气象预报预警靶向服务全覆盖。完成莲都区X波段天气雷达系统建设工程项目选址。完成莲都枇杷为农气象服务平台和短时强降水平台开发，提升分类强对流预警能力。全区预警信号精细到乡镇（街道）占比100%，实现气象灾害分钟级监测、乡镇级预警、秒级发布。

【气象科技创新】 2023年，莲都区气象局业务人员参与和申报区级科技项目1项、市级科技项目2项，2篇论文入选浙中西气象科技论坛，其中1篇获评论坛优秀论文。“丽水市强对流分类潜势预报方法研究”项目完成验收，获省气象局发文表扬，并登记为浙江省科技成果。

【气象社会管理】 2023年，区气象局印发《2023年气象安全“双随机、一公开”监管工作计划》。明确防雷设计审核、防雷竣工验收，升放无人驾驶气球等9个行政审批事项和气象证明公共服务事项。全面实行行政许可事项清单管理，更新行政许可事项清单，落实信用承诺清单，落实雷电防护装置竣工验收许可部分证明事项告知承诺制。强化《中华人民共和国气象法》《浙江省气象灾害防御条例》等法律法规宣传贯彻，加强社会传播气象信息行为监管，纠治气象信息传播不规范行为2起；开展跨部门联合执法行动。开展区级防雷重点单位“一企一档”信息化建设和

3月16日，莲都区通过2022年度“中国天然氧吧”复查（区气象局　提供）

防雷安全风险码全覆盖工作，公布防雷重点单位27家，对21家易燃易爆企业开展防雷安全检测全覆盖。开展气象监管事项“双随机”行政检查27次；参与跨部门抽查2次，跨部门监管率50%。

【气象科普】 2023年，加强“一过程一策”科普宣传，落实新版预警信号发布工作，向领导干部赠阅气象灾害防御手册。深化与主流媒体合作，创新气象科普宣传方式，提高气象科学普及率，提升干部群众防灾减灾的意识和能力。加强部门合作、资源共享，推进气象科普基础设施建设，新增校园气象科普教育基地1个。深化气象科普进校园行动，承办全国气象小标兵丽水赛区预赛和决赛，7人入选全国“气象小标兵”，开展成果应用，拍摄“气象小标兵”说天气视频。借助社会力量开展气象科普宣传，邀请抖音达人“老吕说丽水”进行丽水高温科普引发较高关注。与区教育局合作推出暑期气象研学作业清单，气象实地研学超500人。

（区气象局　吕维翔　王欣乐）

防汛防台抗旱

【概　况】 2023年，莲都区贯彻落实习近平总书记关于防灾减灾救灾的重要论述和关于防汛救灾的重要指示批示精神，坚持人民至上、生命至上，以“不死人、少伤人、少损失”为目标，立足防大汛、抢大险、救大灾，开展防汛防台抗旱各项工作，有效抵御梅汛期集中强降雨和“杜苏芮”“卡努”等台风的袭击，汛期整体平稳。

【汛前检查】 2023年，莲都区落实会商研判制度，非汛期按照“一月一会商”开展常态化会商研判。2月16日，区防指印发《关于开展2023年汛前准备工作大检查暨风险隐患大排查的通知》，全面部署汛前准备和隐患排查工作，截至4月底，全区出动检查人员2086人次，检查点位2179处，发现隐患51处，其中50处完成整改，1处落实度汛措施。3月底，区防指部署开展全区综合性常态化督查，对全区14个乡镇（街道）防汛备汛及隐患排查工作进行全覆盖督查检查，发现问题20个，发出督查整改通知单9份。

【汛期防御】 2023年汛期，区防指办发布各类防汛防台工作提示函19份、防汛防台防控指令单1份、工作交办单6份，启动应急响应2次。区防指办实时关注汛情动态，组织区级会商研判9次，协调指挥各乡镇（街道）和区防指成员单位按照应急预案和工作规则做好防御工作，派出区级工作组41个，督促各乡镇（街道）、区防指成员单位加强重点区域巡查，落实值班值守制度，做好应急救援准备，发送预警或提示短信11.35万条。

【防旱抗旱】 2023年，为应对可能出现的极端干旱天气，区防指办指导制订全区386个单村供水站“一站一策”抗旱应急预案；争取中央财政水利救灾资金354万元，用于应急水源工程建设和取运水设备采购等；完成98处深井应急水源工作，缓解用水紧张人口6000余人。

【首创强降雨叫应规则】 结合防汛工作实际情况，莲都区防指办编制出台《莲都区强降雨叫应规则（试行）》，按照分级分部门叫应原则，依托莲都区短时强降水致灾风险自动报警平台，细化设置不同预警阈值，通过短信、“短信＋电话”、全覆盖预警等方式进一步完善强降雨预警叫应流程，被列入市防指2023年度基层机制创新项目，为省内首创，并在全市两大体系创新成果PK汇报交流中排名第一。2023年汛期，规则正式投入试运行，自动报警平台发布叫应20次，其中Ⅲ级叫应18次，Ⅱ级叫应2次，累计叫应1954人次，区、乡、村三级防汛责任人根据预警信息快速反应，实现汛期“零伤亡”。

（区应急管理局　蓝婷）

地质和地震灾害防治

【地质灾害防治】 2023年，莲都区累计开展地质灾害巡查排查2895次，通过治理和避让搬迁等综合治理核减地质灾害风险防范区52处。培训乡镇（街道）、村、网格员等群测群防力量，开展地灾防治现场培训10场，大型应急演练2场，宣传活动覆盖600余人，增强人民群众临灾避险的意识和自救能力。加强地质灾害自动化专业监测点建设，提高地灾自动化监测水平，新建地质灾害普适性自动化监测点位14处、简易无线雨量报警器100处、地下水监测井1处。完成太平乡地质灾害风险调查评价项目和莲都区地质灾害早期识别验证项目；完成农村建房地质灾害危险性评估60余户；新发地质灾害即查即治3处。

（区自然资源分局　张嘉雯）

【防震减灾】 2023年，莲都区将防震减灾工作纳入《浙西南科创中心发展规划莲都区子规划》，进一步落实防震减灾"十四五"规划任务实施内容。实现全区15个乡镇(街道)(包括南明山街道)防震减灾助理员全覆盖，确保工作贯通落实。研究制定《莲都区地震灾害风险常态化普查工作机制》，强化成果应用，完善基础《数据库，9月，完成地震灾害风险普查工作。强化防震减灾科普宣传工作，在"5·12"全国防灾减灾日、"7·28"唐山地震纪念日、"10·13"国际减灾日等重要时段开展防震减灾专题科普宣传活动，增强广大人民群众的防震减灾意识。

（区科技局　王小萍）

安全生产监管

【概　况】 2023年，莲都区贯彻落实省、市安全生产和应急管理工作会议精神和总体部署，锚定安全生产"遏重大、防较大、降一般、保安全"目标，围绕省、市安全生产领域监管工作重点，结合莲都区实际，以落实企业安全生产主体责任为总抓手，坚持源头防范、过程服务、强化执法多管齐下，开展各类安全专项整治及安全生产隐患大排查大整治行动，稳步提升企业本质安全水平，确保全区安全生产形势稳定。

【行政许可审批】 莲都区应急管理局坚持安全防范从源头抓起，严格对照办证条件开展许可审查。以企业申办经营许可证为契机，督促企业加大安全投入力度，改善安全基础设施，落实安全生产责任制，建立健全安全规章制度、操作规程和应急救援预案，加强人员教育培训，通过安全评价，落实整改，提高安全生产条件。2023年，全区办理危险化学品经营许可41件，生产、储存危险化学品的建设项目安全设施设计审查1件，生产经营单位应急预案备案11件，第三类非药品类易制毒化学品经营备案2件。完成辖区内23家加油站增加柴油换证工作，为柴油新政策落地提供坚实保障。

【安全生产专项整治】 2023年，区应急管理局组织开展岁末年初安全生产重大隐患专项整治和督导检查、"一厂多租"、"粉尘涉爆"专项整治，组织有限空间和"铝7条""粉6条"整治"回头看"，重点排查粉尘涉爆、铝加工(深井铸造)、有限空间作业等重大隐患，完成相关企业情况摸排和风险普查，建立基本数据库，制定执法检查清单，帮助企业开展复工复产，坚决防范和遏制重特大事故发生。加强矿山领域隐患治理，深化地下矿山安全生产工作，开展重大事故隐患每月自查，落实《非煤矿山安全风险分级监管办法》，防范化解非煤矿山重大安全风险，完成辖区5家矿山企业的安全生产风险分级自评，实现动态管理和差异化监管。

【安全培训】 2023年，区应急管理局组织开展多主体多类型的危化企业安全培训。8月26—30日，组织辖区危化品重大危险源及生产企业负责人参加全国化工(危险化学品)企业主要负责人落实安全生产主体责任视频培训班；10月26—31日，组织危险化学品企业重大危险源三类安全包保责任人进行危险化学品企业双重预防机制数字化应用提升线上培训，所有人员完成培训并通过考核；11月8日，组织企业负责人参加基于人员定位系统的人员聚集风险监测预警功能建设应用指南宣传贯彻培训视频会，提升应用风险预警系统的人员操作可靠性。

（区应急管理局　吴书涛）

消防安全

【概　况】 2023年，莲都区消防救援大队统筹推进消防安全隐患大排查大整治行动，消防安全重大风险隐患专项排查整治2023行动，杭州亚运会、亚残运会消防安保决战决胜"五大"攻坚行动，高层建筑、民房、人员密集场所消防安全整治提升，“园区式”企业消防安全专项整治等各类专项行动。完成亚运消防安保任务，推进社会面火灾隐患治理工作，有效提升社会火灾防控水平，被省消防救援总队表彰为“先进基层单位”，获评“A级安保先锋团队”，获全市消防救援队伍“火焰蓝”执勤岗位练兵比武团体第一名、年度执法考评全市第一名、年度消防监督岗位比武团体第一名，2名干部和2名文员获消防监督检查岗位第一名及消防产品监督岗位第一名；大队党委被市消防救援支队表彰为“2023年度好班子”；岩泉消防站党支部被评为先进基层党支部，1名干部被评为优秀共产党员。

11月9日，在全国消防日宣传活动启动仪式上，区消防救援大队宣讲员向小学生宣讲消防知识　（区消防大队 提供）

【消防责任体系建设】 2023年，贯彻落实省委、省政府“除险保安”统一部署，区委、区政府听取并审议通过《关于加强莲都区新时代消防治理体系建设的意见》，强化消防工作顶层设计和统筹推进。印发《关于明确丽水市莲都区消防安全委员会办公室实体化运行的通知》，核增5名专职消防文员，发挥消安委办实体化作用。加快构建区乡一体消防执法体系，采取集中培训、走访指导、协助帮扶、以查代训等多种方式，指导岩泉、紫金、碧湖等11个乡镇（街道）完成消防行政执法委托并办理消防委托执法案件164起。加强基层消防工作服务指导，组织6名消防专家下沉重点乡镇（街道），明确消防员17名、政府专职消防员10名和消防文员33名“点对点”联系指导村（社区）消防工作，提高基层消防安全治理效能。

【消防安全环境管理】 2023年，开展杭州亚运会、亚残运会消防安保决战决胜“五大”攻坚行动，统筹冬防、夏防等综合治理的整体部署，集中消除居住出租房、高层建筑等顽固领域隐患。聚焦天宁工业园区、名峰建材城、城北大厦、粮油批发市场等高风险场所（区域），通过制订方案、组建专班、座谈约谈、隐患曝光等方式，跟进隐患督查整改和技术服务指导。以“消防联络员进社区”为抓手，市、区两级消防部门协同配合，加大高层建筑和合用场所消防安全整治力度，排查沿街商铺1181家、高层公共建筑78幢、高层住宅小区56个，督查整改火灾隐患2000余处。结合“党群连心 网格走亲”温馨敲门行动，联合公安、村（社区）网格员等排查居住出租房1.4万余间、农村民房4000余处，走访农村老弱病残群体1800余人，不断提升消防安全在基层的渗透力。

【灭火救援工作】 2023年，围绕“能打仗、打胜仗”总体目标，聚焦实战，开展实地熟悉演练130余次，多部门联合演练4次，修订重点单位预案90家，制作小区作战信息卡60份，实地拉动专职消防队5次，电话和实地拉动微型消防站2000余次，对辖区797处消火栓及天然水源开展摸排。以“提质强能”工程为牵引，推进人才强队战略，锻造高素质、复合型、专业化消防员人才队伍，培养20余名指战员取得水域救生员、舟艇驾驶员、绳索救援技术、无人机飞手等资格证书；邀请市红十字会开展应急救护培训和复训，实现在队人员100%持证。深化“枫桥式消防救援队站”创建，在岩泉站设立“蓝朋友”便民服务室，选派队站指战员常态化协助村（社区）、企业开展隐患排查，推动由“等警来”转向“主动防”、从“火救好”拓展到“服务好”、以“工作量”减少“出警量”，营造社会群防群治的良好氛围。在岩泉站、白云站、碧湖站打造3支快反分队，配备前突车1辆，采购四轮电动车1辆、电动摩托车6辆，使快速赶赴灾害现场实施处置更加科学高效。

【经济发展环境优化】 2023年，贯彻落实“优化营商环境、提升服务效能”八项举措，优化消防审批极简办服务，对仅变更场所名称或消防安全责任人的19家公众聚集场所直接出具许可意见。针对企业办理开业前检查需求，选派业务骨干为16家预约检查指导服务的单位（场所）提供上门服务，加快审批办理速度。在柔性监督检查与执法的基础上，以及时整改消除火灾隐患为刚性前提，对264处符合《浙江省消防领域轻微违法行为不予处罚事项清单》适用条件的违法行为实施轻微违法行为告诫承诺，不再予以行政处罚，为广大市场主体特别是中小企业提供更加宽容的发展环境。加大消防技术服务机构监管力度，严厉打击不具备从业条件、出具虚假报告、注册工程师违规挂证等违法行为，督促机构依法依规执业，保障社会单位的消防安全。依法依规开展火灾事故调查工作，从快从速办理12起不存在纠纷及刑事责任的火灾事故认定，帮助社会单位和群众尽快恢复生产生活，减少火灾事故调查对群众生活生产的影响。

（区消防救援大队　周鑫）

森林防火

【森林防火宣传】 2023年，扩大森林防火宣传覆盖面，多形式重点宣传森林防火“十不要”和森林火灾肇事典型案例，在全区公交车和丽水电视台《老白谈天》栏目播放防火宣传片，发送森林防灭火宣传短信150万条，印发宣传资料10万份、年画4.5万份宣传到户，在碧湖、大港头、老竹、太平、黄村5个点位发送触点短信100余万条，张贴丽水市人民政府禁火通告和莲都区人民政府令各8000份。以“3·19森林消防宣传日”为契机，开展广场宣传活动6场，发放各类宣传资料3万余份。

【防控能力提升】 从压实责任、广泛宣传、野外火源管控、巡查督查及建立森林防火联防联控协作机制等方面提升森林火灾综合防控能力。印发《进一步加强森林防灭火工作的二十五条意见》《丽水市莲都区全面加强新形势下森林防灭火工作任务清单》，落实森林防火地方政府行政首长负责制。

【森林火灾隐患排查】 2023年，建立重点群体及具体监管人清单25张。护林员开展防火巡护工作，及时制止违规野外用火行为并报告当地政府。在重点区域安装防火智能探头28个，建设森林防火智能监测平台；建成森林消防火水桶241个，形成1~3千米水源供给圈。开展森林防火隐患排查整治专项行动，派出督查组316个，出动检查人员3750余人次、护林人员18600余人次，排查森林火灾隐患86个，全部完成整改，隐患整改率100%；制止违章用火176起，教育劝阻65人；制止秸秆焚烧违章用火4221起，立案查处84起、处罚金额3万元。全年发生森林火灾16起，受害森林面积60余公顷，受害率0.58‰。

（区生态林业中心　江勇根）

12月13日，莲都区综合应急救援大队参加丽水市森林火灾扑救技能竞赛

（周全　提供）

乡镇·街道

岩泉街道

【概　况】 2023年，岩泉街道辖9个行政村，10个社区，辖区面积9219公顷，其中建城区面积1625公顷，非建城区面积7594公顷。至年末，有户籍人口55518人，常住人口104863人。

岩泉街道坚持优化营商环境，依托经济专班，以一系列助企服务政策为抓手，全员走访、精准施策、优化服务，做到"底数清、情况明、服务准"，激发市场主体活力。开展企业信用修复及信用状况提升专项服务，摸排企业699家，帮助25家符合条件的信用受损企业开展信用修复申请工作。完成企业纳统4家，纳入培育库培育企业10家。完成个转企46家、下升上5家，新增限上住宿1家、餐饮3家、零售1家，限上住宿业营业额增幅突破40%。落实区委"三级干部大走访"工作要求，采用"1 + 10 + N"助企服务模式，打造"近悦远来"的营商环境。狠抓项目建设，开展市区重点政策处理项目"净地清零"，完成丽水创新金融中心一期等25个项目销号，完成征地面积40.67公顷、房屋拆除3.5公顷。2022年度垦造耕地项目完工6.57公顷，建设用地复垦项目完工6.91公顷；2023年度建设用地复垦项目完工1.21公顷。开展"一户多宅"清理整治，累计拆除违建面积1.21公顷。

推进城乡建设，建设花园城市新区风貌区。做好经常化创建文明城市工作，完成2023年度"花开丽水"项目；全年完成投资约325万元，改造绿洲花苑等29个花园小区。巩固国家卫生城市创建成果，推进垃圾分类，建设完成"定时定点"垃圾房(亭)67个、亭房点位105个。高效开展"三改一拆"，全年拆除违章占地面积2085公顷、建筑面积5.09公顷。开展困难群众危房治理，C级危房296户、D级危房10户全部治理到位。推进东港社区共青团城市基层组织改革省级试点工作，高质量建设青年发展型城市。

探索生态价值转换路径，推进"万亩千兆"农光互补建设，走好生态优先、节约集约、绿色低碳发展之路，各村完成测量60.06公顷，移交完整宗地约49.31公顷。加快推进"大搬快聚富民安居"工程，新增搬迁99户218人，腾空拆除187户351人，安置45户94人。促进文旅经济融合发展，利用"新技术、新业态、新模式"升级传统优势产业，盘活括苍古道上枫树湾村、下后弄村、雨伞岗村等传统特色文旅资源。举办"千年枫树湾 一品好杨梅"第八届枫树湾村杨梅节，现场销售杨梅近百万千克、收入约1000万元。建成省A级以上景区村9个、省AA级景区村4个，建成精品民宿6家，全年接待游客5万余人次，直接营业收入550万元。单读民宿综合体采用"工商资本 + 村集体 + 村民"运营模式，带动山区村产业发展，建成以来吸引和接待游客3.6万余人，营业额765万元。

生态环境有效改善，坚持"五水共治"，两级河长巡河790余次，解决问题34处，拆除河边违章2处。推动秸秆禁烧和综合利用，运用"蓝天卫士"探测系统精密管控，监测并处置秸秆焚烧104起，立案处罚9起。积极创建"污水零直排区"，改造区域涵盖小区、城中村、商贸市场等57个点位，项目总体进度90%。

筑牢安全生产屏障，开展安全生产隐患大排查大整治行动和新一轮常态化大排查大整治工作，完成辖区内4559家企业、12704家个体工商户两轮全覆盖排查整治，推动安全生产治理模式向事前预防转变，全面防范化解辖区重大安全风险。重视食品安全工作，全年未发生食品安全事故，8月，通过四星食安办验收。推广“浙食链”应用，实现两大市场内肉类、禽类、水产、蔬菜经营户全部激活。推进法治政府建设，创建“民主法治村（社区）”，建成省级民主法治社区4个，区、市级民主法治村（社区）16个，为村级普法工作开展提供法治服务和保障。实现重大合同、重大决策合法性审查全覆盖，审查重大行政决策、规范性文件、重大行政执法决定、行政机关合同85件，提出审查意见415条、采纳415条。

聚焦民生保障，开展特殊群体慰问走访，临时救助21户25人，发放救助金82480元，关爱困难群体389户次。做好“两苗”接种和“两癌”筛查工作，完成60岁以上老年人23价肺炎免费接种和70周岁以上老年人免费流感疫苗接种工作；“两癌”筛查完成率89%，其中宫颈癌筛查731人、乳腺癌筛查737人。打造省级民生实事项目——岩泉街道北苑路社区卫生服务站，为居民提供诊前、诊中、诊后“一站式”标准化健康管理服务。5月，东港社区通过全国示范性老年友好型社区创建复核验收。重视未成年人保护工作，设立省级未成年人保护工作站。推行“前台综合受理、后台分类审批、统一窗口出件”服务模式，有效提升行政效能，优化服务环境，2.0办件数443件，办件量629件。推进“村（社区）—网格—微网格（楼道、楼栋）”架构，全辖区划分网格180个，组建“1+3+N”队伍166支，整合微网格长495名、下沉党员751名，结合“走亲连心 温馨敲门”行动，开展莲都区网格事件质量提升试点工作，矛盾纠纷调解成功率100%。建设突出党建引领、协商为民、开放共享的岩泉街道“民生议事堂”平台，实现“邻聚里”“七彩正阳”等17个村（社区）“协商驿站”全覆盖。围绕“协商聚力拓思路，污水处理提效能”“发展精品农品，助力农民增收”主题开展民生议事堂协商活动，提出意见建议15条，采纳7条，取得较好工作成效。

【“强村公司＋共富工坊”联建新机制】 聚焦数字经济创新提质“一号发展工程”，推进产业重塑，构建“强村公司+共富工坊”联建新机制，依托“共富云联”平台助力荒野茶“好货出山”，盘活流转茶园66.67公顷，初步具备“千亩茶园，千万产业”要素条件。3月，与浙江处星科技有限公司签订丽水市“绿谷精英创新引领行动计划”基于人工智能和神经网络智慧药房研发和产业化项目实施协议书。推动新能源产业蓄势奋进，岩泉汽车城引进比亚迪、欧拉等新能源汽车品牌。

【招商引资】 坚持实施“双招双引”，聚焦地瓜经济提升能级“一号开放工程”，2023年，新引进企业3家，其中总部经济1家，所有企业留莲税收收入577.98万元。农业投资完成率165%。实施枫树湾村基础设施提升改造项目，完成项目第一期投资200万元。打造招才引智强磁场，多举措并举拓宽招才引智渠道，全年引进大学生230名、博士研究生2名以及海外留学生2名。

【现代社区创先创优】 聚焦融合型大社区单元建设，全新打造“佳人治家”等4个社区党建品牌。对标“一老一小”优质服务提升行动要求，推进“党建+颐养”工作，围绕“暖巢颐养”“数字颐养”，激发社区数字治理新动能。创新探索“阳光调解室”，成立党员志愿调解队，引进专业调解人员，融入阳光调解“1234”联动工作法，实现“小事不出社区、大事不出街道、矛盾不上交”。组建社区社会组织56个，通过“搭平台、建机制、强服务”三步走，释放“三方协同”动力。

【专班化推进重点整治工作】 2023年，天宁工业园区“厂改居”建筑消防安全专项整治工作整改建筑81栋。花场村C级危房有租户84户、流动人员126人，经街道及多部门联合攻坚整治，所有租户全部清退撤离。抓好13个安置小区地下车位（库）专项整治工作，完成850余个车位（库）清退工作，清退率100%；城中公寓、宝惠公寓等7个小区完成销售。完成7个城中村撤村建（并）居工作。

【农业产业化建设】 组建“莲e播”助农先锋队，7月19日，“莲e播”首次直播观看2200余人次，点赞1.2万次，40分钟内桃子销售量近1000千克，被“学习强国”学习平台、中国新闻网、《丽水日报》等媒体多次报道。余岭“古道云隐”荒野茶品牌带动灵活就业180余人，人均增收3000元。下后弄村“小黄姜”种植产业转型升级，实现亩产从500千克飞跃至2500千克，带动农民增收50余万元。激发强村富民全新动力，发展壮大村集体经济，通过“产业驱动、村企联动、示范带动”培育村集体经济增长极，截至11月，行政村集体经济总收入1846.18万元，经营性收入1607.53万元。

【反诈工作】 创新建立岩泉反诈宣传队、岩泉反诈联盟，实现与丽水市疾控中心、丽水市气象局等多家部门联动，开展反诈宣传活动70余场，上门宣传反诈知识1万余户，电信诈骗案发次数比2022年下降7.77%，反诈重点人劝返核减率100%。

（岩泉街道　汤俊燕）

紫金街道

【概　况】 2023年，紫金街道辖11个行政村、10个社区，辖区面积60.04平方千米，是城区和山区相结合的综合型街道。至年末，户籍人口23182户、52754人。有规上工业企业5家，总产值13.96亿元，主要行业有供电、天然气供应、水电、混凝土制造等。耕地92公顷、林地5046公顷，农业以茶叶和水果种植为主，特色农产品有杨坑杨梅、净水茶叶、塔下枇杷、风化椪柑、瀑泉黄桃、外舟李子等。特色农家乐有麻雀尚膳馆等。

推进紫金创新服务综合体、开潭村旅游探险乐园（暂定名）、高山果蔬严选分拣中心、百亩精品杨梅基地、数字科技制茶工厂、紫金共享社项目建设。落实区委“三级干部大走访”工作要求，开展“四五”行动（“五连”：区联系单位包社连村、街道干部住村连心、党员干部网格连户、人才组团连事、站所部门清单连需；“五到”：到村社去、到户里去、到田里去、到企业去、到心里去；“五送”：送政策信息增强信心、送关怀温暖凝聚民心、送技术服务促使安心、送平安和谐确保放心、送项目资金激发决心；“五有”：干部有本领、群众有信赖、发展有思路、干群有合力、共富有成效），累计走访企业2000余次。完成个转企41家，新引进企业32家，完成各项投资35.98亿元。引进高校毕业生（含硕士研究生）241人，引进杭州职业技术学院4名博士研究生担任“星期天工程师”。

服务市区“大花园建设”，创建垃圾分类高标准示范小区1个，承接全市生活垃圾分类工作

5月27日，“寻根阙园　共富梅好”2023莲都区第三届紫金杨梅节开摘仪式在杨坑村举行（紫金街道　提供）

培训推进会现场调研活动。推进“五水共治”，在辖区内15个区块实施“污水零直排”改造项目，完成开潭等4个行政村的农村生活污水设施“强基增效”双提标建设改造项目。推进“花开丽水”项目建设，开展“六乱”整治、迎亚运等专项整治行动，清理乱堆放4500处、垃圾2300余吨，修缮楼道墙面脱落、路面破损等点位820处，施画机动车停车位314个、非机动车停车位656个，更新更换楼道消防设施4394处。

6月1日，紫金街道推进兴村治社“红绿名师”培养，实施“紫金领头雁”提升行动开班典礼举行（紫金街道　提供）

完成10个市、区重点政策处理项目销号，丽水市城市有机更新建设项目厦河商城A11、A12区块实现100%签约、100%腾空，完成原羽绒厂危旧房征收项目，完成雅坑溪北侧地块、城市风廊及配套设施项目等。完成1310个地下车位（库）清退工作，清退率100%。完成2022年度土地整治项目验收，率先完成2023年度垦造耕地抢立项工作，面积1.54公顷，占全区垦造任务的40%。拆除违法建筑面积3.25万平方米。“大搬快聚”完成区级资格审查54户113人，腾空拆除28户57人，定点商品房认购10户34人，签订购房合同9户29人。

完成街道级民生实事10件、村（社区）级民生实事66件。打造街道康养联合体1个，建设银龄送餐点，行政村（社区）山区养老管家全覆盖，完成高龄津贴发放1339人。开展城乡基本医疗保险、“浙丽保”、长护险等各类保险的征缴工作，征缴率分别为99%、96%、21%。做好社会福利、慈善事业、助残优抚等工作，完成2023年“幸福清单”和探访关爱的送达工作，残疾人基本服务状况和需求信息数据更新覆盖率100%，发放护理、困难生活、扶残助学等补贴70余万元。

开展群众性文化、未成年人活动350余场，挖掘上报身边好人6人；学习宣传贯彻党的二十大精神以及省、市、区重要会议和文件精神，开展理论宣讲180余场。

推进合法性审查工作规范化建设，2023年，审核行政性合同39件，重大行政决策1件，提出法制审查意见215条；推进“大综合一体化”改革，实施行政处罚1164宗，罚没金额201万元；所有行政村事项实施阳光票决，推进“三务”公开；严守政治纪律和政治规矩，查办酒驾、违法违纪等案件16起，处分党员12人，处理红色预警信息16条。

莲都“滨水中心”获评省级城市新区风貌样板区，获丽水市消除集体经济薄弱村攻坚工作集体嘉奖、市区重点项目政策处理工作集体嘉奖、莲都区乡村振兴工作集体嘉奖、莲都区县域社会治理现代化建设（法治莲都、平安护航党的二十大）工作集体嘉奖。

【基层党建】 2023年，紫金街道党工委与四川省叙永县马岭镇党委、杨坑村党支部与杭职院动漫游戏学院教工第一党支部分别签订共建协议。与杭职院马克思主义学院共建紫金街道“大思政课”实践教学基地，依托“兴村治社”名师现场教学点常态化开展党员干部技能培训，培育全省“百名数字新农人”1名，市级“兴村治社”名师3名、区级2名。

【山地智慧精作农业】 打造山地智慧精作农业模式，2023年套种油茶80公顷。连续三年举办紫金杨梅节，“东魁”大棚杨梅在首届长三角精品杨梅评选活动中获特等奖，受邀参加丽水“两山”实践成果上海推荐周活动，承接全省丘陵山区适用小型机械研发制造推广应用先导区建设暨“一县三基地”现场推进会观摩活动。紫金智慧杨梅大棚联建模式入选省智慧农业十大模式典型案例，杨坑山地杨梅数字农业工厂入选2023年全省数字农业工厂（基地），“百亩精品杨梅基地”项目入选第二批全市“共富123行动”重点项目。强村公司收入613.64万元，比2022年增长206.82%；村集体经济总收入和经营性收入分别为1943.08万元、1528.04万元，分别增长25.83%、38.24%。

【强社惠民】 成立全市首家强社公司，“强社惠民集成改革”被纳入2023年度区级课题编制计划。联合街道强村公司和第三方专业公司，成立聚金物业、聚创能源、聚民商贸、聚优护理等“聚字头”企业，实施项目15个，实现经营性收入150余万元，吸引20余批次外地考察团到莲都学习交流。在东升北区率先完成全市首个“开转封”试点工作。建成大洋路免费停车场；建成“聚优护理”工疗结合型残疾人之家并获评二星级；建设“紫金共享社”云服务平台，与岩泉、白云、万象、联城街道和碧湖镇强社公司就旧衣回收业务建立长期战略合作关系，在全区铺设旧衣回收箱460余个。紫金街道强社惠民相关工作在全市现代社区建设工作推进会暨第四次领导小组会议上作交流发言；旧衣回收工作获丽水市委书记胡海峰“小切口、大民生”的点赞。

【“除险保安”】 完成全国和省、市、区两会及杭州亚运会等重要维稳安保任务，落实紫金街道“周五接访日”，化解市级十大领域信访积案1个、区级十大领域信访积案1个，初件化解8件，处置完成烂尾十年的新建村综合大楼等问题，相关做法被《浙江法治报》头版头条报道，获市委副书记、政法委书记批示肯定。全年处理信访件1451件，按期受理率、办理率、回访率均为100%，完成古城村等5个村的撤村建（并）居工作且无上访事件发生。组织两轮安全生产隐患大排查大整治行动，出动1119人次，开展地毯式、无死角、全覆盖整治排查工作，排查单位18316家，落实整改责任，整改隐患2352处，整改合用场所25处，排查高层建筑38处，切割自建房防盗窗548扇。设置全科网格165个、微网格685个，开展“党群连心　网格走亲”纠纷促和等多项活动。开展反诈宣传工作，入户走访6万余户，宣传覆盖10万余人次，创作《警惕虚假网络投资》入选莲都区2023年度反诈“精品短视频”。

（紫金街道　潘悦）

白云街道

【概　况】 2023年，白云街道辖1个行政村、9个社区，辖区总面积37.7平方千米。至年末，全街道总人口97681人，户籍人口31235人。

全年实现工业总产值1.2亿元，比2022年增长90.48%。辖区内限上（规上）企业40家，规上工业产值6544.8万元，增长56.28%；限上零售营收10.8亿元，增长55.15%；限上住宿营收2589万元，增长72.21%。55家电商企业（包含直播企业20家），通过直播带货，实现年销售额近4.85亿元。招引国药安心、普睿信生物科技（丽水）有限公司等企业13家。招引高校毕业生248人，申报国家、省海外引才计划项目4人。投资550万元打造“凤起·城西里”石榴红文创村落（街区），总投资4亿元重建“宋韵”印象西城·七子楼项目，丰富区域功能业态，形成文商旅消费新地标。村集体总收入540.1万元，增长21.62%；经营性收入487.5万元，增长19.02%。

开展城市治理工作，安排整治人员1556人，集中整治城中村3个、小区45个、市场2个，清理问题点位2503处，清运垃圾193车。秸秆禁烧实施网格化管理，巡查率100%。接官亭社区入选浙江省第三批低（零）碳乡镇（街道）和村（社区）试点。总投资50万元，完成城北村和城西村等区块的污水零直排改造项目，获评2023年度全省“五水共治”工作考核优秀乡镇（街道）。完成凌云花苑等9个点位美化改造提升，完成2个小区垃圾分类（亭）房建设，撤桶并点14个。完善“一户一档”“一楼一档”摸底档案，拆除违法建筑物23216平方米。承担灯塔村溪口城中村改造项目、原丽水日报社迁建工程尾留签约等9个攻坚任务，完成7个，结转2个。完成城北村、城西村的撤村并居工作，完成三岩寺社区、陈道门社区拆分工作。丽嘉花园创成市区唯一省级美好家园，陈道门社区创成省级未来社区。

5月28日，“关爱生命之水 共建节水家园”六一亲子活动在丽水市水情教育基地开展（刘玉莲　提供）

完成杭州亚运会、亚残运会火炬传递丽水站的安保任务。“141”基层智治系统累计上报三级事件4678条，结案率100%。率先开展“周五信访接待日”，相关经验做法获市委副书记批示。受理“12345”平台来电984件、来访13件、网上投诉234件、来信17件，办结率、满意率均为100%。全年电信网络诈骗发案149起，比2022年下降24.7%，《退单》获评区反诈优秀短视频。

开展安全生产隐患大排查大整治专项行动，完成辖区内2875家企业、6097家个体工商户的全覆盖检查。做好安全隐患自查自纠“五进”行动，累计进学校、进家庭等3103家。接官亭社区入选省综合减灾示范社区。推进食品安全“两个责任”全面落地落实，明确包保干部107人，包保1608个食品生产经营主体，通过浙江省五星级乡镇（街道）食安办验收。联合相关部门开展非法卫星电视接收设施整治40个。开展辖区安全用气保障工作，完成老小区的瓶装煤气检查及配件更换。

完成街道、村（社区）级民生实事项目43个。发放低保、扶残优抚等各类困难家庭救助金318万元，城乡居民医疗保险征缴率98.22%，“浙丽保”征缴率95.40%。完成北郭桥社区“无障碍社区”创建，完成8名公益性岗位人员安置，完成中心城区30户无房户、住房困难户的审核工作，完成177户各水库移民的直补复核工作。完成80周岁以上老年人高龄津贴发放1048人。

落实政府系统行政效能提升行动，开展政府执行力“交办单”制度，做到“上级有要求，街道抓落实”。规范权力运行，审核行政性合同47份，其中，重大合同6份，重大行政决策项目1个。白云街道合法性审查中心被列入全省县乡合法性审查质效提升改革推进现场会调研点位，获评全省2023年度法治浙江建设优秀单位。推进政务公开，接受人大、政协监督，支持代表、委员依法依章履行职能，通过“线上＋线下”相结合的方式收集民情民意643条。

结合“网格走亲”开展三级干部大走访，深入基层排忧解难76次，走访企业助企纾困42次；以理论学习提升履职能力，贯彻落实“第一议题”制度，开展党课学习209次；以作风建设强化责任担当，推动52个党支部1298

名在册党员以及315名流动党员在深入学习中办实事、建新功。2023年，新发展35岁以下且大专以上文凭党员11名。依托红色根脉强基系统实现流动党员动态纳管315名。改造党群服务中心6个，升级网格驿站5个，接官亭、陈道门社区党群服务中心获评省级示范党群服务中心，嘉慧园驿站获评全国最美户外劳动者服务站点。

【社区食堂建设】 2023年，白云街道白云社区牵头打造丽水市区首家社区食堂，累计为附近居民提供就餐服务3.7万份，送餐9000余人次，获《人民日报》《丽水日报》等多家媒体点赞。

【"凤起·城西里"项目建设】 9月6日，白云街道城西村与丽水市乡趣文化旅游发展有限公司签订城西村闲置资源开发运营投资合作协议，谋划打造全市首个集装箱类青创民族街区"凤起·城西里"，一期投资600万元，建成涵盖集装箱市集、盒子空间档口、城西里夜市三部分的创意街区，面积3200平方米，可容纳商户、夜市摊贩280余家。

【现代社区服务提升】 2023年，围绕"和美白云 幸福邻里"品牌建设，举办"进现代社区·展共富莲都"白云街道第一届"幸福来敲门"服务节。强社公司谋划项目16个，实现经营性收入83.7万元；出台"业账社管"试行办法，实现首笔2万余元支出的监管。携手丽水学院马克思主义学院打造市区首个社工培育中心，比选优秀社工21名，其中获区技能比武一等奖1名、三等奖2名。陈道门社区，北郭桥社区在全区社区擂台赛中分别获得一等奖和二等奖，灯塔村在全区村党组织擂台赛中获三等奖，接官亭社区支部书记获评全省"担当作为好支书"。全年开展群众文化活动450余场，"民族共富 凤起城西""三月三"畲族文化节、"奔跑迎亚运"亲子健康节等活动被"学习强国"学习平台报道。

（白云街道 郑龙孩）

万象街道

【概 况】 2023年，万象街道辖7个社区，辖区总面积7.26平方千米，为莲都区政府所在地。至年末，街道总户数20375户，户籍人口48383人。辖区内耕地面积17公顷，山林面积169公顷。

全年财政总收入4951.69万元；4个股份经济合作社总收入1002.38万元。坚持把招商引资作为引领发展的首要任务，树立"项目为王"理念，深化组织牵头、党员示范、全员参与的服务模式，在招大引强上力争实现新突破，截至年底，招引企业21家，新增税收509.01万元。入选市级"共富123行动"试点乡镇（街道）、区级"共富123行动"试点乡镇（街道）和最佳实践点。专报信息《万象街道聚焦共富帮扶身边化 打造家门口的共富实景》获市委副书记、政法委书记批示肯定。

完成市、区重点政策处理项目销号10个，销号率83.33%。完成龙门岭小区地下车位（库）专项整治，推进城市有机更新、

8月22日，万象街道首届"社BA"暨体育共富集市举行

（万象街道 提供）

丽水国际数码影像中心等市区重点项目政策处理工作，打造“党建引领、区域统筹、齐抓共管”的征收模式。推进“污水零直排”创建工作，基本完成辖区内老旧小区管网改造、企事业单位管网改造、“六小”行业整改等工作。

推进辖区面貌大整治、大提升行动，街道、部门、社区三级联动开展地毯式“六乱”整治。全年对社区和背街小巷周边环境卫生开展“六乱”整治行动700余次，整治点位6800余个；开展辖区农贸市场、沿街商铺“飞线充电”问题集中整治，整治点位346处；推进危房整治，完成高井弄99号、上真殿弄5号D级危房人员腾空，更新酱园弄17号、继光街111号、酱园弄38号及新华弄4、5、6号危房治理信息。

完成街道、村级民生实事17件。万象便民服务中心获评四星级政务服务大厅、花园政务服务大厅和特色服务事项“跨省通办业务、党员示范岗”，全年办理便民服务事项843件。实施社区强基行动，形成“街道—网格—微网格”治理体系，划分57个网格和250个微网格，实现“网中有格、格中有人、人在格上、事在格中”。处州府城、金汇广场、府前市场、百货大楼、粮油批发市场等商圈网格24小时服务驿站全覆盖。做优做强“浙江省示范型社区儿童之家”“医疗走亲服务队”等品牌，打造一批“一老一小”精细服务团队，建设“朝夕”友好型街区。开展全市首届“社BA”暨共富集市、“美好生活·公益邻里集市”、“村居融合”专场观影等活动，推动撤村并居后新老居民交流融合。

10月28日，“小巷宣讲团”开展党的二十大精神宣讲（万象街道　提供）

推进安全生产隐患大排查大整治工作，聚力“除险保安”，推进安全防范和消防安全“百日攻坚”行动。排摸在册重大隐患34条，全部完成整改。全年未发生较大及以上生产安全事故和亡人火灾事故。

开展参保扩面提质行动，实现基本养老保险全民参保率98.11%，基本医疗保险全民参保率100%，“浙丽保”参保率97.36%，长期护理险参保率20.81%。配合莲都农商银行完成1792人社保卡置换工作。针对重点人群进行就业帮扶，完成离校未就业高校毕业生、失业人员、就业困难人员、低收入农户帮扶547人。

深入排查化解矛盾纠纷，筑牢基层“小平安”，汇聚社会“大平安”。全年开展社会矛盾纠纷化解121件，排摸异常LED显示屏175块。做好亚运火炬传递和亚运维稳安保、电信网络诈骗防治等工作，维护社会治安稳定。

【“小巷宣讲团”宣教】 组织党员干部、“8090”后青年宣讲员，打造“小巷宣讲团”，以身边人说身边事的方式，用小故事讲好大道理，通过快板说唱、三句半等文艺形式宣传二十大精神，2023年，累计宣讲18场，参与群众1700余人。

【文昌里1950文化创意产业园】 万象街道紧抓丽水市委实施“文兴丽水、挺进共富”工程的窗口机遇期，深挖辖区文化资源，打造“文昌里1950文化创意产业园”，将文化底蕴转化为万象高质量发展的经济势能。园区入驻企业47家,为青年人才提供就业岗位310余个,2023年,引进博士研究生5人、硕士研究生3人以及专业人才270余人,总产值超8000万元。

【万象商圈驿站】 9月9日,全市首个商圈驿站"万象商圈驿站"正式投入使用。驿站提供24小时便民服务,融合企服驿站、共富驿站等功能,推出个体户开业、变更、食品经营许可新办等7类政务帮办事项以及18类133个特色服务事项。

【"红网强基"工程】 11月3日,出台《万象街道"红网强基"工程实施方案》,开展"红色领航""青蓝接续""平安护航""守护朝夕""共富齐跑"五大行动,推动资源管理服务向社区一线集聚,实现基层工作与区委、区政府中心工作紧密结合,党建联建作用发挥更加明显,社工队伍综合素质、服务能力显著增强,群众获得感、幸福感、安全感稳步提升目标。

(万象街道　王家红)

联城街道

【概　况】 2023年,联城街道辖21个行政村,2个社区。至年末,全街道户籍人口21267人,常住人口21570人,流动人口8658人。

全年完成工业投资12312万元,搬迁低能效工业企业1家,助力经开区培育工业企业1家,新引进企业9家,辖区企业外贸订单持续增长。举办莲都区首届街道人才周活动,走访辖区企业、人才300余次,解决企业用工、融资等问题15个,全年大专以上人才招引完成率105%。

完成2023年村集体增收目标,村集体总收入2465.61万元、经营性收入830.15万元,分别比2022年增长24.9%、28.7%,低收入农户年人均可支配收入增长32%。建设坛峡、下林等民族村和经济薄弱村联建光伏电站项目;分别以129%和116%达成率完成油茶保供、油菜种植任务。

完成街道级实事10件,完成率100%。开展酒糟废水整治、倾倒淤泥现象整治、河道污染整治等治水各项行动;完成山塘综合整治项目4个、农村供水保障工程4个,"6·29"联城水毁修复项目1个。整治卫生点位1000余处,建成林宅口村垃圾分类智能化管理中心。完成坑口村迁建农居点98%住户房屋外立面改造工程。新建下林村文化礼堂、娄丰堰社区"大搬快聚"乡愁馆、港口村文体广场等本地文脉保护场所。港口村入选浙江省第二批未来乡村建设点位,路湾村、青岗村、张村街村创成省级卫生村,凤鸣村创成市级除"四害"村。

全年注销低保16户、低边7户,新增低保10户、低边3户、特困3户。帮扶低收入农户368户、4416人次,实地探访农户1490人次。辖区内城乡居民养老保险参保率98.5%;联城户籍人员城乡居民医疗保险参保率99.5%、"浙丽保"参保率96%。

完善提升"民风说事屋"调解品牌。全年处理信访件666件,其中来信1件、来访件7件、网上信访件68件、电话件590件,答复率100%。化解案件106件,其中复杂信访案3件、疑难案件6件。收到投诉件8件,办结8件。

【业委会"第一主任"制度建设】 2023年,联城街道创新业委会

联城街道全景图(联城街道 提供 摄于4月17日)

8月，凤鸣村凤鸣精品葡萄种植采摘基地开工建设（联城街道 提供）

"第一主任"制度，在全区推广，被央视新闻、《农民日报》、《丽水日报》、莲都发布等媒体报道。

【首批省级现代社区、"红色根脉"强基示范社区建设】 2023年，联城街道娄丰堰社区创成首批省级现代社区、省级"红色根脉"强基示范社区，被新华社、《农民日报》、《浙江共产党》等各级媒体报道。

【民族村光伏电站联建项目】 5月，联城街道下林村、坛峡村建成光伏电站，总投资103万元，年发电量27.5万千瓦。

【港口艺术村】 联城街道港口音乐艺术村入选2023年丽水市艺术助推乡村振兴项目，9月，举办"喜迎亚运 心灵港口"音乐节活动。

【凤鸣精品葡萄种植采摘基地】 8月，凤鸣精品葡萄种植采摘基地开工建设，总投资600万元，占地面积3.47公顷，是集葡萄品种研发、种植示范推广、采摘、销售于一体的葡萄种植基地。

（联城街道 徐照镔）

碧湖镇

【概　况】 2023年，碧湖镇辖43个行政村、3个社区、610个村民小组，总面积220.2平方千米。至年末，全镇总户数30806户，户籍人口62915人，其中，乡村人口53461人、城镇人口9454人，流动人口35270人。农业用地19258.51公顷，占全镇总面积的87.87%，其中，耕地4258.16公顷、园地1530.74公顷、林地12837.01公顷、其他农业用地632.60公顷；建设用地1973.40公顷，占9.0%。

全年实现农业总产值12.12亿元，比2022年增长4.95%；规上工业企业总产值80.49亿元（占全区规上工业企业总产值的75.87%），增长7.9%。一般公共预算财政拨款1.49亿元。43个村村集体经济总收入2906万元，增长17%；经营性收入1578万元，增长39%；强村公司产值510.9万元，利润489万元。农村居民人均可支配收入33419元（样板户），低收入农户人均可支配收入22659.5元。

碧湖镇获2022年度省级小城市培育试点单位评估优秀等次，获评浙报集体融媒共享联盟优秀单位；堰头村被列入"千万工程"全国现场会实地考察点位，获中共浙江省委农村工作领导小组办公室、浙江省农业农村厅感谢信；碧湖镇便民服务中心获"省级示范便民服务中心"称号；"红韵古堰 共富画乡"党建联建品牌入选浙江省首批典型案例；菲可童装"巾帼共富工坊"入选首批省级党建引领"巾帼共富工坊"；堰头村、南山村被评为"红色根脉"强基示范村；郎奇村"侨胞之家"获评2022年度浙江省侨联系统五星级"侨胞之家"；红圩村、上阁村文化礼堂获评浙江省五星级文化礼堂；上赵村文化礼堂管理员获浙江省"最美礼堂人"称号。

推进各区块土地征收工作，完成土地征收项目45个，土地清场77.33公顷，累计拆除房屋36.2万平方米，基本完成白桥、高溪、南山三大片区房屋征迁扫尾工作。完成全域土地综合整治点位148个，整治面积66.78公顷，完成万亩方永久基本农田连片整治点位149个，涉及面积83.88公顷。

实施基础设施类项目59

11月7日，“幸福莲都情 同谱共富曲”2023年莲都区“三团三社”文化人才队伍成果展暨第四届莲都区乡镇(街道)文体团队交流活动举行(碧湖镇 提供)

个，累计完成投资21.57亿元，年度计划执行率超70%。完成碧湖镇镇域生态整治及环境修复项目、碧湖西生活区块道路网工程(二期)等重点项目建设;全速推进高溪区块基础设施项目、石郎线改造提升工程等;白桥区块基础路网配套、碧湖大桥改扩建工程、碧湖镇区主要道路提升工程等新建项目开工。

系统重塑城市管理体制机制，打造“一支队伍管执法”工作体系，启动参与人数最多、整治范围最广、实施力度最大的市容环境综合整治提升行动，累计出动人员600余人次，发放告知单、宣传手册千余份，环境卫生脏乱、车辆乱停乱放、集市夜市无序等乱象得到明显改善。设立广福、玉桥社区，村、社并行发展的新城组织构架更加完善。

强化困难帮扶，探访关爱低保、低边、特困对象3万余人次，发放“菜单式”产业帮扶补助178.24万元，发放临时救助金58.9万元。推进养老工作，3个“银龄”理发点和1个康养联合体投入使用，通济社区居家养老服务照料中心配备智能终端设备，开展助餐配送餐服务，累计助餐配送餐8.6万人次。无偿提供上门理发、卫生打扫等“五助”服务10余万人次，打通居家养老服务“最后一公里”。

推进应急消防治理体系建设，开展安全生产隐患大排查大整治等多项行动，全覆盖式排查辖区内企业和个体工商户，累计检查10740余家次，完成隐患整改11560个。持续推进自建房排查整治和C、D级危房管控工作，整治危旧房196幢。抓好交通、消防、食药环、地质灾害、网络电诈等各领域风险防范，获评省五星级食安办。防洪防汛期间“零伤亡”、重点时段森林火灾“零发生”。

【生态农业】 2023年，碧湖镇深入实施农业“双强”行动，全省第二家“国家农作物(水稻)品种展示评价基地”落地，领源乡村振兴、华智生物等现代农业项目开工。完成耕地流出图斑整改117.64公顷，累计完成土地流转108.94公顷、抛荒地整治100公顷，“两非”整治40公顷，改造提升粮功区270.67公顷，新建高标田项目覆盖粮功区87.67公顷，田园风貌整治工作获省委书记易炼红批示肯定，相关经验在全省推广。

【现代服务业质效提升】 2023年，古堰画乡入选省诗路旅游目的地名单并通过国家级旅游度假区培育名单评审，九龙国家湿地公园获评“全国自然教育基地”“浙江省生态文化基地”，全年累计接待游客145.82万人次，营业收入1602.43万元。主办碧湖新城首届全民运动会、才艺大比拼等镇级大型文体活动6场，协办碧湖新城田园半程马拉松、桨板赛等市、区级大型文体活动4场。海特购、万洋广场等商业综合体相继开业，肯德基、瑞幸等知名商业品牌落户新城。

【乡村振兴】 “大搬快聚富民安居”工程持续推进，累计搬迁安

11月18日，2023碧湖新城首届全民运动会开幕式在碧湖小学文一校区举行

（碧湖镇　提供）

置773人。建成11个省级民生实事点位，黄碧线沿线农村基础设施提升及生态修复工程、新治河绿道延伸工程等惠民项目竣工验收。创成省级引领型农村1个、和美乡村9个，下赵村等5个村入选省第二批低（零）碳村（社区）试点，堰头村被评选为全国和美乡村百佳范例；新增堰头村省级未来乡村1个，郎奇村、南山村被确定为省第三批、第四批未来乡村创建村；玉桥社区入选省首届现代产业社区（工业社区）十佳案例。接待省委书记易炼红到堰头村、下南山村循迹溯源，获得充分肯定。

【基层党建】 通过主题党日、"1+4+N"溯源践学路线等形式开展主题教育轮训，实现134个基层党组织、3000余名党员学习教育全覆盖。20个村党群服务中心提档升级，堰头村、通济社区党群服务中心获评省级示范党群服务中心。深入正风肃纪，围绕中心任务开展监督检查18次，发出通报12期，谈话提醒34人次，推动重点工作有序进行。受理涉纪信访件17件，处置问题线索48个、立案46人，党纪政务处分29人。

（碧湖镇　张晓敏）

大港头镇

【概　况】 2023年，大港头镇辖10个行政村、140个村民小组，总面积90.3041平方千米。至年末，全镇总户数6176户，户籍人口12468人，外来人口912人，人口自然增长率-1.6‰。林地面积6484.91公顷，耕地面积891.28公顷，永久农田821.94公顷。

全年实现工业总产值3594万元；财政总收入8904万元；村级集体经济总收入1051.16万元；农民人均收入4.05万元，比2022年增长6.7%。截至12月末，银行存款余额3178万元。推进与宁波江北、杭州明康汇等区域及集团合作进程，引入援建资金245万元。实施"绿谷精英·创新引领"行动，实现同长三角研究院、中国美院、中国美协等高端智库生的深入合作，招引高校毕业生（含硕士研究生）101人，博士研究生3人。

发挥莲都区茶产业主战场的聚合效应，升级《大港头镇茶产业补助政策》，"采茶工雇主险"参保459户，发放补助9.18万元。培育采茶经纪人，累计输送采茶工2000余人次，助力茶农完成春茶采收。紧盯茶叶扩面提质，种植茶叶新品种13种，完成茶叶扩面种植140公顷，茶叶种植总面积达1866.67公顷，年产值超2.15亿元。推进农业"双强"行动，落实补助资金1500余万元，实施生态精品茶园基础设施提升项目5个，转型提升喷滴灌、病虫害监测等茶园设备，配套茶叶生产加工机械1300余台，茶叶生产机械化率提高至90%。提升小井村"订单农业"果蔬基地现代化水平，引进山地轨道运输机6条。挂牌成立"浙江省绿色防控示范基地"。

配合做好古堰画乡国家级旅游度假区规划调整、赛事举办、品牌培育等工作。9月，完成古堰画乡艺术中心建设；推进古堰画乡文化产业园项目主体工程施工；按五星级标准加快建设温德姆酒店。推进镇域环境全面提升，新建"美丽田园"7个，新增绿化面积7000平方米，

4月18日，学生们在大港头村大樟树下写生（大港头镇　提供）

承办浙江省油画展、中西方艺术美学大集等艺术展览26场；开展老街音乐节、“中秋派月”、“畲汉一家亲 运动迎亚运”农民运动会等特色活动102场，举办全国“四季村晚”冬季成果展示活动。畲风文化创意有限公司被评为“畲族服饰”省级非遗工坊，浙江铁工厂旧址创成省级乡村博物馆。

坚持以人为核心的新型城镇化建设，加快补齐水、电、路、气、网等基础设施短板。全年谋划建设项目13个，总投资20.3亿元，年度投资6.75亿元，其中政府投资基础设施类项目6个，总投资1.3亿元，全年固定资产投资增幅达261.8%，位列全区第一。

打造“1+4+N”溯源践学画乡线路，被列为莲都区“循迹溯源学思想促践行”主题教育经典红色路线，吸引国家、省、市、区级单位开展活动90场次。坚持示范引领，大港头镇班子带头践行“四下基层”优良作风，收集群众诉求803个，集中解决783个，推动落实民生实事、解决群众急难愁盼问题，强化巡察反馈问题整改，销号率达100%。实施“红色根脉强基工程”，大港头镇获评“红色根脉”强基示范乡镇，大港头村、利山村获评“红色根脉”强基示范村。

依托公益大学堂、宣讲大课堂、干部大讲堂“三堂”建设，打造“画乡说”品牌，创新樟树下、游船上等特色理论学习宣讲点，全年开展理论宣讲142次，古堰画乡特色小镇现场教学点入选省委组织部、省委党校学习贯彻习近平新时代中国特色社会主义思想现场教学示范点。挖掘画乡红色历史，挖掘整理中共处属特委的发展历程和在大港头区域的革命事迹，建成中共处属特委展陈馆。2023年，区级以上主流媒体宣传报道185条，其中国家级12条、省级31条，市级72条，包括《浙江新闻联播》头条、《浙江日报》头版、《新华每日电讯》头版头条和《人民日报》等。

【基层治理】 2023年，大港头镇推动实现镇村运行体系、网格体系、景区运维体系“三网合一”，打破“基层智治系统”和“大综合一体化”执法监管数字应用系统壁垒，统筹民政、卫健、宣传、统战等不同条线，合力完成9个板块、26项内容的市域社会治理现代化试点创建，获区委副书记、政法书记高度肯定，利山村被评为第三批全国乡村治理示范村。

【策应碧湖新城发展】 大港头镇坚持“跨山统筹”市域一体化发展理念，加快推进城乡一体化建设。2023年，投资1000余万元建设北埠、河边（连河）、石侯自来水主管网铺设等基础设施项目，推动城镇建设提档升级。“大搬快聚”、“一户多宅”、土地整治等工作成效显著，全年签订搬迁协议175户441人，房屋腾空拆除119户270人，完成各类安置118户364人；建设用地复垦立项2.8公顷，开工建设2.8公顷，验收0.93公顷，进度位列全区第一名；“一户多宅”累计完工2.1公顷，完成率180%。在耕地流出整改任务中，创造2天内213个图斑全面勘探，8天内所有图斑全面开工，15天内全部完成整改的纪录，获区政府主要领导肯定，相关经验做法在全区推广。

12月31日，大港头村党群服务中心投入使用（大港头镇　提供）

守住治危防患、防台防汛、食品安全底线，全年未发生重大安全事故。完成D级危房整治36处、C级危房整治163处，完成地质隐患整治1处。落实安全生产隐患大排查大整治工作，压实主体责任，实现对辖区内63家企业、161家个体户排查全覆盖，完成隐患整改60处。重点防火期间，宣传车每日巡逻宣传，增强广大群众防火意识，全年森林火灾"零发生"。

实施农村河道综合整治、小型农田水利建设和水源地保护工程，毛山夏吴、庞山新村等村完成农村饮用水达标提升改造，拆除各类违法搭建的农业生产构筑物面积1680.98平方米。推进绿色生态屏障建设，打好污染防治攻坚战，实施蓝天、碧水、清废、净土攻坚行动，发挥基层"河长制"作用，加强养殖场污水排放监管和散养家禽监管，保障全乡水质安全。

策应碧湖新城发展，部署落实"大搬快聚富民安居"工程，动员高远山村村民搬迁至碧湖板块就近安置，确保群众搬得出、稳得住、富得起，召开工作部署会4场，签订搬迁协议650户1460人。推进土地整治，完成农田整治修复46.1公顷，砌筑田坎近4万米，整治"疑似耕地流出"点位286个、面积112.67公顷，拆除"一户多宅"房屋22栋、3013平方米。开好"土地银行"，招引资本"进山"发展，发挥闲置土地资源价值，全年流转

【"千万工程"实施】 5月，省委书记易炼红在古堰画乡考察时提出"深入实施'千万工程'激发走在前列新动力"，大港头镇聚焦做好"千万工程"后半篇文章，加快推动大港头镇"向美而生、向美而富、向美而行"。完成4个行政村10个自然村排污设施改造，开展环境业态"三化、三提升"百日攻坚行动、"共美画乡行动日"、"三改一拆"、"洁净村居"等活动，完成244个镇级自查点位整改。大港头镇入选浙江省第三批低(零)碳乡镇试点，利山村入选2023年浙江省卫生村样板。10月，完成全国学习"千万工程"经验现场推进会考察点位工作，获省农业农村厅书面感谢表扬。

（大港头镇　王璐璐）

峰源乡

【概　况】 2023年，峰源乡辖8个行政村，107个村民小组，总面积175平方千米。至年底，全乡总户数4393户，总人口8601人。林地面积15481.56公顷；耕地面积1305.57公顷，其中，水田1104.03公顷。全乡平均海拔735米，植被覆盖率93%，气温比市区低5℃左右，年降雨量比市区多200毫米左右，平均负氧离子达8000~10000个/平方厘米，具有独特的高山气候、资源、环境，是国家级生态示范乡、省级卫生乡。峰源省级自然保护区总面积5053公顷，分布有中华斑羚、蛙类新种（丽水树蛙、丽水异角蟾）、九龙山榧树等珍稀濒危野生动植物。

全年财政总收入9250.68万元，村级集体经济总收入606.79万元，农村经济净收入240.28万元。创新构建"强村公司＋村集体＋农户＋社会资本"四级运营模式，通过帮扶结对、集体自筹、贴息贷款等形式筹集资金谋划联建项目，铺就共同富裕"快速路"。2023年，强村公司净利润303.6万元，8个行政村经营性平均收入44.9万元，比2022年增长79.6%。

做好"除险保安"、森林防火、危房整治、地质隐患治理等工作，建成乡村避灾场所，坚决

11月27日，水牛坪仿野生灵芝基地灵芝孢子粉采收(峰源乡 提供)

土地133.33公顷。2022—2023年，累计完成14个自然村建设用地复垦立项工作，累计立项面积12.175公顷。

推进民生实事落实，打造多层次全方位服务站点，运用残疾人之家、居家养老服务中心、退役军人服务站等民生场所，与乡卫生院、理发团队、民政局等部门协作，不定期组织人员为村中老年人提供医疗保障、爱心理发、证件补办等服务，全年举办健康讲座50余场，补办证件40余份。开展结对走访慰问活动241人次，发放慰问金15300元。

【“浙丽1000米”党建联建品牌】 2023年，峰源乡拓宽“两山”转化路径，落实新时期党的建设总要求，开展党建联建，与景宁县大漈乡、缙云县大洋镇等6个高海拔乡镇共建“浙丽1000米”党建联建品牌，开办高海拔乡镇共同富裕党建联建红色论坛，讲好高海拔乡镇深化“千万工程”破题“两山”理念生态价值转换的奋进故事。以“我为群众办实事”活动为抓手，设立“山事城办”党群服务窗口，实现“上山办事”到“山下受理”的转变，截至年底，为170余名群众代办各类事项280余件。将各村网格员、热心党员、退役军人纳入“峰小跑”党员突击队，累计承接物资代购代送、事项代理代办等便民业务243项。创新“田间宣讲”“廊桥宣讲”，开展主题教育宣讲18场。

【高山仿野生灵芝种植基地】 2023年，峰源乡招引乡贤企业树上花花(丽水)农业科技有限公司，与强村公司合作，在水牛坪成功试种仿野生灵芝，每根菌棒出粉量65克，超出湖北、安吉等其他地区同类产量约30%，亩均效益超20万元，入选丽水市第二批“共富123行动”试点乡镇，探索带动高山远山乡共富的新路径，相关做法被《浙里共富》专刊推广。

【“纳凉季”文旅IP】 发挥“生态有机农产品供应地”特色，擦亮“峰源1000”品牌金名片，销售“山区共富礼包”近千份，与企业签订30吨糯谷订单和26.67公顷高山蔬菜订单。构建“千年茶种、千米海拔、千元品质”格局，对133.33公顷茶园进行有机茶园认证，提高产品附加值。融合传统避暑游与新潮文化，打造“纳凉季”文旅IP，活动期间累计吸引游客2000人次，被评为莲都区2023年度农事节庆二类活动。

（峰源乡　周菲）

太平乡

【概　况】 2023年，太平乡辖19个行政村，总面积105平方千米。至年末，全乡总户数11188户，总人口21423人，其中，常住人口1.02万人，人口自然增长率-9.82‰。山林面积8724公顷；耕地面积1050公顷，其中，水田80公顷。种植业产量1.54万吨，比2022年增长3.24%。完成乡级民生实事10件、村级民生实事57件。获省级“治理重复信访化解信访积案专项工作及依法维护信访秩序工作成绩突出集体”表彰。

全年财政总收入14363万元，比2022年增长36.73%。村级集体经济总收入1424.67万元，增长0.90%；农村经济净收入819.21万元，增长29.70%。低收入农户人均可支配收入达2.84万元，增长34.7%。一般公共预算收入3850.86万元。

推进项目建设，完成太平乡大坑村至老竹镇浅田村通村公路改造项目建设并通过验收；完成临安至苍南公路莲都太平至联城段改建工程（一期）征迁分户测量及协议签订工作；推动丽和线危险边坡专项治理项目落地。投入资金480.7万余元，完成城头村、大畈村农村生活污水设施“强基增效双提标”建设改造项目。

立足产业基础、资源条件等优势，创新乡情招商、资源招商、产业链招商三大模式，招引企业41家，比2022年增长420%，其中电子商务企业10余家，总部经济12家；培育新上规工业企业2家，新上限餐饮业企业1家；完成个转企4家，完成率300%。招引华飞型钢科技、依莱特纺织两个亿元项目落地碧湖新城；推动宁波美生医疗器材有限公司、浙江广天构件集团股份有限公司与大畈村结对，两家企业捐赠20万元助力大畈村文化礼堂屋顶光伏建设。召开太平乡乡贤联谊会第二届会员大会，推选新一届乡贤会班子，现场募集太平乡乡贤联谊会公益基金96.19万元，以乡贤合力带动全乡共富。

推进垦造耕地项目，立项项目8个、面积15.76公顷，其中，3个项目竣工，面积5.23公顷。加大非法图斑整改力度，完成耕地流入面积6.34公顷；完成抛荒整治面积1.19公顷，完成整治区块种植粮食面积32.73公顷，发放抛荒整治及流转种粮补贴11.3万元。拆除“一户多宅”房屋5800多平方米；拆除各类违法建筑0.3828公顷，完成率119.63%。

开展村（居）环境整治，投入整治经费30多万元，开展集中整治26次；下村督查15次，交办问题326个，整改完成率100%。创建A级景区村5个、区级文明村4个，A级及以上景区村覆盖率95%。太平村获评2023年浙江省“一村万树”示范村，城头村获评2023年度省级“民主法治村”，富山头、富源、横岗、太平村获评AAA级生态信用村。

推进社会保障，全年新增低保23户45人，低边7户12人，特困13户；办理临时救助34户，发放补助资金149227元。完成2023年度低收入农户“菜单式”产业扶持增收项目申报218户，合计申报金额50.7万元；筛选“雨露计划”符合条件学生26名，发放补助资金7.8万元。投入保金6.8万元，为全乡5526户居民缴纳年度政策性农村住房保险，有效防范农村居民因灾返贫风险。

开展安全生产大检查，强化道路交通、学校、商超等点位安全隐患排查治理工作。出动检查人员285人次，开展端午节前、国庆节前、食品安全示范区创建等专项整治行动11次，问题整改率达100%。开展安全生产隐患大排查大整治，检查各类点位2374家，检查覆盖率100%，发现隐患1295个，隐患整改率100%；开展安全生产宣传“五进”5453家次；上报可拘留线索3条，精准执法11条。开展辖区汛前隐患排查治理，扫盲区、除死角，发动168人次，检查山塘14座，制作下发宣传横幅60条；实现汛前村级防灾避灾演练19个村全覆盖，完成辖区规范化避灾安置场所建设。

【"果香太平"产业建设】 2023年，太平乡果乡公司经营性收入308万元，比2022年增长40%，提升"果香太平"产业质量，5月，举办特色枇杷节活动，枇杷产业连续两年被央视新闻频道报道，共富经验获全国性推广。

【共富就业帮扶】 7月，与区物业服务行业协会党委签订党建联建合作协议，率先开展"大搬快聚"专场招聘会，13家物业服务企业为搬迁群众提供低就业门槛岗位200余个。落实残疾人自主创业帮扶补助政策，为38名自谋职业的残疾人补助养老保险11.1万元；完成个体工商户补助4人，补助金额8000元；自主创业残疾人贴息贷款补助3人，金额1.2万元。举办莲姐共富集市系列活动，开展巾帼共富招工。举办各类来料加工免费培训，新增来料加工从业人员20名，举办来料加工技能大赛2场。

（太平乡　钟伊尹）

雅溪镇

【概　况】 2023年，雅溪镇辖19个行政村，镇域面积156.65平方千米。至年末，全镇户籍人口21118人，常住人口5751人。耕地面积775.93公顷，林地12699.93公顷，园地222.53公顷。省级公益林占镇域面积61%。金丽温高速公路、丽和公路和双滴公路穿境而过，距镇区3千米的洪渡村有高速公路互通。

2023年，雅溪镇获评第四批"浙江省戏曲之乡（乡镇级）"。雅溪镇双溪村获评省级首批百优"无废城市细胞"乡村；上黄村获评2023年度浙江省和美乡村特色精品村；岱后村获评2023年度省级"民主法治村（社区）"，岱后村文化礼堂获评省级五星级文化礼堂；库川村被评为浙江省第三批未来乡村创建村，库川村博物馆被评为省级乡村博物馆；潘百村、库川村、西溪村被列入浙江省第三批低（零）碳村（社区）试点。

稳固工业基础，引入"绿谷精英·创新引领"行动增收计划A类项目，安排奖补资金500万元，延伸覆盆子产业链，推进健脑益智等系列产品研发及产业化。新增税源企业4家。推进山区农业优化提升，打造"生态优品""特色精品""创新佳品"，改造低产老茶园3.33公顷，"丽水覆盆子"注册国家地理标志证明商标。西溪村成为莲都区首个节水抗旱稻百亩制种试验基地，全镇节水抗旱稻种植面积达66.67公顷。"雅溪有礼"品牌强农之路不断拓宽，累计售出农副产品大礼包2000余份，销售额86万元，促进低收入农户增收50%以上。

培育文旅IP，"西溪向日葵"成为热门打卡点，吸引游客上千人；依托"网红"效应，与百万粉丝旗袍店"限时赏味"合作，举办艺术嘉年华"墨名旗妙"活动，助力产业发展，西溪村被评为丽水市首批市级艺术特色示

3月10日，北乡非遗联合展演活动在上黄村开展（雅溪镇　提供）

范村；举办“莲房接姑”庙会、北乡非遗联合展演等活动，吸引游客2000余人；雅溪生态漂流吸引游客140万人次，提供就业岗位40个，为村民增收36万元；盘活村集体闲置资源，与“蓝剑一号”合作，投资约800万元，分三期建设军魂研学基地，促进片区文旅产业持续发展。

改善镇村面貌，完成西溪村历史文化名村规划和雅义村龚山自然村（中国传统村落）规划修编。投资2072.5万元进行基础设施提质改造，推进省级和美乡村、省级未来乡村创建，完成省级民生实事点位污水处理端改造4处，潘百村美丽宜居示范村项目通过验收，提升绿化面积0.1公顷，修复镇村道路3千米、健康绿道1.5千米。组织党员干部群众400余人开展爱国卫生运动，清理卫生死角120余处，清理垃圾7吨。落实“三改一拆”工作，累计拆除违法建筑5764.83平方米，实现新违建“零增长”。改造农村公路8.875千米，新增偏远自然村客运班车4班次，实现镇域偏远自然村全面通车。

完善“六位一体”管理机制，实现环境整治长效化、规范化。开展“找寻查挖”“酒糟废水直排”专项整治行动，完成点位整改32个。加强扬尘、秸秆焚烧等污染源管理，新增巡逻车和卫星监控设备。推进松材线虫病防治，发生面积和发生株数连续两年实现“双下降”。推动污水治理提质增效，整改河道问题12个，改造污水管网9.57千米，新增生态堰坝21座。

拓宽致富增收路径，深化出山、下山、进山“三山”共富协同改革，深入实施低收入农户“菜单式”产业扶持，发放中央及省级财政衔接乡村振兴资金37.23万元，促进低收入农户增收超45万元。“大搬快聚”通过区级资格审查355户889人，安置209户611人，发放6批货币资金669万元，发放7批专项补助人头费3820.4万元。新建里东、库川、西溪、季岭根村“共富驿站”4个。

加大民生保障力度，完成民生实事67项。发放临时救助资金20.24万元、优抚金7.43万元，足额发放746户956人最低生活保障，新增低收入群体21户32人。推进全民参保计划，城乡居民户籍人口基本医疗保险参保率99.57%，“浙丽保”参保率95.44%。完成困难残疾人家庭无障碍改造和“净居亮居”工程14户，发放辅具76件。落实就业服务“零公里”，召开“大搬快聚”专场招聘会4场，开发公益性岗位30个，带动农户年增收万元以上。

公共服务供给持续优化，修缮村级文化礼堂2个、村级党群服务中心2个，打造“15分钟品质文化生活圈”2个，新建省级乡村博物馆1个，建成洪渡村多功能运动场。依托未成年人保护站、儿童之家组织儿童健康成长类活动10场次，走访慰问100余人次。发放生育补贴4.7万元，完成宫颈癌筛查338人、乳腺癌筛查336人。成立康养联合体，实现各村养老管家全覆盖，建立银龄理发点2个，为全镇域低保、低边老人免费上门理发5000余人次，为在村困难老人提供送餐到家服务4万余人次。进村举办健康讲座70余场，开展急救技能培训19次，受益5556人次。

开展安全生产隐患大排查大整治行动，排查辖区内企业96家、个体工商户367家，完成隐患整改716个。加快构建雅溪镇消防治理体系，自筹经费7万余元，为双溪、西溪等7个村安装消防栓附属设备60余套。推进自建房排查整治，完成C级危房实质性解危40幢、D级危房实质性解危16幢，实现危房“动态清零”。全年未发生较大及以上生产安全事故和亡人火灾事故。做好防汛防台工作，实现汛期“零伤亡”。抓实森林防火工作，实现重点时段森林火灾“零发生”。

守住耕地保护红线，全年违法占用耕地“零新增”。完成撂荒地情况排摸367块、面积106.54公顷，整治疑似耕地流出图斑178个、面积17.9公顷。推进粮食稳产保供，改造7个村土地丘陵山区宜机化农田213.33公顷，完成农田整治修复面积28.24公顷。发放耕地地力保护补贴5834户、173.64万元，有效保护耕地789.375公顷。水稻保险投保220户、面积137.21公顷。

上黄村未来田园(雅溪镇　提供　摄于5月13日)

推广粮油等主要作物种植,油菜扩种74.67公顷,油茶抚育41.12公顷,荒地复耕复种67.07公顷。

坚持和发展好新时代“枫桥经验”,以雅溪镇“协治会”调解组织为依托,深度融合“协治+调解”模式,夯实矛盾纠纷化解和安全隐患治理基础,完成涉信涉诉涉访重点问题化解84起,其中2起典型案例报送司法部。常态化开展“干部干事·群众有感”“三级干部大走访”活动,批量“下访”、组团“进村”、主动“上门”,走访群众3000余人次,解决群众急难愁盼问题92件。

【丽水飞宇矿业萤石选矿项目“拿地即开工”】 2023年,浙江丽水飞宇矿业有限公司日处理500吨萤石选矿生产线项目落户莲都区雅溪镇潘百村,总用地面积32887平方米,总投资1.12亿元。6月,该项目仅用两天时间就取得备案信息表、用地规划许可证、工程规划许可证、图审合格证、不动产权证、施工许可证等审批结果文书,成为莲都区首个“六证齐发”“拿地即开工”项目,全年完成投资额4800万元。

【“潘百有意思”项目】 2023年,“宁波—丽水”市级山海协作“潘百有意思”项目申请市级山海协作援建项目资金145万元、省级美丽宜居示范项目资金150万元、水利三期景观坝提升资金200万元。截至年底,完成项目一期总体规划设计,其中,省级美丽宜居示范项目开工。

【“宋韵梓川 未来田园”项目】 3月23日,雅溪镇上黄村“宁波—丽水”市级山海协作“宋韵梓川 未来田园”项目竣工验收,建设完成流转农田8.67公顷、河道1千米,统一化种植水稻、油菜等兼具观赏性质的农作物,开展未来农田的河道整治、基础设施修建、文化宣传站点建设及智慧化农业设备铺设等;开展直播、宣讲等活动,以“互联网+”模式进行数字化可视管理,带动促进“直播式农旅经济”形成。

【节水抗旱稻百亩制种试验基地】 2023年,雅溪镇西溪村建成莲都区首个节水抗旱稻百亩制种试验基地,基地面积13.33公顷,基地内“六两优216”籼型杂交稻种亩产可达600多千克。

(雅溪镇　郑佳)

仙渡乡

【概　况】 2023年,仙渡乡辖11个行政村,乡域面积65.8平方千米,是莲都区唯一一个所有行政村都是革命老区村的乡镇。至年末,全乡户籍人口11302人,常住人口2643人。耕地面积797.84公顷,林地面积4594.87公顷,园地面积607.98公顷。11个村的村集体收入共计810.62万元。

2023年,仙渡乡获评国家级老区精神教育基地、省级健康乡镇、丽水市实施乡村振兴促进共同富裕工作先进集体等,被列为全区唯一的全市十大红色康养乡镇,“红韵遗风·康养小镇”建设获副省长批示。

打造“山地精作”甘薯产业链,布局“苗种产学研游”全链条,建立标准化甘薯育苗育种基地和“加工企业+强村公司+共富合伙人+农户”甘薯统购统收机制，新种植甘薯面积突破46.67公顷，亩产达1500千克，新引进丽水市中农智康有限公司。盘活乡村闲置资源，引进新能源项目，集中攻坚“万亩千兆”农光互补集中式光伏电站项目，用地红线范围119.27公顷，涉及7个行政村，完成土地流转签约1152户。建设完成公建房屋顶分布式光伏，每月为乡强村公司增收1万元。推进乡村振兴综合体现代生态观光园项目落地，并申报为2024年“共富123行动”乡镇试点重点项目。

推进“红色桃花小镇”建设，挖掘红色革命遗址24处，北乡革命纪念馆、和合起义展示馆、红色古街、和合古道等“串点成线”，形成“学在仙渡”红色党史研学路线，截至2023年底，接待各类游客2.5万余人次。打造活力仙渡IP，举办2023莲都桃花节，通过认领一棵桃、“挺进北乡”趣味定向运动、古街桃花集市、乡村音乐会、摄影比赛、百车游仙渡等活动，引爆春日仙渡。举办省级象棋城乡联赛邀请赛、第五届骑游大会仙渡段等活动，提升“革命老区、活力仙渡”知名度。招引一批青创共富合伙人，打造乡村新业态，全乡旅游业营收近200万元，相关短视频流量突破百万。2023年，获评全省首批百个“红色根脉强基示范村”省级文化示范村。

完成“非农化”即可耕地恢复土地整治约8.73公顷，完成“一户多宅”整改1000余平方米。涉林垦造水田种植任务通过区级验收；推进三望岭旱改水土地垦造项目，主体部分基本完工。开展全乡域内房前屋后松木集中清缴行动，2022—2023年度完成疫木除治4500吨。建设滴水岩生态公园，葛畈村沿路两侧种植行道树110株，葛畈村可食地景获区级最美农家地景二等奖，葛畈村被评为全市精品花园乡村示范村。推进“五水共治”，村庄居住区的防洪、排涝能力均达国家建设标准。

构建区域网格，绘制各村网格地图，收集“人、房、企、事、物”等信息，采集人口信息2493人，完成人户分离146户，排查流动人口13人，排查出租房4处，走访率、登记率、准确率均达100%。通过基层智治平台上报事件3259件，办结率100%，排查出各类矛盾纠纷43起，成功调处35起，形成“人在格中走、事在网中办、难在格中解、情在网中结”的“党群连心、网格走亲”局面。推进民主法治村复评和创建工作，申报何金富村为省级民主法治村。各村阳光票决事项19件。全年组织合法性审查60件，出清案件17起，执行到位金额235.33万元。

压实信访维稳责任，化解3年以上积案6件，疑难案件4件。全年收到投诉咨询信访件136件，其中来电129件，网信2件，来访3起，来信2件，初次信访和投诉件同比下降32%，保持信访案件“动态清零”。落实“周五接访日”工作制度，采取随机接访、预约接访、线下走访相结合的形式，由主要领导对群众信访事项问诊把脉，全年接待13批35人次、上门走访8人、召开协调会19次，一批时间长、涉及面广、化解难度大、涉及群众切身利益的“骨头案”“钉子案”得到解决。

健全应急体系，规范应急处置流程，完善应急预案4套。开展各类应急演练和培训15次，排查整改安全隐患500余处，地质灾害巡查200多次，走村入户宣传消防安全知识3000余人次。选拔录用应急管理员11名，成立11支村级应急救援队伍，汛期转移芦村、梅田、滴水岩、董弄等村群众50多名，及时扑灭南源、梅田、皂树、仙里等村的山林、民房、祠堂火灾8起，全年人员无伤亡。

推进民生保障，新增农医保参保60人，长护险参保率30%，“浙丽保”征缴率95.47%；养老保险参保率99%，实现养老保险待遇人脸识别100%，全年养老保险待遇申领350人；肇事肇祸拨付资金20194元。临时慰问困难群众71人，发放慰问金1200余万元。落实公益性岗位管理及补贴发放，开发公益性岗位8个，就业困难人员帮扶率达100%。乡便民服务中心建立“午间不打烊”工作机制，实现税务服务“掌上”办理，窗口综合受理、收件1900余件，服务群众3500余人次。拨付资金26万元，完成何金富、滴水岩、仙里、芦村4个村便民服务中心提升改造。申报2023年度低收入农户“雨露计划”17人次。办理农村小额保险2299份，办理水稻保险125户。办理残疾证88份，办理护理补贴和生活补贴47人。完成幸福清单3400余人次。建设乡级公墓，容纳墓穴位置1200余个。全乡各村养老管家全覆盖，有持证管家6人；建设居家养老服务（照料）中心11个，开展助餐配送餐服务，全年送餐4.1万份。完成“大搬快聚”搬迁703人。

【桃花岭文明驿站】 2023年，对位于滴双线起点处的桃花岭文明公路驿站进行改造提升，使之成为自行车、摩托车骑友和自驾游旅行者的网红休闲打卡地，通过骑行产业的链接，激活当地农家乐、露营基地、旅行社等资源共享。

【滴双线公路改造工程】 仙渡乡滴双线公路全长约14千米，贯穿莲都北乡片区，是莲都北部山区的重要环线通道。2023年，实施滴双线改造工程，主要内容为村庄道路“白改黑”绘制交通标线涂料、部分破损护栏及桥梁护栏重装、设置弯道光电诱导标、安装光伏路灯等。滴双线公路沿线有北乡革命纪念馆、红色体验中心、红色古街、和合起义展示馆等红色资源，通过农村公路“微改造”“精提升”的加持，以“红色传承、绿色发展”双轮驱动，助力乡村振兴。

【葛渡溪生态堰坝工程】 2023年，完成葛渡溪生态堰坝工程建设。提升农村公路基础设施，打造“处处是景观、步步有景点”的公路景观廊，完成葛畈至仙里公路沥青铺设，提升和拓宽何金富村通村道路和育种基地周边道路，新改建葛畈至仙里、山头岗至张山后路段，方便村民出行。完成危房解危16处，恢复重建19幢。完成“善居工程”改造家庭2户。完成根竹园半岭自然村和葛畈村部分地区污水管道铺设和路面“白改黑”。

【滴水岩生态公园建设项目】 2023年，总投资50万元，实施滴水岩生态公园建设项目，是集亲子研学、观光游玩、网红打卡等功能于一体的休闲旅游综合体。

（仙渡乡　王杰敏）

老竹畲族镇

【概　况】 2023年，老竹畲族镇辖12个行政村，总面积81.63平方千米。至年底，全镇总户数7691户，总人口16043人。山林面积5575公顷，耕地面积915.50公顷。

全年一般公共财政预算收入5200.23万元，其中，税收231.24万元，财政收入5406.85万元。一般公共财政预算支出5200.23万元，其中税收支出231.24万元，财政支出4269.23万元。全镇村级集体经济总收入1412.8万元，比2022年增长42.34%；经营性收入514.25万元，增长56.15%，经营性收入50万元以上的村4个，25万元以上的村8个。全镇在册企业（包括农专社）296家，在册个体工商户1132家。

依托党群服务中心、共富工坊等阵地提升建设“雁领畲镇”共富学堂，举办“春风送岗”招工活动、“牵手山海协作 共建共富工坊”气球包装技能比赛、“共富成长”培训班等乡村干部技能实训48场次，为留守妇女、残疾人和贫困人群免费开展来料加工就业技能培训500余人次。建设丽水市昊阳农业开发有限公司博士创新站、百博进百企工作站，引进博士研究生3名，激发乡村发展活力。

推进实施垦造项目，全年开工项目11个，总规划开发面积29.67公顷，其中6个项目工程进度超50%。新立项实施建设用地复垦项目4个，立项面积1.34公顷。垦造耕地项目验收2.2公顷，建设用地复垦项目验收2.47公顷。承办莲都区土地整治工作现场会。做好“非农化”“非粮化”整治，累计播种粮食作物面积800公顷；完成土地卫片整治0.8公顷，完成国土变更调查监测疑似耕地流出图斑核实整改24.53公顷，完成永农非耕地整治4.99公顷，完成即可恢复耕地整治20公顷。

打造美丽村庄、美丽庭院、美丽田园和美丽街区，完成沙溪民俗一条街项目通车。后坑村获评省级和美乡村精品示范村，沙溪村获评全省第三批未来乡村创建村、省级自然保护地融合发展村、市级艺术特色示范村。建设低碳乡镇，推进“绿色低碳”赋能农业生产、农产品深加工和农文旅产业深度融合，老竹镇被列为浙江省第三批低（零）碳乡镇（街道）试点。高质量推动“四好农村路”提升工程，实现辖区12个行政村城乡客运公交全覆盖，加快推进曳巨线改造项目，在全区乡镇中率先实现所有行政村道路“白改黑”。

完成“雨露计划”补助学生11名，补助资金3.3万元；落实上级助残、惠残政策，完成残疾人及残疾人子女助学补贴申报58名，为55名残疾人配送辅助器具；联合强村公司和老竹商会组建慈善助学基金，全年发放助学奖励3.7万元。

推行“四到”（案件分析到位、思想沟通到位、事业助力到位、感情关怀到位）工作法助力“零信访镇”创建，全镇12个村均建成市级民主法治村。

依托老竹村灯光球场、党建广场、老竹文广站等场所，打通公共文化服务“最后一公里”，入选浙江省“15分钟品质文化生活圈”十佳案例。

【共富工坊】 4月，引进义乌市恒韬进出口有限公司，成立来料加工共富工坊，铝膜气球生产实现日均产量16万个，为群众增收1500万元以上，为曳岭脚村和后坑村集体增收23万元。推进赤坑香榧共富工坊建设，12个行政村合力开展党建联建项目，以入股的方式加入“林下经济”，亩均年收益8000元，村集体联建年经营性收益150万元。8月29日，“处州蜂业”获“党建引领·莲播共富”2023莲都区电商直播式共富工坊评比决赛一等奖、“三只凤凰”获二等奖。“侨助共富”共富经验被《浙江日报》报道。

【三月三畲族歌会】 4月21日，承办第29届“竹柳新桥”三月三畲族歌会，吸引游客5万余人。开展山哈集市、畲族婚嫁表演、篝火晚会、畲族文化趣味研学等活动，通过短视频、直播等方式传播老竹文化魅力，推出系列畲族非遗文创伴手礼。

【赤坑香榧基地】 推进丽水市首批“共富123行动”试点乡镇重点项目——赤坑香榧基地扩面提升项目，利用“林下经济”“山地精作”等政策，发展“香榧＋林下经济”共富项目，5月，该项目获评丽水市首批“红绿金”融合发展项目，并获最高等次奖励资金。

【白莲节】 8月1日，2023年老竹畲族镇第十二届处州白莲节暨莲鸭共生趣味运动会启动。活动以莲鸭共生为基底，在品味处州白莲的基础上，融合“寻莲蓬王”“赶鸭子”“运鸭蛋”等“接地气、赋新意”的特色活动。

【南乡革命纪念馆改造提升】 9月25日，完成南乡革命纪念馆改造提升，新建语音导览、多媒体互动等信息化系统。整合红色拓展营地、南乡食堂、石门隐墅民宿等资源，推动景镇融合，串联“红＋绿＋畲”的全镇旅游新业态，新屋红色营地每月人流量3000~4000人次，月收入达15万~20万元，提供工作岗位20个，实现红色优势与富民增收优势的转化。

【苔藓小镇项目建设】 2023年，启动中国苔藓小镇项目建设。与丽水市润生苔藓科技有限公司合作，通过强村公司联建，建成13.33公顷山地砂藓、1.33公顷大灰藓育苗基地，带动村集体、村民、企业增收。11月，与润生公司签订投资框架协议，在周坦村建设苔藓总部、在曳岭脚村建设中转基地、在徐庄村建设稻藓共生系统。12月7日，该项目获莲都区第三届优秀“消薄”项目大比拼活动第一名。

【乡贤联谊会】 12月，老竹畲族镇乡贤联谊会第二届会员大会召开，选举产生第二届理事会成员14名。

（老竹畲族镇　全赢）

丽新畲族乡

【概　况】 2023年，丽新畲族乡辖9个行政村，总面积83.22平方千米。至年末，全乡总户数5022户，总人口10761人，有外出人口4815人。耕地面积1122.97公顷，山林面积6668.93公顷，是全国环境优美乡镇、国家卫生乡镇、浙江省民族团结进步模范集体、浙江省民族乡村振兴试点。有上塘畈、山村、咸宜3个民族村，畲族人口占全乡总人口的21%左右，其中上塘畈村畲族人口占全村总人口的95%以上，被称为“浙江畲族第一村”。

全年实现工业产值2.14亿元。9个村村集体总收入647.5万余元，其中经营性收入391.4万余元，比2022年增长42%。乡强村公司实现利润469.07万元。低收入农户人均可支配收入27952元，增长32.7%。

抓好土地整治项目“腾笼换鸟”，盘活存量土地资源，全乡完成土地整治项目6.56公顷，“一户多宅”整治拆除面积956.01平方米，完成永农非耕地整改0.27公顷，即可恢复整改11.67公顷，不合法耕地流出整改2批次19.937公顷，推动“大搬快聚”腾空搬迁26户69人，拆除面积2080平方米。

落实安全生产隐患大排查大整治，实现辖区内所有个体户、384家企业和36幢自建出租房、8个重点领域排查全覆盖，检查1137次，整改一般隐患656处，隐患整改率100%。全域范围开展家用煤气管道隐患排查工作，更换煤气管道134根、燃气阀门71个。拆除危旧房、违章建筑2640.19平方米，发放停工、整改通知书18份，现场阻止违法建设行为28次。完成所有危房的复核和整改工作，拆除、重建C级危房11幢、D级危房11幢，整治地质隐患2处。

全乡医疗保险参保率100%，养老保险参保率98.99%，“浙丽保”参保率95.07%。新增低保8户10人，发放低保金27.96万元、五保供养资金2.48万元、孤儿补助金1.92万元、临时救助资金3.38万元、高龄津贴14.82万元、残疾人“两项补贴”113.92万元。畎岸村建成省级民生实事项目“妇儿驿站”。

【茶叶特色产业】 丽新畲族乡茶叶种植面积400.2公顷，种植农户672户，以乌牛早、龙井、白茶、黄金茶等品种为主，产值3270万元。2023年，打造德跃茶叶种采制全程机械化示范基地，建成标准化厂房3300平方米，形成从种植、加工到销售的茶叶全产业链。

【光伏项目建设】 11月27日，丽新畲族乡人民政府与阳光新能源开发股份公司签署战略合作协议，推动光伏项目全域建设，工程总投资400余万元。

【交通枢纽工程】 2023年，完成丽水东西岩客运综合交通枢纽工程和丽水东西岩客运综合交通枢纽连接线工程两个项目土地征收11.32公顷，房屋征收9户1802平方米，完成炮损评估60余户，解决衢丽铁路用地征收矛盾纠纷90多起，配合做好白岸口安置房和咸宜安置小区建设，保障衢丽铁路工程项目推进。

【革命老区红绿融合爱国主义教育基地矿地综合开发利用项目】 2023年，启动莲都区革命老区红绿融合爱国主义教育基地矿地综合开发利用项目，征收土地44公顷，房屋16幢，占地面积4000多平方米。截至年底，完成分户测量和房屋征收资料收集。

（丽新畲族乡　陈洁）

黄村乡

【概　况】 2023年，黄村乡辖11个行政村，总面积100.1平方千米。至年末，全乡户籍人口11654人，常住人口3284人。耕地704公顷，林地8406公顷，森林覆盖率达89.9%。

2023年，黄村乡扎实有效做好社会保险参保工作，其中城乡居民基本养老保险参保率99.13%，城乡居民基本医疗保险参保率99.98%（参保率位居全区第一），“浙丽保”参保率94.39%。深入开展扶贫工作，按照应保尽保要求，2023年新增低保户35户、低保边缘户11户、五保户2户，累计发放低保金35万余元。通过产业帮扶、兜底帮扶、就业帮扶、异地转移搬迁帮扶等举措，保证低收入农户收入年增幅保持在10%以上，高于当地农村普通农户收入增长水平。持续开展重点人群帮扶和救助工作，开发公益性岗位5个确保国家有关脱贫攻坚的社会保险、社会救助、社会福利等社会保障政策覆盖所有低收入农户，做到应保尽保、应补尽补，确保不出现绝对贫困现象。

稳固安全生产防线，认真贯彻落实省、市、区安全生产隐患大排查大整治专项行动部署，召开安全生产工作隐患排查工作部署会、安全生产专题业务知识培训会，开展应急救援队伍业务培训及演练活动，完善应急管理体系，安全生产扎实推进，全年共计排查各类场所177家，委托执法办理处罚数2起，发现隐患104个，完成整改104个，整改率100%。新建郑村村、和垟村避灾安置场所，在台风“卡努”来袭期间，成功转移郑村村3户5人。聚焦生物安全风险防控，共清理松材线虫病枯死木面积3.34万亩、1.4万余株，就地处理疫木1.5万余吨。无人机喷洒噻虫啉1500亩，保护重点松木21100余株，松材线虫病害得到有效遏制。

全乡村级集体总收入869.42万元，经营性收入416.02万元。立足黄村乡山水资源和高海拔优势，推进茶产业发展，2022—2023年新增茶叶种植面积500亩，年均增收15%。大力培育农业专业合作社、家庭农场等新型农业主体，天堂山猕猴桃、高山田螺、池岭蜂蜜酒等黄村乡特色生态农业产业快速发展壮大。探索培育毛竹、油茶、杨梅等传统种植业，推动全乡生态农业向多元化、精品化、特色化方向发展。

推进“微改造、精提升”工作，黄村村沿溪绿化带提质升级，黄泥墩村“百米花墙”项目顺利完工。利用严鸟村流转闲置土地打造“共富田”共富工坊，以“支部引领＋党员带头＋群众参与”模式，推动“消薄”增收，实现村集体增收2.3万元。

打造以“两平台四环节”为核心的新阳光治理体系，推动“全过程人民民主”在基层生动实践。搭建线上（阳光“云票决”系统）、线下（阳光议事长廊、阳光议事厅、阳光议事广场、阳光议事茶馆、议事公园等）两大议事平台。坚持党建引领，发挥乡、村两级党组织的统筹协调作用，在村级事务阳光票决制的基础上进一步迭代升级，打造“阳光议事”“阳光票决”“阳光评议”“阳光监督”四位一体的全流程阳光治理机制，践行全过程人民民主理念。

【农光互补光伏发电项目】 启动华能莲都黄村农光互补发电项目，规划利用失管园地15.33公顷建设农光互补复合光伏发电站，以光伏组件板上发电、板下种植多花黄精的形式提高土地利用率，总投资约7600万元。

【毛竹林整村流转】 2023年，推进池岭村毛竹林整村流转200公顷，带动村集体增收约5万元；郑村村毛竹林整村流转253.33公顷，带动村集体经营性收入36万元。

【水源保护绩效综合奖补机制创新】 2023年，增强《优化黄村乡绿色发展生态奖补机制（试行）》影响力，切实提升水源保护能力，实现严溪流域沿线5个村基层党建和流域治理协同发展，打造护水共同体，提升各村水源环境保护自觉性和主动性，确保市区饮用水安全。

【乡域交通建设】 2023年，黄村乡完成上李线改造提升，新建和垟至陈坑联网公路。洪渡互通至黄村农村道路改造提升工程（黄村段）总长7千米，全线浇筑柏油，新增黄村隧道，改善黄村乡主干道交通环境，减少原上李线（郎池段）交通风险；和垟至陈坑道路建设总长7.8千米，打破天堂村到黄村乡的交通壁垒，使天堂村不再是块“飞地”。

（黄村乡　陈乾陵）

人物·荣誉

2023年浙江省五一劳动奖章获得者

【汤伟红】 女，汉族，1970年6月生，农工党党员，政工师，浙江丽水人。2023年获省五一劳动奖章。2015年10月，她组建莲都“小荷”志愿服务队。历时八年，“小荷”从16人发展壮大至10万多人，坚持每月开展“逢九”志愿活动273次，参与160余万人次，累计志愿服务时长超1060万小时。她开通“小荷之梦”公众号、视频号，把“小荷”故事带进千家万户；创作队歌《我的名字叫小荷》；组建“小荷草根宣讲团”；精心设计“邮说党史”系列活动，以党史珍邮传递时代担当；打造文创产品“小荷之花”，成为各类活动的颁奖花束；成立志愿服务“礼遇”联盟，激励回馈志愿者；搭建“小荷之家”，修筑“小荷”们的温暖归宿。

2023年丽水市劳动模范

【厉定伟】 男，汉族，1971年1月生，中共党员，高级农艺师，浙江省第十五次党代会代表，浙江丽水人。2023年获评丽水市劳动模范。他作为袁隆平院士亲笔题名的国家水稻分子育种中心丽水示范基地负责人，刻苦钻研种田技术，承担超级水稻品种试验任务，6年内共参试杂交水稻品种910个，试验超级稻品种218个，水稻生产主推品种和主推技术率达90%以上，平均亩产超750千克。牵头成立专业合作社，经营规模120公顷，提供粮食生产和农机社会化服务，带动周边农户经营133.33公顷，有效助力当地农民增产增收。

【陈　虹】 女，汉族，1981年11月生，中共党员，中级社会工作师，丽水市第五次党代会代表，浙江丽水人。2023年获评丽水市劳动模范。作为热线平台“总客服”，她团结带领员工，坚持为群众排忧解难，16年来扎根服务一线，始终把“抚民困、排民忧、解民难”作为自己的工作目标，立足平台资源优势，规范服务市场，组织180多家加盟企业推出就业岗位600多个，使130多名加盟服务人员实现灵活就业。创建“互联网+服务”模式，通过“线上”接单、“线下”服务，成功打造“10分钟社区便民服务圈”，累计受理市民各类求助228万余件，求助件办结率100%，回访满意率99.9%，使“96345”热线成为市民生活离不开的“贴心线”。牵头组织开展大型志愿服务进村（社区）等活动280余场，为基层百姓送去家电维修、义诊、修配锁、义剪、政策宣传等各类服务项目，服务群众75万余人次，推进城市基层党建创新发展，提高群众生活品质。

【陈国良】 男，1967年9月生，中共党员，浙江丽水人。莲都外国语学校党委书记、校长。2023年获评丽水市劳动模范。他办学思路清晰，理念先进，所任职的学校现有2个校区、3个学部、140个班级，近5000名学生，498名教职员工。他努力探寻民办教育新路子，推进人事制度、薪酬分配制度、评价制度三大改革；推进队伍建设、一体化建设、学科建设三大建设，充分发挥民办学校发展潜力，开辟民办教育新赛道。2021学年，升入丽中等重点高中人数183人；小学部获教学质量优胜奖，中小学体育、美育教育成果在莲都区独树一帜；学校党建、少先队、教师专业发展等工作走在全市前列，培养出浙江省特级教师、全国优秀大队辅导员、兰亭七子等拔尖名优教师20余人。

【华先妹】 女，汉族，1978年6月生，中共党员，副主任中医师，浙江丽水人。莲都区白云街道社区卫生服务中心主任，丽水市第五届人大代表。2023年获评丽水市劳动模范。参加工作20多年来，她一直坚守在基层卫生健康岗位，带领中心全体职工开拓进取，创先争优，单位先后获浙江省规范化社区卫生服务中心、浙江省优秀家庭医生签约服务培训基地、丽水市“建设清廉机关 创建模范机关”工作先进集体、丽水市巾帼文明示范岗、丽水市抗击新冠工作先进集体、莲都区三八红旗集体单位等称号，成功通过优质服务基层行推荐标准国家级评审，连续12年获评莲都区综合目标考核优胜单位。

【黄启林】 男，土家族，1980年1月生，中共党员，机电工程师，湖北省宣恩人。浙江特利隆精密机械有限公司研发部经理兼总工程师。2023年获评丽水市劳动模范。进入浙江特利隆精密机械有限公司以来，他设计开发10余款自动化加工技术设备，逐步实现皮带轮加工从切割下料、打孔、车平面倒角、车轮槽、检测等工序的单机自动化，制造工人由280人减少至130余人，产值由3500万元增加至8000余万元，产品的加工精度、质量稳定性、加工效率与自动化程度均处于行业领先水平。公司先后获“浙江省隐形冠军培育企业”等10余项荣誉。

【姜　雷】 男，汉族，1976年3月生，中共党员，机械工程师(中级)，浙江温州人。瓯宝安防科技股份有限公司技术副总。2023年获评丽水市劳动模范。他1996年3月加入瓯宝公司，带领公司技术人员不断进行工艺技术改革、创新，由于表现出色，多次被公司评为“企业优秀员工”“优秀党员”等。

【李春阳】 男，汉族，1974年3月生，中共党员，一级警长，浙江丽水人。2023年获评丽水市劳动模范。他始终坚持以人民为中心，在大港头派出所创新推出“山里110”警务模式，成立“乡贤调解帮帮团”，组建“画乡义警”，打造“不打烊党员窗口”，大港头所被评为全省首批“枫桥式公安派出所”、省“最美警队”，先后立集体二等功、三等功，被省公安厅作为典型推广。他积极打造“山水警务，岩泉铁军”，带领全所抓基础、强打击、促稳定，2021年，岩泉派出所移送起诉122人，行政处罚385人，同比分别上升11.4%和72.65%；2022年，岩泉派出所受立案同比下降32.8%，伤害类案件下降49.3%，电诈案件下降26.1%，案损下降34.1%，两次立集体三等功。近五年来，他带领民警共抓获各类违法犯罪嫌疑人1300余名，破获各类案件700多起。

【王景弘】 男，汉族，1980年5月生，九三学社社员，工程师、酿造技艺非遗代表性传承人，陕西西安人。2023年获评丽水市劳动模范。他作为一名外来务工人员，扎根丽水、认真学艺，进入鱼跃酿造有限公司后，学习传统酿造技艺，成为非遗技艺传承人，并不断进行现代科技与传统技艺相结合的尝试，先后研发桔子果醋、“零添加”老缸酱油、新型露天酱油晒场等新产品和新工艺，取得专利授权10余项，帮助企业获得国家高新技术企业、浙江省农业科技企业等荣誉，通过科技创新让老字号重现活力。身为企业讲师团的重要成员，他经常参加以宣传食品安全、非遗技艺、营养健康等为主要内容的公益性讲座活动，年宣讲近百场次，听众达上万人。

【周　建】 男，汉族，1982年4月生，大学学历，退役军人，二级物业管理师、经济师、助理工程师，浙江丽水人。2023年，获评丽水市劳动模范。浙江鑫汇物业管理有限公司董事长。他扎根基层，从基层保安做起，几经磨炼，艰苦创业，被选为开发区物业行业协会会长、民建莲都区第七届委员会委员、莲都区物业服务行业工会联合会主席、莲都区政协委员，先后获评浙江省退役军人先进个人、浙江省退役军人就业创业导师、莲都区劳动模范、2019年度莲都区统战系统最美统战人、开发区“丽水之干青春之范”优秀青年、开发区最美物业人等。

【周枭军】 男，汉族，1973年8月生，中共党员，大专学历，中级钻石分鉴师，浙江丽水人。丽水市百货大楼有限公司党支部副书记、副总经理。2023年获评丽水市劳动模范。他从基层做起，逐步成长为公司的中坚力量，在企业转型升级、工会建设、抗击疫情、复工复产等关键时期保持战略定力，为公司创价值、为职工谋福利、为群众解难题，得到社会各界的广泛认可。

（区总工会　何燕青）

2023年受表彰先进集体和先进个人名单

【受到中央、国家部委表彰的先进集体和先进个人名单】

（一）先进集体名单

区委组织部被中组部办公厅评为全国组织系统信息报送先进单位；

区人力社保局被人社部办公厅评为2022—2023年度劳动保障新闻宣传工作做得好单位；

区教育局被教育部办公厅评为全国第七届中小学生艺术展演活动优秀组织；

区卫生健康局被国家卫健委妇幼司评为基层儿童早期发展项目试点；

区检察院被最高检政治部、检察日报评为2023年度《检察日报》读报用报工作先进单位；

区侨联被中国侨联评为全国侨联系统先进组织；

大港头镇利山村被农业农村部、中央宣传部、司法部评为第三批全国乡村治理示范村；

岩泉街道东港社区被国家卫健委、全国老龄工作委员会办公室评为2023年全国示范性老年友好型社区；

区公安分局万象派出所被国家民委评为第十批全国民族团结进步示范单位；

区“侨缘侨心　儿童之家”被中国侨联评为全国侨联系统“侨胞之家”典型选树单位；

“96345”市民服务中心热线服务平台被中华全国总工会授予全国工人先锋号；

北乡革命纪念馆被中国老区建设促进会授予老区精神教育基地。

（二）先进个人名单

孙苗被国家体育总局、中国残联、省委、省政府评为杭州亚运会、亚残运会先进个人。

【受到省委、省政府和省直机关表彰的先进集体和先进个人名单】

（一）先进集体名单

莲都区被省委、省政府授予“平安牌”；

莲都区被省委、省政府评为美丽浙江建设（生态文明示范创建行动计划）工作考核优秀县（市、区）；

莲都区被省委、省政府评为市县党政领导科技进步目标责任制考核优秀单位；

莲都区被省政府评为第七批省级生态文明建设示范区；

莲都区被省委办公厅、省政府办公厅评为山区26县高质量发展实绩考核第一档次；

莲都区被省委办公厅、省政府办公厅评为全省实施乡村振兴战略实绩考核优秀单位；

莲都区被省政府办公厅评为全面推进大湾区大花园大通道大都市区建设成效明显的县（市、区），实施数字经济“一号工程”升级版，大力发展数字经济成效明显的县（市、区），促消费工作成效明显的县（市、区）；

莲都区被省委全面依法治省委员会评为法治浙江建设优秀单位；

莲都区被省委人才工作领导小组办公室评为市县人才工作述职评议考核优秀单位；

莲都区被省委科技强省建设领导小组办公室列入浙江省科技特派团试点；

莲都区被省委省政府健康浙江建设领导小组办公室评为第二批累计三年健康浙江建设考核优秀等次；

莲都区被省商务厅、省财政厅、省乡村振兴局评为全省县域商业体系建设示范区；

莲都区被省市场监管局、省统计局列入个体工商户发展状况监测试点；

莲都区被省人力社保厅列入2023年人社领域创新深化改革攻坚开放提升项目试点；

莲都区被省民政厅评为全省智慧社区试点评估优秀等次；

莲都区被省水利厅列入2023—2024年度水资源集约安全利用改革试点；

莲都区被省财政局列入一事一议财政奖补支持打造共富乡村试点项目实施地区名单；

莲都区被省财政厅列入2023年第一批百万家庭奔富行动培育县创建名单；

莲都区被省农业农村厅评为浙江省第三批农业“机器换人”高质量发展先行县(市、区)；

莲都区被省住房和城乡建设厅列入工程建设项目分期验收改革试点；

莲都区被省信访工作联席会议列入浙江省推进信访工作法治化试点；

莲都区被省食品药品安全委员会评为浙江省食品安全示范区；

莲都区被省农村文化礼堂建设领导小组办公室列入社区文化家园精品项目试点；

莲都区被省“千村示范、万村整治”工作协调小组办公室评为2023年度全省深化新时代“千万工程”建设宜居宜业和美乡村工作优胜县(市、区)；

莲都区被省推进“四大建设”工作联席会议办公室评为全省第三批大花园示范区；

莲都区被省全面实施标准化战略领导小组办公室列入浙江省标准化创新发展试点；

莲都区被省现代服务业发展工作领导小组办公室列入第三批浙江省现代服务业创新发展区名单；

莲都区被省生活垃圾分类工作领导小组办公室评为全省生活垃圾治理工作优秀单位；

莲都区被省“千村示范、万村整治”工作协调小组办公室评为2023年度全省农村生活垃圾分类处理工作优胜县(市、区)；

区农业农村局被省委、省政府评为改革创新成绩突出集体；

碧湖镇被省委、省政府评为全省人民调解工作先进乡镇；

大港头镇被省委评为“红色根脉”强基(基层党建)示范乡镇；碧湖镇堰头村、南山村、大港头镇大港头村、利山村、雅溪镇岱后村、丽新乡马村村、仙渡乡葛畈村、黄村乡黄泥墩村被省委评为“红色根脉”强基(基层党建)示范村；

区自然资源分局被省政府评为浙江省耕地保护工作先进集体；

区公安分局、区文广旅体局被省委办公厅、省政府办公厅评为杭州亚运会、亚残运会浙江省先进集体；

区委办被省委办公厅评为全省党委系统信息工作优秀单位；

区委办被省委办公厅评为2023年度《今日浙江》发行工作成绩突出集体。

(二)先进个人名单

饶钦茂被省委、省政府评为全省“五水共治”工作先进个人；

朱栽林被省委、省政府评为全省优秀人民调解员；

叶俊海被省委、省政府评为全省指导人民调解工作先进个人；

钟秀琳、周晓龙、於慧彪、王之胤被省委、省政府评为浙江省优秀农村工作指导员；

徐伟乐被省委办公厅、省政府办公厅评为杭州亚运会、亚残运会浙江省先进个人；

林肖霞被省委办公厅、省政府办公厅评为浙江省档案工作成绩突出个人；

汤杨倩被省委办公厅评为全省党委系统信息工作优秀个人；

王拂晓被省委办公厅评为2023年度《今日浙江》发行工作成绩突出个人；

黄梦逸被省政府办公厅评为政务信息工作考核优秀个人。

【受到市委、市政府表彰的先进集体和先进个人名单】

(一)先进集体名单

莲都区被市委、市政府评为全市实施乡村振兴战略优秀县(市、区)、全市“大搬快聚富民安居”工程示范县(市、区)、全市“消薄”工作优秀县(市、区)、全市农业经营主体培育优胜县(市、区)；

区委政法委、区教育局、区公安分局、区民政局、区市场监管局、区消防救援大队、区邮政管理局被市委、市政府评为全市创建省二星“平安金鼎”工作突出贡献集体；

区委宣传部、区信访局、区建设局、区市场监管局、莲都经开区管委会、区消防救援大队、联城街道、碧湖镇、大港头镇、丽新乡被市委、市政府评为全市平安护航党的二十大系列维稳安保工作成绩突出集体；

区发改局、区农业农村局、老竹镇、仙渡乡被市委、市政府评为丽水市实施乡村振兴促进共同富裕工作先进集体；

区卫生健康局被市委、市政府评为丽水市模范集体；

区经济商务局、莲都经开区管委会、区经济合作交流中心、区卫生健康局被市委、市政府评为丽水市“1315”特色产业链“链长制”工作表现突出集体；

区档案馆和党史研究中心被市委评为浙西南革命精神弘扬践行工作成绩突出集体；

区公安分局治安大队被市政府授予丽水市公安系统维护社会稳定保平安工作集体三等功；

区财政局、区生态林业中心、区生态环境分局被市政府授予丽水创建国家级生态文明建设示范区工作集体嘉奖；

区委组织部、区农业农村局、紫金街道办事处、莲都农商银行被市政府授予丽水市消除集体经济薄弱村攻坚工作集体嘉奖；

老竹镇武装部被市政府、丽水军分区评为第四批“5星”基层武装部。

（二）先进个人名单

沈伟松、郑丹、周劲涛、毛晓飞、胡小向、雷发元、胡继红、周炳烨、华楠、章官蔚、沈洁、叶予序、雷方强被市委、市政府评为全市创建省二星“平安金鼎”工作突出贡献个人；

李慧建、李益平、蓝伟军、王刘毅、黄旭、吴丽友、钟彬彬、李海燕、徐必勇、陈雅云、吴满平、王思允、章官蔚、雷发元、叶伟权、李辉辉、许勃琛、张政被市委、市政府评为全市平安护航党的二十大系列维稳安保工作成绩突出个人；

李昕怡、钟秀琳、蓝军伟、舒怡然、吕焕祺、李海慧、周俊杰、阮文韬、阙海峰、傅佩珍、泮政、陈英俊、雷陆、陈静磊、蓝煜斌被市委、市政府评为丽水市实施乡村振兴促进共同富裕工作先进个人；

华先妹、李春阳、陈虹、陈国良被市委、市政府评为丽水市劳动模范；

李敏、胡春杰、罗明勇、刘媚婷、陈颖、王林、吴敏敏、蓝毅、翁鉴波被市委、市政府评为丽水市“1315”特色产业链“链长制”工作表现突出个人；

陈海波、徐华燕、钟洁、赵金淼、郑菁、周倩、郑巧鑫被市委评为浙西南革命精神弘扬践行工作成绩突出个人；

周炳烨被市政府授予丽水市公安系统维护社会稳定保平安工作个人二等功，张虹、张晓东、徐红军被授予个人三等功，祝芝华、丁苏杰、郑康平、孙凯、徐杰、李鑫幸、李泽鑫、汤杭、周荣清、陈政、周志福、龚俊武被授予个人嘉奖；

汤伟红被市政府授予“丽水市劳动模范”称号；

刘蕙莹被市政府授予丽水创建国家级生态文明建设示范区工作个人三等功；张小平、吴越华、韦俊俊、周泽楠、鄢旭燕、许恺、麻伟明、赵庆凯、刘斌被授予个人嘉奖；

刘海勇被市政府授予丽水市消除集体经济薄弱村攻坚工作个人二等功；杨杰、李海慧被授予个人三等功；李勇军、叶刘军、陈岳平、徐伟、张春华、许力鹏、唐俊杰、周敏、陈旸内、徐晶晶、雷敏、梁建芬被授予个人嘉奖；

丁苗苗被市府办评为企业股改上市工作先进个人。

（区考评办　杨曾）

表2　2023年莲都区获浙江省担当作为好干部、好支书称号一览表

荣誉	姓名	单位
浙江省担当作为好干部	刘丽伟	丽水市莲都区碧湖镇人民政府
浙江省担当作为好支书	徐晓宁	丽水市莲都区白云街道接官亭社区

（区委组织部）

表3　2023年莲都区获“丽水之干”担当作为好干部、丽水市担当作为好支书称号一览表

（排名不分先后）

荣誉	序号	姓名	单位
“丽水之干”担当作为好干部	1	王　皓	浙江莲都经济开发区
	2	叶刘军	丽水市莲都区老竹镇人民政府
	3	陈昊颖	丽水市莲都区仙渡乡人民政府
	4	胡春杰	丽水市莲都区经济和信息化局
	5	潘春霞	丽水市莲都区发展和改革局
丽水市担当作为好支书	6	张梦斓	丽水市莲都区紫金街道星湖社区
	7	汤志毅	丽水市莲都区白云街道陈道门社区
	8	童　昶	丽水市莲都区万象街道梅山社区
	9	方月瑶	丽水市莲都区大港头镇小井村
	10	朱栽楠	丽水市莲都区雅溪镇岱后村
	11	汪明健	浙江多乐缝纫机有限公司
	12	付永飞	丽水市莲都区刘英小学
	13	叶建祥	丽水市莲都区交通发展有限公司

（区委组织部）

表4　2023年获莲都区担当作为好干部称号一览表

（排名不分先后）

序号	姓名	单位
1	刘　渊	丽水市莲都区大港头镇人民政府
2	吴龙兴	丽水市莲都区黄村乡人民政府
3	吴旭涛	丽水市莲都区碧湖镇人民政府
4	周炳烨	丽水市莲都区岩泉街道办事处

续表4

序号	姓名	单位
5	郑旭军	丽水市莲都区联城街道办事处
6	郭玉伟	丽水市莲都区万象街道办事处
7	雷　陆	丽水市莲都区紫金街道办事处
8	丁苗苗	丽水市莲都区商务和金融发展中心
9	王斐斐	丽水市莲都区经济商务局
10	叶俊飞	丽水市莲都区人才中心
11	许广胜	丽水市公安局莲都分局
12	杨　曾	丽水市莲都区委办公室
13	何凌毅	丽水市莲都区委社会建设委员会
14	张　骊	丽水市莲都区科学技术局
15	陈　列	丽水市莲都区委政法委
16	陈彦霖	丽水市莲都区财政局预算编制局
17	罗明勇	浙江莲都经济开发区
18	周俊杰	丽水市莲都区农业和农村局
19	翁菀翎	丽水市莲都区人民政府办公室
20	雷发元	丽水市莲都区住房和城乡建设局
21	李张芬	丽水市莲都区国有资产投资经营有限公司
22	毛建鹏	共青团丽水市莲都区委员会
23	朱珈瑾	丽水市莲都区文化馆
24	李常傲	丽水市莲都区黄村乡人民政府
25	修哲一	丽水市莲都区太平乡人民政府
26	徐露清	丽水市莲都区仙渡乡人民政府

（区委组织部）

统计资料

2023年丽水市莲都区国民经济和社会发展统计公报

2023年，莲都区坚持以习近平新时代中国特色社会主义思想为指导，持续推动“八八战略”走深走实，全力推进三个“一号工程”和“十项重大工程”，抓实经济运行各项重点工作，奋力加快山区跨越式高质量发展，全年全区经济运行稳进向好，各项社会事业健康发展。

一、综 合

2023年，莲都区实现地区生产总值518.46亿元，按可比价计算，增长7.6%。其中，第一产业实现增加值22.14亿元，增长4.9%；第二产业实现增加值170.36亿元，增长6.1%；第三产业实现增加值325.96亿元，增长8.6%，三大产业对经济增长的贡献率分别为3.2%、26.7%、70.1%，三次产业结构为4.2∶32.9∶62.9。人均GDP（地区生产总值）为90403元（按年平均汇率折算为12829美元），增长6.4%。

2023年，全区户籍人口428308人，其中，城镇人口203643人，乡村人口224665人；男性人口212569人，女性人口215739人，分别占总人口的49.6%和50.4%。全年出生人口3155人，出生率为7.38‰；死亡人口3553人，死亡率为8.31‰；自然增长率-0.93‰。根据2023年全市5‰人口变动抽样调查推算，年末全区常住人口57.8万人，比2022年末增加0.9万人；城镇化率78.2%，提高0.6%。

2023年，市区居民消费价格总水平上涨0.3%，其中，消费品价格下降0.3%，服务价格上涨1.2%。

2023年居民消费价格情况一览表

指数类别	莲都区
居民消费价格总指数(以上年为100)	100.3
一、食品烟酒	101.3
其中，食品	100.8
其中，粮食	101.8

续表

指数类别	莲都区
二、衣着	99.4
三、居住	100.2
四、生活用品及服务	100.1
五、交通和通信	97.0
六、教育文化和娱乐	102.4
七、医疗保健	100.6
八、其他用品和服务	102.3

（区统计局）

2023年，莲都区实现财政总收入106.18亿元，增长11.5%。一般公共预算收入64.29亿元，增长7.3%；一般公共预算支出164.25亿元，增长5.8%。分区域看，区本级实现财政总收入28.68亿元，增长12.2%。一般公共预算收入16.81亿元，增长7.8%；一般公共预算支出65.80 亿元，增长7.8%。

二、农业和农村

根据粮食生产统计监测调查数据推算，2023年，莲都区粮食播种面积8526.67公顷，比2022年增长0.2%；粮食产量4.50万吨，增长10.1%。油菜籽播种面积537公顷，增长15.0%；产量953吨，增长48.4%。水果种植面积5013公顷，下降4.5%；产量9.68万吨，增长4.5%；水果产业产值5.02亿元，增长11.8%。蔬菜播种面积8700公顷，增长1.6%；产量25.14万吨，增长1.9%；实现产值10.67亿元，增长6.7%。年末全区生猪存栏12.09万头，下降40.9%；出栏23.99万头，增长53.8%。家禽存栏125.2万羽，下降12.7%；出栏371.7万羽，下降14.6%。羊存栏0.77万头，增长5.3%；出栏0.70万头，增长25.3%。

2023年，全年化肥施用量（折纯）0.86万吨，下降1.7%。

2023年主要农产品产量一览表

产品名称	绝对数（吨）	比上年增长（%）
粮　食	45022	10.1
油　料	1766	35.1
其中，油菜籽	953	14.1
食用菌	1500	-37.3
其中，香菇	545	-45.1
蔬　菜	251413	1.9
茶　叶	2536	3.7
水　果	122955	3.3
其中，柑橘	31703	1.6

续表

产品名称	绝对数(吨)	比上年增长(%)
肉　类	25171	38.9
其中,猪肉	19033	67.4
禽　蛋	433	-70.1

（区统计局）

三、工业和建筑业

2023年,莲都区实现工业增加值130.24亿元,按可比价计算,比2022年增长5.3%。规模以上工业实现增加值118.55亿元,增长7.2%。规模以上工业企业销售产值增长5.4%,其中出口交货值增长7.3%。分行业看,31个行业大类中,有17个行业增加值实现增长。

2023年,莲都区规模以上工业企业实现利润总额34.74亿元,增长4.2%;人均薪酬9.13万元,增长9.9%。

2023年,莲都区完成规模以上工业企业投入研发费用21.52亿元,增长9.7%;规模以上工业新产品产值增长9.1%;新产品产值率36.1%。规模以上工业中,高技术产业、高新技术产业、装备制造业和战略性新兴产业增加值分别增长32.3%、9.8%、18.1%和18.9%,占规模以上工业增加值的比重分别为13.9%、64.8%、45.2%和18.9%。

2023年,区本级规模以上工业增加值增长3.2%,规模以上工业企业销售产值增长5.1%,分行业看,26个行业大类中,有12个行业增加值实现增长。规模以上工业企业实现利润总额4.70亿元,下降17.2%;人均薪酬8.44万元,增长9.9%。

2023年,区本级完成规模以上工业企业投入研发费用3.58亿元,增长16.3%,规模以上工业新产品产值增长27.6%;新产品产值率34.6%。规模以上工业中,高技术产业、高新技术产业、装备制造业和战略性新兴产业增加值分别增长-4.3%、4.1%、10.0%、7.5%,占规模以上工业增加值的比重分别为5.1%、50.1%、47.9%、8.6%。

2023年,莲都区建筑业增加值40.17亿元,占GDP(地区生产总值)的比重为7.7%。具有资质等级的总承包和专业承包建筑业企业完成建筑业总产值168.71亿元,增长8.3%。

四、固定资产投资和房地产业

2023年,莲都区固定资产投资比2022年增长12.3%,其中建安投资增长10.1%;制造业投资增长63.7%;高新技术产业投资增长124.4%;交通、能源和水利投资下降2.9%;民间投资下降9.5%。

2023年,区本级固定资产投资增长53.3%,其中建安投资增长57.1%;制造业投资增长11.1%;高新投资增长212.6%;交通投资增长66.6%;民间投资下降15.7%。

2023年,莲都区房地产开发投资163.81亿元,下降15.5%,其中住宅投资113.01亿元,下降19.0%。商品房销售面积119.68万平方米,增长16.4%;商品房销售额127.56亿元,下降11.7%。

2023年,莲都区剔除丽水经开区房地产开发投资146.27亿元,下降15.6%,其中住宅投资102.02亿元,下降18.4%。商品房销售面积86.90万平方米,增长17.9%;商品房销售额104.99亿元,下降1.6%。

五、内外贸易

2023年,莲都区社会消费品零售总额254.31亿元,比2022年增长11.0%。实现网络零售额153.76亿元。

2023年,莲都区完成限额以上社会消费品零售总额105.57亿元,增长13.1%。在限额以上企业销售的商品类别中,饮料和粮油食品分别增长8.9%和26.9%;烟酒、文化办公用品和日用品类均分别增长3.9%、4.2%和42.9%；汽车类增长1.4%，其中新能源汽车增长45.4%。

2023年，莲都区货物进出口总额117.2亿元，增长61.5%，其中，出口88.6亿元，增长37.6%；进口28.6亿元，增长248.8%。区本级货物进出口总额28.05亿元，增长25.5%，其中出口27.66亿元，增长24.7%；进口0.4亿元，增长140.7%。

六、交通运输和邮电业

2023年，莲都区实现交通运输、仓储和邮政业增加值10.96亿元，比2022年增长7.2%。全年铁路客运量827.76万人，增长79.6%；铁路货运量116.83万吨，增长108.6%。年末公路总里程1265.48千米，其中高速公路68.84千米。公路和水运完成货物周转量210212万吨公里，增长2.0%；公路和水运旅客周转量21744万人公里，增长33.3%。

2023年公路、水路运输完成运输量一览表

指标	计量单位	绝对数	比上年增长(%)
货物周转量	万吨公里	210212	2.0
公路	万吨公里	210212	2.0
水路	万吨公里	—	—
旅客周转量	万人公里	21744	33.3
公路	万人公里	21269	31.5
水路	万人公里	475	241.7

（区统计局）

2023年，莲都区邮政行业业务总量5.64亿元，增长17.0%；邮政行业业务收入（不包括邮政储蓄银行直接营业收入）5.17亿元，电信业务收入11.04亿元。年末固定电话用户(含小灵通)8.54万户；年末移动电话用户85.15万户，互联网宽带接入用户（固定互联网宽带）35.43万户。

七、金融和保险

2023年，莲都区金融系统年末本外币存款余额1997.56亿元，比2022年末增长19.8%。其中人民币存款余额1983.43亿元，增长20.4%。年末本外币贷款余额1763.24亿元，增长12.1%，其中人民币贷款余额1762.63亿元，增长12.2%。

2023年，莲都区保险业实现保费收入49.64亿元，增长65.4%。其中，财产险保费收入25.41亿元，增长114.9%；人身险保费收入24.24亿元，增长33.2%。支付各类赔款及给付30.05亿元，其中，财产险赔付支出20.75亿元，人身险赔付支出9.30亿元。

八、教育和科学技术

2023年，莲都区有高等学校3所，在校学生49964人；中等职业学校4所，在校学生6817人(含丽水中专)；普通高中9所，在校学生9982人；普通初中19所，在校学生18887人；小学21所，在校学生40806人。小学和初中入学率、巩固率均为100%。初中毕业升高中段的比例为99.42%。全区有幼儿园68所，在园幼儿19058人。

2023年，莲都区新认定高新技术企业55家，累计321家；新培育科技型中小企业225家，累计1021家。其中，区本级新认定高新技术企业24家，累计91家；新培育科技型中小企业68家，累计256家。区本级财政一般公共预算支出中科技支出1.87亿元，比2022年增长16.5%。

九、文化、卫生和体育

2023年，莲都区有文化馆2个、公共图书馆2个、文化站15个、美术馆1个、博物馆5个。

2023年，莲都区有卫生机构59个（不含诊所、村卫生室），其中医院23个、卫生院19个、社区卫生服务中心5个。床位7095张，卫生技术人员9721人。执业医师和执业助理医师3599人（含诊所、村卫生室）。

2023年，莲都区开展各类体育活动73场，完成国民体质监测工作任务2416人。依托古堰画乡、九龙湿地、乡野田园等发展体旅产业，举办碧湖新城田园半程马拉松赛、2023年中国职业围棋甲级联赛莲都专场以及2023年国际跳棋世界杯分站赛等；与市体育发展服务中心共同承办“丽水·清韵杯”全国业余围棋公开赛、八百里瓯江（丽水）山水诗路桨板赛。借力体育社团及民间组织力量，举办群众体育赛事，举办2023碧湖新城第二届端午龙舟普及体验活动、“共享亚运会 运动展风采”全民健身系列赛事活动。

十、人民生活和社会保障

2023年，莲都区居民人均可支配收入55977元，比2022年增长5.5%，扣除价格因素增长5.2%。按常住地分，城镇常住居民和农村常住居民人均可支配收入分别为61853元和39164元，分别名义增长5.0%和7.0%，扣除价格因素分别增长4.7%和6.7%。低收入农户人均可支配收入增长13.5%。城乡居民收入比为1.58，比上年缩小0.03。

2023年，莲都区居民人均生活消费支出41723元，名义增长7.7%。其中，城镇常住居民人均生活消费支出45120元，增长6.7%；农村常住居民人均生活消费支出32003元，增长11.2%。

2023年，莲都区参加职工基本医疗保险参保21.44万人，比上年增加0.88万人，其中生育保险参保17.16万人，比上年增加0.64万人。莲都区参加企业职工基本养老保险25.59万人，比上年增加0.86万人；参加工伤保险人数31.84万人，比上年增加0.95万人。莲都区被征地农民参加基本养老保险备案1595人，其中，选择参加职工养老保险909人，选择参加城乡居民养老保险686人。城乡居民养老保险基础养老金最低标准为每月275元。

2023年，莲都区剔除丽水经开区范围，有各类收养性社会福利机构14家，床位1866张，收养各类人员1068人。从2018年7月开始施行城乡特困供养标准一体化，特困标准统一为每人每月1762元。农村和城镇特困对象自愿集中供养，截至年末，农村和城镇特困对象集中供养率达24.9%，有146名农村和城镇特困对象得到集中供养。年末在册低保对象9015人，其中，城镇675人，农村8340人。年低保资金支出9664.4万元，比上年减少6.0%。城乡低保同标，平均每人每月1100元。

十一、资源、环境保护和社会安全

2023年，莲都区年平均气温19.5摄氏度，平均降水量1114毫米。2023年水资源总量8.03亿立方米。

2023年，莲都区生态文明建设和环境质量状况在全省90个县（市、区）中排名第九，生态环境公众满意度91.78分。

2023年，莲都区环境空气质量综合指数2.71，在全国168个重点城市中排名12，全省排名第二；AQI优良率为98.9%，比2022年增长2.2个百分点，全省排名第一；PM2.5平均浓度为每立方米21微克，全省排名第二；降尘量为每月每平方千米2.4吨。

2023年，莲都区污水排放量5364万立方米，增长6.4%；污水处理量5298万立方米，增长6.4%；城市污水处理率99.3%，比上年提高0.45个百分点。城市生活垃圾无害化处理率100%，城市用水普及率100%，城市燃气普及率100%。

2023年，莲都区建成区绿地率39.6%，人均公园绿地面积14.77平方米。

2023年，莲都区全年规模以上工业企业能源消费增长10.6%，单位工业增加值能耗上升3.2%。

2023年，莲都区剔除丽水经开区范围内共发生各类生产安全事故8起、死亡5人，事故死亡人数占全年控制指标的83.3%。其中，道路交通事故4起，死亡1人；工矿商贸企业事故1起，死亡1人；建筑施工事故3起，死亡3人。全年未发生水上交通、渔业船舶和职业卫生事故。

（区统计局）

注释：

1. 本公报所列各项数据为年度初步统计数据。部分数据因四舍五入原因，存在与分项合计不等的情况。

2. 生产总值和各产业增加值绝对数按现行价格计算，增长速度按可比价格计算。

3. 邮政业务总量计算使用2020年不变单价。

4. 因部分保险机构目前处于风险处置阶段，保费收入相关数据口径暂不包含这部分机构。

5. 本公报莲都区包括区本级、市本级、丽水经济技术开发区范围。

资料来源：本公报中外贸进出口数据来自区商务局，公路运输、水运数据来自市交通运输局，移动电话用户数量、互联网宽带用户等数据来自电信、移动、联通公司，邮政行业业务总量数据来自区邮政管理局，金融来自中国人民银行丽水市中心支行，保险业数据来自丽水银保监分局，社会保障数据来自市、区人力资源和社会保障局，财政数据来自区财政局，高新技术企业、科技型中小企业数据来自市、区科技局，卫生数据来区卫生健康局，低保、社会服务和救助数据来自区民政局，平均气温、降水量数据来自区气象局，水资源总量数据来自区水利局，城市污水处理、绿地数据来自区建设局，环境监测数据来自区生态环境分局，安全生产事故数据来自区应急管理局，教育数据来自市、区教育局，旅游、公共图书馆、博物馆、民宿、景区村等数据来自区文化和广电旅游体育局，户籍人口数据来自区公安局，其他数据来自市、区统计局和国家统计局丽水调查队。

表 5

莲都区社会经济主要指标一览表

指标名称	计量单位	2023年	2022年	2021年
一、户籍人口				
年末总户数	户	198066	198675	198967
年末总人口	人	428308	426757	423924
其中，乡村人口	人	224665	225723	224992
城镇人口	人	203643	201034	198932
人口出生率	‰	7.38	7.42	8.61
人口死亡率	‰	8.31	6.26	6.27
人口自然增长率	‰	–0.93	1.16	2.35
二、土地面积				
全区土地面积	万平方米	149344.24	149344.24	149344.24
其中，农用地	万平方米	133176.54	133574.52	133781.88
建设用地	万平方米	12334.19	11972.66	11782.98
未利用地	万平方米	3833.47	3797.02	3779.34
三、生产总值				
地区生产总值	亿元	518.46	483.22	453.57
第一产业	亿元	22.14	21.09	21.78
第二产业	亿元	170.36	164.02	148.11
第三产业	亿元	325.96	298.12	283.68
人均生产总值	元/人	90403	85225	80449
四、农业				
粮食产量	吨	45022	40894	41349
蔬菜产量	吨	251413	246616	240111
水果产量	吨	122955	92573	95315

续表5

指标名称	计量单位	2023年	2022年	2021年
茶叶产量	吨	2536	2400	2192
畜禽肉类总产量	吨	25171	18116	14724
水产品产量	吨	5010	4893	4839
五、工业				
规上工业总产值	亿元	631.98	578.40	486.61
规上工业企业数	家	506	460	393
规上工业增加值	亿元	118.55	101.42	87.87
六、交通				
旅客运输量	万人	281	181.8	263
旅客周转量	万人公里	21744	16312.8	21869
货物运输量	万吨	1420	1322	1275
货物周转量	万吨公里	210212	206099	197388
全年用电量				
其中,工业用电量	万千瓦时	191153	167769	163646
城乡居民用电量	万千瓦时	75284	76983	61343
七、固定资产投资、房地产				
固定资产投资完成额	%	—	—	—
其中,制造业投资	%	—	—	—
房地产开发投资	亿元	163.81	193.90	198.28
八、内外贸易				
社会消费品零售总额	万元	2543056	2290224	2128239
出口总额	亿元	88.6	64.2	46.8
进口总额	亿元	28.6	8.2	5.1
实际利用外资额	万美元	9179	5460	6492

续表5

指标名称	计量单位	2023年	2022年	2021年
九、财政、金融				
财政总收入	万元	1061786	952569	1032080
一般公共预算收入	万元	642885	598960	636677
一般公共预算支出	万元	1642540	1552158	1387719
科学支出	万元	68735	58417	49115
教育支出	万元	265429	241882	223899
年末金融机构本外币存款余额	亿元	1997.56	1667	1283.59
年末金融机构本外币贷款余额	亿元	1763.24	1572	1359.62
十、城乡居民收入				
城镇常住居民人均可支配收入	元	61853	58908	56371
农村常住居民人均可支配收入	元	39164	36602	33766
十一、教育				
在校学生人数	人	40806	41515	41950
小学适龄儿童入学率	%	100	100	100
初中毕业升学率	%	99.42	99.40	98.63
十二、卫生				
医院、卫生院数	家	42	43	40
医院、卫生院床位数	张	7095	6199	5700
医生数(执业医师+执业助理医师)	人	3599	3407	3201
注册护士数	人	4682	4467	4164

（区统计局）

表6　　2023年山区26县主要经济发展指标一览表

	地区	地区生产总值		规上工业增加值	社会消费品零售总额		全体居民人均可支配收入		城镇常住居民人均可支配收入		农村常住居民人均可支配收入		低收入农户人均可支配收入	
		金额(亿元)	增长(%)	增长(%)	金额(亿元)	增长(%)	金额(元)	增长(%)	金额(元)	增长(%)	金额(元)	增长(%)	金额(元)	增长(%)
跨越发展类	永嘉县	564.5	7.3	8.3	281.8	8.4	52593	7.7	64337	6.9	34228	9.2	19345	13.9
	平阳县	711.8	7.9	8.4	301.6	8.2	53203	7.8	65787	7.1	35097	8.9	18770	14.4
	苍南县	471.9	8.0	14.2	288.9	7.8	51217	7.4	61292	6.7	33064	9.0	19631	14.0
	武义县	340.2	5.6	1.6	123.4	6.8	44866	5.2	54003	4.5	26990	7.2	18167	13.6
	柯城区	670.7	4.8	0.3	258.0	12.3	58217	5.7	64626	4.5	36410	8.6	22572	14.3
	衢江区	327.7	12.7	38.0	102.4	15.8	38895	8.0	51292	7.0	30301	8.8	20548	13.8
	龙游县	318.9	7.3	4.6	191.8	5.1	48118	7.3	63490	6.2	34646	8.1	22033	12.5
	江山市	405.8	6.8	3.9	204.9	11.4	50718	6.1	62980	5.1	36786	7.4	21929	13.1
	三门县	350.7	5.2	4.9	121.7	11.6	47333	6.1	60205	5.5	34890	6.6	21021	14.5
	天台县	368.9	5.5	5.3	158.2	9.7	47572	6.4	60127	6.3	32450	6.4	19998	10.3
	仙居县	321.0	7.5	10.9	128.0	9.4	44674	6.8	55496	6.8	31046	7.0	18584	13.5
	莲都区	518.5	7.6	7.2	254.3	11.0	55977	5.5	61853	5.0	39164	7.0	19523	13.5
	青田县	300.2	7.0	5.8	107.7	9.1	48186	6.8	60074	6.0	35353	8.4	19265	15.7
	缙云县	319.7	8.0	7.2	128.7	7.1	45134	6.7	57563	5.8	31162	8.5	18729	14.0
	松阳县	154.0	8.2	14.5	68.6	8.3	39129	7.6	53155	6.5	27527	8.7	18040	13.6
生态发展类	淳安县	280.5	5.0	7.4	109.4	16.4	39762	6.0	57548	4.2	27856	6.5	21183	12.3
	文成县	136.8	6.4	7.0	62.1	19.8	37921	5.4	52216	3.8	26190	7.3	19671	13.8
	泰顺县	157.6	7.8	18.4	71.9	8.6	38317	8.2	52696	7.2	26603	9.1	19530	15.1
	磐安县	139.8	5.5	−0.6	46.0	13.2	38447	5.3	51266	4.2	25864	6.4	17346	14.7
	常山县	213.9	7.1	8.0	106.7	17.0	41206	6.9	52269	5.7	31266	7.8	19856	14.6
	开化县	188.2	3.7	−9.3	107.1	4.6	36514	6.5	48251	5.2	26496	7.1	18543	14.9
	遂昌县	181.1	7.0	7.9	81.1	7.7	44287	6.3	60498	4.6	29239	8.0	19702	14.3
	云和县	103.7	7.6	8.4	50.1	7.5	46232	5.8	55430	4.9	28086	7.7	20647	12.0
	庆元县	101.0	7.3	7.9	54.1	5.3	39158	7.4	52102	5.4	25874	8.9	18112	13.6
	景宁县	102.8	6.0	12.3	38.8	6.0	38992	5.7	49767	4.1	28100	7.5	19651	13.4
	龙泉市	183.5	8.1	7.0	88.3	5.3	49326	6.0	60083	4.8	32919	8.2	19101	15.9

（区统计局）

附　　录

2023年区和乡镇(街道)机构及负责人名录

【中国共产党丽水市莲都区委员会】

书　记:张壮雄

副书记:张　妍(女)　朱芝贵

常　委:曹永跃　王　成
陈永超　蔡　昱(女)
江　山　陶旭峰
季晓立(2023年6月始)
骆美祥　王东华
田万获
(挂职,2023年6月始)

【丽水市莲都区人民代表大会常务委员会】

主　任:陈立新

副主任:张继芳　雷勇军
俞丽威　卢　进
沈建祖
徐　瑛
(女,2023年2月始)

党组书记:陈立新

党组副书记:张继芳　雷勇军

办公室

主　任:魏　俊

副主任:郑旭军(至2023年9月)
朱泽霞
(女,至2023年7月)
蓝炜琮　田伟明
黄　芳
郑永忠(2023年9月始)
翁阁谓
(女,2023年9月始)

机关党组

书　记:魏　俊

法制(监察和司法)工委

主　任:管青林
(至2023年9月)
吴蔚国(2023年9月始)

副主任:熊　剑(2023年5月始)

农业农村工委

主　任:徐根发

代表工委

主　任:吴理信

民侨工委

主　任:王瑶鸿

教科文卫工委

主　任:傅瑗君(女)

财经工委

主　任:吴丽云
(女,至2023年7月)
朱泽霞
(女,2023年7月始)

城建环资工委

主　任:陈晓宁

社会建设工委

主　任:汤永华

副主任:吴丽云
(女,2023年7月始)
陈金奎(2023年7月始)

法制(监察和司法)委员会

主任委员:沈建祖

副主任委员:徐伟群
吴蔚国
(2023年9月始)

财政经济委员会

主任委员:徐　瑛
(女,2023年1月始)

副主任委员:王伟荣
吴丽云(女,2023年1月至7月)
朱泽霞
(女,2023年7月始)

社会建设委员会

主任委员:张继芳

副主任委员:汤永华

徐柳玉(女)
冯巧伟(女,专职)

【丽水市莲都区人民政府】
区　长:张　妍(女)
副区长:曹永跃　王　成
田万获
(挂职,2023年7月始)
周贤华　潜伟峰
张小平　孙　苗(女)
周亚军
莫乐平(女,挂职)
党组书记:张　妍(女)
党组副书记:曹永跃

【中国人民政治协商会议丽水市莲都区委员会】
主　席:李邦生
副主席:翁伟标　叶晓东
任文红(女)　虞海雄
叶春晓
党组书记:李邦生
党组副书记:翁伟标
秘书长:蒋　嫵
(女,至2023年1月)
孙聪龙(2023年1月始)
副秘书长:王智勇
(至2023年5月)
郭跃伟
翁阁谓
(女,至2023年9月)
叶泳梅
(女,至2023年7月)
孔　振　胡　迪
章　健
周文飞(2023年5月始)
办公室
主　任:蒋　嫵
(女,至2023年1月)
孙聪龙(2023年1月始)
副主任:赵军浩
(至2023年7月)
吕君勇
金双凤(2023年8月始)
机关党组
书　记:蒋　嫵
(女,至2023年1月)
孙聪龙
(2023年1月始)
提案和协商工委
主　任:徐旭芬(女)
副主任:翁阁谓
(女,至2023年9月)
胡　迪
委员工委
主　任:吴　铭
副主任:林　军
经济委
主　任:陈华君
副主任:章金宝
(至2023年12月)
郭跃伟　李军舫(女)
农业和农村委
主　任:叶立钦
副主任:赵秀峰
(至2023年12月)
石伟明　刘丽娥(女)
蒋　嫵
(女,2023年1月始)
陈　军(2023年9月始)
人资环委
主　任:吴为晨(至2023年8月)
叶仙美
(女,2023年9月始)
副主任:王智勇(至2023年5月)
张莲芬
(女,至2023年9月)
周文飞(2023年5月始)
教科文卫体委
主　任:叶泳梅
(女,2023年7月始)
叶青春(至2023年7月)
副主任:叶雪军
朱珈仪(2023年2月始)
陈菁和(至2023年1月)
社会法制委
主　任:梁智伟(至2023年7月)
杨建贞(2023年9月始)
副主任:林国友
侯学峰
(至2023年12月)
周陈亮
陈婷莉
(女,2023年12月始)
港澳台侨民宗委
主　任:刘益民
副主任:张　艳(女)
龚丽丽(女)
文化文史和学习委
主　任:黄建兵(至2023年7月)
赵军浩(2023年7月始)
副主任:留红伟
叶泳梅
(女,至2023年7月)
陆湘阳

【中国共产党丽水市莲都区纪律检查委员会、丽水市莲都区监察委员会】
区纪律检查委员会
书　记:蔡　昱(女)
副书记:卜广富
(至2023年10月)
钟勇军
李伟军
(2023年10月始)

常　委：奚海峰
汤杨伟（至2023年1月）
何瑞芬
（女，至2023年9月）
王金炜（2023年1月始）
吴　晨（2023年1月始）

区监察委员会

主　任：蔡　昱（女）
副主任：卜广富
（至2023年10月）
钟勇军
李伟军
（2023年10月始）
委　员：王金炜　吴　晨
叶小丽
（女，2023年7月始）
曾丽波（2023年9月始）

区纪律检查委员会、区监察委员会

办公室

主　任：杨　波

干部室

主　任：叶小丽
（女，至2023年7月）
王　抒
（女，2023年9月始）

宣传教育室

主　任：张　勤（女）

党风政风监督室（区政府纠正行业不正之风办公室）

主　任：李育虹（女）

信访室

主　任：叶子茂（至2023年1月）

案件监督管理室

主　任：傅施展（2023年2月始）

第一纪检监察室
主　任：曾丽波
第二纪检监察室
主　任：周育飞
第三纪检监察室
主　任：余　洋
第四纪检监察室
主　任：潘　荣
案件审理室
主　任：谢智燕（女）

派驻纪检监察组

派驻第一纪检监察组
组　长：江慧霞（女）
副组长：于伟宏　叶　盈（女）
派驻第二纪检监察组
组　长：诸葛彬
副组长：王　琳（女）
许晓燕（女）
派驻第三纪检监察组
组　长：赵　颖（女）
副组长：王华平
派驻第四纪检监察组
组　长：陈金多
副组长：何惠丽（女）
派驻第五纪检监察组
组　长：蒋华靖
副组长：林　蓓（女）　周建荣
派驻第六纪检监察组
组　长：陈君佐（至2023年7月）
邹青芬
（女，2023年7月始）
派驻第七纪检监察组
组　长：付国栋
派驻区法院纪检监察组
组　长：陈鲍军
派驻区检察院纪检监察组
组　长：张　杰
派驻区委组织部纪检组（区委直属机关纪检监察工委）
组　长：吴喆文
副组长：魏国华（女）

【丽水市莲都区人民法院】

院　长：黄玉香（女）
副院长：熊　剑（至2023年5月）
卢建华　韦剑锋
陈　波
政治处主任：林杨勇
审判委员会专职委员：
吴威丽（女）
厉子勇（2023年5月始）
执行局局长：厉子勇
（至2023年5月）
碧湖法庭庭长：吴文波
（至2023年5月）
李　斌
（2023年5月始）
南城法庭庭长：徐晨璐（女）
联城法庭庭长：黄野松
（2023年12月始）
党组书记：黄玉香（女）
党组副书记：熊　剑
（至2023年5月）

【丽水市莲都区人民检察院】

检察长：蔡建彧（至2023年7月）
副检察长：施建伟　黄祖培
朱　乐（女）
政治处主任：傅金霞
检察委员会专职委员：
汤　湧　王　峰
党组书记：蔡建彧
（至2023年7月）
党组副书记：施建伟

【区委工作部门】

区委办公室（区委政策研究室）

主　任：卜广富（2023年7月始）
副主任：蒋卫青

尚佐方(至2023年7月)
邱丽平
刘佩娟
(女,2023年1月始)
李南龙(2023年8月始)

区委国安办

专职副主任:沈伟松

区委台湾工作办公室,区政府台湾事务办公室

主　任:卜广富(2023年7月始)
副主任:龚丽丽(女)

区委组织部

部　长:陈永超
常务副部长:
舒丽红
(女,2023年1月始)
副部长:舒丽红
(女,至2023年1月)
李勇军(2023年7月始)
梁永光　王伟平
李桂元(至2023年7月)
罗文双(至2023年7月)
傅佩珍
(女,2023年9月始)

区委直属机关工作委员会

书　记:陈永超
副书记:周淑红
(女,至2023年12月)
武立恒
(2023年12月始)

纪检监察工委

书记:吴喆文
副书记:魏国华(女)

新经济与新社会组织工作委员会

书　记:舒丽红
(女,至2023年1月)
副书记:王　宁

人才办

专职副主任:张　挺

区委宣传部

部　长:江　山
常务副部长:陈海波
副部长:陈一娟
(女,至2023年9月)
侯学峰
(至2023年12月)
黄　庆(2023年9月始)
陈婷莉
(女,2023年12月始)

区精神文明建设指导中心

主　任:刘伟青

区社会科学界联合会

主　席:陈一娟
(女,至2023年9月)
黄　庆(2023年9月始)
副主席:汤伟红
(女,至2023年1月)
徐华燕
(女,2023年1月始)

区委统一战线工作部

部　长:翁伟标　王东华
常务副部长:林　军
副部长:梁玮珺
(女,至2023年7月)
蓝伟军

区委政法委员会

书　记:朱芝贵
副书记(分管日常工作):徐伟乐
副书记:毛利军
(至2023年8月)
王文俊
褚俊俊(2023年9月始)
政治处主任:王　青(女)

区社会治理中心

主　任:朱芝贵
常务副主任:汤杨伟
(2023年1月始)
副主任:郑鹤翔
张　静
(女,2023年1月始)

区委机构编制委员会办公室

主　任:王伟平
(至2023年9月)
傅佩珍
(女,2023年9月始)
副主任:江建东
俞　洁
(女,至2023年7月)
徐叶艳
(女,2023年7月始)

区委巡察工作领导小组办公室

主　任:奚海峰
副主任:邹青芬
(女,至2023年7月)
俞　洁
(女,2023年7月始)
区委第一巡察组
组　长:蓝海霞
(女,至2023年9月)
何瑞芬
(女,2023年9月始)
副组长:何伯成
副科级巡察专员:
杨　蒙(至2023年12月)
区委第二巡察组
组　长:杨娇云(女)
副组长:吴志明
副科级巡察专员:陈　敏(女)
区委第三巡察组
组　长:梁满云(至2023年8月)
洪　飞(2023年9月始)
副组长:纪正鸿(女)
副科级巡察专员:卓柳军

区委第四巡察组
组　长：陈红敏
副组长：徐雪峰
副科级巡察专员：陈　超（女）

区委、区政府信访局
局　长：邱丽平
副局长：杨海霞（女）
毛晓飞
（至2023年12月）
李　威
赵剑彬
（2023年12月始）
信访督查专员：林伟俊

区委老干部局
局　长：李桂元（至2023年7月）
王伟平（2023年9月始）
副局长：樊秀娟
（女，至2023年12月）
上官潮涌
程　涛
（女，2023年12月始）

【区政府工作部门】

区政府办公室
主　任：叶向荣
副主任：蓝军伟
（至2023年9月）
叶冠俊
黄民杰（至2023年1月）
陈　杰（至2023年9月）
朱振新　李海慧
陈菁和（2023年1月始）
詹周毅（2023年7月始）
施慧锋（2023年9月始）
徐　科
（2023年12月始）
赵先友
（挂职，2023年12月始）
党组书记：叶向荣

区发展和改革局
局　长：吴海霞（女）
副局长：洪　飞（至2023年9月）
朱小波
方秀英（女，挂职，
至2023年5月）
潘春霞（女）　童　力
（挂职，2023年6月始）
汤伟波（2023年9月始）
张佳琪（女，挂职，
2023年9月始）
党组书记：吴海霞（女）

区国防动员办公室
主　任：吴海霞（女）
副主任：洪　飞（至2023年9月）
汤伟波（2023年9月始）

区经济商务局
局　长：胡春杰
副局长：韦　康
（至2023年9月）
杨作盈（2023年9月始）
总经济师：朱碧影（女）
党组书记：胡春杰

区教育局
局　长：李小富
（至2023年9月）
傅　华（2023年9月始）
总督学：刘军武（2023年2月始）
朱珈仪
（女，至2023年2月）
副局长：陈菁和
（至2023年1月）
王刘毅　邵　皓
党组书记：李小富
（至2023年9月）
傅　华
（2023年9月始）
党组副书记：周淑红
（女，2023年12月始）

区科学技术局
局　长：叶庆武
副局长：程晓东　张　骊（女）
陶金鑫（挂职，
至2023年12月）
党组书记：叶庆武

区民政局
局　长：廖翊慧
副局长：蓝旭华　孔伟仙（女）
何祥权　潘佩蓉（女）
党组书记：廖翊慧

区司法局
局　长：杨建贞（至2023年9月）
陈一娟
（女，2023年9月始）
副局长：林　慧
（女，至2023年12月）
林　琳（女）
毛晓飞
（2023年12月始）
政治处主任：吴丽友
党组书记：杨建贞
（至2023年9月）
陈一娟
（女，2023年9月始）

区财政局
局　长：徐屈霞
（女，至2023年7月）
林伟群（2023年7月始）
副局长：林　伟　熊鑫俊
总会计师：吕焕祺
（至2023年12月）
蓝　青
（女，2023年12月始）
党组书记：徐屈霞
（女，至2023年7月）

林伟群
（2023年7月始）

区人力资源和社会保障局

局　长：梁永光
副局长：应　俊　秦艺峰（女）
党组书记：梁永光

区城乡居民社会保险事业服务中心

主　任：杨裕斐

区住房和城乡建设局

局　长：李伟军
（至2023年12月）
副局长：陈鹤驰　雷发元
徐剑鑫
（挂职，2023年12月始）
总工程师：吴大勇
党组书记：李伟军
（至2023年12月）

区交通运输局

局　长：章旭宇
副局长：周志方　李海燕（女）
张仕贤
（挂职，2023年7月始）
总工程师：戴黎明
（2023年1月始）
区交通运输综合行政执法队队长：刘　俊
党组书记：章旭宇

区农业农村局

局　长：刘海勇
副局长：钟爱平
（至2023年12月）
石伟明
陈岳平（2023年1月始）
何家众
（挂职，2023年6月始）
饶钦茂
（2023年12月始）
周继红（女，挂职，
2023年12月始）
总农艺师：朱杰杰
区农业行政执法队队长：
刘海勇（2023年1月始）
区农业行政执法队专职副队长：
潘丽兵
党组书记：刘海勇

区畜牧兽医发展中心

主　任：章军伟

区水利局

局　长：华官丽
副局长：麻伟明　季伟华
总工程师：谢　琴（女）
党组书记：华官丽
党组副书记：麻伟明

区文化和广电旅游体育局

局　长：蓝　青
副局长：郑永忠
（至2023年9月）
徐建梅（女）
喻友贞（女，挂职，
至2023年5月）
刘建斌
朱穗敏（女，挂职，
至2023年11月）
纪学敏
（女，2023年9月始）
区文化市场行政执法队队长：
蓝　青（2023年1月始）
区文化市场行政执法队专职副队长：
叶志文（2023年2月始）
党组书记：蓝　青

区卫生健康局

局　长：曾　锋
副局长：徐丽静（女）　虞海勇
孙　钧
党组书记：徐丽静（女）

区退役军人事务局

局　长：陈　军
（至2023年12月）
齐国伟
（2023年12月始）
副局长：王碧军　朱建勇
陈卓文　陆泰宏
党组书记：陈　军
（至2023年12月）
齐国伟
（2023年12月始）

区应急管理局

局　长：吴蔚国
（至2023年9月）
陈真伟（2023年9月始）
副局长：范红胜
（至2023年8月）
傅志伟　李永波
朱泽斌（2023年8月始）
总工程师：程　涛
（女，至2023年12月）
杨　蒙
（2023年12月始）
党委书记：吴蔚国
（至2023年9月）
陈真伟
（2023年9月始）
党委副书记：范红胜
（至2023年8月）

区审计局

局　长：叶玲娣（女）
副局长：刘朝晖
朱小勇（2023年5月始）
邱文强
（挂职，2023年12月始）
总审计师：虞君芳（女）

经济责任审计工作联席会议办公室主任：古春锋
党组书记：叶玲娣（女）
区国有资产监督管理办公室
副主任：王　静
（女，至2023年7月）
蓝　青
（女，2023年7月始）
党组书记：林伟群
（2023年7月始）

区市场监督管理局

局　长：林伟群
（至2023年7月）
刘鹤林
（2023年9月始）
副局长：张小平
施慧锋（至2023年9月）
叶思敏（女）
毛湧良
（挂职，至2023年8月）
张伟杰
（2023年12月始）
区市场监管综合行政执法队队长：林伟群（2023年1月至7月）
刘鹤林（2023年9月始）
区市场监管综合行政执法队专职副队长：
徐　锐（2023年7月始）
党组书记：林伟群
（至2023年7月）
刘鹤林
（2023年9月始）

区统计局

局　长：徐建波
副局长：吴武贵　季寒梅（女）
邬　洁（女，挂职，
至2023年1月）
总统计师：华伟珍（女）
党组书记：徐建波

区医疗保障局

局　长：周慧霞（女）
副局长：郑雪君（女）　雷永兵
党组书记：周慧霞（女）

丽水市综合行政执法局莲都分局

局　长：陈金奎（至2023年7月）
王育波
（2023年7月始）
副局长：陈伟贤
张伟杰
（至2023年12月）
王　一
雷国亮
（2023年12月始）
党组书记：陈金奎
（至2023年7月）
王育波
（2023年7月始）

【部分事业单位】

浙江莲都经济开发区管理委员会

党工委书记：季晓立
（2023年7月始）
主　任：王　皓
副主任：麻丽云
（女，至2023年7月）
张一鸣（至2023年9月）
罗明勇
翁小雯
（女，2023年8月始）
柳　涛（2023年9月始）
纪检监察工委书记：黄晓波
党工委书记：王　皓
（至2023年7月）
党工委副书记：王　皓
（2023年7月始）
麻丽云
（女，至2023年7月）
党工委委员：翁小雯
（女，2023年8月始）
柳　涛
（2023年9月始）

邮政管理局

局　长：周林茂
副局长：何卫芳（女）
王淑红（女）
党组书记：周林茂

丽水高铁站综合管理中心

主　任：陈江涛
副主任：周建伟　尤恒芳（女）
综合科科长：纪伟锋
管理科科长：王苍松
（2023年2月始）
执法监督科科长：王苍松
（至2023年2月，科室更名）
协调科科长：柳晓云（女，
2023年2—7月）
林　芳（女，
2023年9月始）
协调管理科科长：柳晓云
（女，至2023年2月，科室更名）
党组书记：陈江涛

区政府政策研究中心

主　任：冯　远
副主任：王　迅
詹周毅（至2023年7月）
龚慧鸽（2023年7月始）

区委党校

校　长：陈永超
常务副校长：陆朝霞（女，
至2023年7月）
罗文双
（2023年7月始）
副校长：黄　庆
（至2023年9月）
郭伟平

孙　佳
（女，2023年9月始）

区商务和金融发展中心

主　任：陈雅云（女）
副主任：朱千国　王建斌（挂职）

东西岩风景区旅游开发建设管理中心

主　任：麻丽云
（女，2023年7月始）
副主任：张　丽（女）　梅焕根
党组书记：麻丽云
（女，2023年7月始）

区土地和房屋征收工作指导中心

主　任：金益林
副主任：苑桢子（女）　杨孙彬
史　品（2023年2月始）
党组书记：金益林

区环境卫生服务中心

主　任：吴耿王
副主任：吴海平　董永悦
章锦欧
胡颖丽
（女，2023年8月始）
党组书记：吴耿王

浙江丽水瓯江风情旅游度假区管理中心

主　任：李莉莎
（女，至2023年9月）
吴　茜
（女，2023年9月始）
副主任：陈维亮
（挂职，至2023年11月）

区机关事务保障中心

主　任：李益平
副主任：徐叶艳
（女，至2023年7月）
周永海
徐少玉
（女，2023年9月始）
党组书记：李益平

区经济合作交流中心

主　任：胡志成
副主任：叶晓薇（女）
王　巍
（挂职，至2023年8月）
盛华兵
（挂职，至2023年5月）
桑　埴（2023年1月始）
虞　振
（挂职，2023年6月始）
党组书记：胡志成

区档案馆和党史研究中心

主　任：吕春耀
副主任：夏伟文　郑永波
党组书记：吕春耀

区行政服务中心

主　任：吴玉贞（女）
副主任：朱小勇
（至2023年5月）
陈霞云（女）
王智勇（至2023年5月）
党组书记：吴玉贞（女）

区融媒体中心

主　任：陈真伟（至2023年9月）
侯学峰
（2023年12月始）
副主任：雷　蕾（女）
蓝荣杰（2023年1月始）
樊　颖
（女，2023年2月始）
总工程师：樊　颖
（女，至2023年2月）
党组书记：侯学峰
（2023年12月始）

贸促会

专职副会长：林爱玲
（女，2023年1月始）

区全面深化改革服务中心

主　任：郑超敏
副主任：刘佩娟
（女，至2023年1月）
柳晓云
（女，2023年7月始）
叶　厅（2023年7月始）

区大数据发展中心

主　任：蓝军伟
（2023年9月始）
副主任：吴宏迅　练开友
李　鹏
（挂职，至2023年12月）
朱文卿
（女，2023年8月始）
总工程师：刘旭龙
党组书记：蓝军伟
（2023年9月始）

生态林业发展中心

主　任：卢　剑
副主任：张晓波
（至2023年9月）
毛俪蒖（女）
胡　伟（2023年2月始）
陈静磊（2023年9月始）
总工程师：胡　伟
（至2023年2月）
党组书记：卢　剑

区移民工作中心

主　任：孙海波
党组书记：孙海波

【部分国企单位】

区国有资产投资经营公司

董事长：李张芬
（女，2023年7月始）

总经理:李张芬
（女,至2023年7月）
林鹏飞(2023年9月始)
副总经理:朱文卿
（女,至2023年8月）
叶永杰　雷金涛
唐富即(挂职)
刘　良
(2023年9月始)
金　涛(挂职,
2023年12月始)
党委书记:李张芬
（女,2023年7月始)
党委副书记:李张芬
（女,至2023年7月)
林鹏飞
(2023年9月始)
纪委书记:陈美琪(女)

区城乡建设投资有限公司

董事长:叶达兵
总经理:赵灵敏(女)
副总经理:刘　良
（至2023年9月）
胡颖丽
（女,至2023年8月）
邓　骅　刘　俊
项俊猛(挂职)
单　宁(挂职,
至2023年11月)
吴毅强
(2023年9月始)
吴建平
(2023年12月始)
总审计师:吴建平
(2023年12月始)
党委书记:叶达兵
党委副书记:赵灵敏(女)
纪委书记:李亮德

区旅游投资发展有限公司

董事长:陈雯雯(女)
总经理:瞿　磊
副总经理:周玮哲
（至2023年9月）
周桓生
鄢旭燕
（女,2023年12月始)
党委书记:陈雯雯(女)
纪委书记:周黎燕(女)

浙江丽甬生态旅游发展有限公司

副总经理:章　莉(女)

莲城宾馆有限公司

董事长、总经理:毛仁保

丽水工业园区建设发展有限公司

董事长:汤伟波(至2023年9月)
总经理:杨作盈(至2023年9月)

【区级民主党派】

中国国民党革命委员会莲都区委员会

主　委:虞海雄
副主委:朱泽霞(女)
章　健(驻会)

中国民主同盟莲都区委员会

主　委:周贤华
副主委:叶泳梅(女,驻会,
至2023年7月)
雷建华

中国民主建国会莲都区委员会

主　委:任文红(女)
副主委:翁阁谓(女,驻会,
至2023年9月)
程晓东

中国民主促进会莲都区委员会

主　委:叶春晓(女)
副主委:胡　迪(驻会)　梅焕根

中国农工民主党莲都区委员会

主　委:曾　锋
副主委:王智勇
（驻会,至2023年5月）
周文飞
（驻会,2023年5月始）

九三学社莲都区委员会

副主委:孔　振(驻会)　季伟华

区归国华侨联合会

主　席:陈海华
副主席:甘德福　朱贤师
刘　杰　余建栋
吴永建　邱敏婕(女)
周军伟　徐剑毅
徐丽美(女)
郑征波(女)　高益春
章　华
张　艳(女,专职)
秘 书 长:张　艳
副秘书长:郑　悦　韩桂花

【部分群众团体】

区总工会

主　席:刘　华(女)
副主席:陈靖晶(女)　吴　俊
党组书记:刘　华(女)
经费审查委员会主任:李丽苹

团区委

书　记:张莲芬
（女,至2023年9月）
副书记:毛建鹏　蓝　艺(女)

区妇女联合会

主　席:傅佩珍
（女,至2023年9月）
蓝海霞
（女,2023年9月始）
副主席:张　霓(女)
张　凌(女)
党组书记:傅佩珍
（女,至2023年9月）

蓝海霞
（女，2023年9月始）

区红十字会

会 长：孙 苗（女）
专职副会长：唐 键（女）
党组书记：孙 苗（女）

区工商业联合会（总商会）

主 席：周国强
副主席：郭跃伟
李栽慧
（至2023年12月）
叶旭瑶
（女，2023年12月始）
章 龙 王兆伟
王爱凤（女） 陈旭东
陈晓建 梁 永
吕尚军 江世平
徐小君 徐仁舜
梅 伟 谢亮亮
刘新水 宋武龙
胡建程 梁丽红（女）
党组书记：郭跃伟

区文学艺术界联合会

主 席：陆湘阳
副主席：雷建华

区供销合作社联合社

理事会主任：刘鹤林
（至2023年9月）
杨耀武
（2023年9月始）
理事会副主任：吴朝勇 华俊林
监事会主任：李朝铨
党组书记：刘鹤林
（至2023年9月）
杨耀武
（2023年9月始）

区科学技术协会

主 席：吴祥宇
副主席：叶雪军 舒跃军
党组书记：吴祥宇

区残疾人联合会

理事长：林国友
副理事长：刘黎明
胡仙红（女） 黄贤富
党组书记：林国友

区计划生育协会

会 长：叶春晓（女，兼职，
2023年1月始）
常务副会长：曾 锋
（2023年7月始）
吴丽云（女）
专职副会长：饶亚丽
秘书长：吴小钦（2023年7月始）

区老龄工作委员会

主 任：孙苗（女）
副主任：朱振新 梁永光
李桂元 廖翊慧
曾 锋
委 员：陈海波 冯巧伟（女）
王刘毅 楼董杰
吴丽友 林 伟
陈鹤驰 李海燕（女）
叶志文 饶亚丽（女）
叶思敏（女）
郑雪君（女）
陈靖晶（女）
蓝 艺（女）
王 青（女）
练晶晶（女）
办公室主任：曾 锋
办公室常务副主任：饶亚丽（女）

区关心下一代工作委员会

名誉主任：陈永超 孙 苗（女）
主 任：王国荣
副 主 任：刘宗林 李桂元
张丽青（女） 毛志富
金献章 刘海勇
陈海波 李小富
徐伟乐 廖翊慧
专职副主任：尚小军

【垂直管理部门】

丽水区自然资源分局

局 长：程 炜
副局长：周连军 兰鲜伟
周文兴
党组书记：程 炜
不动产登记中心主任：王 亮

区生态环境分局

局 长：莫冠华
副局长：张雪峰
总工程师：季立寿
生态环境保护行政执法队专职副队长：蔡小飞（2023年1月始）
党组书记：莫冠华

莲都供电公司

总经理、党委副书记：
董瑞红（女）
党委书记、副总经理：龚华勇
党委委员、副总经理：
徐 璟（女）
周海波
（至2023年12月）
纪委书记、工会主席：陈丽明

莲都农村商业银行

董事长、党委书记：
宋武龙（至2023年6月）
行 长、党委委员：林小勇
纪委书记、监事长：刘李锋
副行长、党委委员：林剑英（女）
王康明
郑建勇
李欣霞（女）

区公安分局

局　长：潜伟峰

政　委：叶伟春

（至2023年6月）

赵　翀（2023年6月）

副局长：周德平（至2023年6月）

马建伟　施国平

王时豪

叶勇伟（2023年6月始）

党委书记：潜伟峰

党委副书记：叶伟春

（至2023年6月）

赵　翀

（2023年6月始）

纪委书记：舒旭勇

（至2023年6月）

政治处主任：楼董杰

刑侦大队

教导员：项巧军

网络安全保卫大队

大队长：潘洁冰

治安大队

大队长：吴永标

教导员：谢永多

经侦大队

大队长：杨震宇

国保大队

大队长：卢匀科

天宁派出所

所长：朱启东

教导员：任旭东

警务保障室

主任：林跃儿

【岩泉街道】

中国共产党岩泉街道工作委员会

书　记：王永健

副书记：徐　伟

应晓丽（女，挂职，

至2023年12月）

潘　波（2023年7月始）

纪工委书记：李南龙

（至2023年8月）

王　盛

（2023年8月始）

委　员：李南龙

（至2023年8月）

夏黎平

（至2023年12月）

王　盛（2023年8月始）

王良平　周炳烨

张力鹏　李春阳

诸葛俊芳（女）　徐　峻

区人大岩泉街道工作委员会

主　任：杨耀武

（至2023年9月）

梁媛媛（2023年9月始）

副主任：金慧虹（女）

岩泉街道办事处

主　任：潘　波（2023年7月始）

副主任：夏黎平

（至2023年12月）

蓝龙军　赵　健

冯　伟

（挂职，至2023年8月）

叶超红（女）

【紫金街道】

中国共产党紫金街道工作委员会

书　记：李勇军

（至2023年12月）

傅永福

（2023年12月始）

副书记：傅永福

（至2023年12月）

陈黎霞

纪工委书记：朱贤俊

委　员：朱贤俊　翁靖靖（女）

夏根平（至2023年7月）

林伟伦　叶伟勇

金正武　张俊峰

祝　魏

徐雄伟（2023年7月始）

周旺平（2023年7月始）

区人大紫金街道工作委员会

主　任：陈岳平

（至2023年1月）

熊余伟（2023年1月始）

副主任：吴广英（女）

紫金街道办事处

主　任：傅永福

（至2023年12月）

副主任：翁靖靖　陈林伟

吴传周　雷　陆

【白云街道】

中国共产党白云街道工作委员会

书　记：曾群英（女）

副书记：齐国伟

（至2023年12月）

夏海伟（至2023年7月）

琚鹏飞（2023年9月始）

刘　渊

（2023年12月始）

纪工委书记：黄磊磊

委　员：黄磊磊

刘文波

（至2023年12月）

张　武

李高平（至2023年7月）

周炳翔　周希仁

李　豪　叶晓青（女）

何　理

（挂职，至2023年10月）

华　楠（2023年7月始）

区人大白云街道工作委员会
主　任:叶仙美
(女,至2023年9月)
叶薛超
(女,2023年9月始)
副主任: 雷玉虹(女)
白云街道办事处
主　任:齐国伟
(至2023年12月)
刘　渊
(2023年12月始)
副主任:刘文波
(至2023年12月)
陈肖兰　王晓飞
张旭标
何　理
(挂职,至2023年10月)

【万象街道】
中国共产党万象街道工作委员会
书　记:陈　杰(2023年9月始)
傅　华(至2023年9月)
副书记:陈　杰(至2023年9月)
洪心漪
(女,至2023年9月)
蓝丽芬
(女,2023年12月始)
桑超迅
(2023年12月始)
纪工委书记:刘军武
(至2023年2月)
齐文伟
(2023年7月始)
委　员:刘军武
(至2023年2月)
梁俊武　章官蔚
沙　狄　余子来
周旺平
(至2023年7月)
潘根明
徐　锐
(至2023年7月)
齐文伟(2023年7月始)
夏华飞
(2023年7月至12月)
吴越华(2023年7月始)
丁飞军
(2023年12月始)
区人大万象街道工作委员会
主　任:汤　鑫
(至2023年7月)
洪心漪
(女,2023年9月始)
副主任:丁晓丽(女)
万象街道办事处
主　任:陈　杰(至2023年9月)
蓝丽芬
(女,2023年12月始)
副主任:梁俊武
郭玉伟
(至2023年12月)
刘彤彤(女)
蓝津燕(女)

【联城街道】
中国共产党联城街道工作委员会
书　记:王育波(至2023年7月)
洪盛林(2023年7月始)
副书记:洪盛林
(至2023年7月)
金凌海
周　洵
(挂职,至2023年12月)
夏海伟(2023年7月始)
纪工委书记:叶伟俊
委　员:叶伟俊　徐煜军
陈　靖(女)　叶海波
陶晓华　林雄辉
江　凯
丁飞军
(至2023年12月)
夏华飞
(2023年12月始)
区人大联城街道工作委员会
主　任:蓝晓芬(女)
副主任:徐绿嫔(女)
联城街道办事处
主　任:洪盛林
(至2023年7月)
夏海伟(2023年7月始)
副主任:徐煜军
张春华(至2023年9月)
黄剑波　钟婷婷(女)
郑旭军(2023年9月始)

【碧湖镇】
中国共产党碧湖镇委员会
书　记:季晓立(2023年6月始)
雷　成(至2023年6月)
副书记:刘丽伟
陈静磊(至2023年9月)
潘　波(至2023.07)
黄荣权
(挂职,至2023年8月)
陈　玺
(挂职,至2023年12月)
陈昊明(2023年7月始)
张莲芬
(女,2023年9月始)
纪委书记:陈昊明
(至2023年7月)
钟建成
(2023年9月始)
委　员:陈昊明
戴黎明(至2023年1月)
翁小雯
(女,至2023年8月)

夏华飞（至2023年7月）
陈　勖　徐海东
蓝　霞（女）
王　燕（女）
吴旭涛（2023年2月始）
黄　杰（2023年7月始）
钟建成（2023年9月始）
钟佳承（2023年9月始）

碧湖镇人大主席团

主　席：熊余伟
（至2023年1月）
黄民杰（2023年1月始）
副主席：陈昊颖
（女，至2023年12月）
杨志伟
（2023年12月始）

碧湖镇人民政府

镇　长：刘丽伟
副镇长：戴黎明
（至2023年1月）
吴旭涛　蓝陈浩
李　强　金　盛
李　顺（2023年2月始）
王　浩（2023年2月始）

【大港头镇】

中国共产党大港头镇委员会

书 记：杨　杰
副书记：叶予序
褚俊俊（至2023年9月）
王　震
李莉莎
（女，2023年9月始）
纪委书记：陈煜然
委　员：陈煜然
朱泽斌（至2023年8月）
叶伟娟（女）
钟建成（2023年9月始）
余俞乐（女）
林鹏飞（至2023年9月）
黄　群
林　彬（2023年9月始）
周虹霞
（女，2023年9月始）
李常傲
（2023年12月始）

大港头镇人大主席团

主　席：刘　渊
（至2023年12月）
郭玉伟
（2023年12月始）
副主席：叶梦琦（女）

大港头镇人民政府

镇　长：叶予序
副镇长：朱泽斌
（至2023年8月）
方　媛
（女，至2023年8月）
张　伟　周巧波
周玮哲（2023年9月始）
李常傲
（2023年12月始）

【峰源乡】

中国共产党峰源乡委员会

书　记：胡志成（至2023年2月）
赵　基（2023年2月始）
副书记：赵　基（至2023年2月）
桑超迅
（至2023年12月）
许力鹏
（2023年12月始）
纪委书记：祁鹏飞
委　员：祁鹏飞
许力鹏
（至2023年12月）
李辉辉
（至2023年9月）
聂　涵
（女，至2023年9月）
章萧艺（女）
王祖有（2023年9月始）
黄　鹏（2023年9月始）

峰源乡人大主席团

主　席：吴　昊
（至2023年9月）
夏黎平（2023年9月始）

峰源乡人民政府

乡　长：赵　基
副乡长：许力鹏
桑　埴（至2023年1月）
叶佳林
（女，2023年1月始）
杜迎礼
（2023年9月始）
陈　超
（2023年12月始）

【太平乡】

中国共产党太平乡委员会

书　记：李秀红
（女，2023年2月始）
副书记：李秀红
（女，至2023年2月）
李　飞
叶宗甄
（挂职，至2023年8月）
汤　鑫（2023年8月始）
纪委书记：魏碧虹（女）
委　员：魏碧虹（女）
琚鹏飞（至2023年9月）
徐雄伟（至2023年7月）
林　彬（至2023年9月）
刘　浩　项慧毅
项赵洁
（女，2023年7月始）
韦　康（2023年9月始）

罗家宁(2023年9月始)

太平乡人大主席团

主　席:吴松妹(女)

副主席:李婧菁(女)

太平乡人民政府

乡　长:李秀红

(女,至2023年7月)

汤　鑫(2023年8月始)

副乡长:琚鹏飞

(至2023年9月)

韦　康(2023年9月始)

胡进震　修哲一

周德军

【雅溪镇】

中国共产党雅溪镇委员会

书　记:蓝煜斌

副书记:张　城

(至2023年2月)

施　彦(女)

季俊杰(挂职,

至2023年8月)

尚佐方(至2023年8月)

郑巧鑫(2023年9月始)

纪委书记:陈俊俊

委　员:陈俊俊　潘林强

李　丽(女)

黄　杰

(至2023年7月)

张　杰　刘　挺

雷柳红(女)

张晓东(2023年7月始)

雅溪镇人大主席团

主　席:蒋　超

副主席:叶涌金

雅溪镇人民政府

镇　长:张　城(至2023年2月)

尚佐方(2023年7月始)

副镇长:潘林强

项赵洁

(女,至2023年7月)

蓝晓东

徐颖萍(女)

朱乘辰(2023年7月始)

【仙渡乡】

中国共产党仙渡乡委员会

书　记:黄逸帆

副书记:陈婷莉

(女,至2023年12月)

吴　昊(2023年9月始)

陈昊颖

(女,2023年12月始)

纪委书记:陈　俊

委　员:陈　俊

华　楠(至2023年7月)

张科科(至2023年5月,

确定为正科级)

徐　靖　方雅婷(女)

郑巧鑫

(至2023年9月)

舒怡然(2023年7月始)

聂　涵

(女,2023年9月始)

仙渡乡人大主席团

主　席:梁媛媛

(女,至2023年9月)

张晓波(2023年9月始)

仙渡乡人民政府

乡　长:吴　昊(2023年9月始)

副乡长:舒怡然(2023年7月始)

华　楠

(至2023年7月)

吴杨琳(女)

武　佩(女)

赵浏阳

陈　仕

(挂职,至2023年8月)

舒怡然(2023年7月始)

【老竹畲族镇】

中国共产党老竹畲族镇委员会

书　记:叶刘军

副书记:蓝丽芬

(女,至2023年12月)

叶伟权　蔡建辉(女)

纪委书记:王　盛

(至2023年8月)

陈德志

(2023年9月始)

委　员:王　盛(至2023年8月)

郭起平　陈　捷

钟佳承(至2023年9月)

包　慧(女)　胡　帅

章成之(挂职,

至2023年10月)

姜建水(2023年7月始)

陈德志(2023年9月始)

老竹畲族镇人大主席团

主　席:徐　科

(至2023年12月)

副主席:史　品

(至2023年2月)

石巧燕

(女,2023年9月始)

老竹畲族镇人民政府

镇　长:蓝丽芬

(女,至2023年12月)

副镇长:胡　帅

饶钦茂

(至2023年12月)

何翠球(女)　梅浙赣

章成之

(挂职,至2023年8月)

张高见

(2023年12月始)

【丽新畲族乡】

中国共产党丽新畲族乡委员会

书　记:孙聪龙
（至2023年1月）
张　城(2023年2月始)

副书记:钟文焕　刘丽娥(女)

纪委书记:赵永昌

委　员:赵永昌
雷国亮
（至2023年12月）
雷　伟　沈永青
何　卓(女)
金双凤
（女,至2023年8月）
刘慧剑(2023年9月始)

丽新畲族乡人大主席团

主　席:叶薛超
（女,至2023年9月）

副主席:叶慧麟

丽新畲族乡人民政府

乡　长:钟文焕

副乡长:雷国亮
（至2023年12月）
汤海波　朱晓锋
孙朝庆(女)

【黄村乡】

中国共产党黄村乡委员会

书　记:虞旭萍

副书记:陶　琤(女)
纪学敏
（女,至2023年9月）
张　颖(女,挂职,
至2023年12月）
张一鸣(2023年9月始)

纪委书记:李海花(女)

委　员:李海花(女)　吴龙兴
姜建水(至2023年7月)
杨　勇
潘邦迅(2023年2月始)
李辉辉
(2023年9月始)

黄村乡人大主席团

主　席:张　政

黄村乡人民政府

乡　长:陶　琤(女)

副乡长:吴龙兴
叶旭瑶
(女,至2023年12月)
李常傲
(至2023年12月)
林梦隆
叶文兴
(2023年12月始)
纪旭泽
(2023年12月始)

（中共丽水市莲都区委组织部）

文件目录选编

附表1

2023年中共丽水市莲都区委文件目录一览表

莲委发文号	发文日期	文件标题
1	2023-01-08	中共丽水市莲都区委 丽水市莲都区人民政府关于废止和宣布失效一批涉计划生育党的规范性文件的决定
2	2023-01-19	中共丽水市莲都区委 丽水市莲都区人民政府关于莲都区2022年度岗位目标责任制综合考核结果的通报
3	2023-01-31	中共丽水市莲都区委关于全面学习贯彻党的二十大精神以“先行示范当头雁”的奋斗实干高水平绘就中国式现代化莲都新图景的决定
5	2023-02-03	中共丽水市莲都区委 丽水市莲都区人民政府关于命名2022年度莲都区文明村镇的决定
7	2023-02-13	中共丽水市莲都区委印发关于进一步加强新时代莲都党史和文献工作的实施方案的通知
10	2023-03-06	中共丽水市莲都区委 丽水市莲都区人民政府关于印发《贯彻落实中央八项规定实施细则的实施办法》的通知
13	2023-03-20	中共丽水市莲都区委 丽水市莲都区人民政府关于印发《莲都区建设青年发展型市区的实施意见》的通知
20	2023-08-19	中共丽水市莲都区委 丽水市莲都区人民政府关于表彰2022年度莲都区加快跨越式高质量发展建设共同富裕示范区工作先进集体和先进个人的决定
21	2023-08-19	中共丽水市莲都区委 丽水市莲都区人民政府关于表扬2022年度莲都区平安综治(含信访工作)等工作成绩突出集体和个人的通报
23	2023-08-23	中共丽水市莲都区委 丽水市莲都区人民政府关于对2022年度考核优秀的公务员给予奖励的决定
24	2023-08-23	中共丽水市莲都区委 丽水市莲都区人民政府关于对2022年双招双引工作中作出突出贡献的集体和个人予以及时奖励的通报

续附表1

莲委发文号	发文日期	文 件 标 题
27	2023-08-30	中共丽水市莲都区委关于印发《重大事项请示报告清单》的通知
28	2023-08-30	中共丽水市莲都区委关于印发《莲都区共青团城市基层组织改革试点工作方案》的通知
29	2023-09-06	中共丽水市莲都区委 丽水市莲都区人民政府关于印发《关于做好2023年全面推进乡村振兴重点工作的实施意见》的通知
30	2023-09-15	中共丽水市莲都区委关于印发《中共丽水市莲都区委常委会2023年工作要点》的通知
32	2023-09-28	中共丽水市莲都区委印发《关于深入开展学习贯彻习近平新时代中国特色社会主义思想主题教育的实施方案》的通知
33	2023-10-11	中共丽水市莲都区委关于认真学习宣传贯彻习近平总书记考察浙江重要讲话精神的通知
34	2023-10-25	中共丽水市莲都区委关于印发《中共丽水市莲都区委常委会“三重一大”事项集体决策制度(试行)》的通知
35	2023-12-19	中共丽水市莲都区委 丽水市莲都区人民政府关于命名2023年度莲都区文明单位的决定
36	2023-12-19	中共丽水市莲都区委 丽水市莲都区人民政府关于命名莲都区第八届道德模范的决定
37	2023-12-19	中共丽水市莲都区委 丽水市莲都区人民政府关于命名2023年度莲都区文明村的决定

附表2

2023年丽水市莲都区人大常委会文件目录一览表

莲人大文号	日期	文件标题
1	2023-01-12	丽水市莲都区人民代表大会常务委员会关于召开丽水市莲都区第十七届人民代表大会第二次会议的决定
5	2023-01-12	莲都区人大常委会关于表彰2022年度区人大代表优秀建议和代表建议承办工作先进单位的通知
6	2023-02-07	关于调整丽水市莲都区第十七届人民代表大会第二次会议召开时间的决定
8	2023-05-08	莲都区人民代表大会常务委员关于政府重大投资项目监督暂行办法
9	2023-05-08	莲都区人民代表大会常务委员规范性文件备案审查办法
10	2023-05-08	莲都区人民代表大会常务委员任命的工作部门负责人履职评议办法
11	2023-05-08	丽水市莲都区人民代表大会代表议案处理办法
12	2023-05-08	丽水市莲都区人民代表大会常务委员会关于修改《关于许可对区人大代表采取逮捕、刑事审判或法律规定的其他限制人身自由措施的工作规程》的决定
13	2023-05-08	莲都区人民代表大会常务委员会关于《莲都区国土空间总体规划(2021—2035年)》的审议意见
19	2023-08-25	丽水市莲都区人民代表大会常务委员会关于批准莲都区2022年度财政决算的决议
20	2023-08-25	丽水市莲都区人民代表大会常务委员会关于修改《任免国家机关工作人员办法》的决定
21	2023-08-25	丽水市莲都区人民代表大会常务委员会关于同意莲都区雅溪镇西溪村历史文化名村保护规划的决议
28	2023-09-07	莲都区人民代表大会常务委员会关于2022年莲都区行政事业单位国有资产管理情况的审议意见
26	2023-09-07	莲都区人民代表大会常务委员会关于莲都区2022年度财政预算执行和其他财政收支审计工作报告的审议意见

续附表2

莲人大文号	日期	文件标题
27	2023-09-07	莲都区人民代表大会常务委员会关于莲都区2023年上半年国民经济和社会发展计划执行情况报告及2023年上半年预算执行情况报告的审议意见
29	2023-09-07	莲都区人民代表大会常务委员会关于莲都区基层医疗机构服务能力建设专项工作报告的审议意见
30	2023-10-27	丽水市莲都区人民代表大会常务委员会关于批准莲都区2023年预算调整方案的决议
36	2023-11-03	莲都区人大常委会办公室关于印发《核心业务下沉基层单元实施办法》等七项工作制度的通知
37	2023-12-08	莲都区人民代表大会常务委员会关于我区“莲都山超”工作实施情况报告的审议意见
38	2023-12-08	莲都区人民代表大会常务委员会关于我区“大搬快聚富民安居”工程实施情况报告的审议意见
42	2023-12-08	莲都区人民代表大会常务委员会关于检查《浙江省民营企业发展促进条例》《浙江省促进中小微企业发展条例》实施情况的审议意见

附表3 **2023年丽水市莲都区人民政府文件一览表**

莲政发文号	日期	发文内容
1	2023-01-18	丽水市莲都区人民政府关于命名2022年度莲都区建筑业质量先进企业和安全先进企业的通知
2	2023-01-18	丽水市莲都区人民政府关于命名2022年度莲都区建筑业龙头企业、重点骨干企业、优秀企业、开拓市场优胜企业的通知
3	2023-02-09	丽水市莲都区人民政府关于给予丽水市公安局莲都区分局行政奖励的决定
4	2023-02-27	丽水市莲都区人民政府关于公布2022年疫情期间复工复产工作表现突出建筑企业通知
5	2023-03-31	丽水市莲都区人民政府关于印发《关于加强和改进莲都区住宅物业管理的若干意见》的通知
6	2023-06-09	丽水市莲都区人民政府关于做好第五次全国经济普查的通知
7	2023-06-21	丽水市莲都区人民政府办公室关于印发省控断面“一点一策”综合治理方案的通知
8	2023-06-29	丽水市莲都区人民政府关于丽水市城市有机更新建设项目——历史文化街区及周边区域有机更新项目(第一批)四期房屋征收的决定
9	2023-08-13	丽水市莲都区人民政府关于给予莲都区“改革先锋”等工作表现突出的集体和个人行政奖励的决定
10	2023-08-15	丽水市莲都区人民政府关于区政府领导工作分工调整的通知
11	2023-08-17	丽水市莲都区人民政府关于印发丽水市莲都区人民政府工作规则的通知
12	2023-08-24	丽水市莲都区人民政府关于加快推进气象高质量发展的实施意见
13	2023-09-26	丽水市莲都区人民政府关于丽水市城市有机更新建设项目——历史文化街区及周边区域有机更新项目(第一批)一期房屋征收的决定
14	2023-09-26	丽水市莲都区人民政府关于丽水市城市有机更新建设项目——历史文化街区及周边区域有机更新项目(第一批)三期房屋征收的决定
15	2023-10-24	丽水市莲都区人民政府关于印发丽水市莲都区人民政府重大决策出台前向区人大报告制度的通知

续附表3

莲政发文号	日期	发文内容
16	2023-10-26	丽水市莲都区人民政府关于城西区块有机更新(华东药用植物园南侧)储备土地前期开发项目房屋征收的决定
17	2023-10-26	丽水市莲都区人民政府关于丽东一村(丽阳路以南大洋路东侧区块)有机更新区块一储备土地前期开发项目房屋征收的决定
18	2023-10-26	丽水市莲都区人民政府关于莲城宾馆地块储备土地前期开发项目房屋征收的决定
19	2023-11-01	丽水市莲都区人民政府关于丽水市城市有机更新建设项目——历史文化街区及周边区域有机更新项目(第一批)二期房屋征收的决定
20	2023-11-09	丽水市莲都区人民政府关于莲都区桃碧线改造提升工程(下圳至保定段)二期项目房屋征收的决定
21	2023-12-12	丽水市莲都区人民政府关于给予李开成同志行政奖励的决定
22	2023-12-27	丽水市莲都区人民政府关于印发莲都区农村村民建房审批暂行管理办法的通知
23	2023-12-29	丽水市莲都区人民政府关于命名2023年度莲都区建筑业龙头企业、重点骨干企业、优秀企业、开拓市场优胜企业、优秀中介服务企业的通报
24	2023-12-29	丽水市莲都区人民政府关于命名2023年度莲都区建筑业质量先进企业和安全先进企业的通报
25	2023-12-29	丽水市莲都区人民政府关于命名2023年度莲都区建筑业东西部扶贫突出贡献企业的通报
26	2023-12-29	丽水市莲都区人民政府关于命名2023年度莲都区建筑业招才引智先进企业的通报

附表4　　**2023年政协丽水市莲都区委员会文件一览表**

莲政协文号	发文日期	文件标题
5	2023-02-10	政协第十六届丽水市莲都区委员会委员增补名单
8	2023-02-16	关于调整政协第十六届丽水市莲都区委员会界别设置的决定
9	2023-02-16	政协第十六届丽水市莲都区委员会委员界别调整名单
10	2023-03-01	中国人民政治协商会议第十六届丽水市莲都区委员会第二次会议公告
11	2023-03-22	政协关于调整主席会议成员分工的通知
16	2023-09-20	关于印发《丽水市莲都区政协委员履职评价实施办法(修订)》的通知
17	2023-12-04	区政协2023年度民主评议提案办理工作方案

索　引

说　明

一、本索引分正文索引、图照索引和表格索引。

二、主题索引涵盖除“专文”“2023年大事记”“附录”外的正文部分；图表索引包括卷首和内文中的全部图照表格。

三、索引中文标目按汉语拼音顺序排序，数字开头的标目按照数字0～9顺序排列、索引标目后的数字表示内容所在页码、主题数字后的拉丁字母（a、b、c）分别表示版面的1、2、3栏。

四、图表索引仅标注所在页码，不标注分栏。

五、不同条目采用相同主题词时，分别标注页码和版面。

主题索引

0~9

A

B

K

L

M

N

O

P

Q

R

S

T

W

X

Y

Z

图表索引

B

C

D

E

F

G

H

J

L

M

N

Q

R

S

T

W

X

Y

Z